유럽과 전쟁

유럽과 전쟁

Europe and the War

최진우 · 김남국 · 김종법 · 양오석 · 윤기석 ·
이재승 · 임종헌 · 전혜원 · 정병기 지음

유럽정치연구회 엮음

인간사랑

차례

서론–EU와 전쟁

최진우(한양대)

Ⅰ. 탈냉전과 국제질서의 변화

1989년 11월, 동서(東西) 간의 철의 장막을 상징하던 베를린 장벽이 무너지고 1990년 10월 독일이 통일되면서, 그리고 마침내 1991년 소련이 붕괴되면서 제2차 세계대전 이후 약 50년간 지속됐던 냉전적 질서가 와해되기에 이르렀다. 갑작스런 냉전의 종식은 평화롭고 안정된 세계로의 진화를 의미하는 것인가, 아니면 위험하고 불안정한 시대의 개막인가에 대한 엇갈린 전망을 낳기도 하였다. 냉전시대의 분열과 갈등의 원초적 책임은 미국과 소련 사이의 격렬한 이념 대립에 있다고 보는 입장에서는 공산주의 이념의 몰락은 곧 자유민주주의와 시장경제를 근간으로 하는 평화로운 질서의 등장을 의미하는 것으로 받아들여졌다.[1] 반면 양극체제로 표현되는 힘의 균형 상태가 국제체제의 안정성을 가장 잘 보장해 준다고 보는 견해에 따르면 냉전의 종식은 곧 새로운 갈등의 분출을 위한 조건의 형성에 다름 아닌 것으로 간주됐다.[2]

냉전이 종식된 지 사반세기도 더 지난 현재, 탈냉전 시기의 국제정치 체제는 냉전기의 그것과 비교했을 때 변화와 연속성을 모두 보여주고 있다. 국가들 간의 힘의 분포에 있어 현저한 변화가 일어나 미국이 유일 초강대국의 지위를 구가하는 '단극시대'가 되고, 공산주의와 자본주의 사이의 이념적 대립이 더 이상 국가들 간의 갈등의 축으로 작용하지 않게 된 것이 가장 뚜렷한 변화의 양상이라 할 수 있다. 하지만 평화의 시대는 아직 도래하지 않았다. 새로운 양상의 갈등이 분출되고 있을 따름이다.

냉전기에서 탈냉전기로의 이행이라는 거대한 역사의 흐름 속에서 국제질서는 아직도 재편의 과정을 경험하고 있다. 국가 간 상호관계에 있어 힘, 이익, 가치 등의 변수가 복합적으로 작용하는 가운데, 세계화와 정보화, 테러전쟁의 전개, 브렉시트와 트럼프 현상에서 촉발된 자국우선주의의 확산 등의 새로운 추세는 국제질서의 미래에 대한 예측을 더욱 불투명하게 하고 있다. 국제환경의 불확실성과 불안정성의 가능성이 커지고 있음에 주목하여 글로벌 거버넌스의 출현 가능성과 구축의 필요성을 주창하는 목소리가 대두되고 있는 한편, 강대국 중심의 패권적 국제정치질서가 관성을 유지할 것이라는 예측도 아울러 존재하고 있다. 미국이 유일 초강대국으로서의 지위를 구가하며 국제정치질서를 주도해 갈 것이라는 전

1 이는 곧 Francis Fukuyama의 견해이기도 하다. Fukuyama(1989) 참조.

2 냉전 이후에도 강대국 간의 갈등은 지속될 것이라는 주장, 냉전 종식 이후에는 냉전의 구조 속에서 분출이 억제되어오던 다양한 유형의 갈등이 고개를 들 것이라는 견해로는 Huntington(1996); Mearsheimer(1993; 2001) 등이 있다.

망과 함께, 중국의 부상에 따라 국제질서의 재편이 불가피하리라는 관측도 함께 제시되고 있다. 한편 성공적으로 통합의 심화과정을 진행시키고 있는 유럽이 또 하나의 거대 행위자로 거듭날 것이라는 예견도 있는가 하면, 나아가서는 일본, 러시아, 인도 등도 국제정치의 주요 강대국으로 (재)부상할 것으로 보는 시각도 있다. 단극체제가 지속될 것인가, 아니면 새로운 양극체제, 또는 다극체제가 출현할 것인가에 대한 엇갈린 전망이라고 하겠다. 갈등의 축이 달라졌을 뿐, 갈등이 해소된 것은 아니라는 것이다. 따라서 과연 앞으로 어떤 형태의 국제정치질서가 지배적 양태로 자리 잡게 될 것인지, 향후 갈등의 양상과 그 해법의 모색은 어떤 형태로 전개되어 갈 것인지가 국제정치학적으로 중요한 탐구 대상이 아닐 수 없다.

냉전 종식 후, 국제사회는 갈등과 대립의 시대를 지나 평화와 협력의 새로운 시대로 진입할 수 있는 기회를 맞이한 것으로 기대되면서 이른바 '신국제질서'의 모색이 화두가 된 바 있다. 신국제질서의 버팀목으로 국제기구의 역할이 강조되고, 경제적 세계화가 국가 간 상호의존을 심화시킴으로써 평화로운 국제질서의 조성에 기여를 할 것으로 기대되기도 했다. 국제기구의 역할이 증대되고 시장기제의 작동이 글로벌 수준에서 활성화될 것으로 예견되면서 민족국가의 대내외적 역할이 감소하고, 민족국가를 구성단위로 하는 베스트팔렌적 국제체제에 근본적인 변화가 일어날 것이라는 전망도 제시되었다.

하지만 21세기에 접어들면서, 냉전 종식 직후의 낙관적 기대는 실현되지 못하고 있다. 분쟁은 계속되고 있고, 분쟁해결에 있어서의 국제기구의 역할은 제한적일 따름이며, 아직도 국제정치의 가장 중심적인 행위자는 민족국가임을 부인하기 어려운 형편이다.

오늘날의 국제정치체제는 누가 뭐래도 아직 대내적 최고성과 대외적 독립성을 가진 주권국가를 구성단위로 하는 베스트팔렌 체제이다. 베스트팔렌 국제정치체제는 국내정치체제와 달리 위계적으로 조직된 통치구조가 존재하지 않는다는 점에서 무정부상태라고 할 수 있다. 또한 무정부상태인 국제정치체제는 구성단위인 주권국가가 자신의 안위를 스스로 책임져야 하는 자조自助의 체제(self-help system)이기도 하다.

이러한 특성을 갖는 베스트팔렌 체제에서 국가 간의 관계는 기본적으로 경쟁과 갈등의 관계다. 한 나라의 자조를 위한 노력은 때로 다른 나라의 안위를 위협하게 된다. 생존, 나아가서는 세력의 신장을 도모하는 나라의 국가이익은 다른 나라의 국가이익과 모순적일 개연성이 크기 때문이다. 따라서 자신의 이익을 관철시키기 위해 국가들은 이익을 관철시킬 수 있는 능력, 즉 힘을 갖고자 노력한다. 모든 나라는 다른 나라에 비해 힘의 상대적 우위를 확보하기 위한 노력을 경주하게 되며, 그 노력이 바로 국가들 간의 경쟁과 갈등을 불러일으키게 된다. 어느 국가도 다른 국가에 비해 힘의 열세에 놓이기를 원하지 않기 때문이다. 결국 힘의 축적 자체가 목적이 되는 것이 국제정치의 현실인 것이다.

이와 같은 경쟁과 갈등의 구도 속에서는 국가들은 상존하는 전쟁 가능성에 직면한다. 끊임없이 다른 나라에 비해 상대적으로 힘의 우위에 서려고 하는 한, 국가들은 안보 딜레마의 상황에 처하게 된다. 아울러 국가 간의 협력 또한 용이하지 않다. 협력의 결과로 자신과 상대방이 모두 절대적인 혜택을 볼 수 있다 하더라도, 협력의 결과가 상대방에게 '상대적으로 더 유리한' 결과를 가지고 온다면, 자신에게는 '상대적으로 불리한' 결과가 되기 때문이다. 협력의 결과로 생길 수 있는 '상대적 손실'에 대한 두려움으로 인해, '절대적 혜택'의 증가가 협력의 충분한 동기가 되지 못하는 것이다. 이것이 이른바 '상대적 이득의 문제(relative gains problem)'로서, 국제협력의 빈도와 지속성을 저하시키는 중요한 요인으로 작용한다.

이러한 행위 패턴을 국가들이 따를 때, 폭력적 수단을 동원한 국가들 간의 충돌이 불가피한 현상이 된다. 특히 무기의 화력이 과거에 비해 현저히 강해진 20세기에 접어들어 전쟁의 파괴성은 급속도로 증가했다. 그 결과 제1차 세계대전에서 2천 2백만 명, 제2차 세계대전에서 5천만 명에 달하는 전대미문의 희생자가 발생하고, 전에 보지 못하던 규모의 재산상의 손실이 발생한 것이다. 양차대전으로 인한 엄청난 피해상과 제2차 세계대전 종결 무렵에 개발해 사용했던 핵무기의 가공할 파괴력은 미래의 전쟁의 참혹성에 대한 인류사회의 경각심을 불러일으키게 된다. 갈등구조의 극복과 평화로운 국제질서의 모색이 국제사회의 화두로 대두되는 계기가 마련된 것이다.

유럽통합은 바로 그러한 시대적 요청에 대한 응답이었다. 민족주의 이념으로 무장한 국가 단위의 국제정치질서 하에서 고질적으로 반복됐던 국가들 간의 적대적 관계를 극복하고 정치적 평화와 경제적 번영을 동시에 가능하게 한 유럽통합은 따라서 20세기 후반 평화의 아이콘이었던 것이다. 특히 2012년 EU의 노벨평화상 수상은 평화의 상징으로서의 EU의 위상을 단적으로 보여준다.

그러나 EU와 그 회원국들은 탈냉전 이후 수차례 전쟁의 주체가 된다. 유럽대륙 내에서도 전쟁을 수행했으며, 역외 전쟁에도 참여한다. 유럽은 왜 전쟁을 하는가? 유럽의 전쟁 수행은 평화세력으로서의 정체성과 양립 가능한 것인가?

Ⅱ. EU 외교안보정책 결정의 구조적 요인[3]

전쟁 참전 여부, 그리고 어떤 형태로(예컨대 지상군 투입 여부 등) 참전할 것이며, 어느 정도 규모의 재원을 동원할 것인지, 전쟁 참여의 목적을 어디에 둘 것인지 등에 대한 결정은 외교안보정책의 매우 중요한 부분이 아닐 수 없다.

EU의 외교안보정책은 세 가지 구조적 요인의 맥락 속에서 이해될 수 있다. 첫째, EU 외교안보정책 결정 과정의 특수성, 둘째, EU의 외교정책적 정체성, 셋째, 국제정치적 역학 관계, 그중에서도 EU와 미국과의 관계가 그것이다. 이는 각각 EU의 대내적 요인, 관념적 요인, 그리고 국제체제적 요인에 해당한다. 이 세 가지 요인은 국제정치의 자유주의 이론, 구성주의 이론, 그리고 현실주의 이론에서 각각 강조하는 변수에 상응한다.

첫째, 본 연구에서 EU의 의사결정제도를 주목하는 것은 EU를 하나의 외교적 행위자로 봤을 때 EU의 정책 결정 메커니즘과 이에 따른 회원국 간 이해관계의 역동성과 같은 대내적 변수가 EU의 외교정책적 선택에 중요한 영향을 미친다고 본다는 점에서 자유주의 국제정치이론과 맥을 같이 한다.

둘째, EU의 외교정책적 정체성의 중요성을 강조하는 것은 EU의 외교정책적 행위가 국제체제 내의 다양한 행위자들과의 상호작용 속에서 획득하게 된 국제체제에 대한 인식, 자신의 위치와 역할에 대한 인식, 그리고 타자와의 차별성에 대한 인식과 같은 관념적 요인에 의해 크게 영향을

3 이하 Ⅱ장과 Ⅲ장은 최진우, 김새미(2016), pp. 69-78의 내용을 일부 수정한 것이다.

받는 것으로 간주한다는 점에서 구성주의적 사고와 맞닿아 있다.

셋째, 유일 초강대국으로서의 위상을 유지하고 있는 미국과의 관계에 초점을 맞추는 것은 국제정치에 있어 힘의 분포가 가장 중요한 변수이며 특히 강대국 간의 힘의 관계가 각국의 외교정책 결정에 있어 필수적 요인임을 주장하는 현실주의적 전통을 수용하고 있음을 뜻한다.

그렇다면 이 세 가지 요인은 EU의 외교안보정책에 각각 어떤 영향을 미치는가?

첫째, EU 외교안보정책 결정의 제도적 메커니즘은 두 가지 연관된 의미에서 중요성을 지닌다. 그 하나는 의사결정 과정이 초국가적이라기보다는 회원국의 주권과 자율성이 온전하게 작동하는 지극히 정부간 주의적(intergovermental)인 성격을 띤다는 것이고, 또 하나는 초국가적(supranational) 행위자로서의 EU에게 부여된 대외정책적 권한이 매우 제한적이라는 점이다. 이에 따라 EU의 대외정책 결정 과정은 매우 더디고 비효율적으로 진행되는 경향이 있으며, 나아가 EU 대외정책은 비일관적이고 심지어는 모순적인 모습을 보이기도 한다. 그 이유는 회원국들이 대외정책을 추진함에 있어 EU의 공동체적 이익보다 개별적인 국가이익을 우선적으로 추구함으로써 때로는 EU 집행위원회와 회원국 간에 상충된 입장이 개진되기도 하며 각 회원국들 간에도 이견이 노정되어 혼란이 발생하는 경우가 많기 때문이다.

둘째, EU의 외교정책적 정체성 또한 EU 외교안보정책에 큰 영향을 미친다. EU는 무엇보다도 규범 세력(normative power)으로서의 정체성을 강조한다. 규범 세력으로서의 EU는 보편적 가치의 구현을 외교정책의 중요한 목표의 일부로 상정한다. EU는 행동(기후변화 방지를 위한 선제적 조치 이행), 언술(사형제 폐지의 당위론 확산), 그리고 존재 양식 그 자체(민주주의, 인권, 법치 실현)를 통해 규범적 목표의 실현을 지향하는 외교정책적 행위자로서의 역할을 수행한다. 이와 같은 규범 세력으로서의 정체성은 비단 EU의 초국가적 수준에서의 외교적 행태에만 국한되는 것은 아니다. 회원국별로 편차는 있지만 적지 않은 EU 국가들이 규범적 원칙의 구현을 외교정책의 중요한 목표로 설정해 놓고 있거나 정책 수행의 중요한 가이드라인으로 삼고 있다. 스칸디나비아 국가들이 대표적인 예이며, 프랑스, 독일 등이 중국의 인권문제나 티벳 문제 등을 두고 중국 정부와 갈등을 빚었던 것 또한 이 때문이었다. 그럼에도 불구하고 전반적으로 회원국들의 외교정책은 EU 초국가적 기구에 비해서는 국내정치적 요인으로 인해 국가이익의 실현에 대한 고려가 보다 광범위하고 빈번하게 이루어질 수밖에 없는 현실 속에서 이루어진다. 지나친 단순화의 위험을 무릅쓰고 요약하자면 EU의 규범 세력으로서의 지향성과 일부 회원국의 이익추구적 행태 사이에 항상 긴장이 존재하는 것이다. 그 결과 EU의 대외정책을 둘러싼 EU와 회원국 간, 그리고 나아가 회원국들 사이의 갈등의 상당 부분은 규범적 원칙 적용의 유연성을 둘러싼 이견과 충돌의 결과라고 할 수 있다.

셋째, 유럽과 미국과의 관계 또한 EU의 외교안보정책에 영향을 미치는 중요한 요인이다. 유럽 각국은 냉전이 시작되면서 일부 예외적인 지역을 제외한 대부분의 식민지 관계를 청산하면서 글로벌 차원에서의 외교안보행위자로서의 존재감과 역할 범위가 현저히 위축됐다. 그러나 1989년 베를린 장벽의 붕괴, 1990년 독일의 통일, 1991년 소련의 와해 등의 일련의 사건으로 냉전 구도가 해체됨으로써 미국 중심의 국제질서에 새로운 공간이 생기고, 마스트리히트 조약의 발효로 공동외교안보정책(CFSP: Common Foreign and Security Policy)이 출범해 EU의 국제정치적 행위자로서의 역할을 위한 제도적 기반이 마련됨으로써 유럽의 자신감과 국제사회의 기대가 높아지게 하는 희망을 보이게 된다. 이에 따라 EU는 새로운 국제질서의 창출에 적극적인 영향력을 행사하고자 하는 의지를 보이게 되고 그 결과 주요 국제문제를 둘러싸고 미국과 이견을 나타내면서 갈등과 대립 국면을 연출하기도 한다. 그러나 중요한 글로벌 이슈에 있어 많은 경우 유럽은 기본적으로 미국과 이해관계를 같이 하는 경우가 많고 비록 경제적 규모에 있어서는 EU가 미국보다 크지만 군사력과 외교적 영향력의 면에서는 미국에 필적할 수 없는 위치인 것을 감안할 때 유럽이 미국에 맞서 패권적 지위를 다투려는 의도를 갖고 있다고 보기는 어렵다. 중요한 이해관계의 갈등이 있을 때, 그리고 규범적 관점에서 미국의 외교적 행태가 수용하기 어려운 모습을 보일 때 유럽은 미국과 대립각을 세울 수도 있지만 전반적으로는 유럽은 미국과 긴밀한 우호협력관계, 나아가서는 혈맹 관계를 지속하는 가운데 외교적 운신을 어떻게 할 것인지를 선택하고 있는 것으로 보인다. 이러한 맥락에서 파악했을 때 EU의 외교안보정책은 아직은 막강한 국제정치적 영향력을 가진 미국과의 관계로부터 많은 영향을 받을 수밖에 없을 것으로 봐야 할 것이다.

Ⅲ. EU의 외교안보적 정체성

21세기에 접어들면서 유럽은 과거의 위축된 모습과는 달리 국제정치 무대에서 발언권을 적극적으로 행사하는 모습을 보여주고 있다. 주지하다시피 EU는 교역 규모로서는 세계 최대이고, 인구 규모 또한 초강대국인 미국보다 크다. 경제와 인구 규모로만 본다면, 유럽은 단연 미국을 제친 세계 최강이라 할 수 있다. 하지만 유럽이 국제정치의 주요 행위자로 간주되고 있는 것은 반드시 이러한 점들 때문은 아니다.

유럽의 힘은 유럽이 추구하는 외교정책 목표, 그리고 목표 달성을 위한 외교정책 도구의 차별성에서 비롯된다. 무엇보다도 유럽은 전통적 관념에 입각한 외교정책을 수행하는 미국과의 차별성을 토대로 유럽 고유의 외교정책적 정체성을 획득해 가고 있다고 한다. 단적으로 말해 미국은 국가 이익 중심의 외교정책 목표를 설정하고 국익 실현에 장애가 되는 문제 해결의 방법으로 무력 사용에 빈번하게 의존하고 있는 반면, 유럽은 보편성을 주장할 수 있는 규범적 가치의 구현을 외교정책의 주요 목표로 상정하면서 연성권력과 외교 협상, 그리고 다자주의적 국제기구의 통로를 활용해 국제정치적 쟁점에 대한 해법을 모색하려는 모습을 보이고 있다는 점에서 양자는 서로 구별된다.[4]

국제정치의 전통적 관점에서는 외교 활동을 뒷받침하는 가장 중요한 힘의 원천은 군사력이다. 따라서 전통적 관점에 따르면 유럽은 실질적인 군사력을 보유하고 있지 않다는 점에서 '정치적 난쟁이'에 불과하며, 이러한 상황은 앞으로도 크게 변화하지 않을 것으로 관측된다. 무엇보다도 유럽연합 회원국들이 안보와 국방과 같은 민감한 분야에서 EU 수준의 초국가적 기구로 자신들의 주권을 이양하는 것을 원하지 않기 때문이기도 하며, 탈냉전 이후 발생한 이른바 평화 지분(peace dividend)을 포기하지 않는 한 유럽이 군사력을 갖춘 존재가 되기는 힘들기 때문이다.

◇◇◇◇

4 미국은 2009년 버락 오바마 대통령이 취임한 이후 과거 조지 W. 부시 대통령 재임 시의 일방주의적 강경외교노선과는 크게 다른 외교정책 스타일을 보인 바 있다. 오바마 정부는 다자주의적 기구의 활용에 보다 적극적이며, 외교적 채널을 통해 문제 해결을 시도하는 모습을 보였던 것이다. 하지만 설령 오바마 정부 하에서 군사적 수단보다는 외교적 수단의 비중이 과거보다 커지긴 했지만 기본적으로 전세계 군사력의 약 50%에 달하는 막강한 군사력을 보유하고 있는 미국은 언제라도 다시 군사력의 압도적 우위를 활용하는 외교정책을 수행할 개연성이 있다는 점에서 미국과 유럽의 차이는 구조적인 것이라고 볼 수 있을 것이다.

그러나 규범적 설득력이 힘의 중요한 요소임을 인정하는 새로운 관점에서 보면 EU를 정치적 난쟁이에 불과한 것으로 치부하기는 어렵다. EU의 외교정책적 자산은 외교정책의 목표를 민주주의, 법의 지배, 인권 향상 등의 가치 구현에 두고 있다는 점, 그리고 이러한 가치를 실현시키는 방법으로 군사력보다는 문민적 방법을 주로 활용하고 있다는 점에서 찾아진다. 유럽의 국제정치적 영향력은 규범적 가치를 설정할 수 있는 능력과 권위를 가지고 있다는 점, 그리고 기존의 강대국 외교 행태와는 달리 규범적 가치의 구현을 위해 경제적 도구와 외교적 협력, 그리고 다자주의적 국제기구를 활용한다는 점에서 비롯된다고 볼 수 있다(Manners 2002, 236-237). 이러한 관점에서 유럽은 '규범 세력(normative power)'으로 불린다.[5]

요약하자면, 규범 세력이란 다음을 의미한다. 첫째, 보편적 타당성을 인정받는 가치의 수호와 확산이 외교정책의 목표로 상정되며, 둘째, 목표 달성을 위한 수단이 목표가 상정하고 있는 가치에 위배되지 않는 경우, 그 외교정책적 주체는 규범 세력이라고 할 수 있다.

그렇다면 규범 세력은 전적으로 규범적 목표만 추구하는가? 그렇지는 않다. 규범 세력도 물질적 이익을 추구하며, 합리성의 토대에서 손익을 계산하기도 한다. 그렇지만 규범 세력의 특징은, 설령 물질적 이익을 추구할 때에도 자신이 설정한 규범적 가치를 훼손하지 않으며, 또한 물질적 이익을 실현시키기 위해 취하는 조치들 또한 규범적 관점에 의해 규정되는 '적절한 행동 양식'을 벗어나지 않는다는 점이다.

외교정책 정체성의 한 유형으로서의 규범 세력은 다른 종류의 세력과

5 EU의 외교정책적 정체성이 '규범 세력'이기보다는 현실주의적 세력에 더 가깝다는 주장도 있다. 이러한 견해에 대해서는 Hyde-Price 2002; Youngs 2004; Brummer 2009 참조.

어떻게 다른지를 좀 더 자세히 살펴보자.

한 국가의 외교정책 정체성은 외교정책의 목표와 수단의 성격에 따라 크게 네 가지 이념형으로 구분할 수 있다. 일단 외교정책의 목표로 국가 이익의 실현을 추구할 수도 있고, 또는 보편적 규범의 수호 및 확산을 추구할 수도 있다. 외교정책의 수단으로는 다양한 가능성이 있지만 크게 군사적 수단과 비군사적 수단으로 나누어 볼 수 있다. 외교정책의 목표와 수단을 두 축으로 했을 때, 한 국가의 외교정책적 정체성은 〈표 1〉에서와 같이 크게 네 가지로 구분할 수 있다.

첫째, 외교정책의 목표가 국가이익의 실현에 집중되어 있고, 그 목표를 위해 군사적 수단을 사용할 용의가 있으며 실제 사용의 예가 발견되는 경우 패권적 외교정책으로 명명할 수 있을 것이다. 여기에서 패권적 외교정책이 반드시 패권국가에 의해 수행되는 외교정책일 필요는 없으며, 또한 패권이 반드시 전 지구적 수준에서의 패권일 필요도 없다. 패권을 가지지는 못했지만 무슨 이유에서건 패권을 지향하는 국가와 유사한 외교정책 행태를 보이거나 제한된 지역적 범위 내에서 이웃 국가들을 상대로 힘의 우위를 바탕으로 한 외교적 행태를 보이는 국가는 이 범주에 포함시킬 수 있을 것이다.

둘째, 외교정책의 목표를 보편적으로 수용될 수 있는 규범적 가치의 실현 또는 확산에 두는 경우가 많고, 그러한 목표의 실현을 위해서는 군사력을 비롯한 경성권력 수단의 동원도 불사한다는 입장을 보인다면 이를 윤리적 외교정책(ethical foreign policy)으로 부를 수 있을 것이다. 여기에서 사용하는 윤리적 외교정책이라는 명칭은 실제 영국정부가 토니 블레어 수상의 재임 기간 동안 지향했던 외교정책의 명칭에서 따 온 것이다. 블레어 수상은 1999년 '블레어 독트린'으로 널리 알려진 외교정책 가이드라인을 발표하여 인종청소 등의 반인도적 범죄 행위가 자행될 때에는 국가 주권의 원칙을 유보하더라도 국제사회가 군사적으로 개입해야 한다는 주장을 개진한다. 이에 따라 영국은 1998년 미국 주도의 이라크 공습에 참여한 것을 필두로 시에라리온 내전, 코소보 사태, 아프가니스탄 전쟁, 그리고 이라크 전쟁 등 총 다섯 차례에 걸쳐 전쟁에 참여한 바 있다.[6] 따라서 블레어 수상의 외교정책의 특징은 주권과 인권의 원칙 가운데 후자에 초점을 맞춰 군사적 개입을 통해서라도 인도주의를 수호하겠다는 윤리적 사명감에 기반을 두고 있다는 점에서 '윤리적 외교정책'으로 불린다.[7]

셋째, 현실적인 국가이익의 실현이 외교정책 목표의 우선순위가 되고, 목표 달성을 위해서는 비군사적 수단이 주로 활용되는 경우, 이는 문민세력이라고 할 수 있다. 이 범주에는 의지의 관철을 위해 동원할 수 있는 군사

6 영국이 1997년 블레어 수상 취임 이후 2003년 이라크 전쟁 발발까지 만 6년의 기간 동안 전쟁에 참여한 횟수는 제2차 세계대전 이후 영국이 참전한 전쟁을 모두 합친 것과 맞먹는다고 한다. 영국이 전쟁 당사국으로 직접 전투에 참여한 것 외에 평화유지군 임무 수행 등을 위해 타국의 전쟁(other people's war)에 파병한 것을 더하면 목록은 더 길어진다. 영국은 1999년 동티모르, 2003년 콩고민주공화국에 평화유지군을 파병한 바 있다(Williams 2005, p. 164).

7 윤리적 외교정책이라는 용어를 사용하고 있는 연구의 예로는 Smith and Light(2001) 등이 있다. 한편 윤리적 외교정책에 대한 통렬한 비판적 시각이 있음도 눈여겨볼 만하다. 특히 블레어를 비롯한 서방 국가들의 윤리적 외교정책은 사실 인도주의적 동기에서 비롯된 것이라기보다는 탈냉전 이후 이데올로기적 논쟁의 불필요성으로 인해 국내정치 수준에서는 일관성 있게 가치 및 신념체계에 근거한 정당성을 주장할 수 있는 영역이 없어졌기 때문에, 정치체제의 정당성 구현의 한 방편으로 대외정책을 윤리적 기반 위에서 구축하였다는 것이다. 윤리적 외교정책은 정책의 실패에 따른 책임 부담은 별로 없으면서, 국가의 도덕적 권위를 획득할 수 있는 정치적으로 안전한 게임이라는 점에서 그 매력이 있기 때문에 탈냉전 이후 지난 10년여 동안 많은 정치지도자들이 애용하고 있다고 한다. Chandler(2003) 참조.

력 등의 경성권력 자원이 제한되어 있는 국가들의 일반적인 외교정책이 여기에 포함된다. 많은 국가들의 대부분의 외교정책이 여기에 해당될 것이다.

넷째, 규범적 가치의 구현이 외교정책의 주요 목표로 상정되는 한편, 목표 실현을 위해 국제법과 보편적 규범에 부합하는 연성권력 중심의 비군사적 수단을 주로 채용하는 경우, 이는 규범 세력이라 할 수 있다. EU가 일정 부분을 이미 체화하고 있으며 지속적으로 지향하고 있다고 평가되는 외교정책 정체성의 모델이 바로 여기에 해당한다.

〈표 1〉 외교정책 정체성의 분류

		외교정책 목표	
		국가이익	보편적 규범
외교정책 수단	비군사력 중심	문민 세력	규범 세력
	군사력 중심	패권적 세력	'윤리적' 세력

미국의 경우, 외교정책의 역사를 되돌아 보면 강한 규범적 지향성을 함축한 외교정책을 수행한 적이 많았다. 윌슨 대통령의 이상주의가 그 예이다(Sjursen 2006a, 171). 윌슨 대통령은 국제연맹의 창설을 주창하고 세력균형을 지향하는 비밀외교를 비판하면서 국제정치무대에서 이상주의적 가치의 실현을 위해 노력했다. 그러나 미국 외교정책의 역사에 면면히 흐르고 있는 이러한 전통에도 불구하고 미국은 '규범 세력'이라는 평가를 받고 있지 못하다.[8] 그 이유는 미국이 빈번하게 군사적 수단을 사용하는데

8 미국 외교정책의 주요 전통 중의 하나로 윌슨주의(Wilsonianism)를 들고 있는 연구로는 Mead(2001) 참조. Mead는 미국 외교정책의 주요 전통을 네 가지로 꼽고 있는데 나머지는 제퍼슨的(Jeffersonian) 전통, 잭슨的(Jacksonian) 전통, 해밀튼的(Hamiltonian) 전통이다.

다 종종 자신의 이기적 이익을 가장하는 방편으로 규범적 논리를 전개한다는 인식이 퍼져 있기 때문일 것이다(Sjursen 2006b, 240). 예를 들자면 9·11 테러 사건 이후 미국의 대테러전쟁의 일환으로 이라크 전쟁을 시작했을 때, 미국은 전쟁의 명분을 사담 후세인의 사악한 정권과의 투쟁, 그리고 대량살상무기의 확산 방지로 표방했다. 그러나 이라크 전쟁을 수행하는 미국을 일컬어 그 누구도 규범 세력으로 일컫지 않았다. 사실 조지 W. 부시 대통령과 그 측근의 신보수주의 그룹의 외교정책은 지나치리만치 윤리적 색채가 강하다는 점 때문에 많은 우려와 불만을 자아내곤 했다. 그럼에도 불구하고 부시 행정부 당시의 미국을 일컬어 '규범 수호 세력'이라고 하지 않는 것은 미국의 실제 의도가 규범적 가치의 구현보다는 물질적 이익의 실현이었으리라는 의구심이 있었기 때문이다. 미국이 사용한 외교정책 수단 또한 문제였다. 미국의 외교적 행태, 즉 불확실한 근거에 기초해 대규모의 군사력 사용을 일방주의적으로 결정해버린 것은 이라크 문제의 해결을 위해 적절한 방법이 아니었다는 인식이 널리 공유됐던 것이다.

한편 유럽의 규범적 외교정책은 특히 미국과는 대조적이다. 특히 조지 W. 부시 대통령 재임 기간 동안 추구됐던 미국의 외교정책 노선은 한편으로는 선악의 명확한 구분에 기반을 둔 도덕주의와 힘의 행사를 통한 목표의 달성을 추구하는 현실주의의 결합이었다. 더불어 미국은 다자간 국제기구 합의에서 정당성을 확보한 뒤 행동하기보다는 미국의 압도적인 국력을 바탕으로 독자 노선을 걸었다는 점에서 유럽과 대비를 이룬다. 이러한 미국과는 달리 '규범적 유럽'은 가치의 구현에 비중을 크게 두는 외교정책적 목표를 상정하고 있는 한편 힘보다는 대화, 단독 행동보다는 다자기구에서의 합의를 통한 행동을 추구한다는 점에서 독특한 외교정책적 정체성을 가지고 있다는 것이다. 그렇다고 해서 유럽의 모든 외교활동이 규범성 실현에만 초점을 맞추고 있는 것은 아니며, 항상 연성권력적 수단에만 의존하고 있는 것은 아니다. 유럽도 실리를 추구하지 않을 수 없고, 외교정책적 목표의 달성을 위해 경제제재와 군사력 동원의 길을 열어놓고 있기도 하다. 물론 EU의 경우 동원 가능한 군사력의 규모가 작고 의사결정도 용이하지 않아 외교정책 수단으로 빈번히 활용되기는 어렵지만 EU 개별 회원국 차원에서의 군사행동은 가능할뿐더러 리비아 공격의 사례에서와 같이 실제 이루어지는 경우도 드물게 있음을 볼 수 있다. 그렇지만 대체적으로 보아 EU는 군사력 사용의 빈도가 매우 낮으며, 경성권력 수단 중에서는 오히려 경제제재의 적용에 훨씬 적극적인 모습을 보이고 있다. 최근의 예만 보아도 이란 핵문제와 우크라이나 사태에서 문제 해결의 방편으로 경제제재에 적극 동참한 것을 들 수 있다.

제한적인 군사적 능력, 경제제재와 같은 문민적 외교 수단의 적극적 행사, 다자기구의 중심의 외교적 실천 전략, 규범적 목표의 강조 등의 면모를 보이고 있는 EU는 규범외교와 문민외교를 결합시키는 가운데 대상에 따라 외교 분야별로 다양한 정책도구를 활용하고 있는 모습이다. 그럼에도 불구하고 EU와 회원국들은 냉전 종식 이후 수차례에 걸쳐 전쟁에 참여했다. EU와 회원국들은 무엇을 목적으로 참전했으며, 참전 여부를 둘러싼 결정 과정은 어떠했고, 참전의 파급효과는 무엇이었는가? 본 연구는 제2차 세계대전 이후 60여 년간의 꾸준한 지역통합을 기반으로 평화지대를 구축하고 평화세력으로서의 정체성을 획득한 EU와 그 회원국들이 어떤 전쟁에 왜, 어떻게 참여를 하게 됐는지, 그리고 그 결과는 무엇이었는지를 다각적으로 분석하고자 한다.

Ⅳ. 연구의 틀과 이론적 시각

이 연구는 탈냉전 시기 국제정치에서 미국의 주도적인 역할에 이의를 제기할 수 있는 세력으로 기대됐던 EU와 그 회원국들의 전쟁과 평화에 대한 입장을 구체적 사례를 통해 규명하고 그 변화과정을 추적하는데 주요 목적을 둔다. 본 연구를 위해 우리는 탈냉전 시기의 주요 국제분쟁으로 걸프전(1991)과 보스니아 내전(1992-1995), 코소보 내전(1999), 아프가니스탄 전쟁(2002), 그리고 이라크 전쟁(2003) 등 다섯 사례를 선정하고, 각 전쟁에 대한 EU의 대응을 1) 문제해결의 역량 및 효율성과 2) 상징 및 담론 차원이라는 두 차원으로 나누어 분석함으로써 1990년 이후 새로운 국제질서 형성과정에서 유럽연합이 차지하는 위상을 설명하고자 한다.

또한 본 연구는 EU가 차지하는 역할의 의미를 다면적으로 파악하기 위해 네 차례의 전쟁에 대한 영국, 프랑스, 독일, 이탈리아 등 유럽 각국의 대응을 EU 차원의 대응과 비교하는 과정을 거치고, EU의 대응과 미국의 대응을 비교하여, 이른바 미국의 패권을 중심으로 한 '대서양주의'와 다자주의 틀을 기반으로 한 '유럽주의' 사이의 갈등을 분석했다. 이와 같은 비교를 통해 이 연구는 유럽적 시각(European view)이란 무엇이며, 이러한 유럽적 시각이 기반하고 있는 논리는 무엇인지, 그리고 나아가서 이와 같은 유럽적 시각은 새로운 국제질서 형성에 어떤 영향을 미치고 있는가에 대해 파악하고자 한다.

본 연구는 앞서 제시한 연구목적에 맞게 분석수준을 개별국가차원과 EU차원으로 나눈 다음, 개별국가차원을 다시 국가 내부 수준(차원 1)과 국가의 입장 및 선호(차원 2)라는 두 차원으로, EU 차원을 EU 기구 수준(차원 3)과 EU 전체의 입장 및 선호(차원 4)라는 두 차원으로 나눈다.

아래 〈그림 1〉에서 보듯이 차원 1의 국가내부 수준은 정부, 정당, 시민사회를 중심으로 정책 결정의 환경적 요인과 각국의 경제적 이해, 안보적 이해, 정치적 이해 등에 초점을 맞춘다. 이렇게 형성된 정책 결정의 투입요인이 차원 2의 국가선호를 결정짓고, 이는 다시 차원 3에서 EU 기구에 반영된다. EU 기구 사이의 입장조율을 거쳐 형성된 차원 4의 EU 입장은 다시 각국의 정책에 영향력을 미치는 상호관계를 갖는다.

〈그림 1〉은 이처럼 다층적 차원에서 진행될 본 연구의 기본 분석틀을 간략하게 보여준다. 본 연구는 이와 같은 다층적 차원의 접근을 통해 기존 연구들이 개별적인 차원의 접근에서 보여준 파편적인 이해들을 해체하여 재구성한다.

〈그림 1〉 국제분쟁 연구를 위한 분석틀

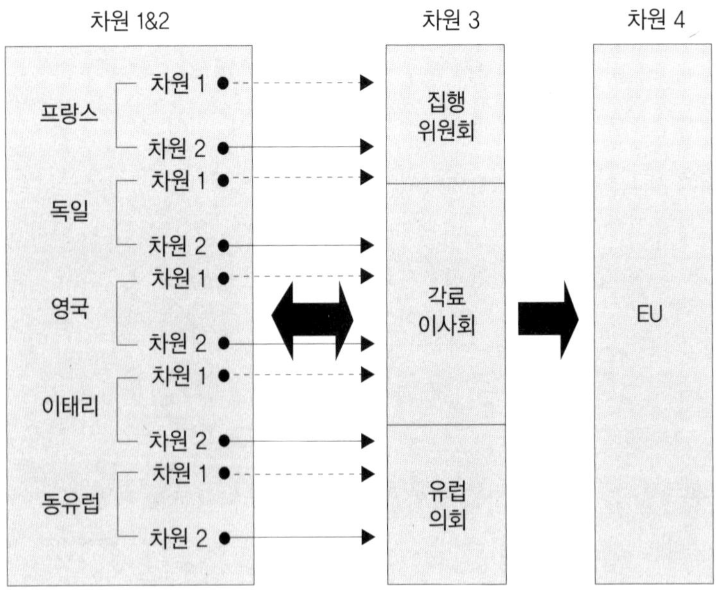

* 차원 1: 국가내부 수준/차원 2: 국가입장 및 선호/차원 3: EU기구 수준/차원 4: EU 입장 및 선호

본 연구의 주된 연구 질문은 다음과 같다. 첫째, 과연 유럽이 추구해 왔던 노선이 힘(power)에 기반을 둔 미국의 현실주의적, 일방주의적 시각과 대비되는 자유주의적, 다자주의적 노선이었는가? 예컨대 로버트 케이건(Robert Kagan)이 주장한 힘의 우열(power and weakness)에 대한 인식은 유럽의 입장을 이해하는데 과연 타당한 것이었는지, 유럽이 주창해 온 자유주의, 다자주의의 본질은 무엇이었는지, 그리고 유럽이 취해 온 노선이 어느 정도까지 미국의 입장과 거리를 두고 있던 것이었는지 등이 여기에서 논의될 주요한 내용들이다.

둘째, 유럽이 추구해 왔던 것으로 인식돼온 자유주의적, 다자주의적 접근방식이 과연 현실적으로 어떠한 결과를 가져왔으며, 그 한계는 무엇인가? 이는 문제 해결(problem solving)의 방식으로서 다자주의적 접근 방식이 가지는 의미에서부터 시작하여, 보다 구체적으로 탈냉전시기 국제분쟁에서 이러한 다자주의적 접근방식이 어떻게 적용되어 왔는지를 고찰함으로써 해답을 찾을 수 있다.

셋째, 미국 중심의 대서양주의와 EU 중심의 유럽주의 사이의 대립구도 하에서 새로운 형태의 인식적 수렴이 발생해 왔는가? 이러한 수렴은 구성주의적 입장에서 어떠한 함의를 갖는가? 이 질문은 주로 유럽의 입장에서 탈냉전시기 전쟁을 거치면서 EU가 새로운 학습(learning)과 상호작용(interaction)을 통해 어떻게 정체성을 확립해 갔는지의 문제를 중점적으로 다룬다.

Ⅴ. 연구의 개요

각 장의 주요 내용을 정리하자면 다음과 같다. 1장 "이라크전과 EU의 대응"에서는 이라크 전쟁에 대한 프랑스, 독일, 스페인, 포르투갈, 이탈리아, 덴마크, 영국, 동유럽 13개국 등의 입장을 비교 고찰하였다. 구체적으로 이라크 전쟁을 둘러싸고 프랑스와 독일은 전쟁에 반대하였고, 스페인, 포르투갈, 이탈리아, 덴마크, 영국 등은 미국 편을 들었으며, 과거 공산주의였던 동유럽 13개 국가들(이중 8국은 2004년 유럽연합에 가입)도 미국의 입장을 지지하였다. 그러나 궁극적으로 프랑스와 독일은 미국과 영국의 대이라크 전쟁 정책에 끝까지 반대하지 않았다. 프랑스와 독일은 '후세인의 무장해제'라는 미국의 전략에 전적으로 동의하고 있다. 다만 어떻게 무장해제 할 것이냐의 전술적 측면에서 차이를 보였던 것이다. 프랑스가 원하는 것은 프랑스가 국제체제에서 무엇인가 영향력을 행사하고 인정받는 데 있었다.

2장 "대테러전쟁에 관한 초국가적 관점. 정책 설정자로서의 유럽의회"에서는 유럽의회의 이라크 전쟁 이후의 국제분쟁에 대한 대응을 대내안보와 대외안보의 면에서 비교하여, 유럽의회가 정책설정자로서의 역할을 수행할 수 있는 조건을 모색하였다. 유럽의회가 정책설정자로 활동하기 위해서는 법적으로 주어진 권한 이외에도 공공의 공감대, 대표성, 좌우 이념으로 개념화될 수 있는 이슈가 필요했다. 유럽의회는 대외안보정책의 영역에서 한정된 법적 권한 이외에 다른 정책 환경 요소의 도움을 받지 못한 반면에, 대내안보분야에서는 대외안보분야와 마찬가지의 법적권한에도 불구하고 다른 조건이 충족되는 환경에 있었기 때문에 정책설정자로서 활동하였다. 특히 테러방지정책에서 유럽의회는 인권보호를 정책 우선 과제로 설정함으로써 다른 EU기관과 차별화된 정책을 추구하였고 실제로 성과를 거두었다.

3장 “아프간전과 이라크전을 통해 살펴본 유럽연합과 미국의 대서양동맹의 변화”에서는 탈냉전기 이후 주요 국제분쟁의 결과와 진행 과정 속에서 대두되고 있는 유럽연합과 미국의 새로운 동맹관계의 설정 문제를 대테러전쟁을 수행하는 과정에서 NATO를 통한 대서양동맹의 새로운 구축이라는 측면에서 접근하였다. 새롭게 변환하고 있는 국제정치질서 속에서 21세기 국제분쟁의 전형이라 할 수 있는 대테러전쟁이라는 개념을 통하여 대서양동맹의 관계와 내용의 변화를 돌아보고, 아프간전과 이라크전쟁이 만들어낸 새로운 개념과 국제적 외교안보 지형 위에 전통적으로 다져온 대서양동맹의 의미를 되새겨 보았다. 아프가니스탄 전쟁과 이라크전쟁을 수행한 미국을 비롯한 주요 유럽 국가들은 전쟁 참가와 수행에 어떤 기준과 원칙을 적용하였을까? 현실주의(혹은 신현실주의)라는 대표적인 전통적 외교관계의 원칙이나 외교정책의 대표적 수단인 동맹관계로만 설명할 수 없는 새로운 기준이 작용한 것이 아니었던가라는 질문에서 이 글은 출발한다. 미국과 유럽연합의 전통적 동맹 관계의 구성 요소가 대테러전쟁을 통해 수반된 변화의 흐름과 내용에 어떤 영향을 미쳤는가를 추적하면서, 새로운 기준과 적용의 원칙은 어떤 요인들로 분석할 수 있을 것인가라는 시각에서 유럽연합의 입장을 다루었다.

4장 “걸프전을 통한 유럽 공동안보방위정책의 변화와 전망”에서는 국가 간의 첨예한 이해관계를 반영하는 측면과 어떠한 결정적인 계기나 역사적인 사건을 경험하면서 발전되는 경향을 고찰하였다. 유럽에서 공동안보방위정책이 구체적으로 논의되었던 계기를 탈냉전의 국제환경에서 발발한 걸프전에서 보는 시각은 타당성이 있다. 걸프전은 EC 회원국에게 다음과 같은 사실에서 중요한 교훈을 주었기 때문이다. 걸프전 후 유럽연합은 유럽차원의 공동안보방위정책을 모색하게 되며, 수립된 유럽공동안보방위정책은 유럽의 정치적 통합을 완성하기 위한 중요한 정책이자 상징으로, 유럽연합의 안보의제를 조정하고 추진하는 중요한 역할을 수행한다. 걸프전이 유럽공동체가 유럽연합으로 확대·심화되어 가는 과정에서 유럽의 안보와 관련된 공동안보방위정책 수립의 중요성을 각인시켜 주었던 전쟁이었다면, 그 후 점진적인 발전과정을 통하여 수립된 유럽안보방위정책은 현재 시점에서 어떠한 문제점이 있고 극복해야할 과제가 어디에 있는지를 집중적으로 분석하였다.

5장 "유럽연합(EU)의 국제분쟁 대응과 독자적 안보전략의 부침: 아프가니스탄 전쟁 대응의 안보정책적 의미를 중심으로"에서는 국제분쟁과 관련한 EU 안보정책의 속성을 고찰하였다. 냉전 종식과 EU의 중·동유럽 확장이라는 새로운 안보환경에서 EU는 독자적 안보전략의 필요성을 절감하고 자주적 안보정체성을 모색해왔다. 그러나 9·11 테러 이후 더욱 강화되는 미국의 일방주의 노선에 제대로 대처하지 못함으로써 아프가니스탄 전쟁에 대한 EU의 대응은 독자적 안보전략 모색의 좌절로 이어졌다. 전쟁 중 EU 차원의 참여는 EU 회원국들의 개별적 참여로만 가능했으며, 종전 후 일정기간 동안 EU의 아프가니스탄 대책도 민간외교정책의 테두리 내에서 시민보호와 대민행정에 한정되는 등 EU는 미국과 NATO의 범주 안에서 움직여 왔다. 그러나 다른 한편으로는 경찰력 군사 파견과 같은 독자적 전략도 꾸준히 추진하면서 유럽주의와 다자주의의 시도를 포기하지는 않았다. 이러한 의미에서 국제분쟁과 관련한 EU의 안보정책은 상황에 따라 유연하게 대응하는 소극적이지만 효과적인 다자주의라고 할 수 있다.

6장 "유럽전략문화의 변화와 외교안보정책 결정의 담론 채널"에서는 유럽의 국가별 전략문화 간 수렴과 발산을 생산하는 동학에 대한 질문을 제기한다. 이 퍼즐에 대해 이 글은 다음과 같은 몇 가지 정치적 함의를 얻는다. 첫째, 유럽전략문화에 대한 기회와 도전은 '유럽화'의 개념과 분명한 상관관계를 갖고 있다. 유럽화는 '나토 내러티브'에 대한 도전적 개념으로서 유럽 사회에 점진적으로 자리매김하여 왔다. 이 과정에서 유럽의 전략문화는 '더 높은 적극성과 더 낮은 승인 수준'을 향해 수렴되는 정향을 보여주었으며 그 중심에는 냉전체제의 붕괴라는 체계적 변화가 자리하고 있었다. 둘째, 네 가지 전략규범으로부터 선호협력모드와 군사력동원을 위한 목표 설정에 영향력을 행사하는 것은 위협에 대한 인지, 제도적 사회화, 병합된 위기 등이 벡터를 이루는 학습 과정이었다. 위협에 대한 인지는 군사력동원의 목적에 영향을 미쳐 영토방위에 대한 배타적 몰입의 수준을 낮추고 선호협력모드의 수준을 낮추어 나토/미국에 대한 고착현상을 약화시켰다. 이로써 유럽연합 회원국들은 학습을 수반한 규범적 동형화의 기제를 통해 유럽의 전략문화를 구성하는데 있어서 선행동적인 모습을 보여주었다.

7장 "유럽연합(EU)의 인권정책: 전쟁, 난민, 그리고 정체성"에서는 유럽연합이 유고 내전이라는 전쟁에 직면하여 자신들의 인권정책을 수립해가는 과정을 살펴보고, 이 과정에서 보여주는 유럽연합의 정체성에 대해 생각해보았다. 1990년대 들어와 유럽연합 차원에서 인권정책 논의가 활발해지는 계기는 두 가지로 나누어 생각할 수 있다. 첫째는 내적 요인으로써 유럽연합 출범 이후 통합의 경제적 혜택에 근거한 비전이 소진된 상황에서 이를 뛰어넘는 통합의 내적 동인으로써 인권정책에 대한 논의가 필요했다는 점이다. 인권정책의 공식화는 정치적인 통합의 심화 필요성과도 맞물려 있다. 하나의 정치공동체를 지향하는 유럽연합으로서는 당연하게 보편적인 인권에 대한 원칙을 천명함으로써 독립적인 공동체의 위상과 정당성을 확보해야 했다. 유럽연합에서 인권정책 논의가 활발해지는 두 번째 계기는 외적인 요인으로써 1992년 유고 내전의 발발과 더불어 대규모 난민이 유럽연합 영내로 유입되는 문제를 해결해야 할 긴급한 필요성 때문이었다. 유럽연합의 입장에서 보면 기존의 아시아나 아프리카 등지에서 일어났던 내전과, 이로 인한 난민의 발생은 유럽연합 회원국가의 영토로 직접적인 난민유입을 가져오지는 않았기 때문에 인도적 차원의 재정 지원에 그치는 경우가 많았다. 그러나 유고 내전의 경우 인종과 종교, 문화적 차원에서 유럽의 전통과는 이질적인 대규모 난민들이 직접 유럽영내로 유입되는 것이 불가피했기 때문에 어떤 형태로든 유럽연합 차원에서 대응책을 모색해야만 했다.

8장 "영국과 이라크 전쟁: 영미 특수 관계와 블레어 수상의 리더십"에서는 영국의 대이라크전에 대한 태도를 두 가지 대안적 설명방식으로 해석한다. 이라크 문제에 대한 접근 방식에 있어 영국의 블레어 정부는 당내의 반발과 국민 여론의 반대를 무릅쓰고 노동당 외교정책의 전통을 거스르면서까지 영국과 비슷한 수준의 국력을 가진 프랑스나 독일 등의 다른 유럽 국가들과는 상이한 정책노선을 취했다. 이러한 영국 정부의 결정을 어떻게 설명할 수 있을 것인가? 상식과 기존 이론의 관점에 근거한 직관으로는 선뜻 이해하기 어려운 영국의 대이라크 정책에 대해 현재 크게 두 가지의 설명 방식이 눈에 띈다. 하나는 영국과 미국 사이의 이른바 '특수 관계(special relationship)'에 초점을 두는 설명 방식이며, 또 하나는 블레어 수상 개인의 리더십 스타일에 주목하는 설명 방식이다. 지금까지 밝혀진 사실을 토대로 보건대 이 두 가지 관점은 모두 이를 뒷받침할 수 있는 증거를 확보하고 있으며, 나름대로 상당한 설득력을 가지고 있는 것으로 보인다. 그러나 어느 주장도 다른 하나의 주장을 전적으로 부정할 수 있을 정도의 설명력의 우위를 보여주고 있지는 않은 것으로 판단된다.

9장 "독일 안보정책의 변화: 콜 정부와 슈뢰더 정부의 비교"에서는 통일 이후의 독일의 안보정책을 연속성과 변화라는 측면에서 살펴보았다. 탈냉전 속에서 통일독일의 안보정책의 연속성과 변화라는 측면에서 볼 때, 독일의 전쟁에 대한 입장과 태도는 매우 흥미로운 것이다. 독일은 역사적 특수성을 인정하고 공식적으로는 정상화된 안보정책의 복원에 대해 반대해 왔던 국가였다. 걸프 전쟁, 유고슬라비아 전쟁, 코소보 전쟁과 이라크 전쟁에 대한 독일의 안보정책을 전후 독일 안보정책의 흐름 속에서 어떻게 자리매김해야 하는 지의 문제에 부딪치게 된다. 과연 코소보 전쟁과 이라크 전쟁에의 참여는 독일의 안보정책 노선의 연속성 속에서 이뤄진 것인가? 아니면 전통적인 독일의 안보정책에서 하나의 분기점을 기록한 사건으로 평가할 수 있는가? 다시 말해 독일 안보정책의 근본적 변화를 의미하는가? 또는 연속성이라는 틀 속에서 변화를 모색하는 것으로 해석하는가? 이를 위해서는 무엇보다도 독일 안보정책의 역사와 현실이라는 복합적 차원의 접근을 통한 분석이 요구된다. 독일의 안보정책을 다루는 이 글 역시 다차원적인 분석을 통해 이 점을 규명하는 것을 연구의 목적으로 삼고 있다.

10장 "프랑스와 이라크 전쟁"에서는 이라크전의 발발 전과 전쟁 기간 동안 미국의 정책에 대해 강력하게 반대 의견을 표명한 프랑스의 입장을 해석하였다. 왜 프랑스는 이라크전을 반대한 것인가? 왜 프랑스는 이라크전에 대해서 아프가니스탄 전쟁과는 다른 선택을 한 것인가? 이에 서론에서는 프랑스가 이라크전을 반대하게 된 일련의 요인들을 친미-반미라는 이분법적인 시각을 넘어서 정치, 경제, 외교, 그리고 이념적 고려라는 다차원적인 틀에서 논의한다. 일차적으로 이라크전에 대해서 프랑스가 선택한 반대의 입장은 미국의 전략에 대한 의견 불일치와 미국과 다른 세계관, 그리고 국가적 이익을 보호하기 위한 차원을 고려하여 이루어진 결정이라고 볼 수 있다. 특히 이라크에서 군사적인 행동을 반대한 프랑스의 결정은 프랑스가 이라크를 포함한 아랍지역에서 가지고 있었던 경제적, 정치적인 이해관계를 반영하는 것이었다. 그러나 단지 정치적, 경제적 이익을 위해서만 프랑스가 이라크에 대한 전쟁을 반대했다고만은 보기 어렵다. 프랑스의 여론과 프랑스 지도자가 가지고 있는 성향 역시 일정 부분 영향을 미쳤다고 볼 수 있다. 또한 프랑스의 입장에서는 프랑스 내 거주하고 있는 무슬림과 주변 유럽 국가들과의 관계 또한 이라크전과 관련해서 정치적으로 중요한 부분을 차지하고 있었다. 프랑스의 선택은 국가이익의 수호와 국제규범의 옹호, 그리고 국내정치의 요소를 복합적으로 반영한 것이었다.

11장 "정치적 전환기의 이탈리아 대외정책–걸프전과 보스니아/코소보전을 통해 본 대외정책을 중심으로"에서는 이탈리아의 정치적, 사회적 역동성과 대외정책의 특징을 살펴보았다. 유럽의 여러 국가들 중에서 정치적이고 사회적인 역동성이라는 측면에서 가장 독특한 특징을 보이는 국가로 많은 사람들이 이탈리아를 꼽는다. 그 이유에는 여러 가지가 있지만 이탈리아 내부의 다양성 및 그 다양성을 초래한 역사적 사건과 상황들의 중첩을 거론하는 경우가 많다. 실제로 이탈리아는 유럽의 주요 열강 중에서 국민국가로서 통일한 시기가 가장 늦었고, 유럽외교무대에도 비교적 뒤늦게 등장하였다. 그러나 짧은 역사적 연원에도 불구하고 양차 세계대전에도 적극적으로 개입한 국가였으며, 지중해와 유럽을 잇는 가교 역할을 했을 만큼 유럽정치질서에서 중간자의 역할을 충실히 해왔다. 이 글은 걸프전과 보스니아/코소보 전쟁이라는 두 개의 종속변수를 설정하고 전쟁을 통해 변화된 외교정책의 노선과 주요 특징들을 비교함으로써 전환기 이탈리아 외교정책의 일반적 특징을 이론적으로나 노선적으로 정형화할 수 있을 것인지를 살펴보았다. 또한 개별국가로서 이탈리아라는 지위와 유럽연합의 구성원으로서 이탈리아의 입장에 대한 비교분석이 가능한

지를 간략하게 살펴보았다.

12장 "국제 분쟁에 대한 동유럽 국가들의 관점과 대응: 현실사회주의의 성격과 자본주의 세계체제 편입의 갈등에 따른 소극적 대응을 중심으로"에서는 당사국 외에는 동유럽 내 무력분쟁에 거의 개입하지 않았으며, 그 밖의 전쟁에 대해서도 소극적으로 대응해 온 동유럽 국가들을 다루었다. 현실사회주의 시절 전쟁에 대한 동유럽 국가들의 소극적 태도는 관료적 노동사회라는 과도기적 사회구성체와 사회주의 블록체제의 속성에 기인했다. 평등을 기반으로 한 사회주의 이념과 물질적 혜택에 따른 통합과 관료적 권위주의 통제를 특징으로 하는 관료적 노동사회들이 소련을 중심으로 블록체제를 형성했기 때문에, 블록 내의 무력분쟁은 인정되지 않았으며 자본주의 국가들 간의 분쟁은 제국주의 전쟁으로 보아 개입하지 않았다. 반면 1980년대 말 이후 동유럽 국가들의 전쟁 대응은 관료적 노동사회의 자체 모순에 따른 급격한 변화와 소련의 블록체제 포기로 인해 민족주의 재강화를 동반하는 체제전환에 의해 각인되어 왔다. 즉 성공적 체제전환이라는 전환기적 이해관계에 따라 당사자로서의 민족 간 갈등이 아닌 전쟁에 대해서는 직접 개입하지 않으려는 실리주의적 태도를 보여 온 것이다.

참고문헌

최진우. 2016. "가치의 구현과 이익의 실현: '규범적 유럽'과 북핵 문제."『국제관계연구』21권 1호, pp. 65-94.

Brummer, Klaus. 2009. "Imposing Sanctions: The Not So 'Normative Power Europe'." *European Foreign Affairs Review* 14, pp. 191-207.

Chandler, David. 2003. "Rhetoric without Responsibility: The Attraction of 'Ethical' Foreign Policy." *British Journal of Politics and International Relations* 5:3, pp. 295-316.

Fukuyama, Francis. 1989. "The End of History?" *National Interest*, vol. 16.

Hyde-Price, Adrian. 2006. "'Normative' Power Europe: a Realist Critique." *Journal of European Public Policy*, vol. 13, no. 2, pp. 217-234.

Huntington, Samuel. 1996. *The Clash of Civilization and the Remaking of World Order*. New York: Touchstone,

Manners, Ian. 2002. "Normative Power Europe: A Contradiction in Terms?" *Journal of Common Market Studies*, vol. 40, no. 2, pp. 235-258.

Mead, Walter Russell. 2001. *Special Providence: American Foreign Policy and How It Changed the World*. New York: Alfred A. Knopf.

Mearsheimer, John. 1993. "Back to the Future: Instability in Europe After th Cold War," in Sea M. Lynn-Jones and Steven E. Miller, eds. *The Cold War and After: Prospects for Peace.* Cambridge: MIT Press.

Mearsheimer, John. 2001. *The Tragedy of Great Power Politics*. New York: Norton.

Sjursen, Helene. 2006a. "What Kind of Power?" *Journal of European Public Policy*, vol. 13, no. 2, pp. 169-181.

Sjursen, Helene. 2006b. "The EU as a 'Normative' Power: How Can This

Be?" *Journal of European Public Policy*, vol. 13, no. 2, pp. 235–251.

Smith, Karen E. and Margot Light. 2001. *Ethics and Foreign Policy*. Cambridge: Cambridge University Press.

Williams, Paul. 2005. *British Foreign Policy Under New Labour, 1997–2005*. London: Palgrave.

Youngs, Richard. 2004. "Normative Dynamics and Strategic Interests in the EU's External Identity." *Journal of Common Market Studies*, vol. 42, no. 2, pp. 415–435.

1부
전쟁에 대한 유럽의 관점과 대응

1장 이라크전과 EU의 대응*

임종헌

Ⅰ. 서론

EU의 외교안보정책은 주로 경제적, 외교적인 수단에 의존하는 분쟁 예방의 성격을 띠고 있으며, 미국과 같은 세계 경찰의 역할을 수행할 수 있는 군사력이 부재하며, 유럽지역 밖의 문제에 대해서 직접적 군사개입의 여지가 많지 않다. 유럽연합은 이라크 전쟁에 대하여 많은 관심을 갖고 이 전쟁에 대하여 많은 심혈을 기울였으나 일치된 대응을 하지 못하였다.

* 이 논문은 2005년 정부(교육인적자원부)의 재원으로 한국학술진흥재단의 지원을 받아 수행된 연구임(KRF-2005-072-BM0010). 출처: 『한독사회과학논총』. 제18권 제1호. pp. 49-71. 2008.

이라크 전쟁에 대한 대응을 분석함으로써 유럽연합의 국제분쟁 대응 정책이 형성되고 전개되는 방식을 규명하려는 이 연구는 먼저 유럽은 자체의 공동외교안보정책을 발전시키려 하는 노력의 과정을 살펴볼 것이다. 이어서 이렇게 유럽연합이 공동외교안보정책을 발전시켰음에도 불구하고 유럽이 분열한 원인은 무엇인가를 살펴보고자 한다. 이어 유럽연합과 다른 안보기구들을 비교함으로써 유럽에서 유럽연합이 실질적인 안보기구로서 기능할 수 있는 지를 살펴보고자 한다. 끝으로 지금까지의 논의를 정리하고 결론을 맺을 것이다.

Ⅱ. 유럽공동체 자체의 공동외교안보정책의 발전과정

1969년 12월에 열린 유럽공동체 회원국들의 헤이그 정상회담에서는 유럽공동체가 정치통합을 위해서도 최선을 다한다는 내용의 선언을 채택했다. 그 후속조치로서 1970년 10월에는 외교정책 분야에서의 정보교환과 협의를 위한 기관의 설치를 결정한 '룩셈부르크 보고서'가 채택됨으로써 '유럽정치협력(EPC: European Political Cooperation)'이 강구된다. 그런데 이 기구는 애초에는 EC 틀 밖에서 회원국의 합의에 설치된 정부 간 협의기구로서 EC의 법적인 기초가 된 3개의 공동체 협약에 기초하여 만든 조직은 아니었다. 그러나 1986년 단일유럽의정서(SEA)가 발효됨과 더불어 EPC는 비로소 법적 근거를 얻어 공동체 차원에서 회원국들의 외교정책-안보정책 협의-조정기구가 되며 안보문제의 정치적-경제적 측면도 의제에 포함시키는 것이 가능해졌다.[1]

그러나 EPC는 본질적으로 정부수준에서의 상호협력과 조정을 모색하는 정부 간 기구로서 모든 결정은 만장일치에 의거하고, 대외경제문제와 그 밖의 외교정책을 엄격히 구분하여 후자만 취급하며, 안보문제를 다룰 때에도 그 정치적-경제적 측면에만 한정시키는 커다란 한계를 지니고 있었다. 이러한 한계로 말미암아 EPC는 구소련의 붕괴, 유고슬라비아내전, 걸프전 등에서 적절한 공동외교안보정책을 수립하는 데에 기여하지 못했다.

공동외교안보정책은 1992년 유럽연합조약 5조에 의해 기존의 유럽정치협력을 대치하고 궁극적으로 유럽의 공동 안보체제를 확립하는 것으로 1993년부터 시행에 들어갔다. 공동외교안보정책은 미국의 간섭과 전쟁의 경험 등을 통해 제2차 세계대전 이후 탈냉전을 거치면서 그동안 유럽연합에서 금기시 되어왔던 문제였다. 그러나 탈냉전은 이러한 이슈가 공개적으로 토론되고 새로운 정책방향이 강구될 수 있는 여건을 생성하였다. 유럽연합의 4가지 지주 중 2번째에 해당하는 공동외교안보정책은 조약 11조에 의해 이사회의 만장일치 표결로서 회원 각국 간의 공동협력 등을 취할 제도적 장치를 강구한다고 명기하고 있다. 또한 조약 12조에는 유럽연합 차원의 새로운 공동전략 등도 담고 있다.[2]

1992년 2월 7일의 마스트리히트 조약에는 질적으로 새롭게 등장한 공동화된 유럽의 외교안보정책은 없었다. 단지 공동외교안보정책(CFSP)을 통해 1970년 창설된 유럽정치협조기구(EPC)에 더욱 더 확대된 권한을 부여하는 것으로 그쳤다. 하지만 이 체제도 또한 단순한 정부 간의 협조와

1 이수형, 『북대서양조약기구(NATO)와 유럽안보』(서울: 한울 아카데미, 2004), pp. 245-254.

2 Ulrike Guerot and Andrea Witt, "Europas neue Geostrategie," in *Aus Politik und Zeitgeschichte* B 17(2004).

만장일치의 원칙에 머물러 있었다. 하지만 이와는 달리 마스트리히트 조약에서 회원국들은 독립적으로 존재하는 유럽의 안보 및 방위체제의 구축과 촉진의 필요성을 인정했었다. 이런 취지에서 서유럽연합(WEU)이 "단계별로 유럽연합의 방위기구로 발전되어야 하고, 북대서양조약기구의 유럽 축의 강화를 위한 수단으로 계속 구축되어야 한다는 것"에 합의를 보았다.[3]

공동외교안보정책이 마스트리히트 조약에서 정식으로 승인된 후 수개월 만에 유고슬라비아에서 분쟁이 발생했다. 자체 군사력이 없었던 유럽연합은 정치적 해결을 시도했지만 무위로 돌아갔고, 회원국들은 발칸으로 파견된 국제연합(UN)과 북대서양조약기구(NATO)군의 일부로서 개입할 수 있었다.

이후 1997년의 암스테르담 조약에서의 수정을 통해 조약 11조부터 28조까지 공동안보정책에 관한 내용을 담게 되었다. 공동안보정책은 공동방위정책 등을 포함하여 유럽연합의 공동안보 및 외교에 관련된 모든 분야를 망라한 것이다. 이러한 정책 취지에 따라 유럽연합은 이미 1949년 이후 성립된 북대서양조약기구와의 양립하는 정책을 취하고 있다. 그러나 향후 공동안보정책의 발전을 필연적으로 북대서양조약기구와의 새로운 관계조율이라는 정치적 난제를 해결해야 실효를 거둘 수 있다. 이와 관련하여 1999년 위원회와 이사회는 NATO의 조치와는 별개로 국제적 분쟁 및 유럽안보에 위협이 가해질 때 유럽연합은 독자적으로 방위군을 구성하여 대응해야 한다고 밝히고 있다.

또한 서유럽연합(WEU)과의 이중적 안보정책 노선은 향후 유럽연합

3 임종헌, "유럽연합의 공동외교안보정책,"『한·독사회과학논총』 제11권 제1호 (Summer 2001), pp. 28-34.

의 공동안보 정책으로 일원화 한다는 입장을 견지하고 있다. 그러나 이는 유럽 이사회와 회원 각국의 비준뿐만 아니라 미국과 여타 유럽 국가와의 정치적 협상을 요하는 쉽지 않은 문제이다. 따라서 조약에서는 정책시행에 있어 회원 각국과 유럽연합 정책 결정 기구들의 직접적 참여와 의결을 요하고 있다. 이러한 연유로 공동안보정책에 있어서만은 위원회와 유럽의회 그리고 사법재판소의 기능이 제한되고 있다.[4]

하지만 독자 군사 개입 능력이 없는 공동안보정책은 유고 내전과 코소보 사태를 겪으면서 그 한계를 드러내게 된다. 유럽연합은 이 두 사건을 계기로 미국과의 엄청난 군사 격차를 확인하고 미국이 인명손실을 우려해 지상군 투입을 주저하는 것을 지켜보면서 '우리의 안보를 미국에만 의존할 수 없다'고 판단을 하고 이에 따라 현재의 '유럽안보방위정책'이 급류를 타게 됐다. 우선 1999년 6월 '지역 내 위기관리를 위해 독자 군사력을 보유해야 한다'는 공식 합의에 따라 정치안보위원회, 군사위원회, 군사참모부 등 3대 군사기구 설치에 합의했다. 같은 해 12월 독자적인 군사행동 결정 능력과 군사작전 수행 능력을 가진 유럽독자방위체제 창설을 위한 의장국 보고서가 채택됐다. 그에 따라 유럽연합은 군대와 경찰을 위기발생 지역에 파견, 인도주의 활동 운영, 평화유지, 위기관리, 중재까지 할 수 있다. 그에 따라 군사행동은 NATO와는 별도이지만 NATO 재원에 접할 수 있는 유럽연합 신속대응군에 의해 이루어지게 되었다.[5]

4 Ian Manners and Richard G. Whitman, *The FOREIGN POLICIES of EUROPEAN UNION MEMBER STATES*(Oxford: Manchester University Press, 2000), p. 74.

5 "공동외교안보정책." http://www.delkor.cec.eu.int/kr/eu_global_player/security.html(검색일: 2006.8.22).

공동외교안보정책의 기본원칙과 일반적인 가이드라인은 회원국정상들과 '유럽위원회'(이전의 유럽공동체 위원회)의 의장으로 구성되는 '유럽이사회'에서 결정되는 반면, 그 지침에 입각한 특정 사항에 대한 공동행동 결정은 (각료)이사회의 권한에 속한다. 그리고 CFSP에 관한 공동유럽이사회의 결정에는 원칙적으로 만장일치방식이 채택되고 있지만, 공동행동의 결정과 실행에는 가중다수결제가 적용된다.

현재 EU 공동외교안보정책의 조직과 운영을 살펴보면, 우선 EU정상회의(European Council)는 공동외교안보정책의 기본원칙과 지침을 정하고 회원국의 공동이해가 걸려있는 분야에 있어 공동의 이행 전략을 결정한다. 외무장관회의는 정상회의가 정한 원칙과 지침에 따라 CFSP 이행을 위한 결정을 내리고 필요시 공동전략 등을 마련하여 정상회의에 건의하기도 한다.[6]

하지만 모든 경미한 사안까지 외무장관회의에서 결정할 수 없기 때문에 통상 이사회 산하 대사급 회의체인 '상주대표회의(COREPER)'와 '정치안보위원회(PSC)'에 많은 결정 권한이 위임되어 있으며, 실무급 회의체로 '아주국장회의(COASI)', '비확산위원회(CONOP)'가 있어 사안의 경중에 따라 맡겨진 사안을 논의하고 필요한 결정을 내리며, 이들을 통칭하여 '이사회(The Council)'라고 부른다. 즉, 이사회는 CFSP 관련 공동행동(joint action)과 공동입장(joint positions)을 채택한다. 의장국(The Presidency)은 CFSP 관련 대외적으로 EU를 대표하며 정상회의, 각료회의 및 각급 회의를 주재하고 회원국 간 이견 조정 등 운영의 책임을 갖는다. 의장국은 이사회

6 Dr. Karl von Wogau, "Towards a European Security and Defence Union," Gerhard Wahlers(eds.), *Korea, Germany and the European Union*(Seoul, Konrad-adenauer-Stiftung Korea Office), pp. 45-54.

사무국 및 CFSP 고위 대표의 보좌를 받는다.

집행위원회는 CFSP 관련 EU의 주요정책을 입안하여 이사회 및 구주의회에 제안(proposal)의 형태로 제출하며, 의장국과 긴밀히 협의한다. 또한 집행위는 주요국가 및 국제기구 등에 130개의 대표부를 두고 1000명의 EU 외교관을 파견하여 해외에서 CFSP 이행을 지원하고 있다.[7]

CFSP와 관련하여 유럽연합이 그간 행한 공동조치로서는 구 유고슬라비아(4번), 아이티(2번), 수단, 리비아에 대한 경제제재조치, 구 유고에 대한 경제지원, 중동평화회담지원, 대인지뢰의 통제, 비핵확산조약관련 회의, 남아프리카의 민주주의로의 전환 지원 등이 있다. 그리고 마스트리히트조약의 제4조 제2항 규정에 따라, 유럽연합의 방위기구로 창설되었지만 그간 유명무실했던 서유럽연합(WEU)을 활성화시켜 NATO를 대체하는 것은 아니지만, WEU를 NATO의 유럽 기둥으로 확실히 세우려는 제반 조치들이 시행되었다. 현재 WEU가 가동할 수 있는 군대로는 (1) 프랑스, 독일, 벨기에, 스페인, 룩셈부르크가 참여하고 있는 '유럽군(eurocorps)', (2) 벨기에, 독일, 네덜란드, 영국이 참여하고 있는 '다국적 사단', (3) 영국과 네덜란드의 '수륙양용군', (4) 프랑스, 이탈리아, 포루투갈, 스페인이 참여하고 있는 '신속배치군(eurofor)', (5) 프랑스, 이탈리아, 포루투갈, 스페인이 참여하고 있는 '유럽해상군(euromarfor)' 등이 있다. 그런데 이러한 '유럽공동방위군'들은 1993년 1월 WEU 이사회의 결정에 따라 유사시에는 NATO의 지휘를 받도록 되어 있다.

7 http://www.koreanmissiontoeu.org/eu_policy/policy.php(검색일: 2006.9.21).

Ⅲ. 미국의 이라크 공격에 대한 유럽의 분열된 입장

미국의 대이라크 전쟁에 프랑스와 독일이 제동을 걸고 나섰다. 이라크 공격을 바라는 미국에 대해 유럽 제국 가운데 처음으로 공공연하게 반기를 든 사람은 독일의 슈뢰더 총리였다. 슈뢰더가 이끄는 사회민주당과 녹색당의 여당연합이 여론조사에서 야당연합에 밀리고 있었다. 궁지에 몰린 슈뢰더 총리가 선택한 것은 이라크 문제를 선거 쟁점으로 올린 것이다. 독일 국민 그리고 여당 지지자 다수가 부시 정권의 이라크 정책에 반대했다. 슈뢰더는 독일인의 반전감정을 선거에서의 지지 확대에 이용하려 했다.

시라크 대통령에게 이라크 문제는 프랑스의 국제적인 영향력을 확대할 수 있는 절호의 기회였다. 또한 시라크에 의해 외상에 기용된 도미니크 드 빌팽(Dominique de Villepin)도 똑같이 프랑스가 세계 가운데 지도적 입장의 한 모서리를 차지해야 한다는 야망을 가지고 있었다.

유엔 안보이사회 상임 이사국인 프랑스는 미국과 영국이 제안하는 보다 강력한 제2차 대이라크 유엔 결의안 채택에 대해서 반대의 입장을 표명했다. 프랑스와 독일의 미국에 대한 반대는 단순히 이라크 전쟁에 관한 제한된 이슈를 넘는 것이지만 독일, 프랑스 반미주의의 직접 원인은 2002년 11월 채택된 UN 안보리의 대이라크 결의안 제1441호와 그 후속 결의안 채택 여부를 둘러싼 갈등에서 비롯된 것이다.[8]

이라크에 대한 유엔사찰단의 보고는 이라크가 대량파괴 무기를 보유

8 우메카와 마사미·시카노 도모카즈 엮음, 김광옥 옮김, 『블레어의 이라크 전쟁』(서울: 도서출판 한울, 2005), pp. 109-112.

하고 있다는 사실을 찾아내지도 못했고 그렇다고 이라크가 대량파괴 무기 개발을 하지 않는 것도 아니며, 이라크가 사찰에 적극 협조한 것도 아니라는 그야말로 흐리멍덩한 내용이었다. 바로 이 시점에서 대이라크 강경론과 대이라크 전쟁 반대론 사이의 갈등이 노골적으로 표명되기 시작했다. 미영의 강경론은 이라크가 심각한 결과에 직면해야 할 상황이며, 후속 결의안을 통해 이라크를 군사적으로 무장해제 조치 할 수 있는 유엔의 허락을 받으려 하였다. 반면 프랑스, 독일은 이라크에 대한 사찰 시한을 더 연장하고 사찰 규모도 늘임으로써 지금 당장 전쟁을 할 필요가 없다고 주장하였다. 러시아도 불-독의 입장을 지지하며 프랑스 시라크 대통령은 안보리에서 새로운 결의안에 대해 거부권을 행사할 뜻을 밝혔다.[9]

유럽연합(EU)과 북대서양조약기구(NATO)에 가입했거나 가입할 예정인 동유럽권 13개국이 미국의 이라크 침공을 둘러싸고 독일, 프랑스 등 유럽 주요국들과는 달리 미국 지지에 앞장서는 이례적인 모습을 보였다. 이런 옛 바르샤바조약국 회원국들의 태도로, 영국·이탈리아 등 친미 성향 나라들과 독일·프랑스 등 미국 일방행동 견제국들 간의 알력으로 이미 양극화 조짐을 보인 유럽이 더욱 깊은 균열 양상을 드러내었다.[10]

1999년에 이미 NATO에 가입한 폴란드·헝가리·체코 정상들이 2003년 2월29일 유럽과 미국 주요 일간지에 영국·이탈리아·스페인·포르투갈·덴마크와 함께 이라크 무장해제에 유럽이 적극 동참할 것을 촉구하는 공개서한을 실은 데 이어, 2003년 3월 5일에는 에스토니아·불가리아 등

9 Chritian Hacke, "Deutschland, Europa und der Irakkonflikt," in *Aus Politik und Zeitgeschichte* B 24-25(2003), pp. 8-16.

10 Jae-Seung Lee, "Divided Europr and the Iraq War: Elements of Foreign Policy Choices," 한국정치학회 하계학술대회 발표문(2006). pp. 1-29.

나머지 동유럽 10개 나라가 또다시 미국의 이라크 침공을 지지하는 성명을 발표했다. 전격적인 동유럽의 태도 변화로 유럽에서 미국의 일방적인 이라크 침공에 반대 목소리를 내고 있는 독일과 프랑스는 일격을 당했다.[11]

이처럼 야기된 미국-영국을 한편으로 그리고 독일-프랑스를 한편으로 하는 세력 간에 긴장이 야기되었다. 단순한 전술, 전략적 견해 차이를 넘어 이들의 갈등은 감정적인 갈등으로 치달았다. 더욱 문제가 되는 것은 소위 대서양 동맹, 유럽 통합, 유엔의 장래는 치유하기 어려울 정도로 손상을 당할 가능성이 있었다. 비록 임시 해결되어 북대서양조약기구(NATO)가 터키 방위를 위한 조치를 취하는데 합의를 이루기는 했지만 프랑스, 독일, 벨기에가 이라크와 전쟁이 발발할 경우 당연히 나토에 의해 군사적 보호 조치가 제공되어야 할 터키에 대한 군사력 파견을 거부했던 것은 NATO 역사상 초유의 일이었으며 NATO의 장래에도 궁극적인 악영향을 미칠 수밖에 없게 되었다.[12]

프랑스와 독일의 대이라크 전쟁 반대는 예상치 않은 강력한 역풍을 받았다. 2003년 2월 5일 미국의 콜린 파웰 국무장관은 이라크가 무장해제 하지 않고 있다는 사실에 관한 증거를 제시하는 긴 연설을 함으로써 유엔의 지지를 호소했다. 이날 미국의 워싱턴 포스트 지는 "프랑스가 무어라 말하던 귀담아 들을 필요가 없다. 그들은 미국이 하는 일에 대해

11 Horvath. John, "Osteuropaeische Identitaetskrise," *TELEPOLIS*(2003).

12 영국의 블레어 정부는 당내의 반발과 국민 여론의 반대를 무릅쓰고 노동당 전통의 외교노선을 거스르면서까지 영국과 비슷한 수준의 국력을 가진 프랑스나 독일 등의 다른 유럽 국가와는 상이한 노선을 취했다. 최진우, "영국과 이라크 전쟁: 영미 특수 관계와 블레어 수상의 리더십," 『세계지역연구논총』 Vol. 24, No. 3(2006), pp. 391-412.

1950년대부터 반대했고 그러다 때로 슬그머니 미국에 동참하곤 했다. 이번에 그런 일이 있어도 놀랄 사람은 아무도 없을 것이다"는 내용의 기사를 실었다. 프랑스 주요 언론들도 미국 및 세계 도처에서 광범하게 벌어진 2003년 2월 15일의 반전데모 사진들을 대문짝만하게 싣고 있다. 이에 대항하여 비교적 개인에 대한 인신공격을 삼가는 영국의 언론들조차 시라크를 벌레에 비유하고 있을 정도로 프랑스에 대한 반감을 표시하였다.

프랑스의 시라크 대통령은 미국의 입장을 지지하는 동부유럽 국가들을 향해 "당신들은 침묵할 수 있는 기회를 놓쳐 버렸다"며 비난을 퍼부었다. 이에 미국의 대이라크 정책을 전폭적으로 지지하는 영국의 블레어 수상은 동유럽 국가들의 행동에 경의를 보낸다는 편지를 보냄으로써 대응했다.

Ⅳ. 이라크 전쟁에 대한 유럽연합의 대응

이라크전에 대한 유럽연합의 대응은 외교안보정책면에서 기존의 능력·기대의 차이의 문제를 극복하지 못했다. 9·11 사태 직후에 보여주었던 안보위기에 대한 공통의 인식과 유럽차원에서의 대응의 필요에 대한 합의는 실질적 유럽연합 차원의 행동을 이끌어내는 데에는 실패하였다. 유럽연합 수준에서의 공동외교안보정책은 부재하였고 그간 분쟁에서마다 되풀이되었던 논의를 재생산하는 결의안만이 유럽각료이사회(The council of Ministers)와 유럽이사회(European Council)를 통해 발표되었을 뿐이다. 즉, 이 결의안들은 공동외교안보정책의 강화의 필요성을 인지하고, 유럽연합의 국제관계에서의 역할, 특히 안보부문에서의 중요성을 강조하며, 분쟁의 평화적 해결과 재발 방지를 촉구하는 수준에서 머물고 말았다.

결국 아프카니스탄전과 이라크전에 걸쳐 유럽의회를 비롯한 유럽연합의 각 기구들은 대테러전쟁과 당면해 유럽연합외교안보정책의 오래된 걸림돌을 극복하지 못했다. 유럽연합 회원국들이 유럽 통합 역사 50년간 합의를 이루지 못해 온 유럽연합의 공동외교안보정책의 조화, 분쟁해결 수단으로서의 군사력의 사용여부가 여전히 극복할 수 없는 문제로 등장하였다. 이에 덧붙여 9·11 사태 이후 세계 각국의 입장을 양분했던 몇 가지 쟁점에서 유럽연합은 대립의 양상을 보였다. 미국이 주도한 아프카니스칸과 이라크에 대한 공격은 테러위협에 대한 인식, 예방전쟁으로 대표되는 테러방지 방법의 적합성, 국제분쟁에서 UN의 역할, 특히 UN각료이사회의 합의 없는 무력 사용을 통한 분쟁의 해결의 적절성에 대한 풀리지 않는 숙제를 제시하였다. 유럽 밖의 국가들과 마찬가지로 유럽연합 회원국 정부들 또한 이러한 일련의 문제들에 대해 해답을 낼 준비가 되어있지 않았다. 이러한 문제에 관한 분명한 입장정리와 합의의 도출 없이 유럽연합의 대테러전에 관한 공동외교안보정책은 유럽연합의 어느 기구도 구체적 정책 방향을 제시할 수 없었다.[13]

물론 이라크전이 유럽연합의 외교안보분야에서 정책적 발전을 이루는 계기가 되지 않은 것은 아니다. EU는 2003년 브뤼셀 정상회의에서 유럽안보전략(European Security Strategy)을 채택하였다. 이 안보전략은 테러, WMD 확산, 지역분쟁, 실패국가 등 21세기 새로운 안보환경에 대한 대응방안 마련 필요성을 인식하고, EU가 필요시 조기에 개입하는 보다 적극적인 정책 추진, EU 안보방위능력 제고, 대서양 양안관계 강화 등을 주된 내용으로 하고 있다. 이라크전에 대해 제대로 대응하지 못한 이유가 유럽

13 로버트 케이건 지음, 홍수원 옮김, 『미국 vs 유럽 갈등에 관한 보고서』(서울: 세종연구원, 2003), pp. 51-74.

연합의 안보에 대한 큰 그림이 없다는 인식하에 유럽연합 회원국들은 유럽안보전략(ESS)을 세웠다. 유럽헌법 조약에 유럽연합외무장관을 임명하는 조항을 삽입하는 등 유럽연합의 외교안보정책을 강화하기 위한 일련의 조치들을 실행하였다. 그러나 이러한 일련의 조치들은 유럽연합이 외교안보정책에 관한 정책을 내렸을 때 행동할 수 있는 기반을 조성한 것일 뿐 유럽연합이 실질적으로 외교안보 면에서 행동을 취하는 것과는 거리가 있다. 이라크전 이후 유럽연합이 취한 외교안보분야의 조치들은 유럽연합이 대테러전과 관련하여 입장을 정할 때 사용할 수 있는 정책 수단을 준비하는데 머물렀다.[14]

공동외교안보정책(Common Foreign and Security Policy: CFSP)에 대한 여론 조사는 유럽연합의 향후 외교 정책 추진 방향과 국제 사회 내에서 미국에 비견할만한 주요 행위자로서의 역할을 암시하고 있다. 즉, 국제 사회 내 정치적 역할 제고에 큰 관심을 가지고 분쟁의 외교적 해결에 높은 비중을 두는 쪽으로 공동외교안보정책을 추진함으로써, 미국에 비견할만한 국제사회의 주요 행위자로써 인정받는 것이 최우선 목표라 할 수 있다. 이는 집행위원회 측에서 발간한 2007년 입법 및 주요 프로젝트 수행안의 주 내용 중, 2007년 집행 위원회가 수행해야 할 최우선 과제 중 하나인 '국제사회 주요 행위자로서의 유럽(Europe as a world partner)'을 눈여겨볼 필요가 있다(European Commission, 2006). 집행위원회가 발간한 2007년 '연례 정책 전략 보고서(Annual Policy Strategy for 2007)'에 따르면, 집행 위원회가 최고 우선순위를 정해 실행에 옮겨야 할 과제(Priority actions in 2007)로 번영(Prosperity), 연대감(Solidarity), 안보와 자유(Security and Freedom), 국제 사

14 Erich Reiter, "Die Sicherheitsstrategie der EU," *Aus Politik und Zeitgeschcihte*, B 3-4(2004), 전혜원, "유럽의회와 대테러전쟁", 미발표 원고(2007). pp. 5-6.

회 주요 행위자로써의 유럽연합(Europe as a world partner), 유럽 차원의 거버넌스 구축과 바람직한 규제 정책 시행(European Governance and Better regulation in action) 등을 들고 있다.

이는 2007년에 예정된 전략적 의안 제출권(Strategic Initiatives)과 최우선적으로 고려되는 의안 제출권(Priority Initiatives)에 상당 부분 반영이 되었다. 국제 사회 내에서, 미국의 영향력에 비견할 만한 주요 행위자로서 타 국가들의 인정을 받고, 미국의 외교 정책과 차별화된 외교 정책을 추진하는 데 있어 유럽연합이 2007년 중점을 두고 있는 의안 제출권의 큰 맥락을 분류하면 다음과 같다.

〈표 1-1〉 외교 분야에 있어서 전략적 의안 제출권과 최우선적으로 고려되는 의안 발의권

의안제출권 명칭(Title)	의안제출권 유형 (Type of proposal or act)	관할 범위 및 주 목적
Proposal for a revision of the Council Framework Decision on Combating Terrorism	Legislative Proposal/ Decision	- 다양한 매체를 통해 활동하고 있는 테러 조직의 문제에 대해서 효과적인 해결책을 찾는데 주 목적이 있다. - 테러 목적으로 제조된 폭발물 또는 폭탄과 관련한 전문가의 이동의 자유를 제한한다.
Communication 'EU Action Plan for the enhancement of the security of explosives and firearms'	Non-legislative action/ Communication	폭발물에 대한 안전 확보와 관련된 이해관계 당사자들 간(유로폴 소속의 전문가, 회원국별 관계 전문가, 집행위원회, 테러리즘 방지 실무 위원회)의 논의와 회담을 촉진하는데 주목적이 있다.

Working together to improve security: Public Private Partnerships in the field of European Security	Non-legislative action/ Communication	안보 문제 연구, 테러리즘 및 관련 범죄 방지, 개선된 국가 간 국경 통제, 비자 신청 관리, 개인 정보 보안을 포함해 안보분야와 관련된 공-사간 협력에 대한 프로그램을 제안하는데 주 목적이 있다.
Addressing transregional security threats through the Stability Instrument	Non-legislative action/ Communication	- 안보 위협이 될만한 요소를 사전에 미리 예방하거나, 이를 줄이는 쪽으로 연합 차원의 노력을 수행하고자 한다. - 유럽연합의 안보 정책과 관련한 지역을 대상으로 유럽연합의 대외적 원조 수행에 대한 효율성과 일관성을 개선하고자 하는 제안을 하는데 주 목적이 있다.
Human Rights and Democracy	Non-legislative action/ Communication	향후 민주주의와 인권 보호에 대한 유럽적 가치 수호를 위해 민주주의와 인권보호 촉진을 불러일으키고자 하는 광범위한 측면에서의 정책 방향 수립에 대한 논의를 전개시키는데 주목적이 있다.
Communication on stocktaking of EU-Africa relations	Non-legislative action/ Communication	집행위원회는 아프리카에 대한 유럽연합의 전략과 유럽연합-아프리카 간 협력에 대한 연합의 전략 수립을 포함해 현재까지 유럽연합과 아프리카의 관계가 어떻게 진행되었는지 중간평가를 시행할 것이다.

Global Agreements with ASEAN countries	Legislative proposal/ Decision Legal basis: Art. 181 EC Treaty	- 싱가포르, 태국, 인도네시아, 말레이시아, 필리핀과의 제휴 및 협력 관계 구축을 위한 기본 관계 협정 - 베트남, 캄보디아, 라오스와의 제휴 및 협력 관계 구축에 있어서 기본관계협정에 대한 지침을 협상 - 친선관계와 협력관계를 유지하는 아세안 조약의 가입과 관련한 지침을 협상

출처: *European Commission*(2006)

〈표 1-1〉을 통해 미루어 볼 때, 향후 집행위원회가 추구하는 외교정책의 방향을 어느 정도 짐작할 수 있다. 우선 집행위원회는 국제사회의 안보질서를 위협하는 테러의 위협 등에 맞서기 위해 관련 폭발물에 대한 규제를 강화하고 있는 점을 볼 수 있다. 두 번째로, 집행위원회가 추구하는 유럽연합의 외교 정책은 안보 분야와 관련한 공-사간 협력관계 구축을 강조하고 있다. 또한, 타 국가와의 교류 및 외교 관계 수립에 있어서, 기존에 강조되어온 기본 관계 협정(the Framework Agreement)상의 정치적 조건성 수립과 관련해, 정치적 조건성의 구체적 사항으로써 인권과 민주주의를 구체적으로 논의하기 시작했다. 마지막으로, 미국에 비견할만한 국제사회의 주요 행위자로 자리 매김하기 위해, 제3세계 국가들과의 협력 관계를 공고히 하고 있는 점을 볼 수 있다.

V. 나토, 서유럽동맹, 유럽안전보장기구, 유럽연합

유럽 국가들의 외교안보정책은 북대서양조약기구(NATO), 서유럽연합(WEU), 유럽안보/협력기구(OSCE) 그리고 유럽연합(EU)의 틀 안에서 구상할 수 있다. 소련의 붕괴와 바르샤바조약기구의 해체(1991)로 동유럽 국가들은 NATO와 여전히 강한 러시아 사이에서 안보의 공백상태에 놓이게 되자, NATO 가입을 희망하게 되었다. NATO 회원국들도 NATO의 존속과 중·동유럽의 안정을 위해 이들 국가를 받아들이려 했으나, 이러한 팽창정책은 러시아의 강한 반대에 부딪혀 주춤거리게 되었다. 그 뒤 1994년 가을에 미국이 NATO의 확대 쪽으로 방향을 바꾸면서 1995년 9월까지 NATO 부서내의 연구를 통해 확대원칙이 재확인되었고, 1996년 봄부터 가입을 꾀하는 12개 나라와 개별대화를 시작했다.[15]

NATO의 팽창정책에 부정적이었던 러시아와도 대화가 진행되어 1997년 7월 NATO 마드리드정상회담에서 NATO와 러시아 사이에 NATO 확대원칙에 대한 기본협정이 체결되었으며, 가입 희망 12개국 가운데 폴란드·헝가리·체코의 3개 나라가 1999년 3월 마침내 가입하였다. 그 뒤 2002년 5월 이탈리아 로마에서 러시아를 NATO 회원국에 포함시키는 새로운 NATO협정 서명식이 열렸으며, 이 협정에 따라 설치된 NATO-러시아이사회(NATO-Russia Council: NRC)에서는 회의를 열어 테러방지·군축·전술미사일방어망·평화유지임무·지역분쟁해결 등을 논의하기로 했다. 2004년 3월 라트비아·리투아니아·루마니아·불가리아·슬로바키아·

15 서병철, 『유럽 안보환경의 변화와 안보체제의 발전 방향』(서울: 외교안보연구원, 2000).

슬로베니아·에스토니아의 동유럽 7개국이 가입하여 2006년 6월 현재 26개 나라가 가입되어 있다. 이처럼 NATO는 냉전시대 이후 동유럽 국가의 NATO 가입과 NATO－러시아이사회 설치 등의 정세변화 속에서 코소보 사태 개입, 이라크 전쟁 참여 등 증가하는 테러 가능성에 대비해 대테러전쟁과 평화유지활동 쪽으로 행동반경을 넓혀가고 있다. 2003년 11월 25일 미국의 부시 대통령은 9·11 테러 이후 시대를 맞이해서 본토방위와 전방전개능력의 강화를 지향한 새로운 군사변환 전략을 추진하기 위해 해외주둔 군사력의 재검토 협의를 동맹국 및 의회와 본격화한다는 성명을 발표했다. 즉, 미국 부시행정부는 새로운 위협인 테러 등에 대응하기 위해 최첨단 군사기술에 의한 장비의 경량·고도화 및 기동력·정찰력의 강화를 도모하고 이를 바탕으로 병력의 규모 및 구성을 개편한다는 전략적 구상 아래 신 군사전략의 키워드로서 군사변환(transformation)과 해외주둔 미군 재배치 계획(GPR: Global Posture Review)을 제시하였다.

공산 체제하에서도 서유럽에 정서적으로 가깝게 느껴 왔던 폴란드는 EU와 WEU에 가입하고 NATO의 정회원이 되어 유럽의 정치 안정과 평화 정착에 동참한다는데 목표를 두었다. 폴란드는 미군이 유럽에 계속해서 주둔함으로써 안정과 평화가 유지되도록 하고, 주변국 간의 대화를 통하여 신뢰를 구축한다는 것을 안보 정책의 기초로 한다. 폴란드는 프랑스(1992. 6), 독일(1993. 1), 그리스(1992. 11) 등 NATO 회원국들과 군사협력협정을 체결하고, 영국과는 군사 분야 공동 사업 추진에 합의(1992. 11)하는 등 서유럽 국가들과 쌍무 관계를 맺었다.[16]

16 Czempiel, Ernst－Otto, "Die Neuordnung europas: Was leisten NATO und OSZE fuer die Kooperation mit Osteuropa und Russland?," *Aus Politik und Zeitgeschichte* B 1－2/97(3 Januar, 1997). pp. 34－40.

미국 중심의 나토는 꾸준히 발전하여왔는데 이에 대해 다음의 4가지 근거를 들 수 있다. 첫째, 이 기구는 회원국에게 안보정책적 협력을 제공하고 보장한다. 이러한 안보정책적 협력은 한편으로는 조기경보기 연결체제나 신속대응군 같은 나토 회원국의 완전한 통합을 통해 다른 한편으로는 각각 회원국에서 동원된 공동부대로 편성된 주요방위군사력체제를 통해 이루어지고 있다. 그 외에도 나토는 결정기관으로서 그 역할을 수행하고 있으며 회원국의 공동파병을 조직적으로 준비하고 있다. 둘째, 나토는 유럽의 안보정치에 있어 미국의 협조와 연결을 보장하고 있다는 점이다. 이 부분은 특히 동유럽에 있어 중요하다. 셋째, 나토동맹은 동구권에서 발생할 수 있는 모든 잠재적인 위협에 대한 이중 안보의 역할을 한다는 점이다. 이러한 위의 3가지 근거 외에 유럽의 핵심적 외교/안보정치적 목표의 실현을 위해 가장 중요한 국제기구가 유럽연합과 더불어 NATO라는 점은 바로 '동유럽의 안정화'에 있다. 즉, 구 소련 제국의 위성 국가로서 바르샤바 동맹국이었던 동구권에 생긴 안보정치적 틈이 유럽의 불안정한 안보관계로 발전 되지 않게 각별한 관심을 기울여야 하기 때문이다.

유고슬라비아 갈등은 NATO는 단지 미국이 그 지휘를 맡을 때만 완전한 기능을 발휘한다는 것을 여실히 보여주었다. 이미 마스트리히트조약을 위한 협의에서 나타났듯이, 유럽연합 회원국 중 근소한 과반수(독일, 이탈리아, 스페인, 벨기에, 그리스. 룩셈부르크와 조건을 달았지만 프랑스)만이 안보체제의 근본적인 변혁에 찬성했었다. 이에 반해 영국을 비롯한 포르투갈, 덴마크, 네덜란드와 아일랜드는 안보체제로서 나토의 우위에 대한 문제제기를 원치 않았었다.

1984년 10월 이후 유럽의 독자적인 공동 방위체 발전을 목적으로 활동을 재개한 WEU는 1992년 2월 7일 마스트리히트조약에 의해서 서유럽 안보기구 형태로 확대되기 위한 기초가 이루어졌다. 1996년 오스트리아, 스웨덴, 핀란드 등 중립정책을 표방해온 국가와 헝가리, 폴란드 등 구동유럽권 국가들이 옵서버 내지 준동반자로서 WEU에 적극 참여함으로써 WEU가 유럽 독자 방위체의 중추 기구로 부상하고 있다. WEU는 1996년 11월 19일 벨기에 오스탕드에서 정례 각료이사회를 개최해 EU 방위 기구로서의 WEU 역할 승진 및 NATO와의 협력 강화 방안을 담은 '오스탕드 선언'을 채택하였다. 선언 내용에 따라 WEU는 EU가 군사 행동을 요구할 경우 이에 부응할 수 있도록 제반 능력 향상에 주력하며, EU와의 관계 긴밀화를 위해 양측 간 공식 문서 교환, 정보 협의 등을 내용으로 한 협력 협정을 체결키로 하였으며, 대NATO 관계 면에서는 베를린 개최 NATO 국방장관회의(1996. 6. 14) 합의에 따라 창설되는 CJTF가 WEU의 정치적 통제 및 전략적 지시하에 NATO의 정보·통신·수송망의 지원을 받아 효율적으로 운영될 수 있도록 NATO와의 협력 관계 제도화를 계속 추진하기로 하였다.[17]

1989년에서 1991년 사이 일어난 역사상의 큰 변화의 물결 속에서 긍정적으로 받아들여졌던 유럽안보협력회의(CSCE)는 동서 갈등의 종식이후 동유럽의 안보정책에 큰 의미를 주지 못했다. 과거 유럽안보협력회의(CSCE)는 1975년 헬싱키 최종의정서를 채택한 이래 안보의 불가분성, 포괄성 및 협력성을 기본원칙으로 하여 유럽에서 안보 협력과 신뢰 구축을 위한 제반 메커니즘을 발전시켜와 냉전의 종식에 기여하였다. 그럼에도 그 구조의 취약성 때문에 전쟁과 같은 위기가 발생했을 때 이를 극복하는 데는 크게 기여하지 못했다는 평가를 받았다. 따라서 탈냉전 이후 새로이 등장한 민족 분쟁, 인권 침해 등 새로운 안보 위협 요인에 효과적으로 대

17 엄태암·심경욱·유영철, 『유럽안보정세 변화와 전망』(서울: 한국국방연구원, 2000), pp. 353-364.

응하고 과거 동유럽 사회주의 국가들의 민주 제도 및 시장경제 체제로의 전환을 지원하기 위한 협력 방안이 모색되었다. CSCE는 기능 강화의 조치로서 1992년 비엔나 정상회담에서 유엔 헌장을 바탕으로 평화유지 병력을 분쟁 지역에 파견할 수 있다는 원칙에 합의하고, 명칭도 1995년 1월 1일부터 OSCE로 바꾸었다. 그리고 1996년 12월 2—3일 포르투갈 리스본에서 개최된 OSCE 정상회의에서 NATO의 대동유럽 확대 추진 및 유럽재래식무기감축조약(CFE)의 개정이 합의되었으며, 또한 21세기에 대비해 유럽의 공동안보 수립을 위한 「유럽 안보헌장」도 채택되었다.[18]

유럽안보협력회의(CSCE)가 1994년 부다페스트 회담에서 국가협의체에서 국제기구의 형태로 발전되었지만 이 기구가 새로운 도전에 효과적으로 대처하기에는 그 규모가 너무 비대해졌고 잡다하고 이질적인 형태가 되어 버렸다. 이런 상황에서 확실한 것은 동유럽 국가들은 안보정책상 동유럽나토 확대에 그 우위를 둔다는 것이다. 유럽 국가들은 유럽안보협력기구(OSCE)를 다국적 협의체나 선거의 감시활동을 목적으로 활용할 수는 있지만 그 이상은 현재로써 기대할 수 없다. 국제적 위협과 갈등해결은 앞으로도 역시 NATO 상황에 맞는 위기대책 위원회의 몫이 될 것이다.

18 Czempiel, Ernst-Otto, "Die Neuordnung europas: Was leisten NATO und OSZE fuer die Kooperation mit Osteuropa und Russland?," *Aus Politik und Zeitgeschichte* B 1-2/97(3. Januar, 1997). pp. 41-42.

Ⅵ. 결론

이라크 전쟁을 둘러싸고 프랑스와 독일은 전쟁에 반대하였고, 스페인, 포르투갈, 이탈리아, 덴마크, 영국 등은 미국 편을 들었으며, 과거 공산주의였던 동유럽 13개 국가들(이중 8국은 2004년 유럽연합에 가입)도 미국의 입장을 지지하였다.

궁극적으로 프랑스와 독일은 미국과 영국의 대이라크 전쟁 정책에 끝까지 반대하지 않았다. 프랑스와 독일은 '후세인의 무장해제'라는 미국의 전략에 전적으로 동의하고 있다. 다만 어떻게 무장해제 할 것이냐의 전술적 측면에서 차이를 보였던 것이다. 프랑스가 원하는 것은 프랑스가 국제체제에서 무엇인가 영향력을 행사하고 인정받는 데 있었다. 프랑스, 독일의 태도는 역시 국제체제가 변했어도 국가들의 행동을 결정하는 궁극적인 요인은 각 국가들이 보유한 '국력'이라는 사실을 다시 한 번 깨닫게 한다.

EU의 외교안보정책은 주로 경제적, 외교적인 수단에 의존하는 분쟁예방의 성격을 띠고 있으며, 미국과 같은 세계 경찰의 역할을 수행할 수 있는 군사력이 부재하며, 유럽지역 밖의 문제에 대해서 직접적 군사개입의 여지가 많지 않다.

참고문헌

로버트 케이건, 홍수원 옮김. 『미국 vs 유럽 갈등에 관한 보고서』. 서울: 세종연구원, 2003.

서병철. 『유럽 안보환경의 변화와 안보체제의 발전 방향』. 서울: 외교안보연구원, 2004.

양오석. "유럽연합의 기본관계협정(the Framework Agreement)에서 나타나는 '정치적 조건성. "이원적 생각의 정치." 『유럽연구』 제18호(2003).

엄태암·심경욱·유영철. 『유럽안보정세 변화와 전망』. 서울: 한국국방연구원, 2000.

우메카와 마사미·시카노 도모카즈 엮음/김광옥 옮김. 『블레어의 이라크 전쟁』. 서울: 도서출판 한울, 2005.

이수형. 『북대서양조약기구(NATO)와 유럽안보』. 서울: 한울 아카데미, 2004.

이춘근. "프랑스와 독일이 미국-영국의 이라크 전쟁에 반대하는 이유와 국제정치의 미래" 자유기업원, No. 05(2003).

임종헌. "유럽연합의 공동외교안보정책." 『한·독사회과학논총』. 제11권 제1호(여름, 2001).

전혜원. "유럽의회와 대테러전쟁." 미발표 원고(2007).

최진우 "영국과 이라크 전쟁: 영미 특수 관계와 블레어 수상의 리더십." 『세계지역연구논총』 Vol. 24, No. 3(2006).

Czempiel, Ernst-Otto. "Die Neuordnung europas: Was leisten NATO und OSZE fuer die Kooperation mit Osteuropa und Russland?" *Aus Politik und Zeitgeschichte* B 1-2/97(3 Januar, 1997).

Chritian Hacke. Deutschland, *Europa und der Irakkonflikt, in: Aus Politik und Zeitgeschichte*, B 24-25(2003).

Commission of the European Communities: Communication from the

Commission to the Council, the European Parliament, the European Economic and Social Committee and the Committee of the Regions. "Commission Legislative and Work Programme 2007." COM(2006) 629 final, Brussels(24 Oct. 2006).

Commission of the European Communities, "Green Paper: European Transparency Initiative(presented by the Commission)," COM(2006) 194 final, Brussels(3 Mai, 2006).

Commission of the European Communities: Communication from the Commission to the Council, the European Parliament, the European Economic and Social Committee and the Committee of the Regions, "Annual Policy Strategy for 2007: Boosting trust through action." COM(2006) 122 final, Brussels(14 Mar, 2006).

Commission of the European Communities, "White Paper on a European Communication Policy(presented by the Commission)." COM(2006) 35 final. Brussels(1 Feb, 2006).

Directorate General for External Relations in the European Commission, "10 Years of ASEM: Global Challenges– Joint Responses", *ASEM* 6, 10–11(September 2006), Helsinki.

Directorate General for External Relations in the European Commission, "The European Union and the United States: Global partners, global responsibilities." Erich Reiter. "Die Sicherheitsstrategie der EU." *Aus Politik und Zeitgeschchihte*. B 3–4(2004).

Horvath, John. "Osteuropaeische Identitaetskrise." *TELEPOLIS*(2003).

Ian Manners and Richard G. Whitman. *The FOREIGN POLICIES of EUROPEAN UNION MEMBER STATES*(Oxford: Manchester University Press, 2000).

Jae–Seung Lee. "Divided Europr and the Iraq War: Elements of Foreign Policy Choices." 한국정치학회 하계학술대회 발표문(2006).

Karl von Wogau. "Towards a European Security and Defence Union." Gerhard Wahlers(eds.), *Korea, Germany and the European Union*(Seoul, Konrad-adenauer-Stiftung Korea Office).

Michael Nentwich. "Citizens' Involvement in European Union Politics: Towards a More Participatory Democracy?" Paper to be presented at the Fourth Biennial International ECSA Conference 1995. 11-14 May(South Carolina USA, 1995).

Ulrike Guerot/Andrea Witt. *Europas neue Geostrategie. in: Aus Politik und Zeitgeschichte*, B 17(2004).

http://www.delkor.cec.eu.int/kr/eu_global_player/security.html(검색일:2006.8.22).

http://www.koreanmissiontoeu.org/eu_policy/policy.php(검색일:2006.9.21).

2장 대테러전쟁에 관한 초국가적 관점: 정책 설정 자로서의 유럽의회*

전혜원

I. EU와 대테러전쟁

2001년 9월 11일의 알카에다의 뉴욕과 워싱턴에 대한 항공기테러 이후 발생한 아프가니스탄 전쟁과 이라크 전쟁 등 일련의 사건은 테러에 대한 대응과 방지가 국제분쟁의 핵심 쟁점이 되었음을 보여주었다. 비록 미국이 그 공격대상이긴 하였으나 9·11 사태는 전 세계적인 반향을 불러일으켰고, EU(유럽연합: European Union) 또한 미국의 안보 파트너로서 국제질서 유지의 한 축을 형성하고자 하였다. 2004년 마드리드 열차 폭탄 테

* 이 장은 학술진흥재단 기초학문과제(KRF-2005-072-BM0010)의 지원을 받아 연구되었다. 출처: 『EU연구』. 제25호. pp. 57-85. 2009.

러와 2005년 런던 대중교통 테러는 이슬람 테러리스트들에 대한 전쟁이 아프가니스탄과 이라크에 국한되지 않고 유럽의 중심부에서도 일어나고 있음을 보여주었다. 탈냉전기의 국제분쟁은 EU 외의 지역에서 무력충돌을 동반하여 발생할 뿐 아니라, EU 내에서 유럽시민들의 일상생활에 잠재된 지속적인 긴장상태의 형태로도 존재함이 분명해 진 것이다.

이번 장은 이러한 국제분쟁 상황에 대한 유럽의회의 대응을 정책설정자의 측면에서 점검하고자 한다. 즉, 유럽의회(European Parliament)의 대테러전에 대한 대응을 대내안보와 대외안보의 면에서 비교함으로써 유럽의회가 정책설정자로서의 역할을 수행하기 위한 조건을 모색하고자 한다. 유럽통합에서 초국가적 기구의 지역통합에 대한 기여 정도는 통합이론 내 주요 쟁점이 되어왔다. 이와 관련해 통합이론 내에 신기능주의(neo-functionalism)와 자유주의적 정부 간주의(liberal inter-governmentalism)의 두 가지 입장이 존재한다.[1] 신기능주의가 회원국 정부들 간의 교착 상태를 해소하고 새로운 정책을 제시하여 통합을 심화, 확대하는 초국가적 기구의 역할을 조명한 반면, 자유주의적 정부 간주의는 이러한 초국가기구의 활동이 극히 미미하고 한정된 영역에 머물렀음을 강조하였다. 자유주의적 정부 간주의에 따르면, 초국가적 기구의 정책설정자로서의 활동은 강대국들이 원하는 바를 공식적으로 실천하는 것에 지나지 않으며, 기껏해야 경제협력과 같은 낮은 정치(low politics)에 국한된다. 그동안 초국가적 기구의 정책설정자로서 역할은 주로 경제 통합의 측면에서 부각되어왔다. 여기서는 기존 논의를 안보분야로 확대하여 소위 높은 정치(high politics)에서의 초국

1 Andrew Moravcsik, "Negotiating the Single European Act: National Interests and Conventional Statecraft in the European Community," *International Organization* Vol. 45 No. 1(1991), pp. 19-56.

가기구(supranational institution)의 역할을 살펴볼 것이다.

정치설정자는 새로운 정책 아이디어에 대한 지지를 획득함으로써 정책의 변화를 꾀한다. 정책설정자는 문제를 정의하고, 정책 네트워크를 구축하며, 정책에 관한 담론을 형성하고, 같은 정책을 지지하는 연합세력을 형성함으로써 새로운 정책을 도출한다.[2] 여기서 주목할 점은 정책설정자는 일반적인 관심을 받을 만한 문제를 제기해야 하고, 자신이 제시하는 정책안을 다양한 지지자들에게 호소력 있는 언어로 표현해야 한다는 점이다. 즉, 해당 정책안이 파생시킬 정책결과물만큼이나 그 정책안의 포장, 다시 말해 그 정책안이 제시하는 가치가 정책안의 채택으로 이어지는 지지 확보에 중요하다.

EU에서는 유럽집행위원회(European Commission)가 유럽 통합과정에서 대표적 정책설정자로서 활동해 왔다는 점이 여러 차례 지적되었다. 유럽집행위원회는 일정 조건이 충족될 경우 정책 의제를 설정할 수 있는 행위자로 인식되었다. 킹던에 따르면 정책설정자는 정보의 비대칭성, 행위자의 다양성, 그리고 그 행위자들의 정책 선호도의 불확실성이 클 때 영향력을 발휘할 수 있다.[3] 정보의 비대칭성은 다층적 의사결정 구조를 가지고 있는 EU의 정책과정에서는 어떠한 행위자도 장기간 누릴 수 없는 자원이며 유럽집행위원회도 그 예외가 될 수는 없다. 대신 유럽집행위원회는 각 회원국 정부 대표로 이루어지는 EU의 상원이라 할 수 있는 유럽 각료이사회(Council of Ministers)의 내분을 적절히 이용하고, 기업이나 NGO를

2 Michael Mintrom, "Policy Entrepreneurs and the Diffusion of Innovation," *American Journal of Political Science* Vol. 41, No. 3(1997), pp. 738-770.

3 John Kingdon, *Agendas, Alternatives, and Public Policies*(Boston: Little Brown, 1984).

포함한 이익 집단들과 연합하며, 새로운 정책 아이디어를 제시함으로써 정책설정자로서의 영향력을 행사할 수 있었다.

이러한 정책설정자의 일례로 단일 시장의 완성을 위한 로드맵을 제시한 1987년 단일 유럽 의정서(Single European Act) 완성 과정에서 보인 유럽집행위원장 들로르(Jacque Delors)의 리더십을 들 수 있다. 당시 들로르는 영국을 포함한 유럽 주요 국가가 신자유주의를 추구하는 조류를 타고, 미국과 일본의 경제성장에 비해 상대적으로 침체되어 있는 유럽 경제의 경쟁력에 대한 우려를 이용하고, 유럽 기업가들의 지지를 동원하여 단일시장의 완성을 위한 단계별 구체적 계획안을 제시하였다. 또한 단일 시장의 완성이 단일 통화의 채택으로 연결된다는 논리를 펼쳐 유럽통합에 회의적인 영국의 보수당 정부까지 통화동맹의 수립에 동의하도록 설득하였다. 경제 통합뿐 아니라 외교안보 정책에 있어서도 유럽집행위원회는 아프리카의 대량학살에 서방이 개입해야 한다는 여론에 힘입어 혁신적인 아이디어와 회원국 정부와 대조되는 중립적 정보 제공자로서 일련의 정책적 제언을 통해 EU의 아프리카정책에서 정책설정자로서의 역할을 하였다.[4]

유럽집행위원회와 비교할 때 유럽의회의 정책설정자로서의 역할은 크게 조명된 바가 없다. 1980년대 후반에 협력절차(cooperation procedure)의 도입으로 입법과정에서의 유럽의회의 권한이 조언자에서 실질적 참여자로 바뀌기 전까지, 유럽의회의 입법과정에서의 영향력은 미미한 것으로 평가 받았다. 1990년대에 들어서 유럽의회의 입법권한이 공동결정절차(codecision procedure)의 도입을 통해 크게 강화되었음에도 불구하고, 집행

4 Alexandra Krause, "The European Union's Africa Policy: The Commission as Policy Entrepreneur in the CFSP," *European Foreign Affairs Review* Vol. 8, No. 2(2003), pp. 221-237.

위원회에 비해 의제설정 측면에서 정책설정자의 역할이 약하다고 일반적으로 간주되었다. 법안 제안권을 배타적으로 가지고 있는 집행위원회에 비해 수정안의 제출, 법안의 거부, 승인권을 가지고 있는 유럽의회는 그 입법 활동이 주어진 안건에 입장을 표명하는 것으로 그 권한이 제한되기 때문이다.

유럽의회는 수정안의 제안권을 방대하게 사용함으로써 EU의 정책에 많은 영향력을 행사하고 있다.[5] 비록 법안제안권의 부재로 인해 새로운 정책을 시도하지는 못하지만, 수정안에 새로운 정책 목표나 실행 방법을 도입하고 기존에 고려되지 않았던 새로운 집단의 이익을 반영하는 등의 내용을 포함함으로써 정책제안자로서의 역할을 해 왔다.[6] 특히, 유럽의회는 해당 법안의 법적 근거(legal basis)를 재정의함으로써 법률안의 정책영역을 재편성하여 유럽의회와 EU가 관여할 수 있는 정책 영역을 심화, 확대하기도 하였다.[7] 이를 보건대, 정책설정자로서 유럽의회는 새로운 아이디어를 제안함으로써 정책논의를 형성해 왔으며, 따라서 형식적 의제설정 권한의 부재가 정책설정자로서의 길을 완전히 차단하지는 않는다.

본 장의 구성은 다음과 같다. 먼저 9·11 테러와 관련해 EU와 유럽의회의 대외안보분야와 대내안보분야의 대응을 비교한다. 유럽의회는 대외안보분야보다 대내안보분야에서 훨씬 강력한 정책 행위자로서 활동하였다. 다음으로 정책분야에 따라 상반된 유럽의회의 정책 활동의 원인을 규

5 George Tsebelis, "The Power of the European Parliament as a Conditional Agenda Setter," *American Political Science Review* Vol. 88, No.1(1994), pp. 128-142.

6 David Judge and David Earnshaw, "Weak European Parliament Influence," *Government and Opposition* Vol. 29, No. 2(1994), pp. 262-276.

7 Joseph Jupille, *Procedural Politics: Issues, Influence and Institutional Choice in the European Union*(Cambridge: Cambridge University Press, 2004).

명하기 위해, 정책설정자로서의 조건에 관련한 유럽의회의 대외안보분야와 대내안보분야의 정책 환경을 분석한다. 마지막으로 유럽의회가 대내안보분야에서 정책설정자로서의 역할을 수행한 예를 2004년에서 2007년에 걸쳐 제정된 미국·EU 간의 항공기 탑승자 정보 공유 협정 체결 과정에서 살펴본다.

Ⅱ. 대외안보정책과 대내안보정책

1. 대외안보분야

아프가니스탄 전쟁과 이라크 전쟁에 대한 EU의 대응은 외교안보정책 면에서 기존의 능력-기대치 사이의 격차(capability-expectations gap)[8]의 문제를 극복하지 못했다. 9·11 사태 직후에 보여주었던 안보위기에 대한 공통의 인식과 유럽차원에서의 대응의 필요성에 대한 EU 회원국 간의 합의에도 불구하고 이들이 실질적 EU 차원의 행동으로 이어지는 데는 실패하였다. EU 수준에서의 공동외교안보정책은 부재하였고 그간의 국제분쟁에서와 유사한 논의를 재생산하는 결의안만이 유럽 각료이사회(Council of Ministers)와 유럽 정상회의(European Council)를 통해 발표되었을 뿐이었다. 이 결의안들은 공동외교안보정책 강화의 필요성을 인지하고, EU의 국제

8 Christopher Hill, "The Capability-Expectation Gap, or Conceptualizing Europe's International role," *Journal of Common Market Studies* Vol. 42, No. 1(1988), pp. 143-163.

관계에서의 역할 특히 안보부문에서의 중요성을 강조하며, 분쟁의 평화적 해결과 재발 방지를 촉구하는 수준에서 머물렀다.

결국 아프가니스탄 전쟁과 이라크 전쟁을 거치면서 유럽의회를 비롯한 EU의 각 기구들은 EU외교안보정책의 한계를 재인식하였다. EU 회원국뿐 아니라 EU 기구에게 있어서도 EU의 공동외교안보정책의 범위와 수단, 회원국 외교안보정책과의 공동외교안보정책의 조화, 분쟁해결 수단으로서의 군사력의 사용 여부는 여전히 합의점을 찾기 어려운 문제였다. 더욱이 9·11 사태 이후 나타난 글로벌 안보의 몇 가지 쟁점에서 EU는 내부 분열의 양상을 보였다. 미국이 주도한 아프가니스탄과 이라크에 대한 공격은 테러 위협에 대한 인식, 테러방지 방법의 적합성, 국제 분쟁에서 UN의 역할, 특히 UN 안전보장이사회의 지지 없는 무력 사용을 통한 분쟁의 해결의 적절성에 대한 논쟁을 야기하였다. 이러한 쟁점에 관한 분명한 공동 입장정리와 합의 없이는 EU의 어느 기구도 대테러전에 관해 공동외교안보정책의 구체적 정책 방향을 제시할 수 없었다.

다른 한편으로 이라크 전쟁은 EU가 외교안보분야에서 정책적 발전을 이루는 계기가 되었다. 이라크 전쟁 발발 이후 EU의 안보에 대한 거시적 전략의 필요성을 인식한 EU 회원국들은 유럽안보전략(European Security Strategy)을 설정하고, 유럽헌법 조약에 EU 외무장관을 임명하는 조항을 삽입하는 등 EU의 외교안보정책을 강화하기 위한 일련의 조치들을 단행하였다. 그러나 이라크 전쟁 이후 EU가 취한 외교안보분야의 이러한 조치들은 EU가 대테러전과 관련하여 입장을 정할 때 사용할 수 있는 정책수단을 강화하는 것에 불과하였다.

유럽의회도 아프가니스탄 전쟁과 이라크 전쟁에 대해 구체적 해법이 담긴 입장을 제시하지 못하였으며, 공동외교안보정책 분야에서 뚜렷한 정책 프로그램을 도출하는 데에도 실패했다. 여러 차례 유럽의회는 결의문을 통해 몇 가지 공통 사항을 언급했다. 즉, 테러리스트들의 공격을 비난하고, 유럽집행위원회와 각료이사회의 행동을 촉구하며, 미국을 비롯한 타국과의 협력의 필요성을 인지하고, UN을 비롯한 국제기구와의 공조를 강조하며, EU의 역할이 새로운 국제 안보 질서에 있어서 필수적이라고 주장하였다.

9·11 사태 이후 유럽의회가 이라크나 아프가니스탄에 대해 입장을 취한 것은 미국을 비롯한 주요 행위자들이 행동을 취한 후인 2003년 9월 24일이 되어서이다. 아프가니스탄 전쟁의 경우 유럽의회는 이미 아프가니스탄에 대한 주요 공격이 감행된 이후에 4개의 결의안을 내놓았다. 이 결의안들은 모두 아프가니스탄의 재건과 인권보호를 그 주요 내용으로 하고 있으며, 비군사적 힘(civilian power)을 사용하여 민주주의를 정착시키도록 돕는 것을 EU의 역할로 제시하고 있다.[9] 이라크 전쟁에 관련된 유럽의회의 입장은 미국이 주도한 이라크 공격이 개시된 이후에야 처음으로 표명되었다.[10] 유럽의회는 이라크 전쟁에 관련하여 유럽각료이사회의 대응 부재를 비난하면서도 EU가 취해야 할 대응 방안에 대해서는 언급하지 않았다. 9·11 테러에 대해 깊은 유감을 표시하고, 사담 후세인 정권을 강도 높게 비난하면서도, 테러세력과 이라크에 대한 무력개입에 대해서는 직접

9 CNS/2003/0015, Council Regulation 561/2003/EC, for the freeing of funds and economic resources provided for by Common Position 2002/402/CFSP. CNS/2002/0059, Council Regulation 881/2002/EC imposing certain specific restrictive measures directed against certain persons and entities associated with Osama bin Laden, the Al-Qaida network and the Taliban, and repealing Council Regulation(EC) No 467/2001.

10 INI/2003/2178, European Parliament Resolution, Recommendation on Iraq in the framework of the Common foreign and security policy.

적으로 찬반의 의사를 밝히지 않았다. 다만 이라크 공격에 관련된 미국의 일방주의적 태도에 유감을 표시했을 뿐이었다. 유럽의회는 아프가니스탄 전쟁에 대한 입장과 마찬가지로 이라크의 재건에 있어서 이라크 국민들의 권리와 민주주의의 정착을 강조하였다. 또한 유럽의회는 이라크 전쟁 발발 이후 강화된 외교안보정책 수단에 민주적 통제(democratic scrutiny)가 수반되어야 하며 이를 위해 유럽의회의 외교안보정책 결정 참여가 확대되어야 함을 주장하였다.

결국 비록 유럽의회는 다른 EU기구와 스스로를 차별화하여 외교안보정책을 포함한 모든 정책분야에서 인권과 민주주의를 주요 가치로 내세우지만,[11] 이 같은 가치를 외교안보정책에서 대테러전쟁과 관련하여 실천할 구체적인 방안을 제시하는 데에는 실패했다.

2. 대내안보분야

EU는 대내안보분야에서는 공동외교안보정책에 비해 보다 확고한 정책 방향을 수립하고 이를 실천하였다. 첫째로, 9·11 테러 직후인 2001년 9월 21일에 EU 정상회의는 특별 회합에서 경찰과 사법 분야의 테러방지 협력을 위한 계획(Action Plan for closer police and judicial cooperation on counter-terrorism)을 채택하였다. 둘째로, 2004년 3월 11일의 마드리드 열차 폭

11 Flavia Zanon, "The European Parliament: An Autonomous Foreign Policy Identity?," Esther Barbe and Anna Herranz(eds.), *The Role of Parliaments in European Foreign Policy. Debating on accountability and legitimacy*(Barcelona: Office of the European Parliament in Barcelona, 2005), Ch. 6.

탄 테러 직후에 EU 정상회의는 어느 한 회원국이 테러의 대상이 되면 모든 회원국이 군사력을 포함한 모든 지원을 할 것임을 공표하는 선언문을 발표하였다. 같은 해에 헤이그에서 열린 EU 정상회의는 소위 헤이그 프로그램을 만들어 2005년부터 2010년까지 테러리즘을 척결하는 선행과제를 제시하였다. 마지막으로, 2005년 12월 같은 해의 런던 대중교통 폭탄 테러에 대응하여 헤이그 프로그램에 기초한 테러방지 전략이 수립되었다. 또한 EU는 테러리스트 관련 정보를 유럽차원에서 수집, 공유하기 위한 관련 법률과 테러집단 지원을 의심받는 개인과 단체의 자산을 동결하기 위한 법률 등을 제정했다.

이러한 일련의 테러방지와 대응에 관련한 정책의 수립 과정에서 유럽의회는 유럽집행위원회나 각료이사회가 간과한 인권보호를 대내안보정책의 전제조건으로 상정했다. 유럽의회는 공공의 안전과 개인의 자유라는 테러 정책의 두 축에서 자유의 축을 부각시키고 인권의 보호에 무게를 싣는 쪽으로 정책상 변화를 모색했다.[12] 예를 들어, 공공의 안전을 최우선으로 대테러정책의 틀을 짜는 회원국 정부나 유럽집행위원회의 법률안에 반발하여, 유럽의회는 인권보호조항을 삽입할 것을 일관성 있게 주장했다. 유럽의회는 내무사법정책에서 정보수집, 공유에 관한 법률에 경제정책과 동일한 수준의 개인정보보호조항이 추가되어야 함을 주장하였다.[13] 자산

12 Anastassia Tsoukala, "Democracy Against Security: The Debates About Counterterrorism in the European Parliament, September 2001–June 2003," *Alternatives* Vol. 29(2004), pp. 417–439.

13 CNS/2002/0812, Council Regulation 871/2004/EC concerning the introduction of some new functions for Schengen Information System, including in the fight against terrorism. CNS/2002/0809, Council Decision 2002/996/JHA, fight against terrorism: implementation of national legal provisions. CNS 2001/0217,

의 동결에 관한 법률에 관하여 동결당사자가 동결의 부당함을 항변할 수 있도록 하는 법적 구제 방안을 도입할 것을 주장한 것도 유럽의회였다.

또한 유럽의회는 전 세계적으로 테러 위기를 강조하며 긴급조치 발동권과 안보우선주의를 내세우는 각국 정부의 행정권 발동 및 입법 시도에 대응하여 유럽시민의 자유와 인권이 유럽 밖에서도 보호되도록 EU가 노력해야 함을 천명하였다.[14] 일례로, 아래에서 설명하는 바와 같이, 미국에 도착하는 모든 항공기의 승객에 관한 정보를 항공사가 의무적으로 미국 정부에 제출하도록 하는 법률이 유럽시민의 개인정보보호를 하지 않는다는 이유로 이에 관련한 미국·EU 간 협정의 무효화를 유럽법원에 신청하여 승소하였다.[15]

지금까지 열거한 유럽의회의 대내안보영역에서의 활동은 공동외교안보정책에서의 무기력함과는 확연히 구분되는 태도였다. 유럽의회가 대외안보분야에서 매우 수동적이고 불확실한 입장을 견지한 데에 반해 대내안보분야에서 테러 대응과 방지 정책에서 인권을 침해하지 않는 범위 내의 공공의 안전 확보를 정책의 주요 고려 사안으로 도입, 강화할 수 있었던 것은 유럽의회가 정책설정자로서의 역할을 수행할 환경이 대내안보영역에서는 조성되었기 때문이다. 다음에서는 유럽의회가 정책설정자의 역할을 수행할 수 있는 조건에 대해 고찰한다.

Council Framework Decision 2002/475/JHA on combating terrorism.

14 INI/2006/2193, European Parliament recommendation to the Council on the negotiations for an agreement with the USA on the use of passenger name records(PNR) data to prevent and combat terrorism and transnational crime, including organised crime.

15 Joined Cases. C–317/04 and C–318/04. Judgement of the Court, 30 May, 2006.

Ⅲ. 정책설정자로서의 유럽의회

1. 제도적 권한

일반적으로 유럽의회의 정책 영향력의 차이는 유럽의회에 주어진 제도적 권한의 차이로 설명되곤 한다. 유럽 통합과정과 EU 정치에서의 민주주의의 결핍(democratic deficit)에 대한 해결방안으로 가장 빈번히 제시된 것이 유럽의회의 권한 강화였다. EU 기구 중 유일하게 직접선거를 통해 유럽 시민들로부터 선출된 대표자들로 구성된 유럽의회의 권한이 강화된다면, 자연스럽게 유럽의회의 정책 결정 과정에서의 영향력도 증대될 것이므로 궁극적으로는 EU 정책 형성과정에서 시민들의 대표성이 확보될 것이라는 논리이다. 이번 장은 제도주의적 논리의 연장선상에서 정책 결정 과정에 참여할 수 있는 권한이 증대되면 자연스럽게 유럽의회가 정책설정자로서 기능할 수 있다는 것에 주목하고자 한다. 특히 주목하는 점은 정책 결정 과정에 참여할 수 있는 권한이 증대되면 자연스럽게 유럽의회가 정책설정자로서 기능할 수 있다는 전제이다. 역으로 이는 유럽의회가 정책결정자로 기능하지 못하는 이유는 유럽의회에 주어진 권한이 적다는 의미이다. 실질적으로 정책에 영향을 미칠 공식적 권한을 가지지 못하는 한, 유럽의회 의원들은 정책연구를 통해 정책 입장을 수립할 동기를 갖기 힘들고, 이에 따라 정책 활동이 저조할 수밖에 없다는 것이다. 결국 유럽의회는 입법 영역에서는 상대적으로 권한을 많이 갖고 있는 공동결정절차에 따라 입법절차가 진행되는 정책에서 가장 활동적이고, 협의 절차(consultation procedure)에서 가장 미약한 정책참여자로서 활동한다고 예측할 수 있다.[16]

그러나 이러한 제도주의적 설명은 유럽의회가 동일한 권한을 보유하고 있는 공동외교안보정책과 내무사법정책에서의 유럽의회의 정책 행태의 차이를 설명하지 못한다. 〈표 2-1>에서 보는 바와 같이 두 분야에서 모두 유럽의회는 구속력 없는 의견을 제시하는 권한만을 보유하고 있다. 두 정책영역에서 유럽의회는 각료이사회가 만드는 법안을 수정하거나 거부할 권한이 없으며 관련 법안은 유럽의회의 의사에 구애받지 않고 채택될 수 있다. 법안 제안권도 없기 때문에 다른 기구들이 법안을 제안하지 않으면 유럽의회는 자체 결의안으로 의견제시를 할 수 있을 뿐이다.

유럽의회의 입법 영향력에 간접적으로 영향을 미치는 각료이사회의 결정방식 또한 두 정책영역이 동일하게 모든 회원국의 동의를 필요로 하는 만장일치의 의사결정 방식을 채택하고 있다. 대부분의 경우 가중다수결제(QMV, qualified majority voting)의 의사결정방식을 채택하고 있는 경제부문과 달리, 유럽의회가 가결충족 조건을 충족하는 수의 회원국 정부를 설득한다 할지라도 그 의사를 반영할 수 없는 것이다. 그러므로 제2기둥과 제3기둥의 정책영역에서 유럽의회의 정책영향력은 매우 한정적일 수밖에 없다.

다만 좀 더 하위 수준의 입법 환경에서 의제설정자의 성격이 유럽의회의 정책설정자로서의 가능성에 영향을 미칠 수 있을 것이다. 유럽통합에 대한 선호도 측면에서 각료이사회에 비해 유럽의회와 유사한 정책을 선호하는 유럽집행위원회의 의제설정권이 큰 정책 영역에서 유럽의회의 정책 입장이 반영될 여지도 증가할 수 있다. 법안 제출권의 부재로 인해 유럽의회는 공식적 의제 설정 권한이 없는 입법기관이다. EU의 법안 제출

16 George Tsebelis, *op.cit.*

〈표 2-1〉 EU의 의사결정구조

	제1기둥: 유럽공동체	제2기둥: 공동외교안보정책	제3기둥: 내무사법정책
일반적 의사결정	초국가적 방식.	정부 간 방식.	정부 간 방식.
유럽 집행위원회 권한	단독 의제 설정.	정책 집행안 제시.	의제 설정.
유럽의회의 권한	법안 수정, 거부, 승인.	의견 제시.	의견 제시.
각료이사회의 권한	법안 수정, 거부, 승인.	의제 설정. 정책 결정.	의제 설정. 정책 결정.
각료이사회의 의사결정 방식	대부분 가중다수결제. 일부 만장일치.	대부분 만장일치. 예외적으로 가중다수결제 허용.	만장일치.

권은 단일시장분야인 제1기둥(pillar)에서는 유럽집행위원회가 독점하고 있으며, 제2기둥인 공동외교안보정책에서는 집행위원회와 각료이사회가 영역에 따라 나누어 가지거나 혹은 공유하고 있으며, 제3기둥인 내무사법에서는 집행위원회와 각료이사회가 공유하고 있다. 유럽의회는 이 두 기구가 상정한 법안에 대해 수정, 거부, 승인을 할 수 있는 수동적 입법권한만을 보유하고 있다. 만약 집행위원회나 상임위원회가 입법 의제를 설정하지 않는다면 유럽의회가 정책에 기여할 범위도 제한적일 수밖에 없다. 의회의 정책 활동은 입법안의 종류와 범위, 양에 따라 증대되거나 축소될 수 있는 것이다.

유럽집행위원회는 대외안보정책 영역보다 대내안보정책에서 활발한 의제설정활동을 펼쳤다. 테러방지를 위한 일련의 입법안을 제출함으로써 유럽집행위원회는 비록 조언자이긴 하나 유럽의회가 구체적 정책에 관해 의견을 제시할 수 있는 기회를 제공하였다. 그러나 발언의 기회가 자동적으로 유럽의회를 정책설정자로 만들지는 않는다. 타 행위자와 차별되는 정책을 제시하지 못한다면 발언의 기회는 무의미하다. 다음으로 유럽의회가 독자적 입장을 수립할 수 있는 조건들을 살펴본다.

2. 대표성

유럽의회는 유럽 시민들의 대표자임을 강력히 주장할 수 있을 때 정책설정자로서의 역할을 충실히 수행할 수 있다. EU에서 유일하게 직접선거에 의해 구성되는 기구로서 유럽의회의 힘의 원천은 유럽시민의 대표자라는 대표성이다. 유럽의회 의원들은 스스로가 유럽 시민을 대표하여 유럽통합과 EU의 민주성을 확보하고 이를 통해 EU의 정당성 확대를 자신들의 정책 입장의 근거로 삼고 있다. 특히 유럽의회는 집행위원회나 각료이사회와 같은 EU 기구들이나 회원국 정부가 대표하지 않는 이익을 대변함으로써 스스로의 입지를 공고히 하려고 노력한다. 특정 이익집단에 국한되지 않는 좀 더 광대하고 조직되지 않는 집단을 대변함으로써 유럽의회의 초국가적, 민주주의적 특징을 최대한 부각시키려 한다. 물론 유럽의회가 다양한 이익집단이나 기업들의 이익을 대변하지 않는 것은 아니다. 유럽의회는 집행위원회 다음으로 로비집단이 많이 접촉하는 EU 기구이다. 선거로 구성되는 만큼 지역구민의 이익을 대변해야 하는 압력도 항시 존재한다. 그러나 그 정당성의 확보와 타 기구와의 차별화의 필요성으로 인해 유럽의회가 다른 EU 기구에 비해 유럽시민의 대변자라는 명분을 중시하지 않을 수 없는 것 또한 사실이다. 그러므로 유럽의회는 유럽의 경제통합 과정에서 소비자 보호나 환경 보호 등과 같이 유럽시민들에게 광범위하게 해당될 수 있는 이익의 대변자를 자처해 왔고 정책설정자로서의 역할을 가장 활발하고 효과적으로 해 왔다.[17]

이런 맥락에서 유럽의회의 정책설정자로서의 역할은 유럽의 이익이나 유럽 시민의 이익이 가시적인 형태로 존재하지 않은 상황에서 크게 축소된다. 그러므로 그 정책 목표가 상대적으로 피상적인 대외안보정책에 비해 유럽시민들의 일상생활과 밀접한 정책을 취급하는 대내안보정책 영역에서 유럽의회가 정책설정자로 큰 영향력을 가지는 것은 자연스러운 일이다. 공동외교안보정책이 많은 부분 유럽시민들보다는 유럽 밖의 사람들의 삶에 직접적인 영향을 미치는 반면, 대내안보정책은 유럽의회가 옹호하는 정책이 유럽시민들에게 직접적으로 혜택이 돌아감을 주장하기에 용이하다.

마지막으로, 유럽의회의 대표성과 관련하여 대내안보정책에서 대표성의 공동화 현상으로 인한 기회의 창(window of opportunity)이 존재했음을 언급할 필요가 있다. 9·11 사태를 기점으로 테러에 대한 위기의식이 급격하게 고조되고, 국제적 테러방지 노력이 촉구됨에 따라 세계 각국은 행정부 차원에서 테러방지정책을 주도하게 되었다. 공공의 안전을 증진하기 위한 조치가 급속도로 수립되고, 보안 유지의 필요성으로 인해 정책 수립이 폐쇄적으로 진행된 데다, 국제적 사안에 관한 상대적으로 한정된 권한을 지닌 각국 의회는 대내안보정책 수립 과정에서 배제되었고 결과적으로 행정부에 대한 민주적 통제를 효과적으로 행사하지 못했다. 공공의 안전을 우선시하는 행정부에 비해 개인의 자유를 보호할 것을 강조하는 의회의 역할이 국내 정치에서 미미한 상황에서 유럽의회는 회원국 의회를 대신하여 유럽시민의 인권을 보호할 기회를 획득하였다.

17 Mark Pollack, "Representing diffuse interests in EC policy-making," *Journal of European Public Policy* Vol. 4 No. 4(1997), pp. 572-590.

3. 범유럽적 공감대(Pan-European Consensus)

2006년 6월에서 7월 사이에 EU의 여론조사 기구인 유로바로미터(Eurobarometer 2007)는 대테러정책을 비롯한 내무사법 분야에 관한 유럽 시민들의 의견을 묻는 조사를 실시하였다.[18] 이 여론조사에 따르면, 〈표 2-2〉에서 보듯이 86%의 응답자들이 EU차원의 대테러정책을 원하는 것으로 나타났다. EU가 정책을 가장 시급히 초국가적 정책을 수립해야 하는 세 분야를 묻는 질문에는 조직범죄가 56%로 제일 많았고, 대테러 조치가 55%로 두 번째였다. 이에 비해 인권보호는 24%로 여섯 번째에 올랐다. 특히 영국과 스페인에서 대테러 조치가 각각 64%와 60%로 1순위에 올라 최근의 테러공격의 여파가 시민들의 정책 선호도에 미치는 영향을 보여주었다.

이에 비해, 〈표 2-3〉에서 보듯이 EU 차원의 외교안보정책에 관한 지지도는 상대적으로 낮다. 비록 EU 전체로 보았을 때 78%의 응답자가, 각 회원국별로는 과반수의 응답자가 EU가 공동방위안보 정책을 채택하는데 찬성하지만, 각 국가별로 이러한 지지는 상당한 차이를 보인다. 특히 영국, 스웨덴, 핀란드, 아일랜드가 낮은 지지율을 보이고 있다.

18 Eurobarometer. The role of the European Union in Justice, Freedom and Security policy areas, Special Eurobarometer 266/Wave 65.4/TNS Opinion & Social. European Commission(2007).

〈표 2-2〉 EU 수준에서의 테러방지정책 지지도(%)

	총계(명)	증가해야	감소해야	현상유지	무응답/모름
EU 전체	24796	86	7	4	3
벨기에	1032	92	4	3	0
체코	1011	95	3	2	0
덴마크	1045	91	5	2	2
서독	1053	90	4	4	2
독일	1570	91	4	4	1
동독	517	93	2	4	0
에스토니아	1004	85	6	3	6
그리스	1000	85	11	4	1
스페인	1012	83	4	6	8
프랑스	1009	92	3	4	2
아일랜드	1000	77	5	7	11
이탈리아	1019	81	12	5	2
키프로스	504	92	4	2	2
라트비아	1019	87	6	2	5
리투에니아	1004	83	6	2	9
룩셈부르그	506	89	4	5	2
헝가리	1015	80	5	9	6
몰타	500	81	6	3	9
네덜란드	1019	91	5	2	1
오스트리아	1000	74	12	10	4
폴란드	1000	94	3	1	2
포르투갈	1011	86	4	3	7
슬로베니아	1027	82	4	9	5
슬로바키아	1143	89	6	3	2
핀란드	1031	86	9	4	1
스웨덴	1002	86	7	5	3
영국	1313	78	15	2	4

〈표 2-3〉 EU의 공동 방위, 안보 정책에 대한 태도(%)

	찬성	반대	모름
EU 전체	78	14	8
벨기에	90	7	3
체코	84	10	6
덴마크	66	26	8
독일	87	10	3
에스토니아	84	9	7
그리스	83	13	5
스페인	78	11	11
프랑스	81	12	7
아일랜드	56	22	22
이탈리아	79	12	9
키프러스	83	8	8
라트비아	85	6	9
리투아니아	81	5	14
룩셈부르크	83	11	6
헝가리	84	9	7
몰타	59	19	21
네덜란드	83	12	5
오스트리아	70	22	8
폴란드	85	8	8
포르투갈	68	13	19
슬로베니아	88	5	6
슬로바키아	86	7	6
핀란드	60	36	4
스웨덴	55	39	6
영국	60	27	14

출처: *Eurobarometer* 62, August 2004.[19]

이러한 외교안보분야의 EU의 역할에 관한 국가 간의 차이는 구체적 사안에서 극명하게 드러난다. 〈표 2-4〉에서 보듯이 미국이 주도한 이라크 공격에 대해 당시 EU 회원국 시민들을 대상으로 한 조사에서는 전체 응답자의 29%만이 이라크 공격이 정당했다고 대답하였다. 그러나 덴마크의 경우는 전체 응답자의 57%가, 네덜란드의 경우도 49%가 이라크 전쟁

〈표 2-4〉 미국과 동맹세력들에 의한 이라크에 대한 무력 개입의 정당성(%)

	총계(명)	매우 정당	약간 정당	약간 부당	매우 부당	모름/무응답
EU 15	7515	7	22	27	41	4
벨기에	498	4	17	34	42	4
덴마크	501	19	38	22	19	3
독일	501	4	21	37	35	3
그리스	500	1	3	13	82	0
스페인	503	3	12	19	61	6
프랑스	500	3	15	26	55	1
아일랜드	500	8	32	26	33	1
이탈리아	501	8	29	26	33	4
룩셈부르크	503	6	16	28	47	3
네덜란드	500	10	39	26	23	2
오스트리아	500	2	10	29	57	2
포르투갈	500	5	22	25	43	5
핀란드	501	6	25	38	27	4
스웨덴	500	8	29	31	28	5
영국	507	15	29	22	29	6

출처: *Eurobarometer*, October 2003.[20]

19 "EU의 공동 방위, 안보 정책에 대한 태도," http://ec.europa.eu/public_opinion/archives/eb/eb62/eb62_en.html(검색일 2004.8).

이 정당했다고 대답하여 EU의 전반적인 경향과 대조된다. 아일랜드(40%), 이탈리아(37%), 영국(44%)에서도 많은 수의 응답자가 이라크 전쟁의 정당성을 인정하고 있다.

요약하면, 유럽의회가 유럽시민의 대표라는 민주주의적 정당성의 원천으로서 스스로의 입장을 강화하기 위해서는 유럽시민들의 요구에 반응할 수밖에 없다. 공식적 권한이 제한된 정책영역에서 여론의 힘은 더욱 소중한 자산이다. 유럽시민들의 의견이 국가별로 대비되는 공동외교안보정책에 비해 유럽시민들이 고른 지지를 보이는 내무사법정책에서 유럽의회가 영향력을 행사할 여지가 클 것이다.

4. 좌우 이념에 부합하는 논점

다른 의회와 마찬가지로 유럽의회는 입법 과정과 예·결산 과정에서의 권한 행사를 통해 직접적으로 정책을 형성할 뿐만 아니라 다양한 의견의 교환을 통해 사회의 담론을 표출하고 정제하여 재생산하는 심의민주주의(deliberative democracy)의 장이기도 하다. 의회 내부 구성원들의 정책 선호도의 차이로 인해 의원들이 각자의 입장에 대한 지지 세력을 모으고자 하는 방안으로써 구체적 정책 대안을 모색하게 되고, 다수결의 의사 결정 방식이 정책 대안의 경쟁과 타협을 촉진하여, 결국은 좀 더 정제되고 전문화된 정책안을 도출하는 과정을 거치게 된다. 즉 의회 내부의 갈등과 균열이 결국은 타 기구와의 정책 경쟁에서 의회의 경쟁력을 강화하는 방향

20 Flash Europbarometer 151. http://ec.europa.eu/public_opinion/flash/fl151oniraq_en.pdf

으로 작용한다고 할 수 있다.

대립된 의견의 내부적 표출을 통해 유럽의회가 그 정책영향력을 강화할 수 있을 가능성은 지금까지 경시되어 왔다. 그와 반대로, 유럽의회 의원들이 통일된 목소리를 낼 때 유럽의회가 가장 큰 영향력을 발휘한다고 인식되었다. 유럽 통합 초기에서 중반기까지 유럽의회는 주로 낮은 수준의 통합을 원하는 회원국 정부나 유럽의회의 권한을 제약하려는 회원국 정부의 집단적 노력에 대항하여 내부적으로 통일된 전선을 형성함으로써 그 영향력을 강화해 왔다.[21] 특히 EU의 가장 강력한 기구인 각료이사회의 의사결정 방식이 만장일치제이고 유럽의회의 공식적 권한이 구속력 없는 의견제시에 한정되는 경우에 본회의 표결에서 찬성표를 극대화함으로써 유럽의회의 입장을 강력히 표출하는 것이 유럽의회의 의견이 최종 정책결과물에 반영될 가능성을 높이는 방법이라고 간주되었다.[22]

그러나 유럽의회의 권한이 강화되고, 특히 입법 절차로서 협력절차(cooperation procedure)와 공동결정절차(codecision procedure)가 도입되어 유럽의회가 각료이사회와 동등한 입법권을 가지는 정책 영역이 증가하면서 유럽의회의 정책 환경은 변화하였다. 각료이사회가 만장일치제 대신 가중다수결제(qualified majority voting)를 의사 결정방식으로 빈번하게 사용하게 되면서 유럽의회가 각료이사회에 대항하여 통일된 입장을 표출해야 할 필요성이 감소하였다. 협력절차나 공동결정절차에서 유럽의회의 수정안이

21 Amie Kreppel, "What Affects the European Parliament's Legislative Influence?," *Journal of Common Market Studies* Vol. 37 No. 3(1999), pp. 521-538.

22 Amie Kreppel, "Rules, Ideology and Coalition Formation In the European Parliament: Past, Present and Future," *European Union Politics* Vol. 1, No. 3(2000), pp. 340-362.

최종법안에 포함될 가능성이 증가함에 따라 유럽의회의 정책 전문성에 대한 요구가 증가했다. 유럽의회의 최종 법률 수정 결의안이 개별 표결에 의해 채택된 다수의 수정조항의 집합으로 구성되는 절차적 특징은 수정조항 각각에 관한 경쟁과 타협의 여지를 내포하고 있다. 유럽의회의 이해가 유럽의회의 입지 강화나 유럽통합의 진전 같은 기구 전체의 목표에서 수많은 법안에서 도출되는 크고 작은 정책결과물로 그 초점이 이동함에 따라 유럽의회 개개인의 정책 선호도의 성취가 입법 과정에서 중요한 사안이 되었다. 유럽의회 내부의 갈등과 타협은 일상적인 일이 되었으며 이러한 정책 경쟁이 유럽의회가 효과적인 정책설정자로서 활동할 수 있는 원동력이 된 것이다. 특히 EU와 같은 다층적 지배구조의 경우 지역, 국가, 유럽의 다차원에서 발생하는 이익을 반영한 정책안이 기구 전체의 위상을 강화하는데 필요하기 때문에 유럽의회의 심의민주주의는 외부행위자와의 유대를 강화할 토양을 형성했다.

유럽의회 내부에서 정책형성의 기초단위는 국적을 초월해 이념성향에 따라 구성되는 정치그룹(political group)이라고 할 수 있다. 이중 가장 강력한 두 세력은 유럽사회당(PES, Party of European Socialists)과 유럽국민당(EPP, European People's Party and European Democrats)이다. 대부분의 주요 중도적 좌우 국내 정당들이 이 두 유럽의회 정치그룹에 국가 대표단(national delegation)의 형태로 속해 있다. 정치그룹들은 소속 국내정당들의 의견을 수렴하여 정책을 수립하고, 소속 유럽의회의원들이 이 정책을 지지하도록 독려하는 등의 원내정당과 유사한 역할을 수행한다. 유럽의회의 정책 활동은 이념을 가장 큰 갈등의 축으로 한 정치그룹 간의 경쟁과 타협의 연속이다. 그러므로 해당 정책이 좌우 이념의 언어로 규정될 수 있는 사안일 때 유럽의회에서의 논의가 활발해질 수 있는 가능성이 증가한다.

정치그룹이 유럽의회의 의사 결정의 거대 단위이기에, 유럽의회의 활동성은 이들 정치그룹의 내부 결속력과 밀접히 관련되어 있다. 정치그룹 내부의 의견 수렴 과정에서 각 정치그룹에 속한 국가 정당 대표단들 간의 협력여부는 초국가적 이익을 논할 수 있는 논의의 틀의 존재 여부에 따라 결정된다. 유럽의회의 각 회원국 정당들이 자국의 입장을 옹호하는데 머무른다면 정치그룹은 정책입장을 수립하기 힘들게 된다. 나아가, 각국 대표단이 각국의 입장을 옹호할 뿐이라면 유럽의회의 입장이란 회원국 정부를 대표하는 각료이사회의 입장과 차별성을 갖지 못할 것이다.

좌우 이념의 축 사이 역학관계로부터 대테러전쟁에 대응하여 유럽의회가 공동외교안보정책으로 대표되는 대외안보정책보다 내무사법분야로 대표되는 대내안보정책에서 독립적인 행위자로 활동할 수 있었던 원인을 찾을 수 있다. EU의 외교안보정책은 전통적으로 좌우이념보다 대서양주의와 유럽주의로 표방되는 회원국 간의 시각 차이가 갈등의 거대 축을 구성했다. 물론 전통적으로 좌파가 우파보다 무력을 사용한 외교안보정책에 유보적인 태도를 보였으나 좌우 진영의 차이는 각 국가 간의 차이를 극복하지는 못하였으며 사안에 따라 좌파가 우파보다 무력사용에 더 적극적인 태도를 보이기도 하였다. 예를 들어 인류에 대한 범죄의 경우에는 좌파 정당이 우파 정당보다 평화유지군 파견에 더 강력히 주장하기도 하였다. 아프가니스탄 전쟁과 이라크 전쟁의 경우, 영국과 스페인, 이탈리아를 제외한 대부분의 국가에서 좌파 정당과 우파 정당은 서로 유사한 입장을 취하였다.

이와 달리, 대내안보는 좌파와 우파가 이념적으로 입장을 달리 하는 영역이다. 테러방지를 위한 일련의 정책들은 안전의 보장과 자유 및 기본권의 보호 사이에서 균형점을 찾는 작업으로 인식되어 왔다. 전통적으로 우파가 안전의 보장에 비중을 두고 공공의 안전을 위해 개인의 자유가 일시적으로 제한될 수 있다고 주장한 반면, 좌파는 기본권의 보장 없이 안전을 보장하는 것은 안전의 궁극적인 목적인 자유민주주의를 저해하는 행위로 간주하였다. 이 같은 차이는 유럽시민들의 태도에서도 볼 수 있다. 위에서 언급한 유로바로미터(Eurobarometer 2007)에 따르면, 우파적 성향의 시민들의 59%가 테러방지를 EU의 우선과제로 꼽은 반면 좌파 성향을 가진 시민은 52%만이 이를 지지하였다. 이에 비해, 테러방지조치에서 간과되기 쉬운 인권 문제에서 좌파 성향의 시민들은 훨씬 조심스러운 반응을 보였다. 35%의 좌파 성향의 시민들이 기본권의 증진과 보호를 EU의 우선과제로 선택한 반면 우파적 성향의 시민들은 19%만이 이를 지지하였다.

이상을 볼 때, 유럽의회가 대외안보영역과 대내안보영역에서 동일한 법적권한을 가졌음에도 대내안보영역에서 정책설정자로서 활동할 수 있었던 것은 첫째 대내안보영역의 고유한 성격으로 인해 유럽의회가 유럽차원에서 이목을 끌만한 이슈를 찾을 수 있었고, 둘째 이를 근거로 유럽시민들의 이익을 대표하고자 한다는 대표성을 확보할 수 있었기 때문이다. 또한 좌우의 진영의 정책 선호도가 상이함에 따라 유럽의회의 입장을 도출하기 위한 활발한 토론이 있을 수 있었던 것도 유럽의회가 정교한 정책안을 제시할 수 있었던 원인이 되었다. 다음으로 미국과 EU 간의 탑승자 정보 공유 협정의 체결과정을 통해 유럽의회의 정책설정자로서의 역할을 자세히 고찰하고자 한다.

Ⅳ. 사례연구: 탑승객 정보공유 협정(PNR: Passenger Name Record)

유럽의회는 EU와 미국 간의 항공사에 의한 탑승객 기록의 미국 국토

안보국으로의 전달에 관한 협정[23]의 제정과정에서 EU 시민들의 사생활 보호와 인권을 증진하는데 주도적인 역할을 하였다.

미국은 9·11 테러 이후 잠재적 테러리스트 색출을 이유로 미국영토에 출입하는 모든 비행기 탑승객 및 승무원에 대한 개인정보의 제출을 요구하였다. 미국 정부의 주된 요구 사항은 모든 외국항공사가 가지고 있는 승객정보(PNR, Passenger Name Record)를 미국 영공으로 들어오기 전에 미국 세관 및 국경 보안국(CBP, The Bureau of Customs and Border Protection)에 제출해야 한다는 내용이다. 이 승객정보 데이터에는 탑승객 코드, 예약날짜, 탑승예정일, 이름, 생년월일, 주소, 전화번호, 좌석정보, 요금지불방법, 연락처, 여행사, 이메일 주소, 티켓 번호, 티켓 발부일, 가방의 수, 가방 태그 번호, 여권번호, 비자번호 등이 포함되어 있었다. 항공사가 이를 위반할 경우 승객 1인당 최고 5000달러의 벌금 부과, 착륙 금지, 도착 지연 등의 불이익을 당할 수 있었다.

미국이 요구한 개인정보의 제출내용 및 정보사용 방법 그리고 사용 목적은 다음과 같은 측면에서 EU의 개인정보 보호원칙[24]과 부합하지 않았다. 해당 지침은 해당 개인이 동의한 경우에만 회원국 국민의 개인정보를 제3국으로 이전하는 것을 허용하도록 규정하고 있었다. 또한 미국과 같이 사생활 보호가 적절한 수준으로 이루어 지지 않는 국가로의 개인정보 이전을 금지할 수 있도록 하였다. 그러나 미국으로 운항을 계속하기 위

23 Agreement between the European Union and the United States of America on the processing and transfer of passenger name record(PNR) data by air carriers to the United States Department of Homeland Security(DHS), 28 June, 2007.

24 Directive on the Protection of Individuals with regard to the Processing of Personal Data and on the Free Movement of Such Data, Directive 95/46/EC.

해 유럽 항공사들은 승객 정보 유출이 EU 사생활 정보 보호법 위반임을 알면서도 승객의 개인정보를 미국에 이전할 수밖에 없었다.

이런 딜레마를 해결하기 위해 2003년 3월부터 유럽집행위원회와 미국정부는 양 지역을 운항하는 항공기의 탑승객에 대한 정보를 보안당국들이 공유하기로 하고, 이 정보를 테러위협 여부를 판단하는 자료로 활용하는 정보공유협정에 대한 협상을 진행하였다. 그러나 미국과 EU는 협정의 적용 주기, 정보목적의 제한문제, 정보의 항목과 적용 주기, 정보 보존기간, 정보의 전송방식, 정보 전송 시간 등에서 이견을 보여 합의하는데 어려움을 겪었다. 결국 첫 협정은 미국과 유럽공동체(European Community) 간의 협정의 형태로 2004년 5월 17일에 타결되었으며 주된 내용은 양 지역을 운항하는 항공기의 탑승객에 대한 정보를 보안당국들이 공유하고, 이 정보를 테러위협 여부를 판단하는 자료로 활용하는 것이었다. 이 협정은 같은 달 28일에 발효되었다.[25]

그러나 2004년의 협정에 관련해 유럽의회는 미국과 유럽집행위원회 간의 협상과정에서부터 협정의 법적 근거의 부적절함과 미국이 요구하는 정보가 개인의 사생활을 적절하게 보호하지 못함을 이유로 이의를 제기하였다. 2004년 3월 31일 유럽의회는 집행위원회가 제시한 협정 초안의 인권 침해 가능성과 법적 근거 미비를 지적하고 이를 시정한 새로운 협상안을 제출할 것을 집행위원회에 요구하였다. 유럽의회는 협정의 목적이 테러방지에 있으므로 경제정책을 다루는 유럽공동체가 협정의 주체가 될 수

25 Elspeth Guild and Evelien Brouwer, "The Political Life of Data. The ECJ Decision on the PNR Agreement between the EU and the US," *CEPS Policy brief* No. 109(July 2006), Centre for European Policy Studies.

없기에 협정은 잘못된 법적 근거에 입각하고 있다고 주장하였다.[26] 2004년 4월 6일에는 부게드콱(Boogerd-Quaak) 유럽의회 의원이 협정 초안의 문제점을 자세하고 강도 높게 비판하는 보고서를 유럽의회 본회의에 제출하였다.[27] 또한 같은 해 4월 21일에는 협상안이 EU의 조약에 부합하는지 여부에 대해 유럽사법재판소의 의견을 구하는 조치를 취하였다. 그러나 유럽의회의 의견은 유럽집행위원회와 각료이사회에 의해 묵살되었으며 위에서 언급한 바와 같이 협정은 유럽의회의 의견을 반영하지 않은 채로 5월에 체결되었다. 급기야 협정이 체결된 후에 유럽의회는 2004년 7월 27일에 유럽사법재판소에 협정의 무효화를 요청하는 소송을 제기하였다.

2006년 5월 30일에 유럽사법재판소는 해당 협정을 법적 근거 미비를 이유로 무효화하면서도 유럽의회가 지적한 협정의 인권 침해 부분에 대해서는 판결을 내리기를 거부하였다. 유럽사법재판소는 법적 안정성 확보를 위해 기존의 협정이 2006년 9월 30일까지는 유효하도록 하고 이후에는 협정이 효력을 발휘할 수 없다고 판결하였다.[28] 이에 2006년 10월 6일 유럽집행위원회와 각료이사회는 유럽사법재판소의 유럽공동체가 협정의 주체가 될 수 없다는 판결을 반영하여 미국을 상대로 기존의 탑승객 정보공유협정을 대체하는 새로운 안을 EU와 미국 간의 협정의 형태로 체결했다. 새 협정은 종전과 마찬가지로 미국행 EU 항공기들이 최소한 이륙 15

◇◇◇◇

26 Minutes of the European Parliament, 31 March, 2004.

27 Report on the proposal for a Council decision on the conclusion of an Agreement between the European Community and the United States of America on the processing and transfer of PNR data by Air Carriers to the United States Department of Homeland Security, Bureau o Customs and Border Protection - Committee on Citizens' Freedoms and Rights, Justice and Home Affairs. A5-0271/2004. PE 339.636/DEF.

분전까지 탑승객의 신용카드와 여권, 전화번호 등 34가지 이상의 세부 정보를 미국 국토안보부에 의무적으로 제공토록 하고 있다. 또 미국 국토안보부는 개인정보 보호 등 몇몇 주요 조건들이 충족될 때에만 이들 자료를 연방수사국(FBI)과 이민국 등 미국 내 다른 국가기관들과 공유할 수 있다는 조항이 새로 추가됐다. 이전 안은 유럽 항공 승객들의 개인정보를 미국 세관 및 국경 보안 관리들만 접근할 수 있도록 엄격히 제한했었다. 이 협정은 2007년 7월까지만 유효한 잠정 타결이었다.

2007년 6월 29일에 타결된 최종 협정은 미국 사법 당국이 접근할 수 있었던 정보의 수를 이전의 34개에서 19개로 축소했으며 인종과 같은 민감한 정보를 접근할 수 있는 정보에서 제외하도록 하였다. 또한 최초로 EU 시민들도 미국의 사생활 보호법(Privacy Act)에 의해 보호를 받을 수 있게 되었다.[29]

비록 최종 협정이 유럽의회가 원한 것과는 거리가 있었지만 대테러정책에 있어서 인권과 사생활보호를 정책의 한 축으로 공고히 정립했다는 측면에서 유럽의회는 앞서 말한 정책설정자로서의 4가지 조건을 잘 활용하여 정책영향력을 획득하였다. 먼저 제도적 권한의 측면에서 유럽의회는 유럽사법재판소에 법적 근거의 미비를 이유로 타 EU 기구의 행위를 무효화하도록 요청할 수 있는 권한을 이용하였다. 비록 입법적 측면에서 유럽의회가 협정의 제정과정에서 구속력 없는 의견을 제시할 수 있는 권한만

---

28 European Court of Justice. Judgement of the Court of 30 May, 2006. European Parliament, Council of the European Union(C-317/04) and Commission of the European Communities(C-318/04). http://eur-lex.europa.eu.

29 Elspeth Guild, "Inquiry into the EU-US Passenger Name Record Agreement," *CEPS Policy brief* No. 125, March 2007, Centre fore European Policy Studies.

을 보유하고 있었지만 사법적 절차를 이용함으로써 영향력을 행사하였다. 다음으로 대표성의 측면에서 유럽의회는 유럽집행위원회와 각료이사회가 우선시했던 항공사들의 운항 편의에 맞서 유럽시민들의 대표로서 탑승객들의 인권과 사생활보호를 강조하였다. 협정의 사생활 침해 가능성에 대한 유럽의회의 우려는 유럽정보보호감독(European Data Protection Supervisor)의 입장과도 일치하는 것으로서 회원국 정부나 유럽집행위원회가 대표하지 않는 장기적이고 보편적인 이익을 대표했다. 또한 대서양 양안의 인권보호 관련 시민 단체들의 입장을 대표하는 것이기도 했다.[30] 셋째로 유럽의회는 기존에 형성되어 있는 인권의 중요성에 대한 범유럽적 공감대를 자신의 주장의 근거로 삼았다. 유럽의회는 유럽 인권 협약(European Convention of Human Rights)과 기본권 헌장(Charter of Fundamental Rights)을 협정에 대한 반대 근거로 하여 정당성을 확보하고자 하였고 이는 유럽사법재판소가 이례적으로 판결문의 서두에 두 조약을 판결의 근거로 언급함으로써 대테러정책의 주요 고려사항으로 자리 잡았다.[31]

마지막으로, 협정에 대한 유럽의회의 입장은 유럽의회 내 좌우 진영의 논쟁을 거쳐 형성되었다. 유럽의회의 최대 정치그룹인 중도 우파 유럽국민당(EPP)이 항공운행의 효율성 확보를 주된 이유로 하여 협정에 이의

30 Dinos Stasinopoulos and Martin Staniland, "Aviation Security and Pasesnger Data Exchange–The Need for a Multilateral Arragement," Working Paper No. 6(May 2006), European Union Center, Center for West European Studies, University of Pittsburgh.

31 European Parliament resolution of 20 November, 2008 on the proposal for a Council framework decision on the use of Passenger Name Record(PNR) for law enforcement purposes. B6–0615/2008. P6_TA–PROV(2008)0561. www.europarl.europa.eu.

를 제기하는 것을 반대한 반면, 두 번째로 큰 정치그룹인 유럽사회당은 개인의 사생활 보호가 보장되지 않은 협정은 테러방지를 이유로 정당화 될 수 없음을 역설하였다. 2004년 3월 31일 유럽의회는 찬성 229표, 반대 202표, 기권 19표로 유럽집행위원회와 각료이사회에 협정 초안을 철회하고 인권을 적절히 보호하는 새 협정안을 제출할 것을 촉구하는 결의안을 채택하였다. 대부분의 유럽사회당의원들과 기타 유럽의회의 좌파정치그룹 소속 의원들은 찬성표를 던졌으며, 대부분의 반대표는 유럽국민당 소속 의원들과 기타 우파 정치그룹 소속 의원들에게서 나왔다. 유럽국민당 소속의 유럽의회 의원 중 이 결의안에 찬성표를 던진 의원은 7명에 불과하였으며, 유럽사회당 의원 중 반대표를 던진 의원은 28명에 불과했다. 다음 달 21일에 유럽의회가 협정에 대해 유럽사법재판소의 의견을 구하기로 결정했을 때도 다른 정치그룹은 찬성했으나 유럽국민당만이 협정이 인권을 적절히 보호했으며 신속한 협정 채택이 테러방지와 항공 이용객의 편리를 위해 중요하다는 이유로 반대하였다.[32]

Ⅴ. 결론: 유럽의회와 대테러전

1991년 마스트리히트조약에서 유럽공동체, 공동외교안보정책, 내무사법의 3기둥 구조로 EU의 통합의 틀을 확대한 이래, EU기구들은 안보에 관련된 새로운 정책영역에서 영향력을 행사하고자 경쟁해 왔다. 마스

32 Debate of the European Parliament, 21 April, 2004.

트리히트 조약으로 설립된 이래 공동외교안보정책이 점진적이지만 꾸준히 발전해온 반면, 내무사법정책은 2000년 이후가 되어서야 비로소 진전을 보이게 되었다. 공동외교안보정책에서 영향력을 행사하지 못한 것과 달리, 유럽의회는 내무사법 분야에서는 대테러정책이 인권 보호와 동반되어야 한다는 독자적인 입장을 실질적 정책 결과물에 반영하는 정책설정자로서 활동하였다.

공동외교안보정책과 내무사법에서 유럽의회의 공식적 권한이 모두 의견을 제시하는 것에 한정됨을 고려할 때, 유럽의회의 정책설정자로서의 가능성은 형식적인 권한에 의해서만 결정되는 것은 아니다. 유럽의회의 정책설정자로서의 역할은 유럽의회의 독자적인 입장, 그 입장이 표방하는 가치를 구체적으로 실천할 수 있는 정책 수단의 개발, 그리고 유럽의회의 정당성의 기반과 입장의 연계여부에 달려있다. 공동외교안보정책과 내무사법 모두에서 유럽의회는 민주주의와 인권이라는 가치를 다른 EU기구나 회원국 정부보다 강조하는 입장을 취하였다. 그러나 공동외교안보정책, 특히 안보분야에서 유럽의회는 이를 EU가 EU의 다른 이익과 조화하여 대외관계에서 취해야 하는 구체적인 정책의 형태로 제시하는 데에 실패하였다. 반면 내무사법에서 유럽의회는 공공의 안전과 개인의 인권 보호사이의 균형점을 정책의 형태로 도출하였고 입법권 이외의 다른 권한까지 동원하여 이를 EU의 정책으로 만드는 데에 성공하였다. 대테러전에 대한 유럽의회의 대응은 정책 아이디어의 생산과 이의 실현은 모두 유럽의회가 유럽시민의 직접적 이익과 스스로의 입장을 연계할 수 있는지 여부에 달려 있음을 보여주고 있다.

참고문헌

Council of the European Union. Council Regulation 871/2004/EC concerning the introduction of some new functions for Schengen Information System, including in the fight against terrorism. CNS/2002/0812.

Council of the Europea Union. Council Decision 2002/996/JHA, fight against terrorism: implementation of national legal provisions. CNS/2002/0809.

Council of the Europea Union. Council Framework Decision 2002/475/JHA on combating terrorism. CNS 2001/0217.

Eurobarometer. The role of the European Union in Justice, Freedom and Security policy areas, Special Eurobarometer 266/Wave 65.4/TNS Opinion & Social. European Commission. 2007.

European Court of Justice. Judgement of the Court of 30 May 2006. European Parliament v Council of the European Union(C-317/04) and Commission of the European Communities(c-318/04). http://eur-lex.europa.eu

European Parliament. European Parliament recommendation to the Council on the negotiations for an agreement with the USA on the use of passenger name records(PNR) data to prevent and combat terrorism and transnational crime, including organised crime. INI/2006/2193.

European Parliament. Report on the proposal for a Council decision on the conclusion of an Agreement between the European Community and the United States of America on the processing and transfer of PNR data by Air Carriers to the United States Department of Homeland Security, Bureau o Customs and Border Protection – Committee on Citizens' Freedoms and Rights, Justice and Home Affairs. A5-0271/2004. PE 339.636/DEF.

European Parliament. European Parliament resolution of 20 November 2008 on the proposal for a Council framework decision on the use of Passenger Name Record(PNR) for law enforcement purposes. B6-0615/2008. P6_TA-PROV(2008)0561. www.europarl.europa.eu

Guild, Elspeth. "Inquiry into the EU-US Passenger Name Record Agreement", *CEPS Policy brief*, No. 125(March 2007), Centre fore European Policy Studies.

Guild, Elspeth and Evelien Brouwer. "The Political Life of Data. The ECJ Decision on the PNR Agreement between the EU and the US." *CEPS Policy brief*, No. 109(July 2006), Centre for European Policy Studies.

Hill, Christopher. "The Capability-Expectation Gap, or Conceptualizing Europe's International role," *Journal of Common Market Studies*, Vol. 42, No. 1(1988), pp. 143-163.

Judge, David and David Earnshaw. "Weak European Parliament Influence," *Government and Opposition*, Vol. 29, No. 2(1994), pp. 262-276.

Jupille, Joseph. *Procedural Politics: Issues, Influence and Institutional Choice in the European Union*. Cambridge: Cambridge University Press, 2004.

Kingdon, John. *Agendas, Alternatives, and Public Policies*. Boston: Little Brown, 1984.

Krause, Alexandra. "The European Union's Africa Policy: The Commission as Policy Entrepreneur in the CFSP," *European Foreign Affairs Review*, Vol. 8, No. 2(2003), pp. 221-237.

Kreppel, Amie. "What Affects the European Parliament's Legislative Influence?," *Journal of Common Market Studies*, Vol. 37 No. 3(1999), pp. 521-538.

Kreppel, Amie. "Rules, Ideology and Coalition Formation In the European Parliament: Past, Present and Future," *European Union Politics*, Vol. 1, No 3(2000), pp. 340-362.

Mintrom, Michael. "Policy Entrepreneurs and the Diffusion of Innovation," *American Journal of Political Science*, Vol. 41, No. 3(1997), pp. 738-770.

Moravcsik, Andrew. "Negotiating the Single European Act: National Interests and Conventional Statecraft in the European Community," *International Organization*, Vol. 45 No. 1(1991), pp. 19-56.

Pollack, Mark. "Representing diffuse interests in EC policy-making," *Journal of European Public Policy*, Vol. 4 No. 4(1997), pp. 572-590.

Stasinopoulos, Dinos and Martin Staniland. "Aviation Security and Pasesnger Data Exchange-The Need for a Multilateral Arragement," *Working Paper* No. 6(May 2006), European Union Center, Center for West European Studies, University of Pittsburgh.

Tsebelis, George. "The Power of the European Parliament as a Conditional Agenda Setter," *American Political Science Review*, Vol. 88, No. 1(1994), pp. 128-142.

Tsoukala, Anastassia. "Democracy Against Security: The Debates About Counterterrorism in the European Parliament, September 2001 June 2003," *Alternatives*, Vol. 29(2004), pp. 417-439.

Zanon, Flavia. "The European Parliament: An Autonomous Foreign Policy Identity?," Barbe, Esther and Herranz, Anna(eds.), *The Role of Parliaments in European Foreign Policy. Debating on accountability and legitimacy. Barcelona: Office of the European Parliament in Barcelona*, 2005, Ch. 6.

3장 아프간전과 이라크전을 통해 살펴본 유럽연합과 미국의 대서양동맹의 변화*

김종법

I. 서론: 새로운 국제분쟁 개념의 등장

1989년 베를린 장벽의 붕괴 이후 소련연방의 해체를 시작으로 급속하게 진행된 사회주의 체제의 몰락은 변화된 국제정치질서를 만들어 냈다. 미소 중심의 양극체제에서 다자체제로 전환된 국제정치질서의 중심축 변화는 탈냉전 이데올로기가 외교와 안보 분야에서도 고스란히 반영되는 결과를 낳았다. 특히 걸프전은 탈냉전 이후 최초의 대규모 국제분쟁이라

* 이 논문은 2005년 정부재원(교육인적자원부 학술연구조성사업비)으로 한국학술진흥재단의 지원을 받아 연구되었음(KRF-2005-072-BM0010) 출처: 『유럽연구』. 27권 2호. pp. 111-137. 2009.

는 면에서 새로운 국제정치질서의 모습과 내용을 알 수 있었던 시금석이었다. 그러나 예상보다 훨씬 분명하게 미국이 중심이 되는 일국중심 국제정치질서는 지금까지와 다른 새로운 국제정치의 개념들과 또 다른 국제분쟁을 초래하였다.

또한 유럽의 안마당이라 할 수 있는 유고 지역에서 발발한 보스니아/코소보 내전은 유럽중심주의(Europeanism)와 대서양주의(Atlantism)의 충돌이라는 측면에서 유고 내전이 갖는 정치적 의미와 더불어 결과적으로 새로운 국제질서 대두와 EU 공동외교안보정책의 허망한 실체를 확인시켜주었다. 유럽지역의 내전이 유럽에 의한 자체 해결보다는 미국(좀 더 정확하게 말하면 NATO)이라는 세계 유일의 초강대국에 의한 개입으로 해결되었다는 사실은 미국 중심의 국제정치체제가 여전히 유효하다는 점을 설명해주는 근거가 되었다. 동시에 EU라는 지역공동체가 실질적 통합을 위해 필요한 국방과 안보 정책의 현실적 대안과 제도적 준비를 절감하는 계기로 작용했다. 이는 전통적으로 국가의 가장 주요한 임무와 기능인 국방과 안보의 문제를 해결하지 않고는 EU가 정치적 통합체로서의 기능과 역할에 한계를 가질 수밖에 없다는 점을 분명하게 보여주었다.

보스니아/코소보 내전 사태의 해결 과정과 결과는 마스트리히트 조약 체결 이후 등장하게 된 EU 공동외교안보정책의 구체적이고 실효성 있는 제도와 내용으로 표출되어야 한다는 사실을 각인시킨 중요한 계기였다. 결국 공동외교안보정책을 지향하는 EU 입장에서 보면 새로운 제도의 시도라 할 수 있는 신속대응군이나 유럽연합군 등의 집단방위군 창설을 통해서 유럽 안보를 공고히 할 것인지, 아니면 기존 NATO를 강화하면서 미국과의 실질적이고 효율적인 안보협력 체제를 통해 유럽안보를 실현할 것인지에 대해 많은 고민을 하게 만들었다.

더욱이 보스니아/코소보 전쟁 개입 명분이었던 인도적 개입의 의미나 방식 등에 대하여 EU 차원에서 보면 주요한 기준과 원칙을 수립할 수 있게 한 생생한 경험이었다고 볼 수 있다. 이러한 보스니아/코소보의 경험은 EU 통합과 공동외교안보정책의 방법론적 기준 제시라는 측면과 유럽과 미국의 전통적인 동맹관계의 재확인 및 세력 관계의 우위를 입증하는 역사적 사건이었다. 결국 이러한 논의는 한편에서 유럽 전체의 공동외교안보 축을 유럽에 둘 것인지(유럽중심주의), 아니면 미국이 주도하는 NATO의 기능과 역할을 강화하여 미국을 중심으로 하는 대서양동맹 체제의 강화라는(대서양주의) 입장의 대립을 가져왔다. 또한 미국과의 전환기적 동맹관계의 모색과 구축이 유럽연합의 입장에서 보면 중요한 국제관계의 의제가 되었다.

이번 장에서는 탈냉전기 이후 발생한 주요 국제분쟁과 그 진행 과정 속에서 대두되고 있는 유럽연합과 미국의 새로운 동맹관계의 설정 문제를 대테러전쟁 수행의 중심축인 NATO를 통해 대서양동맹의 새로운 구축이라는 측면에서 접근하고자 한다. 새롭게 변화하고 있는 국제정치질서 속에서 21세기 국제분쟁의 전형이라 할 수 있는 대테러전쟁[1]이라는 개념을 통하여 대서양동맹의 관계와 내용의 변화를 돌아보고, 아프간전과 이라크 전쟁이 만들어낸 새로운 개념과 국제적 외교안보 지형 위에서 전통적으로 다져온 대서양동맹의 의미를 되새겨 보고자 한다.

아프가니스탄 전쟁과 이라크 전쟁을 수행한 미국을 비롯한 주요 유럽 국가들은 전쟁 참가와 수행에 어떤 기준과 원칙을 적용하였을까? 현실주의(혹은 신현실주의)라는 대표적인 전통적 외교관계의 원칙이나 외교정책의

1 I. Ramonet, 최연구 역, 『21세기 전쟁』(서울: 중심, 2001); 이태윤, 『21세기 국제테러리즘(새로운 전쟁)』(서울: 모시는 사람들, 2004) 등의 저술이 최근 테러리즘과 관련된 국제분쟁 연구를 대표하는 책들이다.

대표적 수단인 동맹관계로만 설명할 수 없는 새로운 기준이 작용한 것이 아니었던가라는 질문에서 이 글은 출발하고자 한다. 미국과 유럽연합의 전통적 동맹 관계의 구성 요소가 대테러전쟁을 통해 수반된 변화의 흐름과 내용에 어떤 영향을 미쳤는가를 추적하면서, 새로운 기준과 적용의 원칙은 어떤 요인들로 분석할 수 있을 것인가라는 시각에서 유럽연합의 입장으로 다루고자 한다.

이를 위해 이 글에서 적용하고자 하는 이론적 틀은 신자유주의적 제도주의 혹은 다자적 제도주의를 기본으로 하고, 이를 비판적으로 재구성하기 위해 구성주의적 분석에 초점을 두면서 탈냉전 이후 새롭게 등장하거나 변화하고 있는 국제정치적 환경을 – 지구화, 안보전략 기조의 변화, 경제적 주권과 안보주권의 혼용, 미국 우위의 초강대국의 등장, 유럽연합의 확대와 공동외교안보정책의 문제 등등 – 고려하여 대테러전쟁과 대서양동맹의 의미를 규명하고자 한다. 또한 오늘날 가장 거대하고 주요한 두 개의 서양사회인 EU와 미국이라는 국제적 행위자(actor) 간의 동맹이 국제정치질서 상에서 새로운 수준의 구성주의 혹은 다층적 거버넌스 이론과 같은 대안적 이론들로 발전시킬 수 있는 가능성을 모색해보고자 한다.

이 과정에서 새로운 변수로서 국제분쟁의 속성을 변화시켰고, 결국에는 국제정치질서와 안보의 개념까지 바꾸어 놓은 것으로 평가되는 9·11 테러를 통한 국제분쟁의 변화와 양상을 함께 짚어보고자 한다. 2001년 9월 11일 발생한 테러는 역사상 그 유례가 없을 정도로 피해 수준이나 정치적 의미 등에서 이정표가 될 만한 사건이었다. '9·11 테러'라고 명명된 이 사건으로 전통적으로 인식되고 인정되던 여러 개념들과 상황에 대한 변화는 불가피했다. 좌우 이데올로기가 국제분쟁과 갈등의 주요한 요인의 하나였던 냉전시대가 종식되면서 대체된 헌팅턴의 '문명충돌론'은 새로운 국제적 갈등을 해석하는 중요한 기준으로 떠올랐고, 저강도 분쟁의 대표적 유형의 하나로 떠오른 테러리즘을 규정하는 국제정치적 의미도 바뀌게 되었으며,[2] 방어적이고 수세적인 안보 개념이 적극적이고 능동적인 개념으로 대체되었고, UN이라고 하는 국제기구보다 미국이라는 초강대국의 의지가 전쟁수행의 결정적 요인이 되었다는 점 등은 두드러지게 달라진 국제분쟁의 환경변화 요소였다.

상호의존과 공존적 국제관계의 대표적인 개념이었던 다자주의(multilateralism) 개념과 실제를 바꾸어 버린 일방주의(unilateralism)는 미국이 주도하는 단극체제(unipolarism)를 가능하게 하는 것이었고, 이는 이후 전개된 이라크 전쟁에서 고스란히 표출되었다. 이라크 전쟁을 통해 드러난 무력 개입의 정당성을 '의지의 연합(coalition of will)'으로 표현함으로써 UN이나 기존 동맹 국가들의 의사를 존중하지 않고, 특히 유럽연합의 주요 국가들 중에서 개입에 동조하는 국가들과 '패거리 국제정치' 질서를 만들어 냈다.

대테러전쟁을 통하여 미국이 주도하는 새로운 세계정치질서의 창출이 완벽하게 실현된 것은 9·11 테러 이후의 국제분쟁들이다. 9·11 테러를 계획하여 실행했던 알카에다 테러단체를 지원하고 있던 탈레반 정부를 전복시키기 위해 아프간에 개입하였고, 제1차 걸프전에 이어 또 다시 후세인 정부의 대량살상무기 확산방지라는 정치적 목표를 달성하기 위해 제2차 걸프전이라고 부르는 이라크 전쟁을 실행에 옮긴 것이다. 미국이 주도하는 이러한 두 번의 국제분쟁은 그 성격도 다르고 분쟁 개입과정과 양상

2 이태윤, *op. cit.* pp. 252-261; 윤태영, "국제질서의 변화와 전략연구," 미네르바 정치연구회편, 『국제질서의 패러독스』(고양: 인간사랑, 2005), pp. 117-155; 조성권, "9·11 테러 이후 미국 대테러정책의 변화에 대한 분석과 전망," 『국제정치논총』, 제43집, 2호(2003년), pp. 295-317.

도 달랐지만, 2009년 현재도 여전히 종결되지 않은 국제분쟁이라는 점과 미국과 유럽의 동맹 관계에 대한 새로운 기준과 문제를 던져주었다는 공통점이 존재한다. 아프간전과 이라크전을 통해 유럽연합과 미국의 개별적인 입장과 대응방식은 어떤 것이었으며, 미국과 유럽의 동맹 관계의 양상을 분석하는 것이 이 글에서 제기하고자 하는 궁극적인 목적이다. 따라서 대테러동맹이 대서양동맹의 형태나 방법 결정에 어떠한 영향을 미치고 있으며, 이를 통한 새로운 대안 모색이 가능한 것인가를 모색하기 위한 목적에서 이 글을 시작하고자 한다.

Ⅱ. 유럽 공동외교안보정책의 부상과 배경

제2차 세계대전 이후 유럽은 항구적 평화 질서를 모색하게 되었고, 적어도 유럽 내 분쟁의 재발을 방지하고자 하는 정치적 목적만큼은 서유럽 국가들이 공유하는 절대적 가치였다. 소련에 의해 구축된 동독을 비롯한 동유럽 사회주의 국가들의 등장으로 동서 진영의 대립과 대결은 언제 깨질지 모르는 불안한 평화 구도를 낳았고, 이를 유지하는 군사적 기구로서 NATO와 WTO는 서유럽 안보의 안정성을 가늠하는 척도가 되었다. 비록 좌우 이데올로기에 의한 동서 유럽의 대립과 냉전체제가 지속되었지만, 유럽에서 대립과 갈등이 군사적 대결이나 무력 충돌로 이어지는 않았다. 따라서 이 시기까지 서유럽안보의 축은 미국이 주도하는 NATO 중심의 집단안보 체제라고 볼 수 있을 것이다.

그러나 1989년 베를린 장벽이 무너지고 소련을 축으로 하는 동구 사회주의 국가들이 해체되면서 단일한 유럽, 통합된 유럽의 안보협력 정책의 필요성과 그 방식에 대한 새로운 논의가 시작되었다. 1992년 발효된 마스트리히트 조약은 그런 유럽공동외교안보정책의 기준과 전략의 시작을 알리는 전환점이었고, 이후 유럽의 공동외교안보정책은 유럽연합이 지향하고 발전시켜야 할 가장 중요한 정책이자 전략으로 부상하였다. 이러한 전략적 전환의 주요 근거에는 몇 가지 주장들이 있다. 최근 가장 많은 이들이 주장하고 있는 것은 유럽 정체성(European identity)의 구체화를 위한 유럽성(Europeanness)의 강화였다.[3] 유럽통합 구성원의 시민권과 시민권의 대외적 표명으로서 공동외교안보정책의 강화를 선택하였다는 것이다. 유럽의 정체성에 기반을 둔 새로운 공동외교정책의 수립이라는 논리가 마스트리히트 조약 이후 유럽연합의 외교안보정책에 대한 완벽한 설명을 제공하고 있지는 않지만, 충분한 함의와 해석의 근거로 보는 것이 일반적이다.[4]

유럽연합의 공동외교안보 체제가 기능적으로나 실질적으로 수행되기 위해서 몇 가지 선결 요건과 가정들이 필요하다. 지금까지 유럽연합에서

3 이규영, "공동외교안보정책과 유럽시민권의 상관성 연구," 『유럽연구』, 제19권(2004년), p. 3.

4 이에 대한 연구는 다음의 논문들을 참조하시오. 임종헌, "독일 슈뢰더 정부의 외교정책: 유럽연합의 공동외교안보정책에 대한 태도를 중심으로," 『한독사회과학회』, 제10권, 2호(2000); 이승근·황영주, "유럽안보의 양대 축과 유럽인의 인식-EU의 공동외교안보정책(CFSP)에 대한 영국과 프랑스 국민들의 인식 분석," 『국제정치연구』, 제10권, 1호(2007년); 이호영, "유럽안보정체성 추구와 공동외교안보정책(CFSP): 역할과 한계," 『한국프랑스학회』, 제52권(2005); 이수형, "유럽연합(EU)의 공동외교안보정책(CFSP): 대서양주의자와 유럽주의자의 논쟁을 중심으로," 『세계지역연구논총』, 제14권(2000); 이승근, "유럽안보체제의 변화의 쟁점: EU의 공동외교안보정책(CFSP) 분석을 중심으로," 『국제학논총』, 제6권(2001); 이무성, "유럽연합 확장이 공동외교안보정책에 주는 함의," 『한국정치외교사논총』, 제29권, 2호(2008) 등등.

논의되어 왔던 몇 가지 쟁점들과 가정 및 실험 가능한 명제들은 안보협력의 가능성을 진단해보고 유럽연합의 안보와 동맹의 방향에 대한 기준점을 제시하고 있다. 주요 쟁점들로는 안보협력의 구조와 힘 문제, 안보협력의 환상에 대한 문제 제기, 국내정치적 요인에 대한 논쟁, 제도와 기구 문제, 유럽 정체성 논란 등이다. 또한 이에 대한 개별적인 가정들과 명제들 역시 내용과 상황에 맞게 제기되고 있다. 〈표 3-1〉에서는 지금까지 논란이 되고 있는 유럽연합의 안보협력에 대한 주요 논점들과 가정 및 명제들을 정리했다.

〈표 3-1〉 유럽연합 안보협력에 대한 주요 논점, 가설, 명제[5]

논점	가정	명제
구조와 힘	국가는 힘의 분배에 대한 상당한 결정권한이 존재한다.	안보협력은 국제적이고 지역적인 시스템과 연결되어 있어야 한다.
안보협력의 환상	민족주의는 유럽에 여전히 강력한 힘으로 존재한다. 유럽에서의 미군의 존재는 평화를 보장한다.	여기에는 더 이상의 의미 있는 안보협력이 존재하지 않아야한다. 미군 철수는 유럽에서의 안보 경쟁을 증가시켜야 한다.
국내 정치적 요인	국가는 국내적 요인들에 의해 영향을 받기 쉬운 주체이다. 정부 간 협상을 통해 주요 결정들이 만들어진다.	안보협력은 국내적 요인보다 우선하여 연대되어야 한다.
제도와 기구	제도와 기구는 협력의 전망을 향상시킬 수 있다. 이미 설립된 기구와 제도는 '경로-의존적'이다.	유럽연합은 국가이익과 우선성에 독자적으로 영향을 미쳐야 한다. 협력의 시기적절성은 유럽정치협력체 설립과 연계되어야 한다. 제도와 기구는 미국의 힘과 관련하여 영향을 덜 받아야한다.

5 Seth G. Jones, *The Rise of European Security Cooperation*(Cambridge: Cambridge University Press, 2007), p. 54.

유럽 정체성	국가의 정체성과 이익은 사회적으로 구축된 것이다. 국가와 인구는 집단적 정체성을 발전시킬 수 있다.	유럽에서 오랫동안 안보에 대한 상당한 관심의 부재가 존재했어야 한다. 냉전 종식에 따라 '유럽성'으로 이야기할 수 있는 상당한 정체성의 증가가 있어야 한다.

그러나 논쟁의 쟁점에는 공동외교안보정책의 추구나 강화라는 목적성의 문제가 아니라 전통적으로 주요한 역할과 구심점이었던 NATO 중심의 공동안보전략의 틀을 지속시킬 것인지, 새로운 방법과 기구를 통한 유럽만의 공동외교안보정책을 수립할 것인가의 문제가 부상하였다. 전통적으로 유럽 지역의 안보는 미국의 군사적 보호막 아래에서 지켜졌고, 동서냉전 시기뿐만 아니라 탈냉전기 이후에도 미국의 역할과 미국이 주도하는 NATO의 중요성은 더욱 증대되었던 것도 사실이다.[6] 실제로 NATO는 소련 주도의 동유럽 사회주의 국가체제의 몰락 이후 러시아를 비롯한 동유럽 대부분의 국가를 NATO에 가입시킴으로써 지속적인 확장을 추구하고 있다(〈그림 3-1〉 참조).

6 Barry R. Posen, "European Union Security and Defense Policy: Response to Unipolarity?" *Security Studies*, Vol. 15, No. 2(April-June 2006), pp. 149-186.

〈그림 3-1〉 NATO 회원국 현황 및 조직도

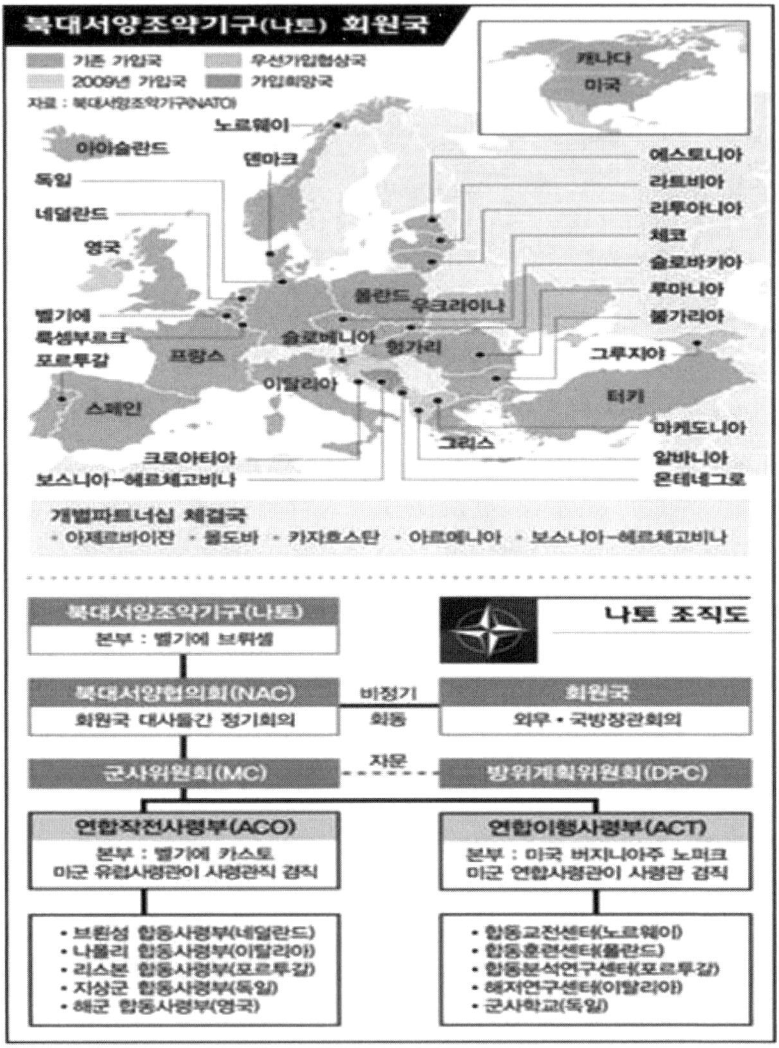

출처:http://blog.daum.net/samhoda/7156701. (검색일: 2009.7.21)

〈그림 3-2〉 NATO의 주요 조직표

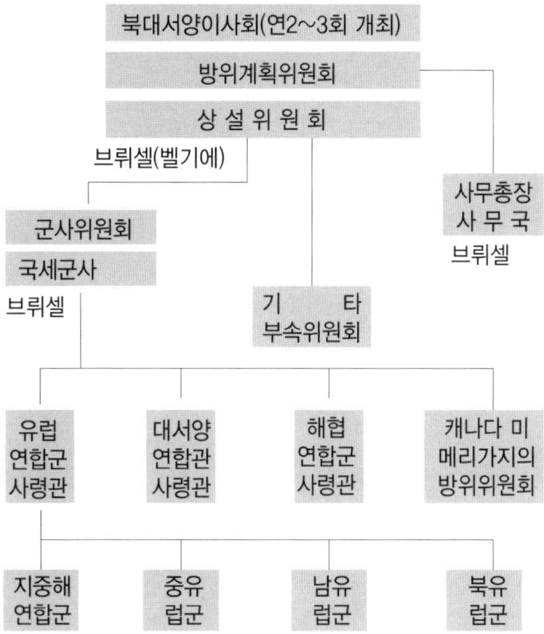

출처: http://100.naver.com/100.nhn?type=image&media_id=378895&docid=78977&dir_id=12070301(검색일: 2009.7.20)

물론 NATO 확장이 유럽의 공동외교안보정책에 미국이 주도하는 대서양주의의 단순한 강화라는 사실을 의미하지는 않는다. 그러나 유럽공동외교안보정책을 위한 보다 유효적절한 군사적 대응기구와 바람직한 회원국 간 협력 시스템의 모델을 제시하고 있다는 측면에서 볼 때 NATO의 효율적 운영과 방향은 시사하는 바가 크다고 할 수 있다. 특히 이 문제는 보스니아/코소보 내전을 통해 더욱 명확하게 증명되었다. 발칸 반도의 해묵은 인종 분규 지역이었던 보스니아/코소보 지역의 내전을 겪으면서 유럽주의와 대서양주의의 대립과 논쟁은 더욱 첨예해졌고, 결국 NATO 중심의 대서양주의와 새로운 형태의 유럽의 군사동맹체를 중심으로 하는 유럽주의의 대립 구도가 고착화되었다.

최근 여러 조약과 회의들을 통해 유럽연합에서 밝히고 있는 공동외교안보정책의 기조와 내용은 다음과 같다. 1999년 6월 쾰른에서 개최된 유럽 이사회는 1992년 페테스부르그(Petesburg)에서 표명된 위기관리임무(crisis management tasks: 인도주의 및 구조주의, 평화유지임무 및 분쟁관리)의 구체적 수행을 결의하면서, 세 가지 요소에 대한 내용을 핵심으로 하는 공동외교안보정책의 틀을 마련하였다.[7] 군사적 위기관리, 비군사적 위기관리, 분쟁 예방이라는 3가지 요소는 헬싱키, 니스 그리고 2001년 예테베르크에서 개최된 유럽이사회에서 논의된 내용을 기본으로 하여 구성되었다. 60일 이내 군사배치와 1년간 6만여 명의 군대 유지 능력, 정치안보위원회의 창설, 5천 명의 유럽경찰의 창설, 200여 명의 법관 및 검사 등의 전문가들로 구성된 법률자문단의 제도화, 선거나 세제 및 교육 등의 공조를 위한 공공행정팀 창설, 10여 명의 전문가와 2천여 명으로 구성된 활동 팀의 구성 등이 논의되었던 것은 이런 이유에서였다.

또한 2004년 니스조약 발효에 따라 공동안보방위정책을 보강하여 규정하였으며, 신속대응군(Europe's Rapid Reaction Force)의 창설 등과 같은 유효적절한 조치들을 명시적으로 취함으로써 공동외교안보정책과 각국 정부 간 협력(intergovernmental) 틀의 동시적 운용 사실을 선언적으로 발표했다.[8] 이후 여러 번에 걸쳐 진행되었던 주요 회의에서 유럽의 공동외교안보

7 EU, "The Common Foreign and Security Policy." http://ue.eu.int/uedocs/cmsUpload/031208ESSIILT.pdf(검색일: 2009.6.2).

8 2000년 4월 프랑스 니스에서 열린 유럽연합(EU) 정상회담에서 창설에 합의하였다. 유럽연합이 북대서양조약기구(NATO)가 개입할 의사가 없는 위기 사태가 일어날 경우, 15일 안에 대응하기 위해 창설하기로 한 군대이다. 원래는 위기 유발지역에 60일 안에 투입해 1년 이상 주둔할 수 있고, 병력도 6만여 명의 현역 군인으

정책을 뒷받침하는 내용들을 실질적으로 집행하기 위한 실효성 있는 조치들을 이행해나가고 있다.

이와 같은 유럽연합의 공동외교안보정책의 꾸준하고 실질적인 수행은 미국과의 새로운 관계를 모색함과 동시에 동맹국으로서 미국의 입장과 위상에 대한 진지한 고민과 성찰의 기회를 유럽인들에게 제공하였다. 더욱이 탈냉전 시기가 도래하자마자 발생한 주요 국제분쟁들은 미국과 유럽의 전통적인 동맹관계뿐만이 아니라 새로운 전환기의 국제관계 전반을 변화시키는 계기가 되었고, 유럽안보의 국제정치적 의미를 반추할 수 있게 하였다. 걸프전과 보스니아/코소보 내전에 이어 미국 중심의 새로운 세계정치질서의 도래와 동시에 유럽인들에게도 대서양동맹의 새로운 의미와 내용을 던져주었던 역사적 사건은 이런 변화된 국제정치질서의 귀결적인 상황과 조건을 만들어주었다.

◇◇◇◇

로 채울 계획이었다. 시기 역시 2003년 안에 창설할 계획이었으나, 유럽연합 가입국들 사이의 갈등으로 인해 창설에는 이르지 못하였다. 그러다 2003년 11월 24일 영국의 총리 토니 블레어와 프랑스의 대통령 자크 시라크가 다시 1,500여 명 규모의 신속대응군 창설 계획에 합의하였다. 이어서 2004년 4월 벨기에 브뤼셀에서 열린 유럽연합 회원국 국방장관회의에서 정예병력 1,500명으로 이루어진 9개의 단위부대를 창설하기로 최종 결정하였다. 국제분쟁지역에서 평화유지 활동을 수행하는 것이 주요 임무이며, 15일 안에 분쟁지역에 배치되어 한 달 동안 임무를 수행한다. 첫 배치는 2007년으로 계획되어 있다. http://100.naver.com/100.nhn?docid=779944(검색일: 2009.7.2).

Ⅲ. 아프간전과 이라크전에서 EU의 대응과 미국의 입장

제2차 세계대전 이후 한 번도 본토에서 전쟁의 상흔을 볼 수 없었던 미국에게 9·11 사건은 너무나 놀라운 충격이었고, 인정하든 인정하지 않든 외교노선과 대외정책의 기조를 바꾸는데 결정적 기여를 하였다. 이미 세계화(Globalization) 시대가 본격적으로 시작되었던 90년대부터 국경 개방화에 따른 테러리스트와 국제 테러조직의 활동을 주의 깊게 감시하던 미국은 '테러리즘과의 전 세계 전쟁(Global War on Terrorism)'이라는 노선을 견지하고 있었다. 클린턴 행정부 시절부터 미국의 공식적 외교정책 기조였던 반테러리즘을 국제적 차원의 협력과 공조를 통해 발본색원하겠다는 입장은 명확했다.

9·11 테러는 그러한 미국의 입장을 더욱 강화시켜주는 계기였고, 국제사회의 각성을 촉구할 수 있는 명분이었다. 따라서 부시 행정부가 반테러외교를 강력하게 추진할 수 있는 국제 공조와 협조체제의 강화를 가능하게 하였다. UN을 비롯한 국제기구의 동의를 이끌어냄과 동시에 테러조직에 대한 국제적 공조를 통한 제재방안의 강구 및 반테러전쟁을 적극적으로 추진하고 수행하는 국가들에 대한 지원 등의 수단을 통하여 반테러리즘을 위한 국제협력체제 구축이라는 미국의 입장을 관철시키고자 했다.

이런 노력의 결과는 다음과 같은 세 가지 차원에서 국제적 협력 체제를 구축할 수 있었다. 첫째는 UN의 적극적 협조와 전쟁에 대한 정당성을 부여할 수 있었던 결의안의 통과였다.[9] 유엔 헌장 51조에 명기되어 있는 자위권 발동의 일환으로 아프간전쟁을 수행하고자 했던 미국의 의도와 대외전략은 9·11 테러라는 뚜렷한 명분에 의해 순조롭게 진행될 수 있었다. 대테러전쟁의 정당성을 부여했던 UN의 안보리 결의안과 오사마 빈라

덴의 알카에다 조직을 비롯한 국제테러조직의 자금동결을 결의한 대테러 결의안[10]을 채택하도록 하였다.

미국의 신속하고 효과적인 대처는 아프간전에서 미군에 의한 군사작전 수행 시 관련 국가들의 공조와 협조를 끌어내는데 많은 기여를 하였다. 미국이 국제적 동의를 구하고자 했던 국제기구는 당연히 UN과 유럽연합이었다. 미국의 입장에서 보면 코피아난 사무총장 취임 이후 관계가 원활하지 않았던 UN과의 협조와 동의는 필수불가결한 것이었고, NATO로 대표되는 유럽 국가들의 협력 역시 전쟁의 정당성을 인정받는 주요한 수단이었다.

아프간전쟁에서는 비교적 이러한 미국의 의도와 국제협력수단이 원활하게 진행되었다. 굳이 국익 우선이라는 현실주의적 논리가 아닐지라도 인류 공동의 적으로 부상한 테러리즘에 대한 응징의 성격을 갖는 아프간전쟁에 반대하기란 쉽지 않았기 때문이다. 앞에서 이야기한 수많은 UN안보리 결의안 외에도 아프가니스탄 주둔 국제치안유지군(International Security Assistance Force; 이하 ISAF)이 결성되었는데[11], 이는 나토가 주도하는 다

9 UNSCR 1368:2001/09, UNSCR 1378:2001/11, UNSCR 1383:2001/12, 2001/09 등등. http://en.wikisource.org/wiki/United_Nations_Security_Council_Resolution_1386(검색일: 2007.5.19).

10 UNSCR 1373:2001/09: http://en.wikisource.org/wiki/United_Nations_Security_Council_Resolution_1373(검색일: 2007.5.19). 주요 내용은 다음과 같다. 첫째 테러조직의 자금원과 무기 및 군수물자의 지원을 차단하는 의무를 부과하고, 둘째 테러조직에 대한 직·간접적인 지원행위를 범죄행위로 간주하였으며, 셋째 테러리스트나 그 조직에 피난처나 은신처를 제공하는 것 역시 범죄행위로 규정하였고, 넷째 대테러활동이나 테러근절 시 비협조적인 국가들은 UN헌장 제7조에 의거 안보리가 제재 혹은 무력사용을 할 수 있는 권한을 부여하는 등 테러조직에 대한 제재와 무력화를 유도하는 내용을 담고 있다.

국적군으로 2003년 8월부터 37개국 3만여 명의 병력으로 항공지원단(ASF), 재건지원팀(PRT) 그리고 각 지역본부(Regional Command)로 조직되어 아프간전쟁을 수행하였다.

그러나 이어서 시작된 이라크 전쟁은 국제관계의 복잡함과 이론적 맹점을 여실히 보여주었다. 특히 아프간전쟁에서 동의와 협력을 약속했던 유럽 국가들 중 몇몇 국가들을 제외하고는 전쟁 개시 전까지 전쟁 반대 의사를 개진했으며, 실제로 전쟁 수행과정에서 협력체제나 국제적 동의 구조를 만들어 내지 못했다는 점이다(〈표 3-2〉 참조). 이는 아프간전쟁에서 보여준 많은 국가들의 지지 표명이나 국제기구들(NATO, EU, OSI, NAC, ASEM, ASEAN 등등)의 동조와는 분명히 다른 상황이었다.

〈표 3-2〉 아프간전쟁과 이라크 전쟁의 비교[12]

	아프간전쟁	이라크 전쟁
전쟁목적	9·11 테러에 대한 대테러전쟁	후세인 제거, 대량살상무기 제거, 테러연계 차단
UN의 결의	자위권 인정, 결의안 다	미승인
참여국	40여개 국가의 국제연대	미국, 영국, 호주 등 한정된 국가만이 참가
작전기간	주요 전투 76일	주요 전투 27
피해상황	연합국(203명) 아프간군(18,000명)	연합국(653명) 이라크군(8,570명)

UN의 결의안에 의한 전쟁 개시가 아니라 오히려 UN의 결정이나 권

11 UNSCR 1386: 2003/02.

12 한용섭, "이라크 전쟁과 한반도 안보: 이라크 전쟁과 미국의 군사전략의 변화: 평가와 전망," 『국방연구』 제46권, 2호(2003), p. 9.

고안을 기다리지 않고 전쟁에 동조하는 몇몇 국가들을 중심으로 미국이 주도하는 이라크전이 시작되었다. 2003년 3월 20일에 시작된 이라크 전쟁은 미국과 영국을 주축으로 하는 연합군(coalition forces)과 소수의 주변국가들 정도가 작전에 투입되었다. 더욱이 대표적 국제기구이자 전쟁의 정당성을 국제적으로 인정받을 수 있는 수단이었던 UN의 안보리결의안도 준비되지 않은 상태에서 전쟁이 시작되었다. 비록 미국이 이라크 침공 전에 영국을 비롯하여 호주와 폴란드로부터 군 병력과 무기를 지원받았으며, 한국을 비롯한 덴마크, 이탈리아, 네덜란드, 일본, 필리핀, 스페인 등 30개국으로부터 이라크군 무장해제에 대한 지지를 이끌어냈다. 그러나 이는 단순히 미국과의 동맹관계에 종속되었던 국가들이거나, 새로운 경제적 이익이나 국내정치의 전환을 위해 전쟁 협조와 지지를 선언했던 국가들이었다.

이라크 전쟁의 성격을 두고 여전히 많은 논란이 벌어졌다. 초강대국으로서의 미국이 주도하는 단극체제를 영속적으로 유지하기 위한 의도에서 시작한 전쟁이라는 해석이나[13], 석유자본과 미국의 군수산업 활성화를 위한 추악한 전쟁으로 해석하는 경향도 있으며[14], 부시 대통령이 이끄는 미 행정부의 주도로 시작된 전쟁이었음에도 '블레어의 전쟁(Blair's War)'이라고 불리기도 했다.[15] 그러나 분명한 것은 유럽의 주요 국가들인 프랑스와

13 Steve Smith, *op. cit*. pp. 171-183; Stefano Guzzini, "Foreign Policy without Diplomacy: the Bush Administration at a Crossroads," *International Relations,* vol. 16(2002), pp. 291-297.

14 노엄 촘스키, 이수현 역, 『미국의 이라크 전쟁』(서울: 북막스, 2002); 하워드 진, 유강은 역, 『전쟁에 반대한다』(서울: 이후, 2003).

15 최진우, "영국과 이라크 전쟁: 영미 특수 관계와 블레어 수상의 리더십," 『세계지역연구논총』 제24집, 3호(2006).

독일의 공조나 협조를 이끌어내지 못하였을 뿐만 아니라 지지선언조차 이끌어내지 못했던 점은 미국과 유럽의 전통적 동맹관계까지 변화시킨 것이 아닌가라는 분석을 가능하게 하였다.

영국과 함께 이탈리아와 스페인 등의 유럽 국가들이 참여하고 협조하기는 했지만, 유럽 통합의 주축 국가인 독일과 프랑스가 미국과 쉽게 치유하기 힘든 갈등의 골과 상처를 남겼다는 사실은 유럽과 미국의 동맹관계와 NATO의 지위에 대한 이견과 변화를 수반할 수밖에 없는 것이었다. 이는 미국과 유럽이 상정하고 있는 '새로운 위협'에 관한 것이다[16]. 미국의 경우 부시행정부가 줄기차게 주장해 온 '불량국가' 혹은 '악의 축'과 같은 새로운 위협을 강조하면서 '완벽한 안보'를 주장하는 반면, 유럽은 '불량국가'보다는 '실패한 국가(failed state)'에 대한 우려를 통해 선과 악의 공존에 대해 역사적 경험을 토대로 이라크나 이란 및 북한 등을 상호 공존과 협력이 가능한 국가로 인식하고 있다는 것이다.[17]

유럽의 주요 국가들과 미국의 이견과 시각 차이는 여러 경제적 이권이 걸려 있는 중동 지역에서 첨예하게 대립할 수밖에 없으며, 이라크 전쟁은 그러한 시각 차이를 여실히 보여주는 전쟁이었다. 미국을 절대적으로 지지했던 영국과 우호적이었던 이탈리아와 스페인 및 오스트리아와 폴란드 등과는 달리 유럽의 핵심 국가들이라 할 수 있는 프랑스와 독일 등의 지지를 이끌어 내지 못한 점은 EU 차원에서의 공동 지지와 협조를 이끌어 내는데 한계가 있었다.[18] 결국 미국의 전쟁 수행에 대한 지지를 표명하

16 로버트 케이컨, 홍수원 역, 『미국 VS 유럽 갈등에 관한 보고서』(서울: 세종연구원, 2004), p. 55.

17 *Ibid.*, pp. 55–56 요약.

18 이라크 전쟁에서 영국의 입장을 논하고 있는 한국의 논문으로는 최진우(op. cit.)

는 유럽 국가와 반대 입장을 취하는 유럽 국가들 간에 심각한 분열을 초래함으로써 오랫동안 굳건하게 다져졌던 대서양동맹(Atlantic Alliance)에 근본적 변화가 진행되었고, 공동외교안보정책을 통한 새로운 유럽의 정체성을 구축하려는 노력 역시 좌절되어 유럽통합의 미래가 불확실하게 되는 결과를 낳았다.

Ⅳ. 대서양동맹의 결과물로서 NATO와 그 변화

'우리'와 '그들'이라는 적과 아군의 이분법적 편 가르기는 국제질서와 전통적 동맹관계를 무시하고, 새로운 질서를 만들어 냈다. 특히 아프간전과 이라크 전쟁의 양상이나 전개는 전통적 동맹이론이나 미국과 유럽이 참여하는 북대서양조약기구의 근본적인 성격 변화와 환경의 재설정이라

◇◇◇◇

와 김남국("영국의 이라크전 참여의 동기," 『국제정치논총』, 제47권, 1호(2007))의 글이 있고, 프랑스의 입장을 논하고 있는 한국의 논문은 이재승("Defending the National Interests?: Rethinking France and the Iraq War," 『국제정치논총』, 제46권, 5호(2006)), 독일의 경우에는 임종헌("이라크전과 EU의 대응," 『한독사회과학논총』, 제18권, 1호(2008); "독일의 안보정책의 변화: 콜 정부와 슈뢰더 정부의 비교," 『한독사회과학논총』, 19권, 2호(2009))이 있으며, 이탈리아의 경우는 정병기("아프가니스탄 분쟁과 이라크 전쟁에 대한 대응을 통해 본 이탈리아 대외정책의 변화," 『한국정치학회보』, 제40권, 5호(2006))와 김종법("정치적 전환기의 이탈리아: 걸프전과 보스니아/코소보전을 통해 본 대외정책을 중심으로," 『국제정치논총』, 제41권, 4호(2007)) 그리고 동구 유럽의 입장을 논하고 있는 한국 논문은 정병기("전쟁에 대한 동유럽 국가들의 관점과 대응," 『정치비평』, 제16호(2006))가 있다.

는 문제로까지 확산되었다.

NATO 탄생의 법률적 기반이 되는 첫 회담은 1948년 7월 6일 미국, 캐나다 그리고 브뤼셀 조약 국가들이 모여 시작하였고, 1949년 4월 4일 마침내 NATO가 탄생하게 되었다.[19] 이후 NATO는 냉전기에 미국이 주도하는 서유럽안보기구로서 오랫동안 주요한 역할을 하였다. NATO에 대한 성격 규정은 NATO를 어떻게 바라볼 것인가의 문제를 제기하는데, 국가와 국가 간의 동맹이라는 측면에서 제도주의(institutionalism) 혹은 제도적 다자주의(supralateralism 혹은 multi-lateralism)적 출발점으로 삼는 것이 일반적이다.[20]

신자유주의적 제도주의 혹은 제도적 다자주의라는 측면에서 나토의 성격을 규정하는 일은 냉전 시기에 상당한 적실성을 띠고 전개되었다. 나토의 다자적 행동과 이익을 증진시키기 위한 다자적 이데올로기 구현의 국제기구라는 정의는 바로 이러한 측면을 잘 설명하고 있다.[21] 외부적 공격에 대해 나토는 무조건적인 집단대응을 요구하며, 이는 다자주의 일반화된 행동원칙이고, 포괄적 상호성이라는 안보공동체의 성격을 지닌다.[22] 이를 위해 나토는 내부적으로 공통적인 상호 이익을 보장하고 추구하기 위한 일반적 정치적 지형 안에서 운영되며, 그 정책 결정 과정과 행위자들

19 NATO, *op. cit.*, p. 484.

20 R. Keohane & J. S. Nye, "Introduction: The End of the Cold War in Europe," *After the Cold War: International Institutions and State Strategies in Europe, 1989–1991*(Cambridge: Harvard University Press, 1993), pp. 1-19.

21 J. A. Caporaso, "International Relationa Theory and Multilateralism: The Search for Foundations," J. G. Ruggie(eds.), *Multilateralism Matters*(New York: Colombia University Press, 1993), p. 54.

22 이수형, 『북대서양조약기구(NATO)와 유럽 안보』(서울: 한울. 2004), p. 45.

의 구조는 이러한 원칙과 목적을 충분히 반영하고 있다. 북대서양이사회(North Atlantic Council), 방위기획위원회(Defence Planning Committee), 핵기획그룹(Nuclear Planning Group), 고위그룹(High Level Group), 특별그룹(Special Group), 군사위원회(Military Committee), 유럽연합군사령부(Allied Command Europe) 등의 기구들은 이와 같은 나토의 다자주의적 정책협의와 결정 과정을 보여주는 대표적인 기구들이다.[23]

다자주의적 성격을 가진 나토의 전략개념은 초기 세 가지 단계에서 결정되었다. 첫 번째 전략 개념은 향후 나토 전략의 근본적 원칙들을 담고 있었다. 즉, 대서양동맹의 방어적 성격, 전쟁 예방에 대한 강조, 집단성의 중요성, 핵무기의 역할 그리고 지역적 상이성 내에서 전략적 통일을 기하는 것 등이다.[24] 두 번째 전략 개념은 대량보복으로 설명되고 있으며, 세 번째 단계는 유연반응 개념으로 이야기할 수 있다.[25] 그러나 냉전 시기의 주요 전략 개념들은 1970년대 중반 이후 소련의 SS-20 중거리 핵무기 배치 문제로 불거진 나토의 이중결정(Double-Track Decision)[26] 문제로 유럽인들 자체적인 노력에 의한 안보정책을 모색하게 하는 계기를 부여했다.

미국과 유럽 간의 동맹 기구로서 나토는 냉전이라는 국제적 환경 속에서 미국의 절대적 우위와 거의 일방적이라 할 수 있는 정책 결정권만으로는 나토의 다자적 성격을 충분히 살리는데 한계를 여실히 보여주었다.

---

23 NATO, 94-96/321-324/336-340 참조.

24 이수형. *op. cit.*, pp. 98-99.

25 *Ibid.*, pp. 101-105.

26 나토의 이중결정이란 한편으로는 군비감축과 한편으로는 핵무기 배치라는 이율배반적인 결정을 동시에 내린 것으로 미국과 소련에 의해 주도되었다. 이 사건을 계기로 유럽에서는 유럽의 자체적인 외교안보정책과 전략의 필요성을 느끼게 하였다. *Ibid.*, pp. 54-67 참조.

이런 환경과 조건 아래에서 1979년 12월의 이중결정 문제는 나토라는 동맹기구의 성격에 대하여 근본적인 의문과 해석의 문제를 부여했다. 대서양동맹이라는 미국 주도의 대서양주의와 다소 대립적인 유럽 주도의 유럽주의와 본격적인 대립 구도가 형성되기 시작한 것도 바로 이 시기라고 볼 수 있다.

대서양주의와 유럽중심주의라는 논점과 주장의 이동은 나토의 다자적 협력과 집단안보(collective security)의 주체와 범위 등에 대한 규정을 놓고 치열한 논쟁이 벌어지게 되었다. 제2차 세계대전 후 냉전기에는 서유럽의 입장에서 소련과 WTO(바르샤바 조약기구)라는 강력한 실존의 적과 동맹 기구에 대항하기 위해서는 미국이 주도하는 나토에 의존할 수밖에 없는 입장이었지만, 냉전이 완화되고 눈부신 경제적 발전을 이룩한 유럽 사회가 자신들만의 국방과 안보를 스스로 책임질 수 있는 내적 여건이 만들어지면서 동맹의 주체와 기구의 성격에 대한 제고가 필요했다.

더욱이 냉전의 양대 세력이었던 미국과 소련 이외에도 중국이나 유고와 인도 등이 중심이 된 제3세계의 출현은 다자주의 외교와 국제관계의 형성이 가능하게 되는 외적 여건을 만들어 주었고, 베트남 전쟁이나 여러 국제적 분쟁에 대한 경험 속에서 EU는 유럽안보협력회의(CSCE)의 창설과 같은 구체적 준비를 하였다. 유럽통합의 진전 역시 서유럽의 공동체적 외교와 안보의 구상과 의도를 실현시킬 수 있는 가능성을 제공했다. 결국 변화하는 국제질서와 환경 속에서 유럽의 입장을 대변했다기보다는 미국의 이해와 입장을 대표했던 나토의 새로운 위상과 역할이 필요한 시점에 다다랐다.

1989년 베를린 장벽 해체라는 역사적 사건은 이런 변화와 위상에 필수불가결한 과제를 던져주었다. 서독과 동독이라는 분단국의 통합은 보다 강력해진 독일연방의 등장이라는 단순한 역사적 사건으로 받아들이기에는 너무나 많은 시사점과 함의를 부여하였다. 특히 유럽연합 내부의 정치적 역학관계에 변화가 수반되었는데, 독일의 통일은 유럽통합에서 프랑스보다 더 주도적인 역할을 기대할 수 있을 만큼의 거대 국가가 탄생하였다. 또한 통독과 소련연방의 해체에 따른 동유럽의 사회주의권 국가들의 몰락도 유럽의 확대와 함께 나토의 확장에 대해 고민하게 하였다.

결국 이와 같은 내부적 환경 변화 속에서 전통적으로 유럽과 미국의 동맹관계를 대표하고 있던 나토의 위상과 역할에 대한 조정과 변화는 불가피한 것이었고, 걸프전의 발발과 유럽 국가들의 참전 그리고 마스트리히트 조약의 체결은 변화된 국제정치질서의 도래와 나토의 위상과 성격을 요구하게 된 결정적 계기였다. 따라서 탈냉전 이후 급속하게 재편되고 있던 국제정치질서와 나토를 축으로 하는 서유럽과 WTO를 축으로 하는 동유럽의 대립 국면이 해체되고 새로운 통합의 방향과 정치적 의미가 부상하게 된 유럽 내부의 정치적 속성 변화는 유럽통합에 새로운 의미를 부여했다. 이는 경제적 통합에 우선적으로 중점을 두었던 그동안의 통합 방향과 노력에서 보다 구체적인 정치적 방향에서의 모색을 의미했으며, 공동외교안보정책(CFSP)은 그러한 흐름의 대표적인 정책이자 구심점이었다.

EU라는 거대한 지역통합체의 등장으로 인한 미국과 유럽의 새로운 관계 설정에서 나토가 논쟁의 구심점이 되었던 것은 이러한 변화된 조건과 환경에서 이해될 수 있는 것이었고, 실제로 나토의 조직 개편과 성격의 변화는 이를 그대로 반영하고 있는 것이다. 보스니아/코소보 내전은 근본적인 의문과 실제의 반영이었으며, 9·11 테러에 의해 발발한 아프간전쟁과 이라크 전쟁은 EU의 공동외교안보정책의 한계와 내용을 그대로 보여준 실례였던 것이다.

2001년 9월 11일 발생한 뉴욕에서의 테러는 여러 가지 측면에서 전쟁과 방어의 개념과 전략을 바꾸어 버린 비극적인 전환기적 사건이었다. 피해 당사국인 미국뿐만이 아니라 일부 국가를 제외한 거의 모든 국가들이 테러에 대한 즉각적이고 실효성 있는 조치를 취하였다. 미국의 강력한 우방의 하나인 유럽 역시 개별 국가들의 반테러리즘 성명서를 앞다투어 발표했으며, EU 차원에서의 보다 강력한 응징과 대응방법을 천명하였다. 그 중에서도 유럽의 공동안보정책 차원의 대응방식 천명은 무엇보다 나토에 의해 이루어졌다.[27]

아프간전과 이라크전의 성격은 위에서 언급한 바와 같이 다른 의미와 내용을 보이지만, 9·11 테러 이후 반테러리즘에 의한 미국과 유럽의 전통적 동맹 관계를 굳건히 하고 새로운 세계정치질서의 핵심적 기구의 역할을 하게 되는 중심에 NATO가 위치하게 된 것이다. NATO의 중요성의 증가와 위상 강화는 유럽과 미국의 대서양동맹의 실질적인 주체로서 자리잡게 되는데 결정적인 요인이었다. NATO는 '테러리즘에 대한 방어를 위한 군사적 개념(Military Concept for Defence Against Terrorism)'을 채택하였고, 테러에 대항한 '동반자 관계 시행계획(Partnership Action Plan)'에 합의함으로써 동반자 관계 국가들과의 협조를 강화하였으며, 대량살상무기의 확산에 대한 대책을 강구하였다. 대테러조치 패키지를 강화한데 이어서, 사이버 방어, 민간 비상사태계획, 민간 방호를 개선하기 위한 새로운 조치

27 NATO 헌장 제5조인 '집단방위조항'을 발동했다. 이 5조는 "유럽이나 북미의 일개 동맹국 또는 다수 동맹국에 대한 공격은 모든 동맹국에 대한 공격으로 간주한다"는 약속을 포함하고 있기 때문에 이 결정은 정치적으로 중요하다. 이로써 이 테러 공격은 NATO의 모든 회원국에 대한 공격으로 간주되었고, 회원국과 동반자 관계 국가들은 동일한 정도로 단호하면서도 반복적으로 그러한 공격과 모든 형태의 테러리즘을 규탄하게 되었다. 한용섭, 『NATO의 실상과 이해』(서울: 국방대학교 안보문제연구소, 2007), p. 157.

들을 도입하였다.[28]

결국 NATO의 위상 강화와 역할 증대는 향후 지향해야 할 미국과 유럽의 대서양동맹의 내용과 의미를 전망할 수 있는 것이며, 다음과 같은 새로운 역할과 기대를 바라게 되었다.[29] 첫째, 미래의 발발 가능한 주요 도발과 도전들에 대해 준비된 집단 방어를 유지하고, 근간 발전시킬 수 있는 좀 더 제한된 집단 방어 체제를 유지하는 것. 둘째, 국제적 위기 상황에 대응하기 위한 군사력뿐만이 아니라 국제 테러에 신속하게 대응하기 위한 억지력으로서 군사력을 준비하고 군사조직을 구성하는 것. 셋째, 대량살상무기 확산 조정 기능을 도와주며, 화학, 생물학, 핵무기 공격의 결과에 대해 대응하고 반대하기 위한 방어 체계를 준비하는 것. 넷째, 특별한 연합군과 유럽연합이 주도하는 작전에 참여하는 활동을 지원하는 것. 다섯째, 새로운 가입국과 파트너 국가들이 NATO 규정에 맞는 일련의 활동과 그들의 군사 조직을 현대화함으로써 수립된 방어 시스템을 갖출 수 있도록 군사력 대 군사력을 사용하는 협력을 강화하고 활용하는 것. 여섯째, NATO의 비회원국과 상호 투명하고 신뢰할만한 관계를 구축하기 위한 군사력과 억제력을 사용하는 것. 이러한 NATO에 대한 기대와 역할의 증대는 유럽과 미국 간 군사 동맹의 차원을 한 단계 높이는 것이다. 특히 최근 NATO가 단순한 군사 동맹 조직체라는 측면만이 아니라 지구안보 수행에 가장 적합한 국제기구로서의 면목을 나타내고 있다는 점에서 더욱 그러하다.

28 *Ibid*., p. 158.

29 Stanley R. Sloan, NATO, *The European Union, and the Atlantic Community: The Atlantic Bargain Challenged*(Oxford: Rowman & Littlefield Publishers, 2005), pp. 119-20.

그럼에도 불구하고 한편에서는 NATO가 여전히 전통적인 대서양동맹의 틀을 바꾸는데 가장 커다란 걸림돌이라는 사실도 여전히 존재한다. 코소보 사태나 아프간전쟁에서 보여준 NATO의 분쟁 개입 수준이나 해결 능력이 NATO와 대서양동맹의 협력 틀과 기능에 대한 유효성을 충분히 입증했다면, 이라크 전쟁에서 나타난 양상은 유럽연합과 미국이 개입된 이전 국제 분쟁의 양상과는 달리 분열되고 비효율적인 관계라는 점을 여실히 증명하였다. 아프간전쟁의 개입 명분에서 유럽과 미국 모두 대테러의 응징과 민주주의 보호 및 세계정치질서의 안정성 확보 등 인류공통의 가치를 구현하고자 했다는 점에서 단순히 신현실주의나 신자유주의적 입장에서 아프간전쟁을 해석할 수는 없는 것이다. 마찬가지로 이라크 전쟁 역시 유럽과 미국 모두 자국의 경제적 이해관계에 따라 무력 개입의 찬성과 반대를 표명했고, 전쟁 참가 명분도 국가별로 달랐다는 점도 미국과 유럽의 전통적인 동맹관계만으로는 설명이 어렵다.

결국 미국과 유럽의 대서양동맹 관계는 현실주의와 자유주의적 시각에 의해 설립된 NATO의 전통적 시각을 지구안보의 최대 위협요소인 테러리즘이라는 9·11 이후의 변화된 개념 적용에 따른 새로운 관계 설정의 필요성을 증명한 것이다. 아프간전과 이라크전은 이러한 새롭게 변화된 유럽과 미국의 대서양동맹의 현실을 반영하는 국제분쟁이었고, 이는 EU의 공동안보정책의 틀에 대한 격렬한 논쟁을 불러일으키게 되었다. 따라서 NATO의 위상과 기능 및 확대의 범위와 수준에 따라 향후 EU와 미국의 동맹관계는 상황과 조건에 따라 결정될 것이며, 우크라이나를 비롯한 구소련에서 독립한 국가들, 지중해 연합, 중동 국가들, 동남아시아 국가들과의 군사적·외교적 관계 설정이 주요 변수가 될 것이다.

이와 같은 상황 변화는 결국 EU와 미국의 대서양동맹이 NATO를 중심으로 전개될 가능성이 더욱 높아졌음을 의미하고, 앞서 언급한 몇 가지 변수들을 통해 동맹 관계의 수준과 내용이 결정될 수 있을 것이다.

V. 결론: 탈냉전 이후 변화된 대서양동맹의 의미

EU와 미국의 대서양동맹은 국가 대 국가 사이의 관계, 혹은 동등한 수준의 군사력 대 군사력의 동맹 체계라기보다는 다자국과 초강대국 간의 관계나 미국이 주도하는 EU의 보충적 역할이 강조되는 동맹관계이다. 따라서 전략적 동반자 관계의 유효성은 탈냉전 이후 주요 국제분쟁을 통해 증명되었지만, 유럽과 미국이 추구하는 안보전략의 전략적 목표나 방향은 다소 다른 것도 사실이다. 솔라나(Solana)가 밝혔듯이, 유럽의 안보전략은 "방위력 증강 및 국제외교와 안보협력의 강화 등을 통한 실질적인 다자주의의 창출을 목표로 한다."[30] 따라서 유럽의 입장과 미국의 입장은 민주주의, 인권, 자유주의, 법치주의 등의 공통의 가치 추구전략에도 불구하고 미국의 일방주의 외교정책으로 인한 갈등이 자주 표출되었고, 이라크 전쟁은 이러한 갈등을 대외적으로 분명하게 나타낸 국제분쟁이었다.

탈냉전이라는 국제정치의 변화가 가져온 다양한 영역에서의 변화 흐름들이 EU와 미국의 전통적 외교관계에서도 분명한 변화의 모습들을 가져온 것만큼 걸프전, 보스니아/코소보 내전, 아프간전, 이라크전의 주요 국제분쟁은 대서양동맹의 실체와 NATO의 역할과 위상을 검증할 수 있었던 주요 사건이었다. 각 국제 분쟁에서 EU와 미국의 입장이 단순히 현

30 Javier Solana, "European Security Strategy: A Secure Europe in a Better World," EU CommissionReport(December. 2003).

실주의적 이해관계만을 통해 표출되거나, 혹은 반대로 인권이나 정의(justice)라는 측면에서 국제분쟁에 개입한 것만도 아니라는 사실이 증명되었다. 이러한 사실관계를 통해 새롭게 부각되는 것은 동맹의 유효성이 어떤 방식으로 존재할 수 있는가의 문제와 EU와 미국의 관계가 단순히 전통적인 수준에서 설명될 수 없다는 점 등은 분명히 드러났다고 볼 수 있다.

따라서 대테러전쟁의 연장선에서 '반테러리즘', '에너지의 가치', '민주주의 체제의 수호', '평화적 세계질서의 구현', '자유시장 경제질서', '인권과 정의 가치 구현' 등의 공통의 가치는 EU와 미국이 여전히 추구하고 있는 것으로 분명하게 나타났다. 다만 그 이행 수준과 동맹의 내용에서의 변화만큼은 피할 수 없는 것으로 보인다. 결국 이러한 상황에서 EU와 미국 간의 새로운 관계 설정을 위해 필요한 것은 관계에 변화와 영향을 초래할 수 있는 다양한 변인과 요소들에 대한 좀 더 공교하고 분석적인 연구가 필요하다. 여기서 그러한 변인에 대한 새로운 연구와 의미를 분석하는 것은 어렵겠지만, 가능성 있는 변인들과 요소들에 대한 간략한 언급으로 결론을 대체할 것이다.

첫 번째는 EU 안에서 공동외교안보정책의 전개 방향과 발전 가능성 여부이다. 최근 솔라는 EU 차원의 공동외교안보정책에 대하여 다음과 같이 언급하고 있다.[31] "기후, 에너지 등의 변화하는 세계 정치질서에 맞추어 유럽의 공동외교안보정책 역시 추세에 맞는 대응을 추구할 것으로 보인다. 이 경우 대서양주의라는 관점보다는 유럽주의의 관점과 시각의 유용성을 도출 할 수 있을 것으로 본다." 결국 솔라나의 언급은 EU 공동외교

31 Approved by the European Council held in Brussels on 11 and 12 December 2008 and drafted under the responsibilities of the EU High Representative Javier SOLANA.

안보의 축이 유럽주의로 이동할 경우 NATO 재구성과 정립이 대서양동맹의 최우선 과제가 될 것이라는 점을 언급하고 있는 것이다.

두 번째는 NATO의 확대와 협력의 틀이 어느 지역까지 확장되느냐의 여부에 달려 있다. 미국의 입장에서는 유럽 이외 지역까지도 지속적으로 확대함으로써 현존하는 세계 최고의 그리고 유일의 국제적인 군산동맹체로의 발전을 원하고 있는 것이다. 이러한 미국의 입장은 최근 MD 정책의 유럽 지역에서의 확장과 유럽의 주변 국가들을 회원국으로 받아들이려는 노력 등으로 설명될 수 있을 것이다.

세 번째는 반테러리즘과 같은 지속적으로 지향하고 보존해야할 공통의 인류 가치의 공조 필요성과 방식의 대두이다. 지구안보 차원에서 에너지, 환경, 인권, 마약, 범죄조직 등의 초국가적 위협에 대해 UN을 비롯한 주요 국제기구의 선언적 역할과 행동만으로는 한계가 분명하기 때문에 군사 행동의 정당성과 합법성을 담보할 수 있는 NATO 기능과 위상 강화는 새로운 대서양 관계와 동맹의 수준을 결정할 수 있을 것이다.

네 번째는 미국의 일방주의 외교정책 기조의 변화 여부이다. 오바마 정부의 등장과 함께 미국이 주도했던 일방주의 정책에 대한 변화 가능성이 보이면서 미국과의 관계 설정에 주요한 변수로 등장했다. 결국 이러한 미국 외교정책 노선의 변화는 기존의 국제분쟁이나 국제협력의 틀을 바꿀 수 있는 주요한 요인이 될 것이고, EU와 미국의 대서양동맹 역시 새로운 틀과 수준에서 결정될 가능성이 높다는 점이다.

이상의 주요 변인들에 대한 분석이나 논의를 제쳐두고라도, 현재의 대서양동맹이 지구안보와 인류의 공통 가치 수호에 최첨병이자 중요한 국제적 협력기구의 역할을 강화하기를 바라는 바이다. 특히 한국의 입장에서 EU와 미국의 대서양동맹 강화는 한국의 안보 이익과 남과 북의 분단 상황의 해결을 위해서도 바람직한 대안과 외부요인이 될 수 있다는 점에서 보다 긴밀하고 상호 대등한 전략적 동맹 관계의 구현을 기대해 본다.

참고문헌

김남국. “영국의 이라크전 참여의 동기.”『국제정치논총』 제47권. 1호(2007), pp. 259-281.

김종법. “정치적 전환기의 이탈리아: 걸프전과 보스니아/코소보전을 통해 본 대외정책을 중심으로.”『국제정치논총』 제41권. 4호(2007), pp. 169-190.

노엄 촘스키, 역자 이수현.『미국의 이라크 전쟁』 서울: 북막스, 2002.

로버트 케이컨, 홍수원 역.『미국 VS 유럽 갈등에 관한 보고서』 서울: 세종연구원, 2004.

엠마뉘엘 토드.『제국의 몰락』 서울: 까치, 2003.

윤태영. “국제질서의 변화와 전략연구.” 미네르바 정치연구회편.『국제질서의 패러독스』 고양: 인간사랑, 2005.

이규영. “공동외교안보정책과 유럽시민권의 상관성 연구.”『유럽연구』 제19권 (2004), pp. 1-30.

이무성. “유럽연합 확장이 공동외교안보 정책에 주는 함의.”『한국정치외교사논총』 제29권. 2호(2008), pp. 185-210.

이수형. “유럽연합(EU)의 공동외교안보정책(CFSP): 대서양주의자와 유럽주의자의 논쟁을 중심으로.”『세계지역연구논총』 제14권(2000), pp. 79-100.

이수형.『북대서양조약기구(NATO)와 유럽 안보』 서울: 한울, 2004.

이승근. “유럽안보체제의 변화의 쟁점: EU의 공동외교안보정책(CFSP) 분석을 중심으로.”『국제학논총』 제6권(2001), pp. 85-107.

이승근·황영주. “유럽안보의 양대 축과 유럽인의 인식 - EU의 공동외교안보정책(CFSP)에 대한 영국과 프랑스 국민들의 인식 분석.”『국제정치연구』 제10권 1호(2007), pp. 293-321.

이재승. “Defending the National Interests?: Rethinking France and the

Iraq War."『국제정치논총』 제46권 5호(2006), 73-94.

이호영. "유럽안보정체성 추구와 공동외교안보정책(CFSP): 역할과 한계."『한국프랑스학회』 제52권(2005), pp. 323-346.

임종헌. "독일 슈뢰더 정부의 외교정책: 유럽연합의 공동외교안보정책에 대한 태도를 중심으로."『한독사회과학회』 제10권 2호(2000), pp. 335-359.

임종헌. "이라크전과 EU의 대응."『한독사회과학논총』 제18권 1호(2008), pp. 49-71.

임종헌. "독일의 안보정책의 변화: 콜 정부와 슈뢰더 정부의 비교."『한독사회과학논총』 19권 2호(2009), pp. 59-84.

조성권. "9·11 테러 이후 미국 대테러정책의 변화에 대한 분석과 전망."『국제정치논총』 제43집. 2호(2003), pp. 295-317.

정병기. "아프가니스탄 분쟁과 이라크 전쟁에 대한 대응을 통해 본 이탈리아 대외정책의 변화."『한국정치학회보』 제40권 5호(2006), pp. 347-363.

정병기. "전쟁에 대한 동유럽 국가들의 관점과 대응."『정치비평』 제16호(2006), pp. 115-138.

진 하워드, 유강은 역.『전쟁에 반대한다』. 서울: 이후, 2003.

I. Ramonet, 최연구 역.『21세기 전쟁』. 서울: 중심, 2001.

최진우. "영국과 이라크 전쟁: 영미 특수 관계와 블레어 수상의 리더십."『세계지역연구논총』 제24집 3호(2006), pp. 392-412.

한용섭. "이라크 전쟁과 한반도 안보: 이라크 전쟁과 미국의 군사전략의 변화: 평가와 전망."『국방연구』 제46권 2호(2003), pp. 3-31.

한용섭.『NATO의 실상과 이해』 서울: 국방대학교안보문제연구소, 2007.

Akan, Malici. "Discord and Collaboration between Allies: Managing External Treats and Internal Cohesion in Franco-British Relations During the 9·11 Era." *Journal of Conflict Resolution*. Vol. 49, No. 1(2005), pp. 90-119.

Archer, C. & F. Butler. *The European Community: Structure and Process.* London: Printer, 1992.

Boyer William W. "'Confronting Transatlantic Discord': Major United States Policy Difference with Europe." *International Area Review.* Vol. 6, No. 2(Fall, 2003), pp. 3-19.

Brown, Chris. "The 'Fall of the Towers' and International Order." *International Relations.* Vol. 16(2002), pp. 263-267.

Caporaso, J. A. "International Relationa Theory and Multilateralism: The Search for Foundations." J. G. Ruggie(eds.), *Multilateralism Matters.* New York: Colombia University Press, 1993.

Charlmers, Johnson. *The sorrows of empire.* London: Verso, 2004.

Crauthammer, Charles. *Democratic Realism: An American Foreign Policy For a Unipolar World.* Irving Kristol Lecture. AEI Press. 2003.

Dalacoura, Katerina. "September 11 and the Interpretations of Islam." *International Relations.* Vol. 16(2002), pp. 269-273.

Edkins, Jenny. "Forget Trauma? Responses to September 11." *International Relations.* Vol. 16(2002), pp. 243-256.

Fraser, Cameron. *US Foreign Policy after the Cold War–Global Hegemone or Reluctant Sheriff.* London & New York: Routledge, 2002.

George, Stephen. *An Awkward Partner: Britain in the European Country.* Oxford: Oxford University Press, 1990.

Guzzini, Stefano. "Foreign Policy without Diplomacy: the Bush Administration at a Crossroads." *International Relations.* Vol. 16(2002), pp. 291-297.

Herman, Michael. "11 September: Legitimizing Intelligence?" *International Relations.* Vol. 16(2002), pp. 227-241.

Hill, Christopher. "11 September 2001: Perspectives from International Relations." *International Relations.* Vol. 16(2002), pp. 257-262.

Hurrell, Andrew. "There are No Rules(George W. Bush): International Order After September 11." *International Relations*. Vol. 16(2002), pp. 185-204.

Kamp Karl-Heinz. "Germany and the United States-Anatomy of a Crisis." *KAS Report*. 2003.

R. Keohane & J. S. Nye. "Introduction: The End of the Cold War in Europe." *After the Cold War: International Institutions and State Strategies in Europe, 1989–1991*. Cambridge: Harvard University Press, 1993.

Light Margot. "The Response to 11.9 and the Lessons of History." *International Relations*. Vol. 16(2002), pp. 275-280.

Muoller John. "American Public Opinion And Military Venture Abroad: Attention, Evaluation, Involvement, Politics, And The War of Bushes." Prepared for delivery at the 2003 Annual Meeting of the American Political Science Association. Philadelphia. PA(August, 2003).

Posen Barry R. "European Union Security and Defense Policy: Response to Unipolarity?" *Security Studies*. Vol. 15, No. 2(April-June, 2006), pp. 149-186.

Rutland Peter. "The September Bombings: a Turning Point in US-Russian Relations?" *International Relations*. Vol. 16(2002), pp. 287-289.

Seth G. Jones. *The Rise of European Security Cooperation*. Cambridge: Cambridge University Press, 2007.

Solana Javier. "European Security Strategy, A Secure Europe in a Better World." *EU Commission Report*. 2003.

Sloan Stanley R. NATO, *The European Union, and the Atlantic Community: The Atlantic Bargain Challenged*. Oxford: Rowman & Littlefield Publishers, 2005.

Steve Smith. "The End of the Unipolar Moment? September 11 and the Future of World Order." *International Relations*. Vol. 16, No.

2(2002), pp. 171–183.

Stothard Peter. *Thirty Days: A Month at the Heart of Blair's War*. London: Harper Collins, 2003.

Wallace William. "As Viewed from Europe: Transatlantic Sympathies, Transatlantic Fears." *International Relations*. Vol. 16(2002), pp. 281–286.

Wheeler Nicholas J. "Dying for 'Enduring Freedom': Accepting Responsibility for Civilian Casualties in the War against Terrorism." *International Relations*. Vol. 16(2002), pp. 205–225.

http://blog.daum.net/samhoda/7156701(검색일: 2009.7.21).

http://100.naver.com/100.nhn?type=image&media_id=378895&docid=78977&dir_id=12070301(검색일: 2009.7.20).

http://100.naver.com/100.nhn?docid=779944(검색일: 2009.7.2).

http://en.wikisource.org/wiki/United_Nations_Security_Council_Resolution_1386(검색일: 2007.5.19).

http://en.wikisource.org/wiki/United_Nations_Security_Council_Resolution_1373(검색일: 2007.5.19).

4장 걸프전을 통한 유럽 공동안보방위정책의 변화와 전망*

윤기석

I. 서론

1991년 1월 17일 촉발되었던 걸프전은 1991년 2월 27일 후세인의 항복에 이르기까지 약 1개월 10일 정도의 짧은 기간이었지만 약 30만 명에 달하는 인명 피해와 약 2천억 달러에 육박하는 경제적 손실을 내면서 종식되었다. 이라크 후세인 정부를 상대로 미국 중심의 30개국이 참전한 다국적군이 치른 전쟁의 결과는 두 가지 측면에서의 정리가 가능하다. 첫째, 걸프전은 제2차 세계대전 이후 미국과 서방국가들이 치른 최초의 승리로

* 이 논문은 2005년 한국학술진흥재단의 지원에 의해 연구되었음(KRF-2005-072-BM0010). 출처: 『사회과학연구』. 제20권 4호. pp. 125-142. 2009.

평가할 수 있지만 아랍권 국가들에게는 기존의 연대감 상실과 동질성의 붕괴를 경험하게 하였다. 두 번째로 걸프전은 냉전의 종식에 따른 국제환경의 변화에서 새로운 질서가 형성되는 과정에서 나타난 제3세계의 미국에 대한 도전과 미국의 응전으로 해석할 수 있다. 이것은 구소련체제의 붕괴로 인한 탈냉전의 환경에서 새로운 국제질서가 모색되어 가는 과정에서 나타난 국제질서 변화의 일면이었다.

이러한 배경에서 미국은 걸프전을 통해 팩스 아메리카로 설명되는 세계 경찰국가로서의 입지를 굳히려 노력하였고, 세계질서를 자국 중심의 단극체제로 구축하려는 의지를 실천에 옮긴다. 그러나 이와 같은 미국 중심의 단극체제 구축에 대해 대항할 수 있었던 정치·외교 및 경제적 정치단위체로 등장한 것은 유럽공동체(EC)였다. 걸프전을 통해 유럽공동체 회원국은 비록 작전 수행기간 동안 통합된 군사작전을 전개하지는 못하였지만 1950년 이래로 '유럽'의 이름으로 군사작전을 최초로 수행한 사실에서 의미를 찾을 수 있다. 특히 걸프전이 유럽공동체 회원국에게 주었던 가장 중요한 함의는 유럽 공동안보방위정책의 필요성과 중요성을 다시 각인시켜 주었다는데 있다. 예컨대 걸프전은 유럽공동체 회원국이 통합적인 군사적 역량을 보여주지 못한 분쟁이었지만 향후 유럽공동체가 유럽연합으로 발전되는 과정에서 '유럽공동안보방위정책' 형성의 필요성과 중요성을 환기시켜 준 전쟁이었다.[1] 걸프전 후 유럽에서는 유럽통합군이 창설되고 군사안보기구 및 정책이 확대·강화되는 발전적 과정이 진행되기 때문이다.

이 글은 탈냉전시기 국제질서가 새롭게 재편되어 가는 과정에서 발발

1 Henri BURGELIN, "L'Europe et la guerre du Golf," http://www.stratisc.org/strat/strat_5152Burgelin. htmi(검색일: 2006.5.20).

한 걸프전과 유럽공동체의 대응을 살펴보면서 그 후 진행된 유럽공동안보방위정책의 제도화 과정을 분석하고 그 한계를 규명하는데 목적이 있다. 즉, 프랑스가 일찍이 주창하였던 '유럽의 안보는 유럽인에 의하여'라는 거대담론이 유럽의 현실에서 과연 가능한 사실인가에 대한 가정을 전제로 하면서 사실분석과 그 한계를 규명하고자 한다. 이러한 맥락에서 1992년 마스트리히트 조약에서 구체화된 공동외교안보정책(CFSP)의 성격과 마스트리히트 조약 이후에 진행된 유럽공동안보방위정책(ESPD)의 발전과정을 분석하는 것은 이 글의 논점과 관련하여 상당히 중요하다.

이 글에서 다루는 내용은 새로운 사실을 부각시키는 것이 아닐지 모른다. 유럽의 안보방위정책에 대한 연구는 이미 다수의 선행 연구에 의해 활발히 이루어졌고,[2] 논자에 따라 다양한 발전방안이 제시되고 있다. 그럼에도 불구하고 유럽공동안보방위정책의 역사적 태동과정과 계기를 명확히 분석하면서 유럽안보방위정책을 분석한 연구는 아직 충분히 연구되지 않은 실정이다. 이러한 문제의식에서 이 글은 역사적 접근방식의 관점을 잃지 않으면서 유럽공동안보방위정책이 수립된 동인과 발전과정 그리고 현실적인 한계를 구명하고 향후 유럽차원의 공동안보방위정책의 발전방안을 전망해 보려는데 연구의 함의를 두고 있다. 이러한 배경에서 우선, 탈냉전 시기 국제질서의 환경에서 발발한 걸프전의 배경과 성격을 설명하

2 유럽 외교안보방위정책의 형성과정과 쟁점을 깊이 있게 분석한 연구로 특히 다음의 논문을 참조할 것. 이종광, "마스트리히트 조약에서의 유럽안보의 개념," 『국제학논총』 제7집(12)(2002), 이종광, "마스트리히트 조약 이후 유럽안보체제의 변화," 『유럽연구』 8호(12)(1998), 이종광, "유럽연합의 회원국 확대와 안보 개념의 변화," 『대한정치학회보』 제14집 제1호(2006), 이승근·배규성, "EU 안보축의 변화에 대한 고찰,"『대한정치학회보』 제14집 1호(2006), 이승근, "유럽안보방위정책(ESDP)의 형성과 NATO의 대응," 『유럽연구』 제25권 3호(2007).

고 유럽공동체의 걸프전에 대한 대응을 분석하면서 걸프전 후 유럽 국가가 수립한 공동안보방위정책의 정착 배경을 분석하면서 EU 출범 후에 더욱 구체화된 공동외교안보정책(CFSP)과 유럽공동안보방위정책(ESDP)의 성격과 한계를 분석하는 것이 논의 전개의 순서인 것 같다.

Ⅱ. 탈냉전 국제질서의 변화와 걸프전의 발발

1. 자원민족주의와 팍스아메리카나의 대두

중동 산유국에서 석유자원의 민족주의적 경향은 이미 1·2차 중동전쟁 이후부터 시작되었고, 최근에 와서 더욱 강화된 현상을 보여주고 있다. 석유자원을 둘러싼 국제관계의 역학구조의 변동은 시시각각으로 변하기 때문에 이 지역에서의 산유국과 석유 소비국 간의 대립에 기인한 국제관계는 복잡한 형국을 보여주고 있다. 제2차 세계대전 이후 중동지역 국가들은 아랍민족주의를 지향하면서 석유자원을 국부창출은 물론 자원전쟁의 무기화로 규정하였다(김태창 1991, 11). 지정학적인 측면에서의 중동지역은 구소련의 전통적인 남하정책과 미국의 이해관계가 격돌하는 지역으로 인식되어 왔다. 그러나 지정학적인 특수성에 기인한 열강들의 이해관계의 본질에는 '유권확보'의 개념이 긴밀하게 관련되어 있다. 즉, 세계석유의 생산과 유통과정의 독점적 지배권과 관련된 문제가 분쟁의 가장 큰 요인으로 설명되고 있다. 미국의 경우 중동산 석유에 대해 독점적 지배권을 확보하기 위해 제2차 세계대전 이후 취한 대중동 정책은 아랍권의 민족주의 운동의 배척과 보수왕정의 육성, 보호였다고 평가할 수 있다. 즉, 팔레스타인 지역에서의 이스라엘에 대한 군사·경제적 지원과 사우디아라비아와 쿠웨이트 왕정의 친미성향은 이러한 논거에 대한 신빙성을 보여준다.

이러한 사실을 고려하면 1991년 발발한 걸프전의 성격은 쿠웨이트를 둘러싼 미국과 이라크 간의 '유전쟁탈전'으로 설명하는 시각이 설득력이 있다(구종서 1991, 34). 왜냐하면 걸프전 시작의 주요 행위자였던 미국은 복잡한 국내정치와 1970년부터 시작되었던 스태그플레이션 그리고 1980년대의 재정·무역적자에 기인한 저조한 경제성장과 빈곤의 확대·심화 및 불안한 경기 조짐 등으로 어려움을 겪었고 미국의 정치지도자는 해결방안을 모색해야 했었기 때문이다. 또한 걸프전은 부시 대통령의 차기 대선 문제를 둘러싼 정치적 계산과 수많은 재고와 신 개발품으로 가득 차 있는 미국 내의 군산복합체의 현실적 문제를 극복할 수 있었던 대안일 수 있었기에 중동 유전을 독점적적으로 확보하려는 전략은 미국의 국제 전략을 '팍스아메리카'로 결집시키는 수단일 수 있었다(이춘근 1991, 154). 따라서 냉전의 질서가 붕괴된 후 새로운 국제질서를 구축하기 위해 고민하였던 미국의 입장에서 보게 되면 이라크군의 쿠웨이트 침공은 중차대한 한 사건이 아닐 수 없었고, 이러한 결과 '자원민족주의'와 '아랍민족주의'를 강하게 선전하였던 후세인 정권과의 일대 결전은 피할 수 없는 현실이었다.

2. 국제질서의 변화와 걸프전

미국은 걸프전을 치르면서 이라크의 불법 침공에 의한 '쿠웨이트 해방'을 일관되게 주장하였지만 해결방법에 있어서는 평화적인 수단에 의존하지 않고 전쟁이라는 극단적인 수단을 동원하면서 힘에 의한 해결논리를 강력하게 추진하였다. 이러한 문제해결 방식은 전쟁의 참상을 더욱 심화시키게 된다. 왜냐하면 김선유가 분석하였듯이 이라크가 쿠웨이트를 침공할 당시부터 미국을 비롯한 국제기구가 이라크에 대한 경제적 봉쇄를 보다 더 다각적인 방식으로 철저하게 추진할 수 있는 정치·외교적 노력을 수행하였더라면 전쟁의 참상은 보다 더 감소될 수 있었기 때문이다(김선유 1991, 159). 위와 같은 사실을 고려한다면 미국이 걸프전을 수행하면서 펼쳤던 강력한 무력사용의 배경에는 다음과 같은 의미가 함축되어 있음을 이해할 수 있다. 첫째, 무력사용에 의한 걸프전의 해결논리에는 전후 중동지역에서 미국의 위상과 이 지역 전체를 미국 주도로 석권하고자 하는 측면이 강력하게 함축되어 있다.[3] 둘째, 미국은 중동지역에서 발생한 지역적 팽창주의에 적극 개입함으로써 자국의 이익을 보호하는 한편, 분쟁해결 방식에도 주도적인 역할을 수행함으로써 대외적인 영향력을 확대하고 탈냉전 이후 국제질서의 영향력과 주도권을 장악하겠다는 의지를 보여주었다. 셋째, 미국은 표면적으로 이라크 침공에 의한 쿠웨이트의 해방을 명분으로 내세웠지만 보다 더 계산된 방식으로 전쟁을 수행하였다. 즉 걸프전을 통해 이라크의 후세인 정권을 붕괴시킴으로써 중동지역에서의 미국의 패권을 보다 더 강화하려는데 전략적 목표를 두었던 것이다(김태창 1991, 20).

3 1991년 걸프전과 관련하여 소련은 보다 적극적인 개입의 형태를 보여주지 못하였는데 이러한 원인은 고르바초프 등장 이후 1990년 베를린 장벽의 제거와 독일의 통일 등과 같은 세기사적 대변혁의 과정에서 소련의 국내정세가 매우 불안정하였던 사실에 기인한다. 걸프전이 진행되는 동안 고르바초프는 군부로부터의 지지를 얻지 못했고, 정치적으로도 보리스 옐친으로부터 많은 비판을 받아야만 했다. 결국 고르바초프는 1991년 8월 19일 소련 공산당 서기장 직에서 물러나는 발표를 한다. 자크 아탈리, 김용채 옮김, 『미테랑 평전』(서울: 뷰스, 2006), pp. 426-429.

이와 같은 설명이 가능한 것은 구소련체제의 붕괴 등으로 국제관계가 탈냉전의 시대로 급속히 전환되고 있었고 미국·소련과 같은 초강대국의 위상이 상실되어 가는 과정에서 지구촌에서 발생하는 각종 분쟁에 대한 미국의 통제능력의 마비는 미국에게 커다란 정치적 딜레마가 될 수 있었기 때문이다. 또한 EC의 위상강화와 일본의 경제적 팽창으로 국제질서는 다극화의 추세로 구축되어 가는 경향이 있었기 때문에 걸프전은 미국에게 세계적 경찰국가로의 지위를 확보할 수 있게 하는 사건일 수 있었다. 따라서 걸프전은 국제체제가 기존의 미·소를 중심으로 하는 '양극체제'가 와해되어 가면서 부각되는 '다극체제'에서 미국이 국제질서의 주도권을 확보하고 자국을 중심으로 한 '단극체제'를 구축하려는 과정에서 발발한 분쟁으로 규정할 수 있다.

결국 탈냉전 이후 미국의 세계전략은 걸프전을 시발로 하여 자국의 군사전략을 보다 더 강화하는 방향으로의 국제질서를 모색하게 된다. 부시 대통령도 공식적 담론을 통해 국지적 지역분쟁에 대응하기 위해 군사적 행동을 주저하지 않을 것임을 발표하였고, 이러한 사실은 미국이 걸프전을 통하여 미국이 의도하는 세계평화, 즉 '팍스 아메리카'의 실현을 위한 중요한 시험무대로 활용하였다는 정황으로 해석할 수 있다. 왜냐하면 미국은 팍스 아메리카를 구축하기 위해 미국 중심의 국제질서를 수립해야 할 필요성이 있었고, 이를 유지하기 위해 국제경찰관이 되어야만 하였기 때문이다. 이러한 배경에서 걸프전의 성격은 탈냉전 이후 힘의 공백상태에 있는 국제관계에서 미국의 정치적 위상을 강화하고 미국 중심의 단극체제를 고착하기 위한 분쟁으로 설명하는 것은 무리가 아닌 것 같다.

Ⅲ. 걸프전과 유럽 국가들의 대응, 공동외교안보체제의 모색

1. 걸프전 개입에 대한 유럽공동체(EC) 회원국들의 상충된 입장

걸프전에 대한 유럽공동체(EC) 회원국의 입장은 일관된 통일성을 보여 주지 못하고 분열된 양상을 보여주었고 대응방식도 상이하게 나타났다. 이러한 배경에는 두 가지 측면에서의 해석이 가능하다. 초국가적 유럽 안보기구의 기능적인 문제와 회원국 내부사정에 기인한 구조적인 문제이다.

우선, 초국가적 안보기구 운영의 문제점을 지적할 수 있다. 서유럽동맹(WEU)(서병철 2001, 10-11)은 1953년 창설되어 그동안 유럽의 초국가적 안보기구로서의 안보정책을 구현하였지만 현실에서는 동맹국 간 합의한 공동선언이나 합의문에 명시된 정책의 성격과는 전혀 다른 소극적인 역할만을 수행하였다. 더욱이 서유럽동맹은 1954년 창설된 이래로 실질적인 임무를 부여받지 못한 채 1984년 소규모 기구로 재편되었고, 그나마 1987년 10월 네덜란드 헤이그에서 개최되었던 서유럽동맹 각료회의에서 국방·안보 정책분야에서 유럽의 목표를 추구한다는 내용의 '유럽안보 관심의 개요'가 의결됨으로써 실질적인 기능을 수행하는 것 같았다. 왜냐하면 이 시점부터 서유럽동맹을 통하여 유럽통합의 과정은 독자적인 안보노력으로 보강한다는 내용이 명시적으로 표현되었기 때문이다. 그럼에도 불구하고 서유럽동맹의 역할과 기능은 NATO 회원국들 간의 의견차이 때문에 상당히 제한적인 활동만을 할 수 밖에 없었다. 서유럽동맹은 1990년 이라크에 대한 무기 및 무역 봉쇄 해상 감시 활동을 비롯하여 1991년 이란 북방의 쿠르드족 구호작전을 펼치는 등 소규모의 과업만을 수행하였을 뿐이다. 걸프전 발발과 관련해서도 서유럽동맹은 통합적인 유럽안보기구로서의 정치적 역할을 수행하는데 있어서 기구 운영의 한계를 보여준다. 즉, 1991년 현재 9개 회원국으로 구성된 서유럽동맹국은 작전수행과 관련하여 서유럽동맹 지휘부의 통합적인 작전명령에 의하지 않는 개별국가 중심으로 작전에 참여하였으며 궁극적으로 NATO 지휘부의 통제를 받는 수동적인 역할 만을 수행하였다. 이는 유럽공동체의 대표적인 안보기구라 할 수 있는 서유럽동맹국들의 정치적 협력 수준이 상당히 부족했던 단면을 보여주는 측면이며, 이는 군사기구로써의 기능의 마비로 설명될 수 있기 때문에 이로 말미암은 유럽차원에서의 통합적인 군사작전의 결여는 어쩌면 당연한 귀결일 수 있다. 이러한 상황은 유럽의 안보정책을 논의하기 위해 설치한 안보기구의 통합·조정 기능이 명시적인 표현과는 달리 실질적으로 작동되지 못한 상태를 의미한다. 이것은 유럽공동체가 경제공동체를 실현하면서 동시에 합의한 '공동안보방위정책'이 이상과 현실에서 상당한 괴리가 있음을 확인시켜 주는 대목이다. UN 안전보장이사회가 걸프전 발발과 관련하여 이라크를 응징할 수 있도록 유럽공동체의 적극적인 참여를 촉구하였지만 실질적으로 경제적 제재 조치 이외에 공동체의 이름으로 수행하는 보다 강력한 군사작전을 수행하지 못한 사실도 이와 같은 서유럽군사기구의 무력한 대응 방식을 보여주는 부분이다. 즉 이라크에 대한 통상금지 조치를 단행한 1990년 8월 6일 유럽안전보장 이사회 결의(Resolution 661) 후 유럽공동체 12개 회원국은 8월 10일 벨기에 브뤼셀에서 긴급 외무장관 회의를 개최하면서 유럽공동체는 유엔 안전보장이사회의 결정을 지지하며, 분쟁지역에 거주하는 자국민의 안전보장을 위하여 회원국 모두가 공동으로 협력할 것과 쿠웨이트의 국민주권이 빠른 시일내에 회복될 수 있도록 공동으로 노력할 것을 선언하는 원론적이고 선언

적인 입장만을 확인하였을 뿐이다.[4]

걸프전 개입과 관련된 유럽공동체 회원국의 분열된 양상을 설명하는 또 다른 원인은 유럽공동체 회원국들이 갖고 있는 구조적인 문제에서 기인한다. 즉 영국은 개전 초부터 미국과 동일한 입장을 표명한 반면, 영국을 제외한 유럽공동체 국가들은 걸프전 발발 초기부터 이 전쟁이 유럽의 이해관계에 크게 부응하지 못하고 있다는 인식을 갖고 있었다. 독일, 프랑스, 이탈리아 등의 유럽공동체 주요 국가들은 걸프전에 대하여 강경하게 대응하려는 미국과 영국의 입장과는 반대로 평화적인 수단으로 분쟁을 해결할 방안을 모색하였다. 그러나 외교·군사적 측면에서 미국이 압도적으로 우위를 장악하고 있는 상황에서 유럽공동체 국가들은 무력감만 드러내었다. 프랑스는 미국이 주도하는 전쟁에 참여를 계속 유보하다 결국 유엔의 명분아래 전쟁에 참여하게 되었고 독일의 경우는 자국의 군대를 해외에 파병하는 것은 NATO의 작전 범위 내에서만 가능하다는 '연방기본법'의 규정에 따라 중동지역에 대하여 적극적인 군사활동을 전개하는 것이 원칙적으로 가능하지 못하였다.[5] 따라서 독일은 NATO의 일원으로 터키 군에 편승하여 공군과 해병 및 선박을 파견하고 재정적인 지원만을 제공하는데 그쳤다. 다른 회원국들은 해군과 공군만을 제공하였다. 이처럼 유럽공동체 회원국들은 유럽공동체의 군사기구인 서유럽동맹의 지휘부에 따른 통합적인 군사작전을 수행하지 못하고 나라별로 각기 상이한 방식으로 군사작전을 수행하였기 때문에 궁극적으로 통일된 안보방위 정책을 펼치지 못한 분열된 양상을 보여주었다.

4 Henri BURGELIN, "L'Europe et la guerre du Golf," http://www.stratisc.org/strat/strat_5152 Burgelin. htmi(검색일: 2006.5.20).

5 Henri BURGELIN, *Ibid,* p. 3.

이와 더불어 유럽공동체 회원국 간의 상반된 이해관계의 충돌 역시 정치적 분열상을 더욱 가속화시켰던 요인이다. 즉, 걸프전의 참전을 기정사실로 받아들이는 영국과 평화적인 방법으로 문제를 해결하고자 했던 독일의 입장에서 보는 바와 같이 양측의 첨예한 주장이 서로 충돌되었고, 이 과정에서 나머지 회원국들은 상황의 변화에 따라 자국의 입장을 정리하였다. 프랑스가 미국이 주도하는 전쟁에 참여를 계속 유보하다 결국 전쟁에 참여한 사례는 이와 같은 정황을 가늠하게 한다. 따라서 전쟁이 발발한 후 약 40일 만에 미국의 일방적인 승리로 끝난 걸프전은 유럽공동체 국가들에게 다음과 같은 함의를 주었다. 첫째, EC를 중심으로 하는 공동안보방위정책 수립은 경제통합의 문제보다 훨씬 더 어렵고 요원한 과제이다. 둘째, 미국이 주도하는 세계질서를 일방적으로 허용할 수밖에 없는 유럽의 공동 외교·안보방위 능력의 한계를 자각하였다.

위와 같은 상황을 종합하면 걸프전이 유럽의 공동안보방위정책 형성에 직·간접적으로 미쳤던 영향은 매우 크다고 하겠다. 비록 유럽안보에 대한 논의가 이미 1950년대 초반부터 진행되었다고 하더라도 지역분쟁에 대한 안보와 관련하여 유럽 국가들이 적극적인 자세로 개선방안을 모색하게 되었던 계기는 바로 1991년 발발한 걸프전이라고 할 수 있다. 걸프전 후 유럽 차원에서 구체화되었던 일련의 안보정책의 제도화 과정이 이러한 사실을 입증한다. 즉 유럽이 지역적 분쟁에 공동으로 대응할 수 있는 '서유럽동맹(WEU)' 기능의 강화와 '유럽통합군'[6]의 창설은 이와 같은 맥락에서 이해가 가능하며, 특히, 프랑스의 미테랑 대통령이 걸프전이 끝난 후 1991년 6월 14일 체코 프라하에서 개최된 유럽정상회의에서 공식적으로

6 Henri BURGELIN, "L'Europe et la guerre du Golf," http://www.stratisc.org/strat/strat_5152 Burgelin.html(검색일: 2006.5.20).

표명한 "유럽의 문제는 유럽인에 의하여 외부의 개입이 없이 공평하게 해결되어야 한다"(Guéhenno 2000, 104)는 공식적인 입장 표명은 유럽의 공동안보 개념을 확인시켜 주는 대목이다. 이것은 걸프전의 학습효과에 기인한 EC의 독자적인 공동안보방위정책의 모색이라 할 수 있는데, 이러한 배경에서 유럽주의를 표방하는 프랑스와 독일은 유럽이 미래의 유럽안보를 독자적으로 수행하기 위해서는 공동안보방위정책이 가까운 시일 내에 정착되어야만 한다는 입장을 공유한다. 따라서 프랑스의 미테랑 대통령과 독일의 콜 총리는 미국의 지원 없이도 위기상황에 신속히 대응할 수 있는 새로운 군사기구의 필요성을 제안하였고(Guéhenno 2000, 107) 이를 구체화한 것이 '유럽통합군'의 창설이다. 그럼에도 불구하고 유럽통합군의 창설에 관한 기본 원칙은 걸프전이 종식되고 시간이 훨씬 지난 후에 가시화되는데 이는 공동안보방위정책이란 회원국 간의 첨예한 이해관계를 반영하므로 이를 조정하는데 시간이 필요하였고, NATO의 영향력을 배제할 수 없었기 때문이다.

2. 마스트리히트 조약과 공동외교안보정책(CFSP)

유럽안보방위정책의 근간이 되는 핵심적 이념은 "유럽의 안보는 유럽인에 의해서"이다. 이것은 일찍이 프랑스의 드골 대통령이 유럽의 안보정책과 관련하여 미국에 의존하지 않는 안보방위정책을 수립함에 있어서 가장 중점적으로 역설한 핵심적인 개념이다. 1993년 11월 유럽연합(EU)[7]이

7 1993년 출범한 유럽연합(EU)의 기본원칙과 방향은 첫째, 유럽경제 통합을 가속화하기 위한 유럽중앙은행의 설치 및 단일화폐의 유통, 둘째, 유럽안보의 유럽화

출범하면서 이와 같은 유럽안보의 개념은 구체성을 띠게 된다.

특히 1992년 2월 체결되었던 마스트리히트 조약은 그동안 미국을 비롯한 서유럽 국가들 사이에서 상당한 입장 차이를 드러냈던 '유럽안보의 유럽화' 논의를 새로운 방향으로 전환시키는 매우 중요한 계기를 제공한다(이종광 2001, 186). 이것은 회원국의 공동외교안보정책(CFSP)의 채택으로 결실을 맺게 되는데, 마스트리히트 조약은 이처럼 유럽의 안보방위정책을 구체적으로 명시화 하였다는 점에서 매우 중요한 의미가 있다. 마스트리히트 조약의 내용을 정리하여 살펴보면 다음과 같다. 첫째, EU의 공동가치와 기본적 이익 추구 및 활동의 독자성 강화, 둘째 EU 및 회원국의 안전보장 강화, 셋째 UN 헌장의 원칙과 유럽안보협력회의(CSCE)의 원칙·목적에 따른 세계평화 유지 및 국제사회의 안전보장 강화, 넷째 국제협력의 증진, 다섯째 민주주의와 법치주의 원칙의 지지와 인권 및 기본권의 존중 등을 규정하고 있다(이승근 2003, 61).

이처럼 마스트리히트 조약에서는 유럽 회원국들의 공동이익을 도모하고, 회원국 간의 체계적인 협력을 중시하면서 공동체의 발전을 위한 '공동행동' 방식을 정하고 있는데, 특히 회원국의 안전보장 강화를 합목적적으로 명시하였다는 점에서 커다란 의의가 있다. 이 점에서 마스트리히트 조약 이후 유럽의 공동안보방위정책이 사실상 구체적인 형태로 발전하게 되었다고 평가하는 것은 이론의 여지가 없는 것 같다. 이러한 배경에는 걸프전의 학습효과를 비롯한 탈냉전기의 급격한 국제질서의 변화 등이 회원

를 위한 공동외교안보정책(CFSP)의 수립, 셋째, 이민과 범죄 및 테러에 대응하고 마약 등을 통제하기 위하여 역내의 사법 및 내무 분야에서의 협력 등과 같은 3개의 핵심좌표로 설명될 수 있다. 이종광, "유럽통합에서의 양축: 심화와 확대," 『국제학논총』 제6집(2001), p. 122.

국들의 안보개념에 많은 영향을 주었기 때문에 가능한 사실이다.

이러한 맥락에서 공동외교안보정책 수립에 따른 서유럽동맹의 역할을 다시 조명할 필요성이 있다. 즉 마스트리히트 조약 후 서유럽동맹은 군사기구로써의 역할을 한층 더 강화하여 궁극적으로 EU의 안보기구로써의 역할을 원활히 수행할 수 있는 제도적 여건을 확보하였지만[8] 유럽안보방위정책 형성과 관련된 서유럽동맹과 NATO와의 역할 관계 정립은 유럽공동체 회원국들 간에 항구적으로 이견이 발생하는 쟁점이다. 즉 영국, 네덜란드, 포르투갈, 이탈리아 등을 축으로 하는'대서양주의자들'의 입장이 있는데 이들의 주장은 NATO가 유럽방위에서 유일한 기구가 되는 만큼 유럽안보에서 NATO의 우월성을 유지해야 하며, 서유럽동맹은 극히 제한적인 역할만을 수행해야 한다는 견해이다. 반면에 프랑스와 독일을 중심으로 하는 '유럽주의자들'의 입장은 서유럽동맹이 EU의 방위에 대한 책임을 지고 있는 만큼 서유럽동맹이 유럽의 공동외교안보정책(CFSP)을 추진하는 주체가 되어야 한다는 견해이며, 이를 위해서 서유럽동맹은 EU의 권위 하에 놓여야 한다고 주장한다. 따라서 서유럽동맹을 NATO와 동격인 동반적 지위로 승격시키어 유럽의 자주적인 안보기구로 격상시키고 유

8 공동외교안보정책(CFSP)의 운영 메커니즘은 다음과 같은 문제점을 지니고 있다. 첫째, 공동외교안보정책에 관한 유럽이사회의 결정은 원칙적으로 만장일치 방식의 의사결정이 채택되고 있는 반면에 공동 행동결정과 실행에 대해서는 '가중다수결' 제도가 적용되고 있다. 둘째, 1992년 현재 EU의 공동외교안보정책에 대한 결정은 12개 회원국 중 핵심 8개국에 의존하기 때문에 EU의 대외정책 수립에 있어서 합의점을 찾기가 어려운 실정이다. 이러한 배경에서 공동외교안보정책은 확고한 방위정책 목표를 수립하여 실행하는 것이 아닌 느슨한 형태의 공동외교안보정책을 수행하는 것으로 해석할 수 있다. 이승근, "유럽안보체제의 변화와 쟁점: EU의 공동외교안보정책(CFSP) 분석을 중심으로," 『국제학논총』 제6집(2001), pp. 89–90.

럽에서 발생할 수 있는 모든 위협에 신속하고 효율적인 대처 능력을 갖춘 안보기구로 재편해야 한다는 것이다(이종광 1998, 154). 이와 같은 상이한 입장 차이를 고려한다면 1991년 12월 유럽이사회가 마스트리히트 조약을 통하여 채택할 공동외교안보정책(CFSP)의 성격을 '대서양주의자들'의 견해와 '유럽주의자들'의 견해를 절충한 공동외교안보 노선으로 이해하는 것은 합리적인 해석일 것이다.

한편, 1992년 마스트리히트 조약에 첨부되어 있는 「WEU의 역할에 관한 선언(Declaration on the Role of WEU)」을 참조하면 공동외교안보방위 노선의 성격을 보다 더 구체적으로 이해할 수 있다(이승근·황영주 2004, 12). 즉, 서유럽동맹은 유럽방위와 관련하여 NATO와 밀접한 협력관계를 유지하면서 NATO의 역할과 책임 활동에 기여하고, NATO의 안보담당 지역인 유럽의 방위를 담당하면서 기존 NATO 회원국들의 의무를 존중하는 방향으로 활동하는 행동양식을 정하였다(이종광 2006, 329-330). 따라서 서유럽동맹은 1992년 2월 마스트리히트 조약 체결 후 NATO와의 긴밀한 관계를 유지하면서 EU 회원국의 입장을 반영하는 범위 내에서 활동할 수 있는 권한을 확보하게 된다. 이러한 변화는 프랑스 및 유럽주의자들이 일찍이 주장하였던 유럽의 안보는 실질적으로 유럽인이 중심이 된 '안보의 유럽화'가 현실적으로 보다 더 가시화되었다는 점에서 의미를 찾을 수 있다.

Ⅳ. 유럽 공동안보방위정책의 형성과 과제

1. 유럽안보방위 정체성(ESDI)에 대한 재인식과 유럽공동안보방위정책(ESDP)의 형성

1993년 출범한 유럽연합은 냉전 종식 후 유럽에서 가장 취약한 분야로 남아 있던 정치적 통합을 가속화시키는 기반을 마련하였다. 정치적 통합의 상징으로써의 공동안보방위정책은 1997년 6월 체결된 암스테르담 조약을 통하여 구체화된다. 특히, 암스테르담 조약은 서유럽동맹의 지위 및 역할을 분명히 명시하고 EU에 통합될 수 있는 제도적 여건을 마련해 준 점에서 의미가 있다. 즉, 서유럽동맹은 유럽연합이 공동외교안보 분야에서 군사작전 능력을 갖출 수 있도록 유럽연합에 통합되고 공동외교안보정책(CFSP) 범주 내에서 '공동안보방위정책'을 적극 추진한다는 것이다.[9]

이러한 맥락에서 유럽안보방위정체성(ESDI: European Security and Defence Identity) 개념의 확산 배경을 살펴볼 필요성이 있다. 유럽안보방위정

9 유럽연합은 마스트리히트 조약 후부터 유럽의 안보방위와 관련하여 서유럽동맹(WEU)의 임무와 역할을 점차적으로 강화하였다. 1999년 12월 열린 헬싱키 유럽이사회는 WEU를 유럽연합에 편입시키기로 결정하였으며, 2000년 12월 체결된 니스조약은 유럽연합 내에 EU 군사위원회, EU 군사참모부 등과 같은 상설 정치군사기구를 설치하고, WEU가 EU에 조속히 편입되도록 이행할 것을 합의함과 동시에 유사시에 신속히 대응할 수 있는 60,000명 규모의 '유럽통합군'을 갖출 수 있게 하였다. 이승근, "유럽안보방위정책(ESDP)의 형성과 NATO의 대응," 『유럽연구』 제25권 3호(2007), pp. 3-4, 이종광(2006), "유럽연합의 회원국 확대와 안보개념의 변화," 『대한정치학회보』 제14집 제1호(2006), p. 341.

체성 개념은 냉전종식 후 유럽의 안보는 유럽인의 손으로 해결되어야 한다는 인식에서 비롯된 것이며, 제2차 세계대전 후 미국 중심의 NATO에 의해 유럽의 안보가 줄곧 의존해 온 사실에 대한 각성에서부터 출발한다. 그러나 앞 장에서 설명한 바와 같이 '대서양주의'와 '유럽주의'로 대변되는 두 입장의 견해차이로 공동안보방위체계의 정립은 통일성을 마련하는데 적지 않은 어려움을 겪는다. 즉, 유럽공동안보방위정책(ESDP)의 발전에 따른 유럽의 안보정체성 회복 문제는 EU 회원국들의 노력에도 불구하고 회원국 간의 미묘한 입장 차이와 미국과 유럽 국가들 간의 기본적인 인식의 차이로 인해 순조롭게 진행되지 않는다. 예컨대 프랑스와 독일은 유럽의 안보정체성 회복에 적극적인 입장을 취한 반면, 영국은 EU의 발전에는 긍정적인 반응을 보였으나 EU의 완전한 정치적 통합과 군사 기구화에 대해서는 반대의 입장을 명확히 하였다. 또한 스웨덴, 아일랜드, 오스트리아, 핀란드 등과 같은 EU 회원국들도 영국의 입장을 지지하여 '유럽안보방위정체성(ESDI)' 회복에 대해 프랑스·독일과는 상이한 입장을 표명하여 유럽안보방위정책에 대한 합의점을 찾기까지는 상당한 진통을 겪는다(이승근·배규성 2006, 235).

그러나 1999년 코소보 사태를 겪으면서 미국에 의존할 수밖에 없었던 유럽안보방위정책의 한계를 또 다시 경험한 EU 회원국은 미국이 중심이 된 NATO와 구별되는 유럽방위 정체성을 확립해야만 한다는 유럽주의의 입장에 공감을 하게 된다(박채복 2006, 87). 이로부터 유럽공동방위안보정책의 형성은 새로운 국면을 맞게 되며 이는 걸프전 이후 점진적으로 발전하여 왔던 유럽안보의 정체성 회복으로 가시화 된다. '유럽안보방위정체성' 개념의 핵심은 EU와 서유럽동맹 간의 관계를 어떻게 구체화시켜 정립시킬 것인지에 대한 문제와 NATO 내의 조직이 유럽인 중심으로 재정립되어야 한다는 점에 있다. 따라서 EU 회원국은 유럽안보의 정체성을

NATO에서 찾는 것을 지양하고 EU 국가들 간의 협력에서 찾아야만 한다는데 공감대를 형성한다. 결국 1999년 12월 헬싱키 유럽이사회를 거치면서 '유럽안보방위정체성(ESDI)' 회복문제는 '유럽공동안보방위정책(ESDP)'으로 가시화되고, 2000년 12월 니스(Nice) 조약으로 공식화된다(Mauy 2003, 75). 즉 니스조약은 '유럽공동안보방위정책'을 확정하였고, 유럽안보의 위기관리 능력을 강화하기 위해 서유럽동맹(WEU)의 기능을 EU에 편입시키기로 결정한다(이종광 2006, 341). 이를 정리하면 다음과 같다. 첫째, 군사영역의 위기관리를 위하여 EU가 신속 대응할 수 있는 6만 명 규모의 '유럽통합군'을 배치 운영할 수 있는 능력을 확보한다. 둘째, 공동안보방위정책에 대한 지원과 추진을 위하여 실무기구인 '정치안보위원회(PSC: Political and Security Commitee)', 'EU 군사위원회', 'EU 군사참모부' 등을 유럽이사회에 설치한다. 셋째, 비군사적인 영역의 위기관리 능력도 강화하고 EU의 집행위원회를 중심으로 하는 분쟁 예방 임무를 구체적으로 설정하여 서유럽동맹의 기능을 EU에 편입한다(이승근 2007, 7).[10] 이와 같은 유럽공동안보방위정책의 성격 변화는 2001년 6월 게테부르그(Göteborg) 유럽이사회와 2001년 12월 래켄(Laeken) 유럽이사회의 결정을 통하여 유럽공동안보방위정책의 기능이 더욱 심화·확산하게 된다. 즉, EU가 군사·비군사분야에 대하여 실질적인 작전수행이 가능하도록 하였으며, 군사부문과 비군사 부문의 권한이 균형을 이룰 수 있도록 필요한 내용을 정하였다. 다음의 〈표 4-1〉은 유럽공동안보방위정책의 기구체계를 설명하

10 "EU Security Policy & the role of the European Commision-Chronology," htttp://eurpa.eu.int/comm/external-relations/esDP/chrono.htm. 이승근, "유럽안보방위정책(ESDP)의 형성과 NATO의 대응," 『유럽연구』 제25권 3호(2007), p. 7. 재인용.

〈표 4-1〉 유럽공동안보방위정책(ESDP) 기구체계

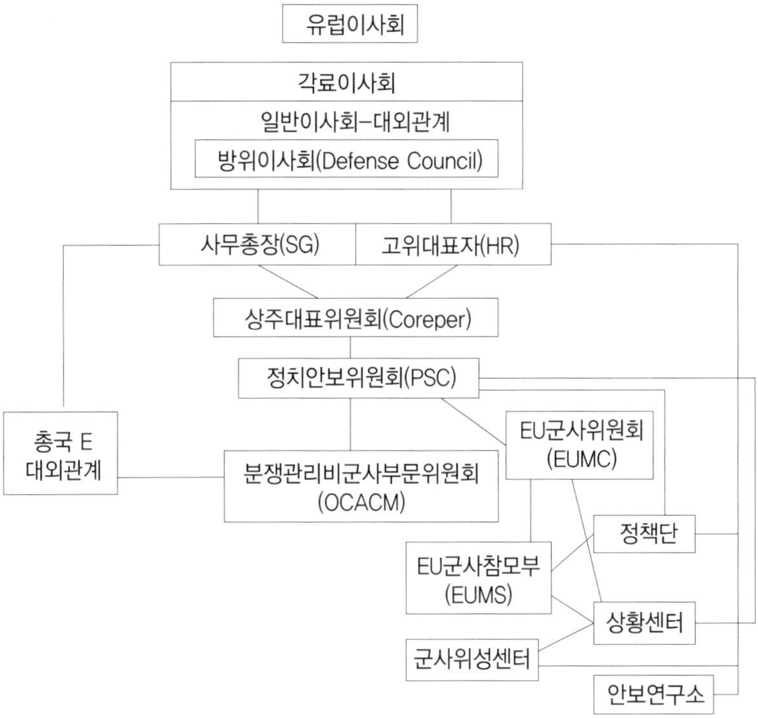

출처: Dumoulin, Mathieu et Sarlet 2003. p. 287. 이승근·배규성(2006), "EU 안보축의 변화에 대한 고찰", 『대한정치학회보』, 제14집 1호, p. 230 재인용.

고 있다.

그러나 유럽공동안보방위정책의 수행은 몇 가지 측면에서 태생적인 한계를 드러내고 있음을 간과해서는 안 될 것이다. 첫째, EU에 설치할 유럽통합군은 NATO와의 관계에서 독자적인 '유럽군의 창설'이 아니라는 점이다. 즉 유럽통합군은 NATO가 개입하지 않는 경우에만 독자적인 작전수행을 할 수 있다는 사실이 이러한 한계성을 설명한다. 둘째, EU는 2000년 니스(Nice) 조약을 통해 NATO가 여전히 유럽안보의 중심임을 선언하였고, EU에 창설될 유럽통합군은 NATO가 개입하지 않는 인도적인 평화활동에서만 작전을 수행해야 한다고 강조하였다. 2001년 래켄(Laeken) 유럽이사회에서도 이와 같은 내용을 재확인함으로써 유럽에서는 유럽중심의 독자적인 안보방위정책 수행이 NATO를 배제한 상태에서는 실효성을 거둘 수 없다는 점을 확인할 수 있다(이승근 2007, 23). 그럼에도 불구하고 유럽공동안보방위정책은 비록 비군사적·인도적 차원의 평화질서 유지의 명분이지만 나름대로의 독자적인 안보영역을 확보하였다는 점에서 과거의 유럽안보방위정책과는 다른 성격의 발전적인 의미를 찾을 수 있다.

2. 유럽공동안보방위정책(ESDP)의 과제

유럽연합의 출범과 더불어 수립되었던 '공동외교안보정책(CFSP)'의 구축과 이를 보다 더 현실적으로 재편한 '유럽공동안보방위정책(ESDP)'은 유럽의 안보문제를 과거와는 다른 형태의 협력적 방식으로 해결하는 정책적 발전을 보여주었다. 1993년 아이티 사태에 대한 개입, 수단 및 리비아에 대한 경제제재 조치, 특히 1995년 보스니아 사태에 대한 인도적 차원에서의 원조, 중동평화 회담에 대한 지원 등과 같은 활동에서의 공동의 활동과 조치는 유럽 공동안보방위정책의 실질적인 성과로 이해할 수 있다. 그러나 1995-1999년에 발생하였던 보스니아·코소보 사태를 겪으면서 유럽연합은 여전히 유럽의 독자적인 안보문제 해결에는 한계가 있음을 확인하게 된다.

따라서 유럽안보방위정책이 향후 국제무대에서 유럽연합의 역할을 강화하여 유럽안보방위의 정체성을 확립하기 위해서는 현재 직면하고 있는 선결적인 과제를 해결하면서 정립되어야 할 것이다. 이를 크게 두 가지 측면에서 정리하면 다음과 같다. 우선, '유럽공동안보방위정책'의 강화는 유럽연합이 미국으로부터의 의존을 탈피할 경우에 실질적으로 가능할 수 있다는 점이다. 현실적으로 미국은 NATO를 중심으로 유럽안보의 헤게모니를 장악하고 있는 실정이며, 유럽은 1999년 코소보 사태를 통하여 미국의 강력한 실체를 이미 확인한 바 있다. 따라서 유럽안보에 있어서 미국 중심의 NATO의 지배구조가 종식되고 EU가 미국으로부터의 의존을 탈피할 때 유럽안보방위체제는 강화될 수 있지만 이것은 현실적으로 그처럼 간단한 문제는 아닐 것이다. 같은 맥락에서 유럽연합이 2004년 회원국 확대를 통해 회원국이 동구권으로 확대된 상황에서 새로 가입한 회원국이 미국과의 협력을 통해 프랑스와 독일의 유럽 헤게모니 장악을 견제하려는 사실도 '유럽공동안보방위정책'의 실질적인 형성을 위하여 극복해야 할 사안이다(이승근·황영주 2004, 19-21).

그리고 보다 내재적인 관점에서 EU 회원국들 간의 입장 차이의 조정도 해결해야 할 당면 과제이다. 왜냐하면 유럽공동안보방위정책과 관련하여 회원국의 입장은 크게 세 가지 측면(이승근·배규성 2006, 243-245)에서 표출되고 있는데 이것을 어떻게 조정하고 해결하는가에 따라서 향후 '유럽공동안보방위정책'의 발전방안이 모색될 것으로 판단된다. 우선, 유럽연합의 기구를 보다 더 조직적으로 만들기를 바라고 궁극적으로 유럽공동안보방위정책의 '협력 메커니즘'을 강화하여 자국의 입장이 최대한 반영되기를 바라는 국가군이 있는데 벨기에, 룩셈부르크, 네덜란드 등과 같은 유럽의 소국가들이 이에 해당된다. 이러한 국가들은 유럽안보방위정책의 협력 메커니즘을 강화함으로써 유럽의 안보질서 구축과 관련된 유럽 강대국들의 독주를 막을 수 있을 것으로 보고 있다. 그러나 전통적인 유럽의 강대국이라 할 수 있는 프랑스, 독일 등의 입장은 유럽연합의 안보질서가 이들 국가를 중심으로 재편되기를 바라고 있고, 다른 분야와는 달리 안보방위 영역에서는 보다 현실적인 차원에서 강대국 중심으로 유럽공동안보방위정책이 운영되기를 원하고 있다. 반면에 영국은 유럽의 안보문제와 관련하여 NATO의 역할이 축소되고 EU의 안보축이 강화되는 것에 반대 입장을 취하고 있다. 영국은 프랑스와 독일이 공유하는 유럽주의(Europeanism) 중심의 유럽안보방위정책 강화에 반대할 뿐만 아니라 유럽의 소국가들이 주장하는 안보협력 메커니즘에 대해서도 부정적인 입장을 취하고 있다. 2000년 12월 니스 유럽정상회담에서 유럽안보방위정책에 대한 발전적 제안이 보다 적극적으로 발의되지 않았던 사실은 영국의 이러한 입장을 증명한다. 이처럼 유럽공동안보방위정책과 관련된 영국의 입장은 미국에 중심축을 두는 대서양주의(Atlanticism)의 입장이다(이승근·배규성 2006, 241). 이외에도 다른 측면에서 EU 회원국 각자가 처한 지정학적인 측면, 재정분담의 문제, 유로화의 안정 그리고 확대된 대상국들의 대외정책 등과 같은 문제 역시 유럽안보방위정책의 강화와 관련하여 중요한 변수가 될 수 있음을 환기해야 할 것이다.

그럼에도 불구하고 EU의 발전과정을 돌아보면 '유럽공동안보방위정책'이 유럽에서의 주체적인 안보방위정책으로써 역할을 담당할 수 있으리라는 기대를 갖는 것은 무리가 아니다. 물론 유럽연합이 유럽통합의 최종목표인 정치통합과 이를 위한 공동안보방위정책의 성과를 거두기 위해 극복해야할 사안들이 상당수 있는 것은 사실이다. 그러나 NATO와의 관계 재정립, EU 회원국들 간의 입장차이 및 차별성 등을 슬기롭게 극복할 수 있을 때 유럽공동안보방위정책은 유럽정치통합을 더욱 가속화시키는 가장 중요한 키워드가 될 것으로 전망된다.

V. 결론

이 글을 마무리하는 차원에서 연구의 함의를 정리하면 다음과 같다. 우선, 급속히 진행되었던 탈냉전 시기의 국제질서의 환경에서 발발하였던 1991년 1월의 걸프전은 유럽의 안보체제를 획기적으로 개편시킨 동인이었다. 비록 유럽연합 회원국이 1999년 발생한 코소보 사태의 경험을 통해 '유럽공동안보방위정책'을 더욱 구체화시키고 가시화시키는 조치를 취하였지만 걸프전은 유럽연합 회원국들에게 유럽안보방위정책의 정체성을 최초로 인식시켜준 전쟁으로써 커다란 의미가 있다. 그 후 유럽연합은 탈냉전 시기의 안보적 불확실성에 대처하기 위한 '공동외교안보정책(CFSP)'의 수립과 더불어 서유럽동맹(WEU)의 기능을 강화하는 등 독자적인 안보체계를 구축하기 시작하였다.

그러나 유럽통합의 최종목표로서의 정치통합과 이를 위한 공동안보방위정책의 발전과 관련된 문제들이 상당수 존재하고 있음을 지적하지 아니할 수 없다. 왜냐하면 안보정책이란 국가의 주권과 생존의 문제가 직결되는 문제이기 때문에 주권의 이양을 전제로 하는 공동안보방위정책은 장애요인이 산적해 있을 수밖에 없는 것이 현실이다. 초국가적 기구인 공동안보방위정책기구가 실질적인 기능을 행사하기 위해서는 가맹국들의 고유한 주권행사를 위임받아 공동으로 의사결정을 해야 하는데 현실적으로 가맹국 간의 만장일치의 합의를 이끌어내는 의사결정은 쉽지 않은 사실이기 때문이다(최진우 1998, 437). 따라서 회원국 상호 간에 발생하는 국가이익의 충돌이라든가 새로운 통합기구에 대한 개별 회원국 입장의 상이성 등은 종종 갈등의 원인이 되고 있다.

예컨대 '유럽공동안보방위정책'에 대한 의사결정은 유럽이사회에서 정해지는데 유럽이사회의 의사결정은 일반정책에 대해서는 가중다수결제[11]에 의하여 결정되고 있으나 안보방위정책 분야만은 회원국의 입장을 충분히 고려하는 정부 간주의에 입각한 만장일치제로 결정하고 있다는 점이다. 이와 같은 방식의 의사결정은 회원국들의 국방주권을 존중하는 민주성의 원리를 반영하는 측면도 있지만 효율적인 합의를 이끌어내는 데는 적지 않은 어려움이 있다. 이 점을 고려한다면 '만장일치제'의 의사결정 방식의 문제점을 개선할 수 있는 보다 효과적인 의사결정방식의 수단이 필요할 것이다. 일찍이 피사니(Pisani)는 만장일치제의 의사결정 방식과 관련하여 "만장일치제는 거부의 표현이며, 거부는 기능의 마비이다"라고 지적한 바 있다.[12]

이 문제는 단순한 사안이 아니므로 보다 신중한 검토와 대안 마련이 필요한 과제라 생각한다. 더욱이 2007년 동유럽 국가인 불가리아, 루마니아가 새로 가입함으로써 가맹국 수가 총 27개국으로 확대된 상태에서 유럽차원의 공동안보방위정책을 만장일치제에 의해 결정해야 한다는 사실은 정책 결정에 적지 않은 어려움을 줄 것으로 생각된다. 또한 유럽안보의 정체성을 확립시키는 과정에서 발생하는 미국과 NATO와의 관계 재정립뿐만 아니라 EU의 안보 영역 확장에 따른 국제사회에서의 유럽연합의 역할 제고와 관련된 갈등 문제 등은 EU가 공동안보방위정책의 심화를 위해 극복해야 될 향후 과제이다.

11 그러나 2007년 12월 13일 체결된 리스본조약은 각료이사회(Council of Ministers)의 의사결정제도를 개선하였다. 따라서 각료이사회 의사결정의 경우 가중다수결로 의사결정을 할 경우 회원국 수의 55% 이상과 EU 전체 인구의 65% 이상의 찬성이 있어야 한다는 '이중다수결제'를 채택하였다. 이종광, "유럽헌법조약의 비준 실패와 리스본 조약의 의의," 『국제학논총』 제12집(2007), p. 106.

12 강원택·조홍식, 『하나의 유럽』(서울: 푸른길, 2009).

마지막으로 유럽의 안보정책과 관련하여 매우 중요한 쟁점으로 놓여 있는 '유럽인에 의한 유럽안보문제 해결'의 현실적인 구체성 문제이다. 즉 EU가 미국을 중심으로 하는 NATO의 안보 우산으로부터 벗어나기 위하여 독자적인 안보방위정책의 성과를 점진적으로 향상시킨 것은 사실이지만 미국의 연간 국방예산의 절반 수준에도 미치지 못하는 유럽연합국들의 전체 국방예산의 현실[13]을 고려한다면 과연 유럽이 독자적으로 유럽연합의 안보방위정체성을 확립하면서 공동안보방위 노선을 발전시킬 수 있을 것인가 라는 문제는 논점의 대상이며 향후 해결해야 할 과제이다.

◇◇◇◇

13 미국의 방위비 예산은 EU 전체 회원국의 전체 방위비 예산을 훨씬 능가하고 있다. 2007년 EU 국가별 방위 예산과 병력 현황을 참조하면 유럽 NATO 회원국(23개국)의 전체 방위예산은 EU 총액 GDP 대비 1.7%로 미국의 GDP 총액 대비 4.0%의 절반에도 미치지 못하는 실정이다. 구체적으로 프랑스, 독일, 이탈리아의 전체 병력 총 수는 794만 명으로 미국의 60% 수준이지만 무기구매 예산의 경우는 미국의 16%에 불과하다. 그리고 미국과 캐나다를 제외한 NATO 23개국의 방위장비 총액은 미국의 12% 수준이지만 23개국 중에서도 영국, 프랑스, 독일, 이탈리아 등 주요 4개국의 비중이 69%에 달하고 있다. SIPRI Yearbook 2008: Armament, Desarmament and International Security, Oxford University Press, 전혜원, "EU의 군사협력의 현황과 전망," 『주요국제문제 분석』(2009.6.30), p. 14. 재인용.

참고문헌

구종서(1991). "걸프 전쟁 이후의 세계질서."(2000). 제95호 3월호.

구춘권. "유럽연합의 통합양식 변화와 비판적 통합이론의 도전." 『한국정치학회보』 35(3).

김명섭. "서유럽 집단안보체제의 기원: 대서양주의와 범유럽주의 간의 갈등을 중심으로." 『국제정치논총』 36(2), pp. 43-72(1996).

김선유. 『걸프 전쟁』(서울: 청림출판사, 1991).

김영호. "탈냉전기 냉전기원의 새로운 해석에 관한 연구." 『한국정치학회보』 35(2)(2001).

김태창. "걸프전의 개전논리와 세계질서의 방향." 『국제관계연구』(1991).

박종평. "이란, 이락전과 중동의 정치정세." 『중동종합연구논총』 한국외국어대학교 중동문제연구소(1984).

서병철. "유럽의 신질서 구축과 EU 공동 안보방위정책." 『외교안보연구원』(2001).

이규영. "공동외교안보정책과 유럽시민권의 상관성연구." 『유럽연구』 제19권(여름, 2004).

______. "유럽안보체제의 변화와 쟁점: EU의 공동외교안보정책(CFSP) 분석을 중심으로." 『국제학논총』 제6집(2)(2002).

이수형. "북대서양조약기구(NATO)의 전략개념변화에 관한 역사적·이론적 고찰." 『국제정치논총』 41(3)(2001).

이승근, 배규성. "EU 안보축의 변화에 대한 고찰." 『대한정치학회보』 제14집 1호(2006).

이승근, 황영주. "EU와 유럽안보: EU의 공동안보개념에 대한 분석을 중심으로." 『대한정치학회보』 제11집 3호(2004).

이승근. "팬유럽 다자간안보 체제 구축 과정에 관한 고찰." 『영남국제정치학회』 제1집(1998).

______. “드골(De Gaulle)의 대유럽 안보전략: 프랑스 제5공화국에서의 논의를 중심으로.” 『한국프랑스학논집』 제26집(2)(1999).
이종광. 『유럽통합의 이상과 현실』 서울: 일신사, 1996.
______. “마스트리히트조약 이후 유럽안보체제의 변화.” 『유럽연구』 겨울호, 제8호(1998).
______. “유럽안보체제의 변화와 안보정체성 구축.” 『한국프랑스학 논집』 제34집(2001).
______. “유럽안보방위정책(ESDP)의 형성과 NATO의 대응.” 『유럽연구』 제25권 3호(2007).
______. “유럽헌법조약의 비준 실패와 리스본 조약의 의의.” 『국제학논총』 제12집(2007).
이춘근. “걸프전은 팍스 아메리카나의 시금석인가?” 『민족지성』 제61호 3월호(1991).
유소연. “EU 공동외교안보정책에 대한 프랑스의 입장.” 한국외국어대학원 석사학위 논문(2005).
외교안보연구원. “서구의 안보: 「NATO 선언」을 중심으로.” 『주요국제문제분석』 외교안보연구원 4, 20(1994).
박채복. “국제안보 환경의 변화와 유럽안보.” 『평화학연구』 제7권 3호(2006).
전동진. “유럽통합의 독-불관계적 측면과 유럽안보.” 김종헌 편 『각국의 정치현황과 전망』(부산: 부산외대 출판부, 2001).
진시원. “유럽의 정체성: 내외적 동인과 사회구성주의 이론을 중심으로.” 『2003년 한국국제정치학회 발표논문』 1-39(2003).
전혜원. “EU의 군사협력의 현황과 전망.” 『주요국제문제분석』 2009-19(2009).
조명현. “유럽안보공동체의 가능성과 한계.” 『지역연구』 4(2)(1995).
최진우. “지역통합의 외교정책.” 김달중 편. 『외교정책의 이론과 이해』(서울: 오름, 1998).

Beth, Daponte. "Crise mondiale autour de l'Irak: en 1991, l'hécatombe." *Le Monde diplomatique*(Avril, 2003).

Guéhenno Jean-Marie(2003). "l'OTAN après la guerre froide." *Critique internationale* n° 7, Avril.

Bonnefous, Marc. "Action, déclarations, et contradictions devant la crise du Golf." *Défense nationale*(Décembre, 1990).

Documentation française(1993), "Guerre du Golf: le dossier d'une crise internationale 1990-1992." ed. Paris: Brigitte Stern.

Lefevre, Maxime. "Quel avenir pour l'Union européenne?" Ramses(2003).

Mauy. Jean-Pierre. "L'édification de la politique européenne commune de securité et de défense depuis 1998." *La défense europénne*, Bruxelles: Bruylant(2003).

Menon, Anand. "From crisis to catharsis: ESDP after Iraq." *International Affair* Vol. 80, No. 4(2004).

Peters, Ingo. "ESDP as a Transatlantic Issues: Problems of Mutual Ambiguity." *International Studies Review* Vol. 6(2004).

Prater, Frédéric. "La France et la guerre du golf." *Politique étrangère*, n° 2, été(1991).

Ruddy, T. Michael. "US Foreign Policy, the 'Third Force,' and European Union: Eisenhower and Europe's Neutrals." *The Midwest Quarterly* 42(1)(2002).

Sangiovanni, Mette Eilstrup. "Why a Common Security and Defence Policy is Bad for Europe?" *Survival* Vol. 45, No. 3(Autumn, 2003).

Sedivy, Jiri and ZABOROWSKI, Marcin. "Old Europe, New Europe and Transatlantic Relations." *European Security*. Vol. 13. No. 3(2004).

Sloan, Stanley R. "The European Union and the Atlantic Community: the Transatlantic Bargain Reconsidered." Maryland: Rowman & Littlefield Publishers Inc.(2003).

Southou, Georges-Henri. "France and the Cold War." *Diplomacy & State-craft* 12(4)(2001).

Thomson, James. "US Interests and the Fate of the Alliance." *Survival* Vol. 45, No. 4(Winter, 2003).

"Discours publics de F. Mitterand 1991." http://www.ladocumentationfra-caise.fr/(검색일: 2006.6.2).

Henri BURGELIN. "L'Europe et la guerre du Golf." http://www.stratisc.org/strat/strat_5152Burgelin. htm(검색일: 2006.5.20).

Une nouvelle force de maintien de la paix composée d'officiers de police de tous les Etats membreshttp://ec.europa.eu/justice_home/fsj/police/peacekeeping/wai/fsj_police_peacekeeping_fr.htm(검색일: 2009.8.10).

"Traité de Lisbonne." http://europa.eu/lisbon_treaty/index_fr.htm(검색일: 2009.8.20).

5장 아프가니스탄 전쟁을 통해 본 유럽연합(EU)의 국제분쟁 대응과 독자적 안보전략의 부침*

정병기

Ⅰ. 서론

국제 분쟁의 역사는 인류 정치의 보편적 역사만큼이나 길다. 분쟁은 안보 공동체를 탄생시켰고 안보공동체는 새로운 국가의 역사를 형성했다. 경제통합으로 시작된 유럽통합의 역사가 정치통합으로 이어질 것인가의 실마리도 안보공동체의 문제와 맞물려 있다. 특히 1990년대 이후 각종 조약의 체결 및 국제 분쟁 대응과 관련해 유럽의 공동안보정책도 급속히 발

* 이 글은 『한국정치연구』 제17집 2호(서울대학교 한국정치연구소, 2008)에 발표된 논문("유럽연합(EU)의 국제분쟁 대응과 독자적 안보전략의 부침: 아프가니스탄 전쟁 대응의 안보정책적 의미를 중심으로")을 수정해 게재한 것임.

전하여 연구자들 간의 논쟁이 활발하게 전개되어 왔다.

유럽안보정책의 발전을 분석하는 입장은 현실주의(realism)와 인도주의(humanism) 및 실용주의(pragmatism)라는 세 가지로 크게 분류할 수 있다(Whitman 2006, 11–13).[1] 현실주의는 유럽안보정책을 당대 국제관계의 현실에 조응하는 것으로 봄으로써 미국에 비해 약한 군사력을 보유한 유럽연합(EU)의 처지를 중요하게 고려하여 안보정책의 강화를 강조하는 논리로 작용하는[2] 반면, 인도주의는 개인을 안보정책의 중요 대상으로 보고 대량 인권침해에 의해 야기되는 불안으로부터의 개인의 자유라는 의미에서 인권을 강조하는 논리로 기능한다[3]. 한편 실용주의[4]는 EU의 안보전략을 공공정책의 일환으로 보아 EU의 세력 강화를 위한 실제 행동에 분석의 초점을 둔다. 특히 이 입장에 따르면, 유럽안보정책의 예방적 개입(preventive engagement)과 효과적 다자주의(effective multilateralism)가 중요하게 강조된다.

현실주의와 인도주의는 각각 유럽안보정책의 특정한 부분을 정확히 파악하여 보완하거나 강화하는 논리로서 중요한 기능을 한다. 그러나 이 입장은 다른 한편으로 정책에 대한 일면적인 파악에 머물고 구조적이고도

1 그밖에 자유주의와 현실주의 및 그 종합적 입장으로 분류할 수도 있지만, 이 글은 유럽연합(EU)의 국제관계보다는 유럽안보정책에 집중하고자 하므로 국제관계에 대한 종합적 시각보다는 구체적인 안보정책에 대한 관점을 택하고자 한다.

2 EU Institute for Security Studies(EUISS)와 Venusberg Group(1999년 Bertelsmann 재단에 의해 설립된 유럽안보방위정책 연구자 단체)에 의해 대표됨.

3 "A Human Security Doctrine for Europe: Barcelona Report of the Study Group on Europe's Security Capabilities"(Barcelona, September 15, 2004)에서 제기됨.

4 EU의 Foreign Policy Center(FPC)가 주장하고, 특히 Whitman(2006)에 의해 이론화됨.

실질적인 측면에 대한 천착을 경시한다는 혐의를 벗어나지 못한다. 따라서 구조적이면서도 실질적인 측면을 강조하기 위해 현실주의적 입장이지만 구조의 특성을 중시하는 구조적 현실주의(structural realism)와 실용주의를 종합하여 유럽안보정책을 분석하고자 한다. 즉, 실용주의적 입장에서 유럽안보정책의 구체적 특징들을 '지구적 행위자(global actor)'로서는 국제적 세력(power)이지만 미국에 대항하는 '지구적 균형세력(global power of balance)'은 되지 못한다는 관점(Whitman 2006, 8)을 견지하는 한편, 구조와 가능성을 함께 강조하는 구조적 현실주의 입장에서 양극체제(bipolarity)의 붕괴 후 EU가 미국에 대해 일정한(적어도 지역적 의미에서는) 균형세력으로 작동하기를 시도했고 또 가능성이 있다(Posen 2006, 149-186)고 본다.

이 글의 구체적인 분석대상은 아프가니스탄(Afghanistan) 전쟁을 둘러싼 유럽안보정책의 변화와 전망이다. 이때 아프가니스탄 전쟁은 9·11 테러 직후 미·영 합동군의 아프가니스탄 공습에 의해 시작된 전쟁을 말한다. 국제적 성격을 띤 아프가니스탄 분쟁은 1978년 내전으로 시작해 소련의 침공을 거치는 오랜 과정을 거쳤지만, EU의 안보정책 성립이나 실제 개입 문제에서 9·11 테러 이전의 분쟁은 직접 관련이 없기 때문이다. 반면, 9·11 테러 이후의 아프가니스탄 전쟁은 EU가 처음으로 국제 테러를 중요한 안보개념으로 인식하는 변화를 겪게 하고 중동지역을 넘어 서남아시아까지 안보정책의 실질적인 개입 대상으로 삼았다는 점에서 중요한 의미를 갖는다.

해외뿐만 아니라 국내에서도 유럽안보정책에 대한 연구는 이미 많이 축적되었으며, 특히 국내의 연구들은 대부분 실용주의적 측면에서 분석함으로써 참조할 만한 문헌들이 적지 않다. 그러나 대부분의 연구들은 유럽안보정책 자체나 발칸 반도의 분쟁들 혹은 이라크 전쟁과 관련된 유럽안보정책에만 관심을 기울여 왔다. 그것은 아프가니스탄 전쟁에 대해

9·11 테러와 관련된 이라크전의 전초전으로 간주하고 접근했기 때문으로 보인다. 이라크 전쟁에 대한 EU의 대응도 아프가니스탄 전쟁에 대한 대응과 크게 다르지 않았다. 그러나 바로 이점을 역으로 보면, 아프가니스탄 전쟁에 대한 대응 방식이 이라크전에 대한 대응에서도 대부분 유지되었다고 말할 수 있다. 따라서 EU안보정책의 변화와 전망을 분석하기 위해서는 오히려 아프가니스탄 전쟁에 대한 대응에 초점을 둘 필요가 있는 것이다.

글의 구성은 EU안보정책의 변화가 시작된 배경을 이해하기 위해 먼저 냉전 종식 후 유럽의 안보환경과 안보개념 변화를 살펴보는 것으로 시작된다. 다음으로 아프가니스탄 전쟁의 전개와 그에 대한 EU와 유럽 국가들의 대응에 대해 독자적 안보전략 모색을 중심으로 한 유럽 안보정책 변화의 맥락에서 고찰한다. 마지막으로는 종전 후 EU의 아프가니스탄 재건 지원 대책에 대해 분석한 후 이를 유럽의 안보정책적 의미에서 평가한다. 결론에서는 이러한 분석을 토대로 미국 일방주의의 국제질서에서 EU의 특징인 다자주의 안보정책이 가지는 의미를 알아본다.

Ⅱ. 냉전 종식 후 유럽의 안보환경과 안보개념 변화

냉전의 종식은 세계 각국의 안보환경을 근본적으로 변화시켰다. 물론 지속적인 군사적 위협이라는 전통적 안보환경에 여전히 노출되어 있는 지역도 있지만, 다른 제반 조건이 상이해짐에 따라 근본적으로 색다른 안보위협에 처한 지역도 생겨났다. 냉전종식 후 유럽의 안보환경도 이러한 현상에 따라 서로 다른 세 지역으로 구분되었다(Hyde-Price 2002). 곧, 서유럽에 해당하는 안정된 평화지역인 핵심지역(core zone)과, 대부분 현실사회주의권에 속했지만 서유럽 자본주의권으로의 복귀를 갈망해온 중유럽 중심의 중간지역(intermediate zone) 그리고 앞의 두 지역과 민족주의적 정체성이 상대적으로 상이하고 인종문제와 국가건설이 정치적 의제의 핵심을 차지하는 동유럽과 발칸 지역의 외부지역(outer zone)이었다. 그러나 9·11 테러 직후 아프가니스탄 전쟁이 발발한 이후에는 EU와 그 회원국들이 중동과 서남아시아에 개입하게 됨으로써 이슬람권과 관련된 국제적 테러도 안보문제의 중요한 의제로 등장하게 되었다. 따라서 이 시기 이후에는 비(非)유럽지역도 유럽 안보환경의 제4지역으로 볼 필요가 있다.

냉전 종식 이전까지 유럽을 포함한 국제 질서에서 안보개념은 주로 동구 블럭의 침공이나 서유럽 내의 잠재적 무력행사에 따른 군사적 위협이라는 전통적 의미였던 반면, 냉전 종식 이후 9·11 테러 이전까지는 중간지역과 외부지역에서 연유하는 정치적·경제적·사회적 곤경에서 파생되는 인종분규와 영토분쟁 등으로 인한 난민과 이민, 인권유린, 환경오염 등의 비전통적 개념에 해당되는 것들이었다(이수형 2004, 171). 그러나 9·11 테러와 아프가니스탄 전쟁 이후 유럽의 안보개념은 제4지역인 비유럽지역으로부터 오는 테러위협이라는 또 다른 의미를 추가했는데, 이는 변형된 전통적 개념의 위협이라고 할 수 있다. 곧, 오늘날 유럽의 안보환경과 안보개념은 전통적 위협과 비전통적 위협에 다 같이 실질적으로 노출된 것이다.

국가적 접근방법에 따른 전통적 안보개념과 달리 비전통적 안보개념은 탈국가중심적 접근방법에 따라 개별 인간들의 복지와 사회 및 세계의 측면에서 안보를 사고하는 것과 관련되었다(이수형 2003, 120). 즉, 미시적으로는 개인적 혹은 인간안보를 포함하고 거시적으로 국제적 혹은 지구적 안보수준을 포함하게 됨으로써, 공동안보(common security)나 협력안보(cooperative security) 또는 포괄적 안보(comprehensive security) 등으로 불렸다. 그에 따라 냉전 종식 후 9·11 테러 이전까지 유럽안보질서에서 행위자들 간의 상호작용은 북대서양조약기구(NATO)와 유럽연합(EU) 및 유럽안보협력기구(OSCE)[5] 등의 안보기구들 간의 협력과 경쟁을 통해 다자주의적 안보체제를 형성하고 있었다. 그러나 미국에 대항해 유럽의 독자적 안보를 강화하려는 유럽주의(europeanism)와 미국과 NATO 중심의 국제질서를 강조하는 대서양주의(atlanticism)의 갈등 속에서 후자를 주축으로 하지만 유럽주의의 강화도 기도하는 느슨한 형태의 다자주의였다고 할 수 있다. 반면 9·11 테러 직후 미국이 벌인 아프가니스탄 전쟁에 유럽이 개입한 이후에는 미국과 NATO의 주도권이 강화되고 유럽의 안보는 기존 협력안보의 틀 안에 더욱 종속되게 되었다.

한편, 2004년 이후 EU의 중·동유럽 확대는 또 다른 의미에서 유럽 안보환경과 안보개념의 변화를 가져왔다. 2004년 이전까지는 EU 회원국이 서유럽에 한정됨으로써 유럽안보가 핵심지역에 국한되었다면, 2004년 이후에는 외부지역의 유럽 국가들까지 포함하게 되었다는 것이다. 따라서 이후 유럽 안보환경 지역은 EU 지역과 EU 외부 유럽지역 및 비유럽지역으로 다시 규정될 수 있다.[6]

5 OSCE(Organization for Security and Cooperation in Europe)는 유럽의 지역적 현상유지를 도모할 목적으로 35개국 정상 및 정부 수반이 참석한 가운데 열린 1975년 8월 헬싱키 정상회의 개최 시 최종의정서(Final Act)가 채택됨으로써 창설된 CSCE(Conference for Security and Cooperation in Europe)의 후속조직으로서 1995년에 범유럽안보협력기구로 상설화되었다. 2008년 현재 전 유럽 국가들과 미국 및 캐나다 등 56개국이 회원국으로 참가하고 한국, 일본, 이집트 등 11개국이 협력국으로 참가하고 있다. “OSCE(Organization for Security and Cooperation in Europe).” http://en.wikipedia.org/wiki/Organization_for_Security_and_Coope ration_in_Europe(검색일: 2008.8.21); OSCE 홈페이지, http://www.osce.org/about (검색일: 2008.8.21).

6 서유럽 핵심지역의 안보개념에 대해 베스트팔렌 체제의 형성과 관련해 설명하는

Ⅲ. 유럽연합의 안보정책 변화와 아프가니스탄 전쟁 대응

EU 설립 후 안보정책의 발전은 국제분쟁과 관련해 크게 네 시기로 나눌 수 있다. 마스트리히트(Maastricht) 조약 체결 이후 보스니아-헤르체고비나(Bosnia-Herzegovina) 분쟁을 계기로 이루어진 1997년 암스테르담(Amsterdam) 조약 이전의 제1기, 암스테르담 조약 이후 코소보(Kosovo) 분쟁을 통해 이루어진 1998년 말로(St. Malo) 정상회담까지의 제2기, 말로 정상회담 이후 니스(Nice) 조약을 거쳐 9·11 테러까지 이르는 제3기 그리고 9·11 테러와 아프가니스탄 전쟁 이후 시기인 제4기가 그것이다.[7] 이중 제1기에서 제3기까지는 이 논문의 주요 분석대상인 아프가니스탄 전쟁이 발발하기 이전의 안보정책과 관련된 사항이므로 함께 묶어서 다루고 제4

글과 신중세 모델적으로 설명하는 글은 각각 Wallace(1999)와 Bull(1977)이 있다. 그러나 이 설명과 EU의 중·동유럽 확대 이후의 문제는 아프가니스탄 전쟁과 관련된 유럽안보정책이라는 이 논문의 범위를 벗어나므로 더 이상 상세한 논의는 생략한다.

7 이승근·황영주(2004, 102)는 1970년 공동외교 추구를 핵심으로 하는 룩셈부르크 보고서의 채택 이후 1993년 마스트리히트 조약 체결 이전까지의 시기를 유럽정치협력체(EPC: European Political Cooperation)를 중심으로 하는 초기 공동안보개념 정립단계로서 제1기로 구분하고, 1993년 마스트리히트 조약 이후 1999년 쾰른 유럽이사회 이전까지의 시기를 공동외교안보정책(CFSP)을 중심으로 하는 중기 공동안보개념의 정립단계로서 제2기로 구분하며, 1999년 쾰른 유럽이사회 개최 이후 시기를 유럽안보방위정책(ESDP)을 중심으로 EU 내 실질적인 정치·군사기구 창설을 결정한 후기 공동안보개념 정립단계인 제3기로 구분한다. 그러나 이 구분은 아프가니스탄 전쟁과 관련된 EU의 안보정책을 분석대상으로 하는 이 글에서는 적절하지 않다.

기는 핵심 분석대상인 만큼 별도의 절로 엮어 보다 상세하게 고찰한다.

1. 유럽연합의 안보정책 발전과 독자적 안보전략의 모색

EU를 출범시켜 제1기를 연 마스트리히트 조약의 외교안보정책 결정은 대서양주의자와 유럽주의자들 간 일차적 타협의 산물이었다. 대서양주의자와 유럽주의자 간의 논쟁에서 두 가지 사항, 즉 공동외교안보정책(CFSP)의 정책 결정 규칙과 유럽연합(EU)과 서유럽동맹(WEU) 및 북대서양조약기구(NATO)의 관계 설정 문제에 대해 일정한 합의가 이루어진 것이었다. 그에 따라 유럽이사회가 각료이사회의 지침서를 작성하고, 각료이사회가 그에 기반하여 공동행동의 주제를 만장일치로 결정하며,[8] 그 부속 결정들을 가중다수결로 의결하도록 규정되었다.[9] 그리고 EU의 안보문제와 관련하여 WEU는 EU 발전의 핵심 부분으로서 방위적 함축성을 가지는 EU의 결정과 행동들을 수립하고 실행하며, 각료이사회는 WEU와 일치하여 필요한 실제적 준비를 채택하는 것으로 합의되었다.[10] 그러나 다른 한편으로 EU의 정책은 북대서양조약에 따른 회원국들의 의무를 존중하며 그러한 틀 내에서 수립된 공동안보정책과 조화를 이루어야 한다고 규정되었다.[11]

마스트리히트 조약으로 유럽정치협력이 공동외교안보정책(CFSP)으로

8 Treaty on European Union, Title V. Article J.3.1.
9 Treaty on European Union, Title V. Article J.3.2.
10 Treaty on European Union, Title V. Article J.4.2.
11 Treaty on European Union, Title V. Article J.4.4.

전환한 것은 유럽안보정책의 발전에서 중요한 변화였다. 그러나 마스트리히트 조약은 EU의 3개 개별적 기둥구조에 따른 정책적 일관성이 부재하고, 만장일치제에 따라 공동외교안보정책(CFSP)의 정책 결정이 어렵다는 문제 외에도, 각 회원국들의 안보적 특수성, 공동외교안보정책(CFSP)과 NATO 안보정책의 조화 의무, WEU와 EU 및 NATO 관계 등으로 인해 실질적이고 독자적인 안보정책과 수단이 부재하다는 문제를 안고 있었다.

제2기와 제3기에서는 국제분쟁과 관련해 이러한 문제 인식이 유럽안보정체성의 발전을 가져와 제도적·실천적 발전과 연결되었다. 곧, 유럽에서의 냉전종식 직후 유럽인들과 유럽 국가들 사이에 유럽안보를 자신들의 손으로 해결한다는 인식이 확산되면서 안보자주성이란 의미의 안보정체성이 발전되었고, 그에 따라 EU의 안보정책이 집행력을 얻게 되었다는 것이다. 유럽의 안보환경과 안보개념이 중간지역과 외부지역의 내외부 갈등을 계기로 변화되었듯이 유럽안보정체성도 이 지역의 갈등에 의해 심대한 영향을 받았다. 특히 국제분쟁은 외부지역에서 주로 발생하였으므로 외부지역의 갈등이 중요했다. 그중 일차적으로 중요한 분쟁이 1994년 보스니아-헤르체고비나 분쟁과 1998~99년 코소보 분쟁이었다. 군사적 분쟁으로 발전된 이 지역의 갈등이 기존의 비군사적 안보정체성을 변화시킨 것이다.

1994년 보스니아-헤르체고비나 분쟁은 외부 분쟁 개입의 한계로 인해 곧바로 EU의 논의로 이어졌다. 그에 따라 1997년 조인된 암스테르담 조약은 마스트리히트 조약의 공동외교안보정책(CFSP)을 대폭 보완하여 집행력을 강화하였다. 우선, 각료이사회의 가중다수결제도에 건설적 기권제도를 도입하여 의결가능성을 높였고, 유럽이사회가 정의한 공동전략을 적용하는 결정과, 이미 이사회가 채택한 공동행동이나 공동선언을 실행하는 결정의 경우에 가중다수결을 실시하도록 명문화하였다.[12] 그리고 공동외교안보정책(CFSP)의 실질적 대표자로 CFSP고위대표(High Representative for the CFSP: 각료이사회의 사무총장이 겸임)를 신설하여 공동외교안보정책(CFSP)과 관련된 모니터링과 분석, 정책입안을 위한 분석과 전략 강구, 위기시 조기경보 시스템 발령 등의 임무를 맡도록 하였다.[13] 또한 1997년 암스테르담 조약에서 EU 회원국들은 이른바 피터스버그 과제(Petersburg tasks)[14]에 협력하기로 동의하여 기존의 과제들, 즉 인도주의, 구제, 평화 유지(peacekeeping), 위기관리시 전투대 투입, 중재와 평화 수립(peacemaking)에 EU의 대외적 역할을 추가하고 군사력의 사용을 위해 문호를 개방하였다(Duke and Ojanen 2006, 479).

1998년과 1999년에 걸쳐 발생한 코소보 사태는 미국과 서유럽 간의 관계에서 유럽안보정체성 변화의 더욱 중요한 계기로 작용했다. 코소보 사태의 여파로 초래될 새로운 안보위협에 대한 유럽 시민들의 우려가 커졌을 뿐만 아니라, 미국의 헤게모니가 더욱 강하게 작용하는 데 대한 서유럽 국가들의 염려가 강하게 표출되기 시작한 것이다. 그에 따라 무엇보다 대서양주의와 유럽주의로 강력하게 대립했던 영국과 프랑스가 1998년 12월 말로(St. Malo) 정상회담을 통해 WEU를 EU에 통합하는 데 합의하고 공동외교안보정책(CFSP)의 약점을 보완하는 차원에서 EU가 신뢰할 수 있는 군사력으로 뒷받침되는 자율적 군사행동능력을 보유할 것을 천명하였다(이수형 2004, 188-189). 특히 코소보 사태에 직면하여 열린 1999년 6월

12 Treaty of Amsterdam, Article 23(2).

13 Treaty of Amsterdam, Article 18.

14 1992년 6월 19일에 서유럽동맹(WEU)과 관련된 EU의 주요 선언이 이루어지면서 채택된 WEU 과제를 지칭하는 말로, 당시 이 선언이 이루어진 성(城)의 이름을 딴 것이다. 피터스버그 선언은 WEU의 임무와 관련해 인도주의적 구조사업, 평화유지, 중재·평화수립에 위기관리시 전투력 업무를 추가하였다(김미자 2004, 191).

쾰른(Köln) 유럽이사회는 공동외교안보정책(CFSP)을 강화하는 차원에서 안보 분야를 더 구체화하여 유럽안보방위정책(ESDP)을 수립함으로써 이후 EU가 집단안보 역할을 수행할 수 있는 초석을 마련하였고, 같은 해 11월 룩셈부르크(Luxemburg)에서 개최된 WEU 국방·외무장관 회담은 코소보에 대한 일방적인 NATO 공습과 WEU 회원국들의 군사력 행사의 한계를 지적하였다(오일환 2001, 376). 더 나아가 1999년 12월 핀란드 헬싱키(Helsinki)에서 열린 유럽 정상회담에서는 코소보 사태와 같은 지역분쟁에 신속하고 효율적으로 대응하기 위한 유럽 독자방위기구의 필요성에 공감하고, 유럽의 안보를 주도적으로 관리하고 있는 NATO와는 별도로 2003년까지 역내 평화유지 작전수행을 위한 5~6만 명 규모의 신속대응군 창설과 단일 지휘통제체제를 갖춘 EU의 정치·군사위원회를 신설키로 결정하였다(이수형 2003, 130). 그에 따라 2001년 조인된 니스(Nice) 조약에서는 유럽안보방위정책(ESDP)의 수행을 위한 정치안보위원회(PSC: Political and Security Committee), EU군사위원회(EUMC: EU Military Committee), EU군사참모부(EUMS: EU Military Staff)의 창설이 결정되었다.[15]

이와 같이 제1기에서 제3기에 이르는 기간 동안 발생한 대표적인 국제분쟁은 보스니아-헤르체고비나 분쟁과 코소보 분쟁이었다. 그리고 이 분쟁들에 대한 대응을 통해 유럽연합은 대서양주의와 유럽주의의 한층 발전된 합의를 이끌어내 독자적 안보전략을 모색하면서 군사적 안보정체성을 정립하는 계기를 마련했다고 할 수 있다.

15 Treaty of Nice, Article 25.

2. 유럽연합의 아프가니스탄 전쟁 대응과 독자적 안보전략의 좌절

제4기를 연 대표적인 국제분쟁은 2001년 9·11 테러 직후에 발발한 아프가니스탄 전쟁이었다. 제3기까지의 분쟁들이 유럽안보정체성 정립의 계기였다면, 아프가니스탄 전쟁은 사뭇 다른 의미에서 유럽안보정체성에 영향을 미쳤다. 아프가니스탄 전쟁은 테러위협이라는 새로운 안보환경에 대한 EU의 인식이 싹텄음에도 불구하고 NATO와 미국의 주도권 안에서 군사적 안보정체성의 한계를 확인하는 계기가 된 것이다. 아프가니스탄 전쟁으로 시작된 미국의 대테러전쟁에 EU는 독자적 안보정체성의 확립으로 나아가지 못하고 미국과 관련된 민감한 사안인 군사적 행동에 대해서는 다시금 회원국들의 개별적인 결정으로 회귀할 수밖에 없었고, 그에 따라 대서양주의와 유럽주의 간의 합의가 지속되지 못하는 결과로 이어졌다.

2001년 10월 7일 미국과 영국의 합동 군사작전으로 발발한 본격적인 아프가니스탄 전쟁은 같은 해 12월 14일 미국 부시 대통령의 승전 선언으로 종결될 때까지 약 두 달이 조금 넘게 지속된 그다지 길지 않은 전쟁이었다. 그러나 아프가니스탄을 둘러싼 분쟁에 대한 미국의 개입은 오랜 역사를 가지고 있기도 했지만, 아프가니스탄에 대한 공격은 9·11 테러 직후부터 이미 기정사실화되고 있었다. 때문에 미국과 영국의 공세가 재빨리 이루어졌을 뿐만 아니라 이에 대한 유럽 국가들의 대응도 준비된 듯이 신속했다.

미국이 대테러전쟁을 선언한 후 열흘이 채 안 된 2001년 9월 20일 경에 EU 회원국들은 이 전쟁에 대한 지원을 선언했다. 구체적으로 주요 EU 회원국들은 곧 공항경비 강화와 아울러 국경 통제와 수출 통제를 다짐하면서 테러조직들에 대한 금융지원 중지를 약속했고, 특히 스페인과 포르투갈은 자국 군사기지들을 미국이 사용하도록 허용했으며(〈표 5-1〉 참조), 같은 해 10월 3일에는 프랑스가 영공개방 및 군사지원을 약속했다. 이어 10월 7일에 처음부터 미국과 공조했던 영국이 미·영합동군에 참여해 아프가니스탄에 공습을 개시한 후, 11월 4~9일 사이에는 네덜란드가 1,200명의 군사를 파병했고, 독일이 아프간전쟁 파병의사를 표명했다. 프랑스는 11월 17~18일에 다시 미라주(Mirage) 폭격기 10대의 파견을 결정했으며, 독일도 11월 26일에 실제 군사지원을 시작했다. 다시 말해 아프가니스탄 전쟁에 대한 EU 회원국들의 대응은 9·11 직후의 대테러전쟁의 연장선 위에서 이루어졌던 것이다.

반면, 아프가니스탄 전쟁 기간에 EU가 취한 조치는 개전 이전에 이루어진 대표단의 선언적 발표와 종전 직전에 결정한 재건 지원이 전부였다. 2001년 9월 20일 경에 EU 대표단은 미국과 공동선언을 통해 "우리는 국제테러리즘을 제거하기 위해, 그 지도자와 하수인들과 조직망을 제거하기 위해, 포괄적이고도 조직적이며 지속적인 노력을 펼 것"이라고 발표했다(아프간전쟁 관련 자료, 2002). 그리고 2001년 2월 EU집행위원회에 의해 도입된 신속반응기제(RRM: Rapid Reaction Mechanism)가 위기관리를 위한 재정적·인도적 지원 제도로서[16] 처음으로 아프가니스탄에서 작동되어, 그 일차 조치로 정치적·경제적 재건을 지원하기 위해 약 453만 유로를 투입했다. 그러나 EU 대표단의 발표는 대부분 선언적 발표 이상의 의미를 갖기 어려우며, 실천적 집행도 종전 후 RRM을 통해 실시된 재건 지원을 하는 데 불과했다. 이 재건 지원은 사실상 9·11 테러 이전인 2001년 1월에도 이미 6억 유로까지 지원하기로 약속한 인도주의적 조치의 차원을 넘지

16 "The common foreign and security policy: introduction." 유럽연합 홈페이지 http://europa.eu/scadplus/leg/en/lvb/r00001.htm(검색일: 2007.6.3).

않는 것으로 안보정책과 관련해서는 적극적 의미를 띠지 못했다.[17]

이와 같이 EU 차원의 대응이 소극적이었다는 것은 앞서 언급한 EU 회원국들의 신속한 대응과 모순되는 현상이다. 이 모순은 주요 회원국들의 신속한 대응에도 불구하고 EU 차원의 공동 대응에 대한 전체 회원국들의 동의가 이루어지지 못했다는 사실로 설명될 수 있다. 결국 아프가니스탄 전쟁에 대한 대응에서 EU 회원국들은 미국과 NATO 중심의 대서양주의를 거부하지 못하는 가운데 유럽주의와 대서양주의 간의 다자주의적 합의가 더 진전되지 못했다고 할 수 있다.

이러한 갈등과 모순은 회원국들 간의 분열로 나타나 이후 이라크 전쟁에 대한 초기 대응에도 그대로 반영되었다. 프랑스, 독일, 네덜란드, 룩셈부르크, 스웨덴, 오스트리아, 핀란드, 슬로베니아, 사이프러스가 이라크전에 반대한 반면, 영국, 스페인, 포르투갈, 이탈리아, 덴마크, 폴란드, 헝가리, 에스토니아, 라트비아, 슬로바키아, 체코, 루마니아는 찬성했으며, 그리스, 아일랜드, 벨기에, 터키, 리투아니아, 말타는 관망하는 자세로 일관했던 것이다(Salmon 2004, 450-451).

그러나 다른 한편으로 볼 때, 개별 국가 차원에서 신속하게 대응한 국가들이라 할지라도 이러한 대응 방식을 EU 차원의 대응으로까지 확대하려는 것에는 반대하는 경향을 가지고 있었다고도 할 수 있다. 예를 들어 독일, 프랑스, 네덜란드 등이 대테러전쟁을 신속하게 지원하고 아프가니스탄 전쟁에 군사적으로 참여했지만, 이후 이라크 전쟁에는 반대했으며 EU 차원의 대응에도 소극적이었다. 이 국가들이 볼 때 미국 주도의 대테러전

17 "EU Response to 11th September-European Commission action." 유럽연합 홈페이지, http://ec.europa.eu/external_relations/110901/me02_122.htm(검색일: 2007.6.2).

〈표 5-1〉 아프가니스탄 전쟁에 대한 주요 국가와 국제기구의 대응

일시	미국/NATO	EU 회원국	EU
2001.09·11	뉴욕 세계무역센터 및 국방부 건물에 피랍 항공기 충돌		
2001.09.20		■스페인·포르투갈,] 군사기지 사용 허용 ■EU 회원국, 전쟁 지지와 지원 선언	전쟁 지원 공동선언
2001.10.02	NATO, 집단자위권 발동		
2001.10.03		프랑스, 영공 개방 및 군사지원	
2001.10.07	미-영 합동군 아프간 공습 개시		
2001.10.08	■부시 독트린 발표 (테러 지원국 및 용인국에 대한 잠재적 표적화) ■아프간 2, 3차 공격		
2001.11.04-09	■탈레반 진지 최대규모 폭격 ■미지상군 증파	■네덜란드, 대테러전쟁에 1,200명 파병 ■독일, 아프간전쟁 파병의사 표명	
2001.11.17-18	이라크 등 테러지원국 경고	프랑스, 아프간에 미라주 10대 파견 결정	
2001.11.26		독일, 아프간전쟁 군사지원 개시	
2001.12.13			RRM 2001-03: 정치·경제적 재건 지원(4,526,911유로)
2001.12.14	부시, 아프간전쟁 승리 선언		

출처: 아프간전쟁 종합 일지 2002, 51-53; European Commission Conflict Prevention and Crisis Management 2003, 6.

쟁 질서에서 대서양주의적 대응이 개별 국가 차원에서는 수용할 수 있는 것이지만 EU 차원에서는 수용할 수 없는 것이었다고 할 수 있다. 결과적으로 EU 차원의 소극적 대응으로 인해 EU의 독자적 안보전략 모색이 다시 좌절되는 과정을 겪게 된 것은 사실이지만, 이러한 소극성은 느슨한 형태로나마 EU 차원의 다자주의를 포기하지 않았다는 방증으로도 볼 수 있다.

Ⅳ. 종전 후 유럽연합의 아프가니스탄 대책과 안보정책적 의미

종전 후 아프가니스탄에 대해 이루어진 유럽연합의 조치들은 비군사적 정치·경제·기술적 지원인 RRM과 EU집행위원회인도주의사무국(ECHO: European Commission Humanitarian Office)의 인도주의적 지원에 한정된 것이었다. 〈표 5-2〉에서 보는 바와 같이 RRM은 모두 세 차례로 2002년도 3월, 4월, 5월에 각각 이루어졌다. 신속반응기제 아프가니스탄 지원정책 최종 보고서[18]에 따르면, 2002년 3월에 설정된 RRM 2002-01은 주로 행정 시설의 수립 및 개선을 위해 약 23만 유로를 지원했고, 4월에 결정된 RRM 2002-02는 정책 자문과 미디어 시설 수립과 개선에 약 48만 유로를 지출했으며, 마지막 5월의 RRM 2002-03은 약 536만 유로를 다양한 영역의 기술 부문에 중점을 두고 집행하였다.

18 European Commission Conflict Prevention and Crisis Management Unit. 2003. "Rapid Reaction Mechanism End of Programme Report Afghanistan," Decem-

또한 EU집행위원회가 2003년 2월 11일에 채택한 '국가전략보고서 2003~2006'[19]에 따르면, 2002년에 약 2억700만 유로를 재건과 복구에 지출하고, 7,300만 유로를 인도주의적 부문에 지원하며, 2003~2004년에 약 4억 유로, 2003년에 5,500만 유로를 지원하는 등 총 10억 유로를 아프가니스탄 복구에 지원할 계획을 세웠다. 또한 '국가전략보고서 2007~2013'[20]은 위와 달리 구체적인 지원 규모를 정하지는 않았지만, 2006년까지의 제1CSP를 최초의 재건 단계 계획으로서 기간시설 설비와 정부제도 및 공공행정의 수립을 강조한 것으로 규정하고, 이후 2013년까지 집행될 제2CSP를 통해 제1CSP의 목표를 지속적으로 달성해 나가면서 아프가니스탄의 제도와 행정이 장기적으로 지속될 수 있도록 강화한다는 목표를 설정하였다. EU의 이러한 아프가니스탄 재건 지원은 2005년 11월 16일에 발표된 EU-아프가니스탄 간 공동성명에 의해 동반자관계로 규정됨으로써 공식적으로 일단락되었다.[21] 이 공동성명에 따라 아프가니스탄 이슬람 공화국(Islamic Republic of Afghanistan)과 EU는 2004년 1월 4일에 채택된 아프가니스탄 헌법에 의거해 안전하고 안정적이며 자유롭고 번영하는 민주적 아프가니스탄에 동의하고 새로운 동반자관계를 맺게 되었다.

ber.

19 European Commission. "Country Strategy Paper Afghanistan 2003~2006."

20 European Commission. "Country Strategy Paper Islamic Republic of Afghanistan 2007~2013."

21 Council of the European Union. 2005. "EU-Afghanistan Joint Declaration: Committing to a New EU-Afghan Partnership," Strasbourg, 16 November.

〈표 5-2〉 종전 후 주요 국가와 국제기구의 아프가니스탄 대책

일시	미국/NATO	EU 회원국	EU
2001.12.22	다국적 평화유지군 카불 도착		
2001.12.27		영국, 군사 200명 증파	
2002.01.04-08		독일, 평화유지군 선발대 70명 파견	
2002.01.25	아프간 다국적군 17개국 2,500명 도착		
2002.03.27			RRM 2002-01: 행정 시설 지원(226,257 유로)
2002.04.03			RRM 2002-02: 정책 자문과 미디어 시설 지원(482,208 유로)
2002.05.07			RRM 2002-03: 다양한 영역의 기술에 중점을 둔 긴급 지원(5,364,505 유로) *인도주의 지원(ECHO) 포함
2003.02.11			CSP 2003-2006: 정치·경제·보건 지원(2002-06년간 10억 유로) *인도주의 지원 포함
2005.11.16			EU-아프가니스탄 공동성명: 동반자관계 규정
2007.05.16			CSP 2007-2013: 제도와 행정의 장기적 지속성 강화

2007.06.15			EUPOL 파견

출처: 아프간전쟁 종합 일지 2002; European Commission Conflict Prevention and Crisis Management Unit 2003, 6; CSP 2002~2006; CSP 2007~2013; The EU and Afghanistan.

이와 같이 종전 후 아프가니스탄에 대한 EU의 대책은 규범에 토대를 둔 대외정책 발안을 지원하고 증진시키기 위해 재정적·기술적인 전문가 판단을 사용함으로써 민간외교정책(civilian foreign policy)을 적절한 국제 외교 역할로 발휘해 왔음을 여실히 보여준다(Dover 2006, 403). 특히 이러한 입장에서 유럽안보방위정책(ESDP)의 민간 위기관리 영역인 시민 보호(civil protection), 법치(rule of law), 대민 행정(civil administration), 치안 업무(police missions) 중 시민 보호와 대민 행정에 집중되었다(Dover 2006, 488). 실제 종전 후 EU의 아프가니스탄 재건 정책의 기둥이라 할 수 있는 세 주요 대상은 1) 지방 복구와 보건 및 시민사회, 2) 경제적 기반시설, 3) 민간 경제 지원과 공공행정 개혁이었다.[22]

그러나 다른 한편으로 민간 위기관리 영역의 문제는 민간 외교상의 문제나 비군사적·인도적 지원에만 머문 것은 아니었다. 미국의 군사 행동과 전후 위기관리가 일정하게 정리된 된 후에는 EU도 시민 보호와 대민 행정에만 머물지 않고 법치와 치안업무에 준군사적 활동을 벌여왔던 것이다. 이것은 미국과 NATO와의 관계가 민감한 시기에 소극적으로 행동하는 것과 달리 일정한 시기 이후에는 다시금 조심스럽게 독자적 외교안보 전략을 모색하는 시도라고 볼 수 있다.

실제 EU는 전투가 아닌 치안(policing)과 치안 지원(police aid)을 유럽

22 European Commission, "Country Strategy Paper Afghanistan 2003-2006," pp. 24-26.

안보방위정책(ESDP)의 범주 안에서 수행할 목적으로 경찰력의 외국 파견을 공동행동이사회(Council Joint Actions)를 통해 수행할 수 있도록 규정하고 있다(Merlingen and Ostrauskaité 2005, 217-220). 이때 치안은 사회 평화 유지와 범죄 소탕을 핵심과제로 하고 혼란에 빠진 사회를 다시 안정시키는 것을 말하며, 치안 지원은 보편적 인권을 보장하고 민주제도 공고화와 평화 확립 사이의 인과적 연결을 확립하는 것으로 설명되는 비이데올로기적 정치 발전 지원을 의미한다. 두 가지 모두 위기관리에서 평화수립(peacebuilding)으로 전환하는 것을 최종 목적으로 한다.

그러나 이러한 치안 목적의 경찰력 파견은 EU의 안보정체성 부활을 위해 중요한 행동으로 간주될 수 있다. 사실 종전 직후 아프가니스탄에 대한 치안 목적의 군사파견은 개별 국가 차원에서 참가하는 형태로 이루어졌을 뿐이었다. 그러나 이러한 목적을 가진 EU 차원의 경찰력 군사 파견은 다른 지역에서는 이미 서서히 이루어지고 있었다. 예를 들어, 2003년 1월 보스니아/헤르체고비나에 EUPM, 2003년 12월 마케도니아에 EUPOL Proxima, 2005년 콩고에 EUPOL Kinshasa라는 명칭의 경찰력 군사를 파견한 것이 그것이다(Merlingen and Ostrauskaité 2005, 216). 그리고 이러한 조치는 2007년 아프가니스탄에서도 실현되었다. 2007년 5월 30일에 공동행동이 채택되고 그에 따라 같은 해 6월 15일에 160명의 경찰력 군사를 동원한 EUPOL이 파견되었던 것이다.[23]

이와 같이 종전 후 아프가니스탄에 대한 EU의 대책은 초기에 민간외교 정책이나 비군사적·인도적 지원에 집중했지만, 후기에 가서는 경찰력 파견을 통한 준군사적 활동도 실행하였다. 비록 미국과 NATO의 요구에

23 "The EU and Afghanistan," 유럽연합 홈페이지, http://ec.europa.eu/external_relations/afghanistan/intro/index.htm#theu(검색일: 2008.8.29).

의한 것이었다고 하더라도 이러한 EU차원의 준군사적 대책은 EU의 독자적 안보전략을 위해 대단히 중요한 의미를 갖는다고 할 수 있다. EU 자체가 안보전략상의 주체이자 행위자로 활동하는 것이 가능하기 때문이다.

V. 결론

제2차 세계대전 종전 이후 반세기 동안 유럽 안보는 냉전 블록 속에서 미국과 소련이라는 외부 초강대국들에 의해 규정되고 운영되어, 군사구조와 고전적 현실주의 방식으로 블록간 세력 균형과 군비경쟁으로 이해되어 왔다. 그러나 냉전이 종식된 1990년대 이후에는 EU의 성립과 발칸 전쟁의 발발로 새로운 안보환경과 안보개념 및 안보정체성이 형성·발전되었다. 그것은 비군사적 안보위협의 생성에 대한 인식과 미국의 일방주의에 대한 우려에서 비롯된 자주적 안보정체성의 발전에 따라 EU 차원의 독자적 안보정책이 모색되는 것으로 나타났다.

그러나 9·11 테러 이후 더욱 강화되는 미국의 일방주의 노선에 올바로 대처하지 못함으로써 EU는 아프가니스탄 전쟁을 거치면서 독자적 안보정책의 모색이 다시금 실패하는 결과를 초래했다. 이것은 아프가니스탄 전쟁에 대한 대응에서 EU 회원국들이 영국과 미국의 전략에 큰 영향을 미치지 못했다는 것을 의미한다. 특히 종전 후 일정기간 동안 EU의 아프가니스탄 대책은 대개 민간외교정책의 테두리에서 시민보호와 대민 행정에 한정되었으며 군사적 위기관리 행동은 전쟁 중에서와 마찬가지로 개별 국가들의 활동으로 진행되었다.

그러나 이것이 곧 "비너스로 상징되는 유럽인들은 임마누엘 칸트(Immanuel Kant)의 '영구적 평화'라는 이상적 세계에서 살기를 좋아하는 반면, 마르스로 상징되는 미국인들은 토마스 홉스(Thomas Hobbes)의 현실적 세계에서 산다"(Kagan 2003)는 이야기로 정당화되지는 않는다. 개별 국가 차원뿐만 아니라 EU차원에서도 유럽인들은 아프가니스탄 전쟁에서 겪은 좌절 속에서조차 이미 2003년부터 경찰력 군사의 파견을 계속해 왔으며, 2005년 말에는 미국 GPS위성을 반사하는 독자적 능력을 개발할 EU 프로그램을 출범시켰기 때문이다. 또한 2009~2012년의 A400 전략공수 공군 수송 계획도 EU 차원의 독자적 안보정책의 중요한 프로그램으로 추진되었다(Posen 2006, 180). 이와 같이 EU의 독자적 안보정책은 이제 국제적 치안유지 같은 준군사적 활동뿐만 아니라 군사적 행동에서도 보다 적극성을 띠어가고 있다.

아프가니스탄 전쟁에 대한 EU의 대응은 이러한 독자적 안보정책의 좌절을 경험한 대표적인 사례에 해당한다. 그러나 이 좌절이 아프가니스탄 전쟁 이전에 시도되었던 모색들을 포기한 것은 아니었다. 곧, EU는 예민한 시기에는 개별 국가 차원의 대응에 머물러 EU 차원의 유럽주의와 다자주의를 소극적으로 이어가는 한편, 미국이나 NATO에게 민감하지 않은 지역이나 시기에서는 유럽주의를 내포한 다자주의를 다시 시도하는 유연한 전략을 구사해왔다고 할 수 있다. 2007년 아프가니스탄에 대한 EUPOL 파견의 의미도 이러한 관점에서 평가할 수 있을 것이다. 결국 미국 일방주의의 국제질서 속에서 EU는 미국이 주도하는 예민한 분쟁에서는 미국과 NATO의 범주 안에서 움직이지만 그 밖의 영역에서는 가능성(possibility)의 차원에서 유럽주의와 다자주의를 실현하는 소극적이지만 효과적인 다자주의를 주요 전략으로 삼고 있다고 볼 수 있다.

참고문헌

김미자. 2004, "냉전종식 후 유럽안보체제의 변화와 프랑스의 유럽안보정책: NATO와 WEU 정책을 중심으로." 『21세기 정치학회보』 제14집 1호, pp. 177-196.

"아프간전쟁 관련 자료." 2002. 유정석 정리. 『민족연구』 제8호, pp. 54-58.

"아프간전쟁 종합 일지." 2002. 유정석 정리. 『민족연구』 제8호, pp. 51-53.

오일환. 2001, "유럽안보의 '유럽화'에 관한 연구." 『한국정치외교사논총』 제23집 2호, pp. 365-394.

이수형. 2003, "국제안보체제의 변화에 관한 역사적 고찰: 유럽안보체제를 중심으로." 『국제정치논총』 제43집 3호, pp. 115-134.

이수형. 2004, 『북대서양조약기구(NATO)와 유럽 안보』 파주: 한울.

이승근·황영주. 2004, "EU와 유럽안보: EU의 공동안보개념에 대한 분석을 중심으로." 『대한정치학회보』 제11집 3호, pp. 95-118.

"A Human Security Doctrine for Europe: Barcelona Report of the Study Group on Europe's Security Capabilities," Barcelona, September 15, 2004.

Bull, Hedley. 1977. *The Anarchical Society: A Study of Order in World Politics*. London: Macmillan.

Council of the European Union. 2005. "EU-Afghanistan Joint Declaration: Committing to a New EU-Afghan Partnership." Strasbourg, November 16, 2005.

Dover, Robert. 2006. "The EU's Joint Actions on Anti-personnel Mines and Unexploded Ordnance: Finding a Security Policy Identity." *European Foreign Affairs Review* 11, pp. 401-416.

Duke, Simon and Hanna Ojanen. 2006, "Bridging Internal and External Security: Lessons from the European Security and Defence Policy."

Journal of European Integration 28-5(December), pp. 477-494.
"EU Response to 11th September - European Commission action." 유럽연합 홈페이지, http://ec.europa.eu/external_relations/110901/me02_122.html(검색일: 2007.6.2).
European Commission Conflict Prevention and Crisis Management Unit. 2003. "Rapid Reaction Mechanism End of Programme Report Afghanistan." December.
European Commission. "Country Strategy Paper Afghanistan 2003~2006."
European Commission. "Country Strategy Paper Islamic Republic of Afghanistan 2007~2013."
Hyde-Price, Adrian. 2002. "European Security in the Twenty-first Century: Towards a Stable Peace Order?" Andrew Cottey and Derek Averre(eds.), *New Security Challenges in Postcommunist Europe: Securing Europe's East*, pp. 190-212. Manchester and New York: Manchester University Press.
Kagan, Robert. 2003. *Of Paradise and Power: America and Europe in the New World Order*. New York: Alfred A. Knopf.
Merlingen, Michael and Rasa Ostrauskaité. 2005. "ESDP Police Mission: Meaning, Context and Operational Challenges." *European Foreign Affairs Review* 10, pp. 215-235.
"OSCE(Organization for Security and Cooperation in Europe)." http://en.wikipedia.org/wiki/Organization_for_Security_and_Cooperation_in_Europe(검색일: 2008.8.21).
OSCE 홈페이지, http://www.osce.org/about(검색일: 2008.8.21).
Posen, Barry R. 2006. "European Union Security and Defense Policy: Response to Unipolarity?" *Security Studies* 15-2(April-June), pp. 149-186.
Salmon, Trevor. 2004. "United in its Diversity(or Disunited in Adversary):

That is the Question for the European Union and the European Security and Defence Policy." *Perspectives on European Politics and Society* 5-3, pp. 447-468.

"The common foreign and security policy: introduction." 유럽연합 홈페이지, http://europa.eu/scadplus/leg/en/lvb/r00001.htm(검색일: 2007.6.3).

"The EU and Afghanistan." 유럽연합 홈페이지, http://ec.europa.eu/external_relations/afghanistan/intro/index.htm#theu(검색일: 2008.8.29).

Treaty of Amsterdam.

Treaty of Nice.

Treaty on European Union.

Wallace, William. 1999. "Europe after the Cold War: Interstate Order of Post-sovereign Regional System?" *Review of International Studies* 25(Special Issue), pp. 201-223.

Whitman, Richard. 2006. "Road Map for a Route March?: (De-)civilianizing through the EU's Security Strategy." *European Foreign Affairs Review* 11, pp. 1-15.

6장 유럽전략문화의 변화와 외교안보정책 결정의 담론 채널*

양오석

I. 서론

유럽안보방위정책(European Security and Defence Policy: ESDP)에 대한 도전을 고려하자면 빠르고 신속하게 그리고 적시에 강한 개입(또는 조정)을 수행하는 유럽의 전략문화가 출현하고 있음을 살펴볼 수 있다.[1] 이러한

◇◇◇◇

* 이 논문은 2005년 정부(교육인적자원부)의 재원으로 한국학술진흥재단의 지원을 받아 수행된 연구임(KRF-2005-079-BM0010). 출처: 『국제지역연구』. 제13권 제3호. pp. 211-242. 2009.

1 European Council, "A Secure Europe in a Better World: European Security Strategy,"(2003), p. 12.

관찰은 유럽통합의 심화가 유럽 내 유럽전략문화의 수렴을 이끌어낸다는 주장과 연결된다. 여기서 말하는 유럽전략문화란 "ESDP 활동 유형을 성공적으로 이행하는 공통된 생각"을 말한다.[2] 한편 유럽은 국가별 전략문화 간 차이가 여전하다는 의문이 끝없이 제기되고 있다. 이는 유럽의 전략문화가 성공하기 위해서는 유사한 규범과 아이디어 그리고 관례를 포괄해야만 하는데 여전히 유럽에는 일국과 유럽의 전략문화 간 발산이 관찰되기 때문이다. 현대전에서 보여준 유럽 국가들 간 아이디어의 대립은 그 좋은 예이다.

이에 이 글은 유럽 국가들 간 전략문화의 차이를 생산하는 동학에 대한 질문을 제기하고자 한다. 이 퍼즐에 대한 탐구를 위해서는 국제관계와 비교외교정책분석에서 나온 일련의 전통적 방법들이 동원될 수 있다. 그러나 외교안보정책연구에 있어서 학문적 발전에 큰 기여를 하였음에도 불구하고 이 방법들은 외교안보에 관한 전략문화의 변화를 설명하지 못한다는 한계를 보여준다. 이에 이 글은 동시대의 맥락에서 전략문화를 어떻게 경험적으로 분석할 것인가에 대한 미완성의 지침을 제공하고자 하며 이를 위해 이 글은 담론 채널에 대한 비교제도주의를 절충론적 접근법으로 제안한다.

이 글이 다루고자 하는 주요 연구의제는 담론채널 분석의 비교제도주의가 유럽전략문화에 대한 우리의 이해를 얼마나 증진시켜주느냐이다. 이에 대한 필자의 대답은 긍정적이며 그 근거는 다음과 같다. 첫째, 담론채널에 대한 비교제도주의 분석은 유럽연합이 취한 외교안보정책을 채택

2 Christoph O Meyer, "Convergence Towards a European Strategic Culture? A Constructivist Framework for Explaining Changing Norms," *European Journal of International Relations* 11(4)(2005), pp. 524-525.

하는 회원국별 국내 비준게임의 다양성에 주목한다. 따라서 개별 회원국의 제도적 속성이 나타내는 지속성과 변화를 분석하여 유럽 국가들 간 전략문화의 수렴과 발산 현상의 근본적 동학을 풀이한다.

둘째, 담론채널분석은 외교안보정책의 내용과 규범을 형상화하는 아이디어의 변화를 해석한다. 여기서는 행위자의 행동이 구조적 제약에 대항하여 구조의 변화를 이끌어낸다고 이해한다. 이로써 구조 중심적 접근법이 다루지 못하는 추가적 설명을 제공함으로써 외교안보정책에 대한 더 나은 이해를 가능케 한다.

셋째, 담론채널분석은 특정한 요소에 집중하는 것이 아니라 환경의 매트릭스에 주목한다. 이 매트릭스는 조정 및 의사소통 담론채널이라는 제도적 구성을 통해 외교안보정책 내용과 환경변수를 중재하는 요소군으로 구성되어 있다. 이에 구조적 결정주의로부터 벗어나 기회와 제약이 교차하는 맥락에 대한 우리의 이해를 돕는다.

마지막으로 담론채널분석은 구성주의의 한계를 넘어서서 국제관계와 비교외교안보정책분석을 이어주는 교량적 역할을 담당할 새로운 자원이다.[3] 이 분석은 국가들이 오랜 습관에서 벗어나 인본주의와 같은 이상주의적인 동기에 기반을 둔 통합된 유럽 간섭주의로 전환되는 현상을 설명해준다.

이러한 목적에 상응하여 Ⅱ에서는 외교안보정책 연구를 위한 방법론적 논의를 검토한다. 여기서는 주요 연구집단별로 강조하는 요인과 행위자와 구조의 문제 및 유럽전략문화를 형상화하는 대안적 관점들을 다루었

3 경쟁하는 접근법들 간의 격차를 이어줄 필요성에 따라 새로운 자원을 제공하는데 기여하였음에도 불구하고 구성주의는 비교국면과 국제관계 국면을 고려하지 못한다고 비판받고 있다.

다. 이어지는 Ⅲ에서는 배치국면과 제도국면에서 유럽의 외교안보정책을 주도한 아이디어와 담론의 지속과 도전 관계를 살펴본다. 여기서는 유럽의 전략문화를 구조화한 학습기제를 해석하고 이것이 전략규범에 미친 충격과 유럽연합과 회원국의 담론채널이 지닌 제도적 속성에 대한 비교연구를 수행한다. 이러한 일련의 검토는 마지막 장에 이르러 정책적 함의를 도출하고 앞으로 다루어야 할 연구주제를 제시하는 것으로 이어진다.

Ⅱ. 외교안보정책분석을 위한 인식틀의 재구성과 유럽전략문화 비교

1. 외교안보정책 연구를 위한 기존의 이해와 대안적 사고

한 나라의 외교안보정책 결정 과정은 구조적 요소와 행위자적 요소 간 상호작용에 의해 산출된다. 그럼에도 불구하고 전통적으로 외교안보정책은 구조중심적 사고를 통해 설명과 예측이 이루어져 왔다. 여기서 말하는 구조중심적 사고란 기존의 국제관계 내 국가중심적 사고방식이나 국내와 국제정치 간 이분법 그리고 국가와 사회관계에 대한 환원주의적 가정 등을 의미한다. 이러한 일련의 구조중심적 사고는 체제의 구조를 구성단위의 견지에서 배타적이며 선험적으로 정의한다. 따라서 행위자를 생성시키지 못하는 애꾸눈 구조를 상정하는 동시에 주요 행위자들 간 상호작용을 들여다보지 못한다. 그 결과 한 국가의 외교안보정책을 구성하는 행위자와 구조 간 역동적 상호작용에 대한 풍부한 이해를 가로막는다.

반면 일부 연구자들은 외교안보정책에 대한 행위자중심적 사고로 전환을 시도한다. 이들은 합리적이라기보다 해석적인 행위자를 상정한 채 개인의 역할을 중시하고 개인의 인지 내용에 주목한다.[4] 또한 행위자의 인지적·심리적 구조에 관심을 두기도 한다.[5] 그러나 전자에 있어서는 구조적-제도적 측면에서 외교안보정책의 행태를 단순한 경험에 기초하여 실체화(reify)하고[6] 후자에 있어서는 구조적 요소를 설명변수에 병합시키지 못하는 단점을 보여준다(Carlsnaes 1992, 251-255).

한편 행위자와 구조적 측면으로 이분된 사고를 넘어 '사회적 구성(social construction)'의 국면에서 외교안보정책을 설명하려는 구성주의자들 역시 풀어야 할 과제를 안고 있다. 이들은 정통 패러다임에 대한 정면도전이라는 야심찬 프로젝트에도 불구하고 경험분석에 대한 이론의 정의, 조작 그리고 적용과정에 있어서 체계화되지 못한 채 분명하고 특별한 존재론을 모색하는 도입단계에 머물러 있다.

이에 결국 행위자와 구조 간 동태적 상호작용관계를 설명하는 연구의 필요성이 제기되었고[7] 이를 위한 연구노력이 일부 진행되었다. 이들은 우

◇◇◇◇

4 앨리슨의 관료주의 모델을 예로 들 수 있다.

5 Harold and Margaret Sprout, Jervis, George and Holsti, Hermann, Lebow, Larson, and Vertzberger 등.

6 이러한 실체화는 '개인적 삶은 집단적 삶에서 기인한다'는 뒤르켕식의 개념화에 기반을 두어 개인행위는 사회적 억제의 도가니 속에 전적으로 둥지 틀고 있다(nested)고 상정함으로써 일어난다. 아침 출근길에 길 위에 죽어 있는 다람쥐를 보고 관찰자는 그 다람쥐가 차에 치이는 장면을 목격하진 않았지만 수많은 다람쥐가 차에 치이는 장면을 목격한 자신의 경험을 비추어 볼 때 차에 치어 죽었을 것이라고 확신한다.

7 Ole Wæver, "European Integration and Security: Analysing French and German Discourses on State, Nation, and Europe," In David Howarth et al.(eds.), *Discourse Theory in European Politics: Identity, Policy and Governance*(London and

선 인식론적 차원에서[8] 실체론과 관계론의 종합적 입장 내지 변증법적 시각에서 행위주체와 구조를 상호의존적이며 서로를 규정해주는 실체(Giddens, 1984)로 볼 필요가 있다고 주장한다. 다음으로 이론적용을 위한 패러다임 차원에서는 민족국가 단위와 합리성에 대한 현실주의적 가정을 비판하며 현대전에서 나타난 성공적인 공동행동과 정치협력의 이행부문에서조차도 현실주의적 해석을 적용하기 어렵다고 본다.[9] 합리주의와 간결성(parsimony)에 바탕을 둔 전통적인 인과분석에 대한 이들의 도전은 경제사상과 정치적 신념의 기능,[10] 인식론적 공동체(Epistemic communities)의 역할,[11] 정책 선도주의,[12] 아이디어의 수명주기 연구[13] 등을 통해 진행된다. 또한 아이디어의 역할,[14] 지지세력 연정,[15] 간주관적 규범, 가치, 정체성의 상호작용,[16] 새로운 조정 및 의사소통 담론[17] 등에 대한 연구도 이루어졌

New York: Palgrave Macmillan, 2005); Friedrich Kratochwil, "Rules, Norms, and Decisions: On the Conditions of Practical and Legal Reasoning in International Relations and Domestic Affairs,"(Cambridge: Cambridge University Press, 1989); Nicholas G. Onuf, "World of Our Making: Rules and Rule in Social Theory and International Relations,"(Columbia: University of South Carolina Press, 1989).

8 사실 인식론의 문제는 존재론의 문제와 구별되기가 어렵다. 이들 영역 간 중첩의 문제는 이 글의 목적과 상이하다. 이에 논외로 한다.

9 Kenneth Glarbo, "Reconstructing a Common European Foreign Policy," in Thomas Christiansen et al.(eds.), *The Social Construction of Europe*(London: SAGE, 2001), pp. 140–157.

10 K Dyson, "Elusive Union: The Process of economic and Monetary Union in Europe,"(London and New York: Longman, 1994).

다. 특히 전통적인 국제정치 패러다임을 연구해 온 골드스타인과 커헤인[18]은 새로운 관점에서 외교정책에 대한 아이디어의 충격을 연구하였다. 그러나 이들은 대외정책을 고찰하였을 뿐 안보 이슈를 다루지는 못했

◇◇◇◇

11 C. M Radaelli, "The role of knowledge in the policy process," *Journal of European Public Policy* 2(2)(June, 1995), pp. 159–183; E. B Kapstein, "Between power and purpose: central bankers and the politics of regulatory convergence," *International Organization* 46(1)(Winter 1992), pp. 265–287; Amy Verdun, "The role of the Delors Committee in the creation of EMU: an epistemic community?," *Journal of European Public Policy* 6(2)(June, 1999), pp. 308–328; Peter M. Haas, "Introduction: Epistemic Communities and International Policy Coordination," *International Organization* 46(1)(1992).

12 L. Cram, "Calling the tune without paying the piper? Social policy regulation: the role of the Commission in European Community social policy," *Policy and Politics* 21(3)(1993); Amy Verdun, "The role of the Delors Committee in the creation of EMU: an epistemic community?" *Journal of European Public Policy* 6(2)(June, 1999), p. 323.

13 Marin Marcussen, "The Dynamics of EMU Ideas," *Cooperation and Conflict* 34(4)(December, 1999), pp. 383–411.

14 Peter A Hall, "Policy paradigms, social learning and the state: the case of economic policy making in Britain," *Comparative Politics* 25(3)(April, 1993).

15 Paul A Sabatier, "The Advocacy Coalition Framework: Revisions and Relevance for Europe," *Journal of European Public Policy* 5(1)(1998).

16 Peter J Katzenstein, *Cultural Norms and National Security: Police and Military in Postwar Japan*(Ithaca, NY, and London: Cornell University Press, 1996a); Peter J Katzenstein, *The Culture of National Security: Norms and Identity in World Politics*(New York: Columbia University Press, 1996b); Alexander Wendt, *Social Theory of International Politics*(Cambridge: Cambridge University Press, 1999).

17 Vivien A Schmidt, "Democracy and Discourse in an Integrating Europe and a

다.[19]

마지막으로 '전략문화'의 개념을 중심으로 외교안보정책을 설명하는 인지론적 분석의 또 다른 변형이 진행되고 있다. 대표적으로 카첸스타인[20]은 자신의 초기 책자인 문화규범과 국가안보: 전후 일본의 경찰과 군대(Cultural Norms and National Security: Police and Military in Postwar Japan)에서 규범을 행위자의 정체성을 표현하고 적절한 행동의 표준을 정의하는 '사회적 사실(social facts)'로 개념화하였다.[21] 카첸스타인은 입헌적 규범과 규제적 규범을 국가 전략문화에서 가장 뿌리 깊게 자리 잡은 그리고 가장 지속성이 있는 것으로 평가 한다.[22] 한편 최근 유럽 국가들이 합리적으로 대응하지 않는 모습을 가지고 크로프트[23]는 냉전 시절 경쟁하는 네 가지

Globalising World," *European Law Journal* 6(3)(2000); Vivien A Schmidt, *The futures of European capitalism*(Oxford: Oxford University Press, 2002).

18 Goldstein, Judith, and Robert Keohan(eds.), *Ideas and Foreign Policy*(Ithaca, NY: Cornell UP, 1993).

19 Jolyon Howorth, "Discourse, Ideas, and Epistemic Communities in European Security and Defence Policy," *West European Politics* 27(2)(March, 2004), p. 212.

20 Peter J Katzenstein, *Cultural Norms and National Security: Police and Military in Postwar Japan*(Ithaca, NY, and London: Cornell University Press, 1996a).

21 Peter J Katzenstein, *Cultural Norms and National Security: Police and Military in Postwar Japan*(Ithaca, NY, and London: Cornell University Press, 1996a), p. 19.

22 Peter J Katzenstein, *The Culture of National Security: Norms and Identity in World Politics*(New York: Columbia University Press, 1996b); Christoph O. Meyer, "Convergence Towards a European Strategic Culture? A Constructivist Framework for Explaining Changing Norms," *European Journal of International Relations* 11(4)(2005), p. 529.

23 Stuart Croft, "The EU, NATO and Europeanisation: The Return of Architectural Debate," *European Security* 9(3)(Autumn, 2000).

'안보 내러티브(narratives)'에 관한 아이디어의 상충문제를 분석하였다.

프리드만[24]과 솔라나 보고서[25]의 논리에 따르면 전략문화의 수렴에 대한 개념적 정의는 '더 적극적인' 전략문화라는 개념을 내포하고 있다.[26] 그러나 전략문화의 개념은 경험적 적용 그 이상의 것은 아닌 듯하다. 하이젤버그[27]는 전략 규범을 이야기할 때 '적극성(activism)'의 범주를 제안한 바 있다. 그 전에도 이미 많은 문헌에서 전략문화에 대한 개념이 사용되었으나 대부분 지나치게 모호한 이분법을 바탕으로 하였다. 예를 들면 라이닝(Sten Rynning)은 유럽전략문화를 강한 형태와 약한 형태로 양분하였다. 이처럼 강하고 약한 형태로 양분하는 것은 규범적으로 편향이 내재된 측정법이다. 이러한 문제점을 고려할 때 하이젤버그(2003)가 제시한 '적극성'의 범주를 사용한 인식틀은 기존 선행 연구방법을 보완하는 부가가치를 생산한다. 한편 유럽 국가별 안보문화에 대한 차이를 살펴 본 하워드[28]는

24 Lawrence Freedman, "Can the EU Develop an Effective Military Doctrine?" in Steven Everts, Lawrence Freedman, Charles Grant, François Heisbourg, Daniel Keohane and Michael O'Hanlon(eds.), *A European Way of War*(London: Centre for European Reform, 2004), pp. 22–23.

25 European Council, "A Secure Europe in a Better World: European Security Strategy"(2003).

26 Steven Everts, Lawrence Freedman, Charles Grant, François Heisbourg, Daniel Keohane and Michael O'Hanlon(eds.), *A European Way of War*(London: Centre for European Reform, 2004); Christoph O. Meyer, "Convergence Towards a European Strategic Culture? A Constructivist Framework for Explaining Changing Norms," *European Journal of International Relations* 11(4)(2005), p. 525.

27 Stine Heiselberg, "Pacifism or Activism: Towards a Common Strategic Culture within the European Security and Defence Policy?," *IIS Working Paper*(2003).

28 Jolyon Howorth, "The ESDP and the Forging of a European Security Culture," *Politique Européenne* 8(2002).

'연합/중립(allied/neutral),' '대서양주의/유럽주의(Atlanticist/Europeanists),' '권력투사/영토방어(power projection/territorial defence),' '핵화/비핵화(nuclear/non-nuclear),' '전투수단/민간수단(military/civilian instruments),' '대국/소국(large/small states),' '무기제공자/소비자(weapons providers/consumers)' 등 일곱 가지 분류를 제안하였다.[29] 이러한 범주화는 전략문화의 세밀한 형태를 잘 묘사해준다는 점에서 유용하다. 그러나 상이한 규범과 아이디어 또는 신념 등 문화적 구성요소들 간 마찰과 상쇄로 인한 전략문화 안에 잠재하는 회원국들 간 불일치의 문제를 잘 반영해주지 못한다.

지금껏 살펴본 일련의 접근법들을 종합적으로 검토한 결과 이 글은 외교안보정책연구를 위한 절대적인 분석도구는 아니지만 하나의 절충론적 접근법으로 비교제도론적 담론분석(comparative institutionalism of discourse analysis)을 제시하고자 한다. 비교제도론적 담론분석은 외교안보정책의 내용을 결정하는 전략문화의 규범과 아이디어의 지속 내지 변화를 고찰하고 이를 유도하는 기제를 살펴본다. 또한 외교안보정책 결정 과정을 구속하는 제도적 속성을 고찰한다. 전자는 칼스네(1992)가 말하는 외교안보정책 결정의 배치국면에 해당되고 후자는 제도국면에 해당된다.

칼스네(1992)는 외교안보정책 활동의 논리를 '의도(intentional),' '배치(dispositional),' 그리고 '구조(structural)' 등 세 가지 국면으로 구성된다고 본다.[30] 이 가운데 외교안보정책의 배치국면에서는 인지, 지식, 아이디어, 가

29 하워드에 대한 소개는 메이어(2005)의 글에서도 언급되고 있다. 필자는 메이어의 글을 접하기 전에 하워드와 그 외 비슷한 접근법적 속성을 띠는 학자들의 글을 먼저 접하였고 메이어가 소개하는 내용이 각 학자들의 글의 핵심내용과 일치하므로 간접인용이 아닌 직접인용으로 처리한다.

30 Walter Carlsnaes, "The Agency-Structure Problem in Foreign Policy Analysis," *International Studies Quarterly* 36(3)(September, 1992), p. 255.

치, 규범 그리고 정체성 등을 주요 인과변수로 주목한다. 이들 변수는 인과관계를 통해 의사결정자의 선택, 선호, 동기를 자극한다. 이로써 특정한 행위자의 의도에 주목하게 되고 '무엇 때문에(because of)'라는 문제가 행위자의 의도와 '그런 의도를 가졌는가(the having of it)'라는 문제를 서로 연결해준다.[31] 외교안보정책의 배치국면에서는 상이한 맥락에 좌우되지 않고 지속성을 보인다는 점에서 규범이 가장 변동성이 작은 구성요소이다. 규범은 "무엇이 적절한 행동인지를 말해주는 깊이 배어든 그리고 정체성이 주도하는 집단적 기대"[32]이다.

〈그림 6-1〉 네 가지 전략 규범

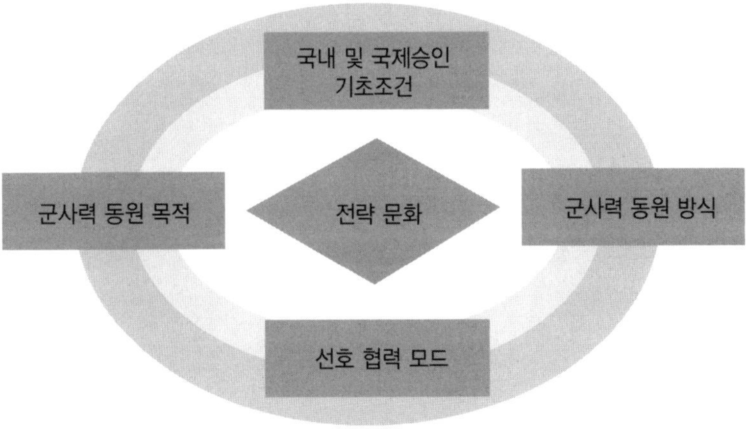

자료: 이 그림은 메이어(2005)의 생각을 필자가 재구성한 것임.

31 Walter Carlsnaes, "The Agency-Structure Problem in Foreign Policy Analysis," *International Studies Quarterly* 36(3)(September, 1992).

32 Christoph O. Meyer, "Convergence Towards a European Strategic Culture? A Constructivist Framework for Explaining Changing Norms," *European Journal of International Relations* 11(4)(2005), p. 529.

유럽 전략문화의 규범적 구성요소를 묘사하기 위해 이 연구는 상이한 국가의 제도 내 상이한 가치를 수용할 수 있는 규범의 네 가지 주요 범주로 이루어진 개념틀을 제안한다(〈그림 6-1〉 참조). 이러한 개념틀은 메이어[33]의 초기 논문인 "유럽전략문화를 향한 수렴? 변화하는 규범을 설명하기 위한 구성주의의 틀(Convergence Towards a European Strategic Culture? A Constructivist Framework for Explaining Changing Norms)" 에서 유래하였다. 메이어(2005)는 국가전략문화가 안보와 가치에 관한 목표 추구, 강제수단의 사용 의지와 위험을 감수하려는 의지, 군사력 동원에 대한 국내승인(authorization) 조건, 방위정책 수행을 위한 정당한 도구로서 유럽연합을 수용하는 정도 등에서 나타나는 '적극성(activism)'의 확대를 향해 유럽 국가들이 수렴하고 있는가라는 질문을 탐구한다.[34]

이 글은 유럽 전략문화의 모드를 비교하는데 있어서 논리의 간결성을 획득하기 위해 메이어(2005)의 분석틀 가운데 부분적인 비교 기준만을 수용하고자 한다. 전략문화의 모든 국면을 동시에 설명하는 것은 어렵다. 따라서 이 글의 비교대상 국가인 영국과 독일이 상충된 모습을 보이는 두 가지 주요 국면에 초점을 두고자 한다. 하나는 군사력 사용에 대한 정당성이 국내 및 국제 승인에 얼마나 의존하는가이다. 다른 하나는 군사력이 사용되는 방법과 군사력 동원의 목적에 의해 대표되는 무력 사용에 관한 '적극성'의 정도이다(〈그림 6-2〉 참조).

한편 이 연구는 '학습'의 기제와 국내 담론 채널의 다양성을 통해 이

33 Christoph O. Meyer, "Convergence Towards a European Strategic Culture? A Constructivist Framework for Explaining Changing Norms," *European Journal of International Relations* 11(4)(2005).

34 이 질문에 대해 메이어는 긍정적인 답변을 하고 있다.

루어지는 '제도적 동형화(institutional isomorphism)'[35]를 가지고 유럽전략문화의 수렴과 발산에 대한 더 나은 설명을 모색한다. 우선 집단은 개별 인식과 행동을 바꿀 수 있으므로,[36] 제도는 대표로 파견된 국가 공무원이 지닌 규범에 영향을 미친다. 메이어(2005)는 영향력 행사 과정을 규범적 영향력과 정보 영향력[37]이라는 두 가지 형태로 구분한다. 이는 강제적, 모방적, 규범적 동형화라는 세 가지 형태로 구분되는 '제도적 동형화'와 일맥상통한다. 특히 이 연구는 규범적 동형화에 초점을 두고 그 경로와 동학을 탐구하고자 한다.

한편 유럽전략문화의 발산은 국내 담론 채널의 다양성에서 기인한다는 사실에 주목할 만하다. 제도적 장치와 관련하여 이 글의 초점은 영국 정부가 자신의 선호와 목적을 위해 정치과정을 이끌어가는 능력(capacity)을 지닌 정치적 행위자인지 그 여부를 검토하는데 있다. 그러나 분석 각도는 담론채널의 다양성에 주로 초점을 둔다는 점에서 사회적 저항에 도전하는 국가의 능력(capacity)과 사회에 대한 국가의 자율성에 우선순위를 부여하는 선행연구와는 다르다.

국가권력에 대한 국가중심적 개념과 달리 담론은 정책의 필요성과 적

35 P. DiMaggio and W. W. Powell, "The Iron cage Revisited Institutional Isomorphism and Collective Rationality in Organizational Fields," in W.W. Powell and P. DiMaggio(eds.), *The New Institutionalism in Organizational Analysis*(Chicago: Chicago University Press, 1991), pp. 63-82.

36 Eddy Van Avermaet, "Social Influence in Small Groups," in Miles Hewstone and Wolfgang Stroebe(eds.), *Introduction to Social Psychology: A European Perspective*(London: Blackwell, 2001).

37 Christoph O. Meyer, "Convergence Towards a European Strategic Culture? A Constructivist Framework for Explaining Changing Norms," *European Journal of International Relations* 11(4)(2005), p. 536.

절성을 바로 세우고 국민들 간 합의를 이끌어내는 정책프로그램을 구성하고 관리하기 위해 대중을 설득한다. 많은 행위자들이 의사결정 및 정책결정과정을 인도하는 정책네트워크에 간여한다. 이러한 의미에서 정책행위자는 정책의 필요성과 적절성에 대한 대중의 동의를 이끌어내기 위한 수단으로서 공동언어와 아이디어의 틀이 필요하다. 이때 공동언어와 아이디어의 틀은 바로 담론에서 비롯된다. 여기서 담론은 정책프로그램을 생산하고 정당화시키기 위해 대중에게 언급한 정책행위자들의 모든 말들을 지칭한다.[38]

유럽은 정책구성이나 전환을 정당화하기 위해 민주적 거버넌스의 주요 부분을 이루는 담론의 특정 과정에 의지한다.[39] 이들 담론은 정치적 정체성을 공고히 하고 정치행동을 정의하며 정치적 사건을 해석한다. 그러므로 외교안보정책 결정에 대한 담론 분석은 정책변화의 배후가 되는 담론과정을 주도하는 국가의 권력이 지닌 본성을 보여준다. 문제는 외교안보정책결정에 대한 담론의 기능이 국가마다 다양하다는 것과 일부 공통성이 있다는 것이다. 이 점에서 우리는 외교안보정책 결정에 있어서 충분히 주목하지 못한 속성의 다양성을 주도하는 동학에 대한 근본적인 질문을 제기하게 된다.

이 질문에 대해 이 글은 정치적 요소들의 단절과 지속이 외교안보정책 담론 채널에 대해 제약을 가한다고 가정한다. 나아가 완벽하지는 않지만 이 글은 외교안보정책 결정의 속성에 대한 동학과 도전 사이에 존재하

38 Vivien A. Schmidt, *The futures of European capitalism*(Oxford: Oxford University Press, 2002), p. 210.

39 James G. March and Johan P. Olsen, *Democratic Governance*(New York: Free Press, 1995).

는 인과관계를 탐구한다. 이러한 탐구 과정에서 이 글은 중범위 수준에서 국가의 자율성과 도전을 구성하는 정치적 요소들과 관련하여 담론과정의 유형을 고찰하고 영국 담론체계를 독일 및 EU와 비교한다.

이 연구는 보스니아, 코소보, 아프가니스탄, 이라크 전쟁 등 일련의 근대전을 탐구하여 '형성 계기(formative moment)'로서 영국과 독일의 국가 전략문화의 기저에 있는 내러티브가 지닌 영향력을 탐구한다. 이 연구는 영국과 독일 두 국가에 주목한다. 이는 이들이 유럽의 주요 안보 행위자일 뿐만 아니라 정책 공동체, 아이디어의 역할, 적절한 정책담론의 중요성 등에 있어서 서로 대립되는 양상을 보여주기 때문이기도 하다. 이러한 접근법을 채택하는 목적은 아이디어와 규범을 자명하거나 유럽연합 내 정부의 행동과 정책으로부터 손쉽게 추론할 수 있는 것으로 다루는 방법론적 실수를 피하는데 있다. 분석은 유럽 현지의 외교안보정책 분석가들과의 인터뷰 자료와 국가 사례에 대한 내용분석을 통한 경험적 연구를 담고 있는 2차 문헌들을 혼용하였다.

2. 유럽전략문화의 수렴과 발산

영국은 국제사회 내 다른 국가들이 공식적으로 동의를 해주는 '낮은 승인 요구조건'으로 대표된다. 영국은 1990년대 초반 일련의 목적 하에 영토권 밖에서 신속하게 군사력을 동원할 수 있는 능력과 의지를 갖춘 국가로서 심지어 전면전까지도 수행이 가능할 정도로 일반적으로 강한 적극성을 보여주었다. 즉 영국은 특정한 가치와 신념을 방어하기 위해 군사력을 동원하는 것을 정당하게 여긴다. 하지만 이는 여론을 무시한 채 군사력 동원을 허락하는 만연된 정치문화와는 다르다. 프랑스 전략문화 또한 대통령이 국가수반으로서 실질적으로 더 많은 국내 및 국제적 흐름을 제공한다는 점에서 '낮은 국내 및 국제 승인'의 조건을 나타낸다.[40] 그리고 영국과 마찬가지로 특정한 가치와 신념을 방어하기 위해서는 군사력 동원을 허용하는 문화가 자리 잡고 있다.[41]

〈그림 6-2〉 규범의 정도에 따른 국가전략문화의 유형 분류

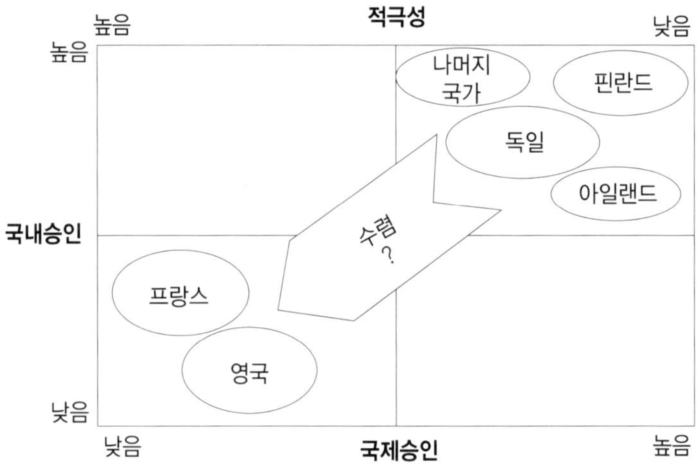

자료: 이 그림은 메이어(2005, 530)의 생각을 필자가 재구성한 것임

반면 독일, 오스트리아, 핀란드, 아일랜드와 같은 국가들은 군사력 동원은 영토 침공에 대한 방어를 위해 사용되는 극히 제한적인 경우에만 가능하다. 이들 국가에서는 군사력 동원을 최후의 수단으로 사용하며 그것

40 Christoph O. Meyer, "Convergence Towards a European Strategic Culture? A Constructivist Framework for Explaining Changing Norms," *European Journal of International Relations* 11(4)(2005), p. 531.

41 Dr. Jean-Yves Haine과의 인터뷰(2006.8).

도 직접적 공격을 받았을 때에만 엄격하게 허용해 왔다.[42] 독일의 경우 군사력 동원을 필요로 할 때 전통적으로 사전에 국내(의회와 여론의 동의) 및 국제적 동의(동종국가들과 UN의 동의)에 있어서 모두 높은 수준을 요구하는 국가 중 하나이다.[43] 사실 독일은 냉전 종식 이후 군사력 동원은 자기 방어를 위한 목적에만 허용하는 국가로 묘사된다.[44]

이들 유럽 국가들 간 전략문화가 수렴하는지 발산하는지에 관해서는 합의된 견해가 없다. 유럽전략문화의 존재를 인정하는 사람들은 안보와 방위 분야의 의사결정 과정에서 엿보이는 새로운 유럽문화 아이디어와 인지적 동질성을 강조한다.[45] 이들은 영국 '대서양주의', 프랑스 '예외주의', 독일 '평화주의'와 '시민주의(civilianism)'가 통합된 유럽 개입주의에 대한 공통된 수용을 향해 규범적·문화적 전환이 이루어지고 있다고 묘사한다. 이러한 견해는 국가이익에 대한 고전적 이해관계에만 기반하는 것이 아니라 인본주의 및 윤리와 같은 더욱 이상주의적인 동기에도 기반한다. 따라

42 Christoph O. Meyer, "Convergence Towards a European Strategic Culture? A Constructivist Framework for Explaining Changing Norms," *European Journal of International Relations* 11(4)(2005), p. 529.

43 Christoph O. Meyer, *The Quest for a European Strategic Culture: Changing Norms on Security and Defence in the European Union*(New York, N. Y.: Palgrave macmillan, 2006), pp. 7-8.

44 Dr. Jean-Yves Haine과의 인터뷰(2006.8).

45 Paul Cornish and Geoffrey Edwards, "Beyond the EU/NATO Dichotomy: The Beginnings of a European Strategic Culture," *International Affairs* 77(3)(2001); Jolyon Howorth, "The CESDP and the Forging of a European Security Culture," *Politique Européenne* 8(2002); Per M Martinsen, "The European Security and Defence Strategy: A Strategic Culture in the making," paper presented at the ECPR Conference, Marburg, 18-21(September, 2003).

서 새로운 규범적 패러다임을 국제관계에 도입한다.[46] 반면 회의론적 입장에서는 이라크전에 대한 '오랜 유럽-새로운 유럽'을 구분하여 설명하기 위해 국가전략문화 간 지속적인 차이가 있음을 강조한다.[47]

Ⅲ. 배치국면과 제도국면에서 본 외교안보정책에 대한 대안적·보충적 설명

이 절에서는 '어떤 아이디어와 담론이 유럽전략문화의 지속과 단절 과정에서 서로 경쟁하였는가', '정책엘리트들은 유럽안보에 대한 급진적인 새로운 담론을 어떻게 구성하는가' 그리고 '어떤 기제가 아이디어와 담론을 구성하는가' 등의 퍼즐을 다룬다.

1. 공동외교안보정책의 배치국면

(1) 수명주기 내 경쟁하는 아이디어와 담론

46 Jolyon Howorth, "Discourse, Ideas, and Epistemic Communities in European Security and Defence Policy," *West European Politics* 27(2)(March, 2004), p. 213.

47 Christoph O. Meyer, "Convergence Towards a European Strategic Culture? A Constructivist Framework for Explaining Changing Norms," *European Journal of International Relations* 11(4)(2005), p. 526.

아이디어 수명주기

아이디어 수명주기의 전개 과정은 〈그림 6-3〉에 잘 나타나 있다. 견고하게 제도화된 인과적 아이디어군이 유럽정책 엘리트들에 의해 외생적 쇼크와 그에 따른 정책실패로 인지되어 흔들리게 될 때 아이디어는 전환기를 맞이하기 시작한다. 유럽 엘리트들은 공통적으로 이 쇼크가 자신들의 지식구조를 침식한다고 인식할 때 스스로 어려운 질문에 대한 정당한 해답을 갖지 못하는 상황에 빠져들게 된다.[48] 여기서 목표가 모호하고 인과 관계가 잘 이해되지 않을 때 엘리트는 아이디어의 공백에 놓이게 된다. 이때 아이디어 공백 상태에 있는 엘리트는 자신의 담론과 행동을 알려주고 구조화할 수 있는 새로운 아이디어를 찾아 나서게 된다.[49] 이로써 아이디어 수명주기의 두 번째 단계로 이어진다. 여기서는 잠정적으로 경쟁하는 많은 아이디어들 가운데 결정적인 하나의 아이디어가 인과 관계에 대한 지식을 저장하고자 하는 엘리트에 의해 선택된다.[50]

아이디어 수명주기의 세 번째 단계는 새로운 아이디어가 유럽 엘리트들에 의해 내부화되어 새로운 아이디어의 균형이 이루어지고 이 안에서 정책목표를 달성하기 위한 구체적 수단에 대한 인과적 아이디어가 합의되어 공유되는 상황이다. 이 단계에서 의사결정자들은 제도화를 견고히 하고 장차 특정한 인과적 아이디어군으로 다음 세대 엘리트들을 묶어줄 수

◇◇◇◇

48 Marin Marcussen, "The Dynamics of EMU Ideas," *Cooperation and Conflict* 34(4)(December, 1999), pp. 389-390.

49 Susan Fiske and Shelley E Taylor, *Social Cognition*(New York: McGraw-Hill, 1991), pp. 150-151.

50 Marin Marcussen, "The Dynamics of EMU Ideas," *Cooperation and Conflict* 34(4)(December, 1999), p. 390.

있다.[51]

〈그림 6-3〉 아이디어의 수명주기와 구성

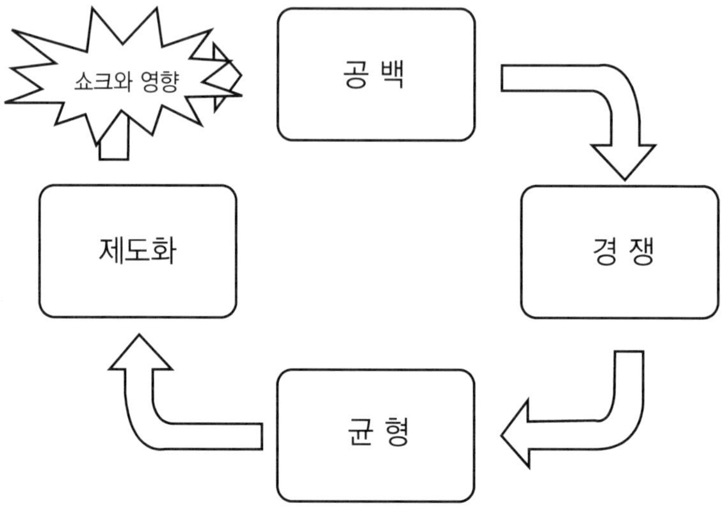

자료: 이 그림은 Marcussen(1999)의 생각을 필자가 재구성한 것임

유럽전략문화에서 서로 경쟁하는 것은 '유럽화(Europeanization)'와 '북대서양조약기구(NATO, 이하 나토) 내러티브'였다. 이들 두 가지 담론은 경쟁적이고 보완적인 관계를 유지한 채 수십 년을 지배해 왔다. 그리고 EPC에게 상징적인 조약기반을 제공한 유럽단일의정서(the Single European Act: SEA)가 발효된 1989년을 기점으로 두 담론의 경쟁관계가 대칭을 이루었다.

51 Marin Marcussen, "The Dynamics of EMU Ideas," *Cooperation and Conflict* 34(4)(December, 1999), p. 402.

1989년 이전 유럽 안보 담론

유럽화의 개념은 크게 두 가지로 구성된다. 하나는 북대서양조약기구(나토)의 동반적 개념으로 냉전체제의 국제정치시스템을 유지하는데 필요한 보충적 개념이고, 다른 하나는 유럽의 독립과 부활을 내포한다. 1989년 이전에는 유럽화의 개념이 일반적으로 냉전체제를 유지하는 집단안보의 개념 속에 북대서양조약기구를 중심으로 공산주의에 대항하는 이데올로기적인 것이었다. 따라서 나토의 구조 내부에 위치하는 하나의 유럽 기둥에 관한 '과정'으로만 인지되었다. 그러나 그 후 유럽화의 개념은 나토와 함께하는 동반적 개념이 아니라 미국 외교정책 및 금융정책의 지배력에 대항하고 유럽의 자율성을 강화하고자 하는 유럽발 저항적 아이디어의 산물로 인지된다.

강성 안보(hard security) 이슈가 제2차 세계대전 이후 국제적 아젠다를 지배하기 시작하면서 1948년 3월 영국, 프랑스, 베네룩스 국가들은 브뤼셀 조약기구(the Brussels Treaty Organisation: BTO)를 설립함으로써 상호방위협정을 체결하였다. 그 후 1949년 4월에는 미국이 나토를 체결했는데[52] 나토는 경쟁없는 방위기구로 설립되었고 군사방위에 있어서 강성 안보 이슈가 아젠다를 지속적으로 주도하였다.[53] 1947년 트루먼 미 대통령은 유럽에게 평화이행에 대한 분명한 약속을 하였다. 이는 트루먼 독트린으로 잘 알려져 있으며 대서양 양측의 상호의존에 대한 확신을 심어주었고 마샬 플랜으로 더 잘 알려진 유럽복구계획(European Recovery Programme:

52 나토는 정부 간 군사연맹으로 상호방위를 제공했고 냉전 내내 서유럽의 강성 안보 제도를 지배했다.

53 Steve Marsh and Hans Mackenstein(eds.), *The International Relations of the European Union*(London: PEARSON LONGMAN, 2005), p. 7.

ERP)의 선언으로 유럽통합에 대한 새로운 열정을 후원하였다.[54] 당시만 해도 유럽의 지역통합은 다자주의적 자유무역을 향한 미국의 주도권을 방해하는 장애물로 간주되었다. 그럼에도 불구하고 트루먼 행정부는 통합이 미국에게 가져다 줄 잠재적 편익이 이면에 있는 위험을 상쇄시킨다고 믿고 있었다.[55] 이러한 지역통합에 대한 미국의 지지는 유럽이 공산주의에 흡수되지 않도록 방지하고자 함에 그 목적이 있었고 유럽으로 하여금 필요한 대규모 재무장 프로그램을 수행할 수 있도록 하는데 또 다른 목적이 있었다.[56]

나토 설립을 전후로 아메리카를 친유럽통합주의로 이끈 몇 가지 사건들이 있었다. 우선 미국의 침체는 서유럽의 경제적 곤경을 악화시켰고 중국은 공산주의로 빠져들었다. 게다가 1949년 9월에는 옛 소련의 핵실험이 핵무기에 대한 미국의 독점을 깨뜨렸다. 이들 사건에 대응하여 트루먼 행정부는 전략을 바꾸어 서유럽 경제재건과 협력을 촉구하게 되었고 이것이 곧 유럽통합에 대한 지지로 이어졌다.

유럽의 첫 번째 주요 전후 통합 프로젝트는 장 모네에 의해 고무된 유럽석탄철강공동체(the European Coal and Steel Community: ECSC)였다. 이는 프랑스와 옛 서독의 화해를 위한 그리고 서유럽 재무장 프로그램의 잠정적 강화를 위한 변곡점이었다. 그 후 1952년 유럽 방위 공동체(the European Defence Community: EDC) 조약이 – 유럽정치공동체(the European Political Community: EPC)의 창립과 연합된 – 체결되었다. 여기서 모든 독일군대는

54 Steve Marsh and Hans Mackenstein(eds.), *The International Relations of the European Union*(London: PEARSON LONGMAN, 2005), p. 6.

55 Dr. Alexander Nicoll과의 인터뷰(2006.8).

56 Dr. Alexander Nicoll과의 인터뷰(2006.8).

초국가적으로 통제되는 유럽군(the European Army)에 편입되었다. 그러나 안보 이니셔티브가 EDC 회원자격에 대한 영국의 거부로 인해 실패하고 말았다. 서유럽에서 가장 강한 군사력 없이 EDC의 초국가적 특성은 완전할 수 없었고 유럽군은 아말감보다 더 나은 것 같아 보이지 않았다.[57] 더욱이 드골주의자들이 이끄는 야당은 EDC에 대한 국가비준을 흔들어 놓았다. 그 결과 독일군대는 1955년 5월 나토로 편입되었고 이것이 서유럽동맹(the Western European Union: WEU)을 구성하였다.

유럽 공동체가 국제적 영향력을 발휘하기 시작한 것은 1957년 로마조약 체결 당시였다. 사실 로마조약 내에는 많은 국제안보에 대한 생각들이 암묵적으로 내재해 있다. 그러나 군사장비는 공동시장 원칙에서 배제되었고 방위는 공동체의 통제권한 영역이 아니었다. 그 후 유럽 외교안보정책은 1970년대에 본격적으로 출범하였다고 말할 수 있다. 헤이그 정상회담으로 1970년 5월 다비농 보고서가 출간되었는데 여기서는 격년으로 외무상 회담이 이루어지고 공동체의 의장직을 순회한다는 제안이 들어 있었다. 그 후 이 제안은 1970년 룩셈부르크 보고서에 채택되었고 1973년 코펜하겐 보고서에서 다듬어진 후 EPC로 귀결되었다. 이것이 오늘날 공동외교안보정책(the Common Foreign and Security Policy: CFSP)의 전조였다.

한편 1972년 파리 정상회담에서 이루어진 유럽 이사회(the European Council)의 형태로 정상회의를 제도화한다는 결정은 유럽 외교안보정책을 위한 새로운 출발이었다. 초기 디자인은 내무 사안을 주로 다루도록 고안되었으나 유럽이사회는 오히려 외교안보 포럼으로 기능하게 되었다. 이로

57 "Foreign Relations of the United States 1952–54," *Secretary for Defense(Lovett) to Supreme Allied Commander Europe(Eisenhower)* 6(1)(January 24, 1952), pp. 859–61.

써 EPC는 정부 간 외교안보정책의 조정을 더 공고히 하도록 고안된 셈이다. 이때부터 회원국들이 외교안보정책에 있어서 정부 간주의를 넘어서려는 의지가 없음에도 불구하고 EPC는 다자주의적 유럽안보회의를 위한 대안적인 포럼을 제공함으로써 제한적이나마 나토의 우월성에 도전하기에 이르렀다. 게다가 EPC는 미국의 중동정책에 대항하여 1980년 6월 상이한 아이디어를 선포하기도 했다. EPC의 이러한 도전과 더불어 WEU를 부활시키려는 프랑스의 주도 역시 1980년대 미국 리더십에 대항하여 집단 대표성을 나타내려는 공동체의 의지가 확대되고 있음을 여실히 보여주었다.

1989년 이후 유럽안보 담론

안보의 정치적 국면에서 본 1980년대 대서양 관계는 밀접한 공동협력, 경쟁, 마찰 등 예기치 못한 조합으로 묘사될 수 있다.[58] 1982년 4월 2일 포클랜드 섬에 대한 아르헨티나의 침공에 대해 아메리카와 유럽공동체는 실질적으로 충분한 관리 및 조정 능력을 보여주었다. 이와 달리 공산주의 쿠바 사안에 대해, 리비아 군사기동타격에 대해, 니카라구아 분쟁에 대해 미국과 유럽공동체는 아이디어를 공유하지 않았다. 특히 니카라구아 분쟁의 경우 미국은 니카라구아 콘트라스(the Contras)를 지지했던 반면 유럽공동체는 니카라구아에게 상당한 식품원조를 제공했고 인권존중과 불간섭주의에 기반 하여 중앙아메리카의 분쟁에 대한 평화적 해결을 요구했다.[59] 이로써 유럽공동체는 1980년대 기간 동안 나토 내부로 안전하게

58 Steve Marsh and Hans Mackenstein(eds.), *The International Relations of the European Union*(London: PEARSON LONGMAN, 2005), p. 16.

59 Steve Marsh and Hans Mackenstein(eds.), *The International Relations of the Euro-*

둥지를 트는 국제안보 행위자로서 점진적인 발전을 지속하였다.

유럽공동체는 오랜 제도가 사라지면서 유럽 내 분열과 통합의 동시발생적 과정을 통해 유럽화를 향해 극적인 전환을 이루었다. 1987년 유럽단일의정서(the Single European Act: SEA) 제30조가 최종적으로 EPC에게 상징적으로 중요한 조약기반을 제공하면서 1980년대 말 주요 유럽국의 정치공동체를 한데 묶어주는 새로운 초기적 합의가 도출되었다. 그 후 베를린 장벽의 붕괴가 이 새로운 합의를 실질적으로 불필요한 것으로 만들었다. 이러한 역사 형성의 상황변화는 아이디어의 공백을 가져왔고 이에 유럽은 완전히 새로운 생각이 필요했다. 냉전의 종식 이후 유럽 국가들은 외교안보정책에 있어서 큰 변화를 겪었는데 무엇보다 유럽연합은 국제적 안보 행위자로서 다음과 같은 세 가지 극적인 사건을 경험했다. 우선 1983년 11월 유럽연합 공동외교안보정책이 발효되었다. 그 후 1998년 12월에는 영-불 정상회담이 세인트 말로(St. Malo)에서 열렸고 이는 유럽연합 신속대응군(EU Rapid Reaction Force: EURRF)의 발전을 위한 기초를 마련하였다. 마지막으로 2002년 12월 유럽연합은 코펜하겐 정상회담에서 주로 전 공산주의 중-동유럽 국가들(CEECs)로 이루어진 10개국의 회원가입을 완결지었다. 이들 세 가지 극적인 사건은 외교안보정책 영역에서 유럽의 가치를 제고하는 길을 열어 주었다.

이러한 과정을 거쳐 유럽의 외교안보 담론은 나토 내러티브에서 유럽화로 전환되었다. 그리고 이 과정에서 유럽의 전략문화 역시 군사력 동원의 정당성을 냉전의 이데올로기에서 찾는 틀을 벗어나 인본주의에서 그 타당성을 모색하는 가치관으로 전이되었다.[60] 여기서 우리는 특정한 한

◇◇◇◇

pean Union(London: PEARSON LONGMAN, 2005), p. 17.

60 Dr. Bastian Giegerich와의 인터뷰(2006.8).

아이디어가 다른 아이디어를 지배하게 되는 동학에 대해 마지막 궁금증을 제기하게 된다. 다음으로는 전략문화의 규범 전환을 유도하는 기제에 대해 살펴보도록 하자.

(2) 학습 기제와 제도적 동형화

유럽 내 규범의 수렴은 영토방위의 우선순위 배제, 인본주의적 목적을 위한 개입의 정당성, UN에 의한 국제적 승인, 방위협력을 위한 적절한 틀로서 유럽연합에 대한 애착 확대 등으로 좁혀진다.[61] 그렇다면 규범의 전환을 유도하는 기제는 무엇인가? 이 퍼즐에 대해 메이어(2005)는 세 가지 벡터로 구성된 학습 기제를 통해 전략규범이 어떻게 변화하는지를 설명하고자 한다. 위협인지의 전환을 통한 학습, 제도적 사회화, 사회적 학습에 대한 자극으로서 병합된 위기 등. 규범적 동형화를 거론하는 학자들 역시 '학습'을 그 동학으로 인정한다. 현대전의 사례에서 나타난 유럽전략문화의 주류에 이들의 논리를 적용하자면 다음과 같다. 군사력동원에 대한 협력 목표와 모드에 관련된 전략 규범은 위협에 대한 인지변화에 의해 영향을 받는다. 현실주의자들의 사고를 보면 위협에 대한 인지는 위험한 환경에 처한 자신의 생존에 대한 두려움[62] 그리고 '미사일 갭'에 대한 연구가 보여주듯이 상당한 수준에서 해를 끼칠 수 있는 적의 능력(capability)과

---

61 Christoph O. Meyer, "Convergence Towards a European Strategic Culture? A Constructivist Framework for Explaining Changing Norms," *European Journal of International Relations* 11(4)(2005), p. 545.

62 Kenneth N Waltz, *Theory of International Politics*(New York: McGraw-Hill, 1979).

연결된다.[63] 그러나 주어진 안보 공동체의 위협에 대한 인지는 다양한 요소들로부터 제기될 수 있다. 위협에 대한 인지는 또한 사회적·정치적 가치, 아이디어, 규범 간 병립불가능과도 연계된다.[64] 공동가치와 규범에 대한 점진적 인지는 자신의 생존에 대한 두려움을 없애고자 인지론적 방패를 제공하도록 마련된다. 이러한 전환점은 냉전종식에서 비롯되었고 그 시간의 중심축은 1989년이었다. 냉전은 독일을 강한 대서양주의와 다자주의의 정향 그리고 징병제에 기반을 둔 영토방위라는 규범적 선호를 갖게 만들었다. 또한 냉전종식 이후 12년 만에 독일 국방장관이 영토방위를 군사력의 '가장 중요한 임무'라는 위상에서 '하나의 중요한 임무'[65]로 낮추었다.

한편 '제도적 사회화'를 통해 회원국들은(특히 신규회원국들은) ESDP의 전반적인 공세를 지지하도록 EU 관련 위원회로부터 준수 압력을 받기가 쉽다. 제도적 사회화는 군사력동원을 위한 정당성을 안보의 목적 외에도 인본주의적 목적과 중립주의 독트린을 약화시키는 방향으로 이어간다. 또한 방위 수행능력을 지닌 행위자로서 유럽연합에 대한 신뢰를 강화하는 선호협력모드로까지 확장하여 군사력동원의 목적을 정의하는데 영향을

63 Christoph O. Meyer, "Convergence Towards a European Strategic Culture? A Constructivist Framework for Explaining Changing Norms," *European Journal of International Relations* 11(4)(2005), p. 533.

64 Christoph O. Meyer, "Convergence Towards a European Strategic Culture? A Constructivist Framework for Explaining Changing Norms," *European Journal of International Relations* 11(4)(2005), p. 533.

65 Bastian Giegerich, "National Responses to the Europeanisation of Defence Policy: Austria and Germany," Bologna, Second Pan-European Conference on EU Politics, SGEU, ECPR(Jun. 24-26, 2004).

미친다. 유럽외교안보 정책 결정 과정에서 회원국뿐만 아니라 제도기구 관련 행위자들이 간여한다. 유럽연합 내 공동외교안보정책에 간여하는 주요 제도기구는 최고위대표부(the Office of the High Representative: OHR), 암스테르담 조약의 신규 조항(1997), 정치안보위원회(the Political and Security Committee: PSC or COPS), 유럽군사위원회(the European Military Committee: EUMC) 그리고 유럽군사스태프(the European Military Staff: EUMS) 등이다. PSC는 최고위 위원회로서 대사 등급을 갖는 회원국의 외무부 공무원들로 구성된다. 이들은 상임으로 브뤼셀에 주재하며 주요 아젠다에 대해 일주일에 최소한 두 번씩 모임을 갖는다.[66] PSC, EUMC, EUMS 등은 ESDP의 진화를 위한 촉매제 역할을 담당한다.

한편 보스니아, 코소보, 이라크전의 경우에서 나타난 '병합된 위기'가 서구 개입을 유도하는 네 가지 전략 규범에 영향을 준다. 앞선 두 가지 사례는 인종집단을 폭력으로부터 보호하기 위해 군사력을 동원하는 경우에 대한 정당성을 확보하는데 기여하였고, 다자주의와 국제법에 대한 합의를 공고히 하였다. 또한 무력사용에 대한 승인을 얻기 위한 국내 기준치를 낮추는데 기여하였다. 그러나 코소보 사례는 동시에 민간 목표물에 대한 무력사용을 제한하는 규범을 강화하였고, 코소보와 이라크 사례는 선호하는 방위협력의 틀로서 유럽연합이 갖는 위상을 강화시켰다.

요약하자면 주어진 안보 공동체의 위협인지, 제도적 사회화 그리고 병합된 위기 모두 엘리트와 사회 수준 모두에서 일어나는 학습(전략문화의 변화를 일으키는)의 기제를 구성하는 강력한 벡터이다. 그렇다면 이들 벡터

66 Christoph O. Meyer, "Convergence Towards a European Strategic Culture? A Constructivist Framework for Explaining Changing Norms," *European Journal of International Relations* 11(4)(2005), p. 537.

들은 어떤 과정을 통해 정책내용을 형상화하고 규범을 변화시켜 유럽의 전략문화를 새롭게 재조정하게 되는가? 이에 대한 해답은 나이(Nye, 1987), 홀(Hall, 1993), 처클(Checkel 2001), 디마지오와 파웰(DiMaggio and Powell 1991)의 학습기제에 관한 연구를 통해 얻을 수 있다. 이들 연구에 따르면 역사적 경험이나 집중적 상호작용이 뒷받침되어 행위자들 간에 도출된 '공유된 해석'은 학습을 구체적인 정책내용으로 이어준다. 공유된 해석은 개별 행위자의 부족한 역량을 뛰어넘어 사회적 학습 과정을 통해 궁극적으로 규범을 창조한다. 사회적 학습과정에서 정책엘리트들은 규범에 담겨있는 논리를 채택하여 이를 내부화하고 궁극적으로 행동을 구성하는 간주관적 이해(해석)를 공유한다.[67] 이때 일어나는 학습과정은 단순학습이 아니다. 수단과 목표가 상충되고 인과성이 얽혀 있는 상황에서 일어나는 복잡학습(complex learning)[68]을 통해 행위자는 새로운 이해관계와 선호를 획득하게 된다. 또한 정책목표의 변화로 거시정책의 모드가 변화하고 정책의 틀 내 이념적 변환과 정책 구성요소의 변화가 수반된다(소위 홀의 세 번째 학습유형).[69] 한편 학습은 규범적 동형화를 통해 일어나기도 한다. 목표가 모호하거나 불확실성이 높은 상황에서 무엇이 효율적인 정책인지를 모를 경우 조직은 전문화 과정을 통해 촉발되는 규범적 압력에 의해 제도적

67 Jeffrey T. Checkel, "Social Construction and European Integration," in Thomas Christiansen, Knud Erik Jørgensen & Antje Wiener(eds.), *The Social Construction of Europe*(London: SAGE, 2001), p. 57.

68 Joseph S. Nye Jr., "Nuclear Learning and U.S.-Soviet Security Regimes," *International Organization* 41(3)(Summer 1987), p. 380.

69 홀(Hall)은 학습 유형을 세 가지 유형으로 구분한다. Peter A. Hall, "Policy paradigms, social learning and the state: the case of economic policy-making in Britain," *Comparative Politics* 25(3)(1993), pp. 278-279.

규범을 수용하게 된다.[70] 단순한 영토방위에서 인본주의적 목표를 위한 군사력 동원을 허용하게 되는 유럽 전략문화의 변화는 정치적 정당성을 충분히 확보하는 과정을 통해 이루어졌다.[71] 그리고 이 과정에서 규범적 동형화의 주요 기제로서 '학습'은 전략문화의 재구성을 일구어낸, 신기능주의자들에 의해 주창된 '행위자 사회화' 또는 '인지적 유럽화'를[72] 탄생시켰다.

그러나 '학습' 기제에 의한 규범적 동형화의 결과로서 전략문화의 수렴을 설명하는 것은 유럽전략문화의 수렴에 대한 완전한 이야기를 들려주지 못한다. 이러한 의미에서 우리는 수렴과 발산을 유도하는 제도의 이원적 역할에 대한 이해가 필요하다. 제도국면을 생략하고 외교안보정책의 내용을 이해하는 것은 불완전하다. 사실 담론이 정체성을 형성하고 국가이익을 재정의함으로써 정책내용을 구성하는 모든 과정은 제도적 틀을 통해 외교안보정책 내용의 지속성과 비지속성으로 이어진다. 이어지는 절에서는 이를 상세히 다루고자 한다.

70 P. DiMaggio and W. W. Powell(1991). "The Iron cage Revisited Institutional Isomorphism and Collective Rationality in Organizational Fields," In W.W. Powell and P. DiMaggio(eds.), *The New Institutionalism in Organizational Analysis*(Chicago: Chicago University Press, 1991). p. 69.

71 인터뷰 with Dr. Claire Spencer(2006.8).

72 Leon N. Lindberg and Stuart A. Scheingold, *Europe's Would-Be Polity – Patterns of Change in the European Community*(Englewood Cliffs, NJ: Prentice Hall, 1970), p. 119; Leon N Lindberg, *The Political Dynamics of European Integration*(Stanford, CA: Princeton University Press, 1971), p. 284; Philippe C Schmitter, "Neo-Neo-Functionalism," In Thomas Diez and Antje Wiener(eds.), *European Integration Theory*(Oxford: Oxford University Press, 2004).

2. 외교안보정책 결정의 제도적 국면: 외교안보정책 담론의 형상

외교안보정책 결정의 담론분석에서 제도적 국면에 대한 검토는 유럽연합의 구조적 속성과 회원국의 담론 채널에 대한 묘사로 시작된다. 개별 회원국과 유럽연합의 담론 채널이 지닌 제도적 속성을 이해하게 되면 행위자가 특정한 정책 내용을 선택하도록 만드는 제약적 조건을 이해하게 된다. 이 글은 주요 목적의 하나로 외교안보정책 상의 전략문화가 변환되는 과정에서 나타나는 관성의 정도가 유럽 국가별로 차이를 보이는 까닭을 제도적 차원에서 파악하고자 한다. 기본 논리는 구조적 변화는 규범적 변화를 위한 기회의 창을 제공한다는 것이다. 유럽 외교안보정책 상에서 나타나는 전략문화의 수렴과 발산은 기본적으로 유럽 국가들 간 제도적 속성의 차이에서 시작된다. 그리고 유럽통합과 더불어 국내 및 유럽연합 수준에서 제도적 변화가 일어나게 되면서 유럽 외교안보정책 결정 과정도 새로운 국면을 맞이하게 되었다.

영국과 독일의 정책 결정 담론의 형상

정책담론의 상호작용 과정에 간여하는 두 개의 집단이 있다. 하나는 정책을 위한 아이디어를 생산하는 집단이고, 다른 하나는 대중에게 그 정책 아이디어를 전달하는 집단이다. 전자는 조정 영역에 위치하며 후자는 의사소통 영역에 위치한다. 그러므로 담론은 최소한 조정 기능과 의사소통 기능이라는 두 부분으로 작동한다. 담론의 조정기능은 정책 행위자들에게 공동언어와 아이디어의 틀을 제공한다. 이에 정책 행위자는 정책 프로그램을 구성하고 편익을 토론하며 정책 프로그램의 함의에 대해 국민적 동의를 이끌어낸다. 의사소통 기능은 정책 행위자에게 토론과 설명을 통해 대중을 설득하는 수단을 제공한다. 이는 조정을 통해 발전된 정책이 필요한 것이고 적절한 것임을 일반대중에게 확신시키는 수단으로 사용된다. 여기서 정책의 필요성에 대해 대중을 확신시키는 작업은 '인지적 기능'으로 칭해지며 정책의 적절성에 대해 대중을 설득하는 작업은 '규범적 기능'으로 칭해진다.[73]

〈그림 6-4〉 유럽연합과 회원국의 담론 채널 형상

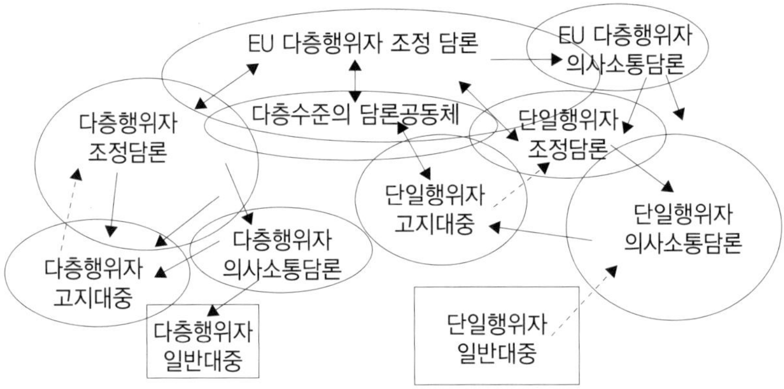

주: 화살표는 관련 행위자들의 참여와 영향력을 나타냄
자료: Schmidt(2002), p. 248.

대중은 두 가지 유형으로 분류될 수 있다. 하나는 '일반대중'으로 이들은 조정 단계에서 정부 정책에 대해 충분한 정보를 접하지 못한다. 다른 하나는 '고지대중(informed public)'으로서 이들은 정책에 대한 정보를 직접 접할 수 있다. 일반대중은 의사소통 단계에서 불만을 명백히 하거나 선거를 통해 '행동'을 취하게 된다. 여기서 정부정책에 대한 사회집단의 거부가 강하지 않다면 정부는 의사소통 단계에 머물러 있는 정책아이디어를 수

73 Vivien A. Schmidt, *The futures of European capitalism*(Oxford: Oxford University Press, 2002), pp. 210-215.

정하지 않고 이행할 수 있다. 다른 한편 고지대중은 언론, 이익집단 리더, 전문가, 야당 등으로 이루어져 있으며 이들은 의사소통 또는 조정 단계에 참여한다. 영국의 경우 고지대중은 조정단계가 아니라 의사소통 단계에 참여하도록 구조화되어 있다. 이와 달리 독일은 고지대중들이 의사소통 단계보다는 조정단계에 참여하는 형상을 이루고 있다.[74]

〈그림 6-4〉는 영국, 독일, 유럽연합의 담론 채널의 형상을 보여준다. 오른쪽 편에는 영국의 담론 채널이 나와 있고 왼쪽 편에는 독일이 묘사되고 있다. 영국에서 정책은 철저한 관리하에 있는 정부주도적인 정책 행위자 집단에 의해 형성되는 경향을 보여준다. 이 경우 일반적으로 정책 행위자는 여당 내 엘리트를 대표하는데 이들은 야당, 사회적 파트너, 지방정부, 이익집단 등과 같은 외부집단으로부터의 외부 투입이 부재한 가운데 정책을 형성하는 구조를 지닌다. 정책 형성과정 동안 상당히 통제되긴 하지만 아이디어는 인식론적 공동체[75]에 의해 형성되고 담론연정이나 지지세력 연합,[76] 최고의 지식 자원을 지니고 정책프로그램 구조를 조정하는 정부

◇◇◇◇

74 결과적으로 국가 간 차이는 대중 간 연계에서의 차이를 만든다. 구체적으로 고지대중은 영국에서 일반대중에게 담론채널을 개방한다. 반면 독일에서는 고지대중이 이를 개방하지 않는다. 이외는 논외로 한다.

75 이는 많은 전문가들의 네트워크를 의미한다. 특정한 문제에 대한 전문지식을 가진 사람들의 합의된 지식과 영향력은 레짐을 만드는데 있어 중요한 역할을 한다. Roger Tooze, "Regimes and International Cooperation," In A. J. R. Groom and Paul Taylor(eds.), *Frameworks for International Co-operation*(New York: St. Martin's Press, 1990); E. B. Hass, "Why Collaborate? Issue-Linkage and International Regimes," *World Politics* 32(3)(April 1980), pp. 357-405.

76 이는 확신 시스템을 공유하는 사람들의 집단을 의미한다. 이 집단은 정책목표를 의도적으로 설득한다는 점에서 인지적 공동체의 기술관료적 양상과 다르다. Paul A. Sabatier and Susan Hunter, "The Incorporation of Causal Perceptions into

관련 행위자들로 구성된 정책 조정자들에 의해 촉진된다.[77]

영국에서는 정부가 폭넓은 대중을 상대로 주요 정책 선도주의에 따라 여론을 주도한다. 대중은 공론장에서 목소리를 높이지만 정부 활동에 대해서는 큰 영향력을 갖지 못한다. 그 이유는 공개토론이 담론의 조정 단계에서 이루어지지만 조정을 위한 대화가 상대적으로 가장 영향력 있는 이익집단과 충분히 이루어지지 않기 때문이다.[78] 결국 정책은 담론의 조정 단계에서 소규모 엘리트 집단에 의해 형성되고 그 후 대중에 의해 의사소통 단계에서 철저히 조사된다. 그러므로 철저한 조사를 통해 대중과 이익집단이 반대의견을 갖게 되고 이를 행동으로 표현하게 되지만 일반적으로 의사소통 단계에 머물러 있다. 다시 말해서 정책에 대한 사회집단의 '행동' 경로는 의사소통 단계에서만 가용하다. 이러한 영국의 담론채널이 지닌 의사소통적 기능은 외교안보정책에 관한 전략문화를 '낮은 국내 및 국제 승인과 높은 적극성'으로 구조화한다.[79]

유럽연합의 담론 채널이 지닌 구조적 속성

유럽연합의 담론채널에서 우리는 어떤 속성을 관찰할 수 있는가? 이 질문에 대한 대답은 정책이슈영역에 의해 주도되는 정부 간주의와 초국가주의의 경쟁적 구성에 따라 유동적이다. 무엇보다 우선 유럽연합은 정부

Models of Elite Belief Systems," *The Western Political Quarterly* 42(3)(September, 1989), pp. 229-261.

77 Vivien A. Schmidt, *The futures of European capitalism*(Oxford: Oxford University Press, 2002), p. 240.

78 Dr. Claire Spencer와의 인터뷰(2006.8).

79 Dr. Claire Spencer와의 인터뷰, Dr. Bastian Giegerich, Dr. Jean-Yves Haine, Dr. Ian Kearns(2006.8).

와 비정부 행위자들에 의해 주도되는 협상에 기반하며 정책프로그램의 구성뿐만 아니라 모든 사안영역에서 초국가적이고 다자적인 거버넌스의 속성을 지닌 체제이다. 이러한 의사결정구조에서 담론 기제는 의사소통적이라기보다는 조정적 담론채널의 속성을 띤다. 이로써 유럽연합은 회원국 일부와 더불어 다층적 행위자 시스템의 속성을 공유한다.[80]

유럽연합의 담론 채널은 많은 국가수준의 정책행위자들이 참여하고 아이디어 교류 및 경쟁이 국내 및 유럽연합 수준에서 동시에 작동하는 '담론 공동체(discursive communities)'이다. 따라서 다층수준적 속성으로 인해 더 복잡성을 띠고 있다. 이러한 구성으로 유럽연합의 담론채널은 국내 및 유럽연합 수준에서 일련의 정책이슈를 두고 의사결정자들을 중재하며 인식론적 공동체와 지지세력연합을 통해 정책 소속감을 산출한다. 나아가 인식론적 공동체와 지지세력연합을 창조하여 유럽연합이 선택한 일련의 정책 콘텐츠를 위한 정책내용의 필요성과 정책범주 및 이행방법의 적절성을 제공한다. 여기서 주목할 것은 유럽연합이 창조한 담론 공동체의 기능은 실질적인 정책 프로그램을 권고하거나 제안하는 것이 아니라 사회적 학습을 촉진하는 것이라는 점이다.

한편 대단히 복잡함에도 불구하고 유럽연합의 의사소통 담론 채널은 영국의 단일행위자시스템의 그것보다는 깊이가 얕다. 이는 주권 국가의 영역에서 다양한 이익집단을 상대로 일어나는 정책담론의 형성과정이 아니라 초국가주의적 구조 속에 일부 사안영역만이 유럽연합에 의해 과점되기 때문이다. 그러나 이것이 유럽연합의 담론채널이 획일적인 속성을 띤

80 Paul A. Sabatier and Susan Hunter, "The Incorporation of Causal Perceptions into Models of Elite Belief Systems," *The Western Political Quarterly* 42(3)(September, 1989), p. 246.

다는 의미는 아니다. 유럽연합의 담론 채널의 속성은 정책이슈영역에 따라 다양하다. 예를 들어 일반 정치 및 경제 부문에서 협상과정은 유럽연합 집행위원회가 선출한 전문가, 이익집단, 정부 행정관료로 구성된다. 이 과정에서 주요 아젠다는 유럽 각료이사회에 의해 재검토되고 유럽의회에 의해 심의과정을 거치게 된다. 이러한 일련의 구조적 절차는 '코미톨로지(comitology)'[81]로 불리우며 다층적 행위자 시스템의 그것처럼 간주된다. 그 결과 유럽연합의 운영기제는 일반 정치 및 경제부문에서 조정담론 채널에 기반을 둔다고 말할 수 있다.

반면 외교안보 및 방위 사안영역은 단일행위자 시스템과 일치함을 보여 일반 정치 및 경제부문과 대립된 양상을 띤다. 이는 이들 부문에서 유럽연합의 정책 결정과정이 '정부 간주의'라는 행정원칙에 의해 작동하기 때문이다.[82] 역사적으로 유럽정치협력의 제도적 형상은 운영원칙으로서 국제협상에 의해 유지되는 정부 간주의에 의해 관리되어 왔다. 마스트리히트 조약과 암스테르담 조약이 정치협력 부문에서 초국가주의를 대표하지만 그 의도는 성공적이라고 평가받지 못하고 있다. 유럽연합의 외교안보 정책 결정과정을 들여다보면 개별 국가이익과 일방적 배신이 수반되고 있고 공동입장과 행동에 대한 분명한 중심노선을 찾기가 힘들다. 외교안보 및 방위에 대한 유럽연합의 의사결정 절차에서 개별 회원국은 정책 결정을 이해할 수 있는 기초적 정책행위자들이다. 그러나 외교안보 및 방위 부문에서 나타나는 유럽연합의 정부 간주의는 다층적 정부행위자들이 그

81 유럽연합 위원회를 보좌하는 책임을 지는 각종 위원회 제도.

82 Andrew Moravcsik, "Preferences and Power in the European Community: A Liberal Intergovernmentalist Approach," *Journal of Common Market Studies* 31(4) (1993), pp. 473-524.

안에서 활동하고 있다는 점에서 개념의 단순성을 뛰어넘어 '초국가적 정부 간주의'로 흘러가고 있다.[83]

결국 외교안보 및 방위에 대한 유럽연합의 의사결정 과정은 의사소통과 조정 채널 중 어느 하나로 고정되는 것이 아니라 국내비준게임에 대해 탄력성을 지니는데 이는 개별 회원국의 담론 채널의 다양성에 의해 결정된다는 사실을 주목해야 한다. 유럽연합의 결정은 유럽연합과 독일 정부 간에 수행되는 의사소통적 담론을 요구하지 않는 반면 영국정부는 의사소통 담론 채널에서 유럽연합의 결정에 대해 대중을 설득하기가 어렵다. 유럽연합은 의사소통 담론 채널에 대해 제약을 가하는 경향이 강하기 때문에 유럽연합이 회원국에게 아이디어를 확산시키려면 의사소통 담론 채널보다는 조정 담론 채널을 활용해야 한다는 사실 또한 주목할 필요가 있다.

담론분석의 실질적 적용

종합하자면 회원국 국내수준에서의 담론 채널에 대한 유럽연합의 영향력이 강화됨에도 불구하고 회원국의 담론 채널은 아이디어, 가치, 제도적 맥락 등에 따라 다양성을 유지하고 있다. 구조는 가능한 정책을 조건짓지만 개념과 비전으로 이루어져 있는 담론 속에 몸담고 있다. 이는 곧 구조가 여러 층으로 구성되어 있다는 의미이기도 하다. 구조는 국가-민족의 핵심 개념을 이루고 있고, 유럽이라는 콘텐츠가 또 다른 층에 위치하고 있다. 또한 이들 두 층 사이에는 유럽에 대한 관계적 입장이 자리 잡

83 Steve Marsh, and Hans Mackenstein(eds.), *The International Relations of the European Union*(London: PEARSON LONGMAN, 2005).

고 있다.[84]

국제관계나 안보에 대한 개념보다 국가와 민족에 대한 개념이 정체성에 기반 한다. 이들 개념은 '우리'를 생각하는 방식의 문제이다. 유럽인들은 외교안보노선에 있어서 '우리'의 개념을 '전 유럽(All-Europe)'으로 확대하고 있으며 개별 회원국의 영토방위라는 협소한 개념에서 벗어나 인본주의라는 광대한 개념으로 탈바꿈되었다.[85] 이러한 '우리'의 개념 확장에 이어 담론의 또 다른 층에서는 유럽 내 세력균형과 대서양주의로부터 이탈하여 유럽주의 대 글로벌주의의 대립 구도로 이어진다. 오늘날 현대전을 치른 유럽은 개별 회원국별로 유럽주의와 글로벌주의를 정책담론의 핵심 주제어로 상이하게 동원하고 있다. 영국은 글로벌주의를 표방하고 독일은 유럽주의를 표방하는 대표적인 유럽 국가들이다.[86] 공동외교안보정책에 있어서 영국은 여전히 대서양주의를 유지한 채 나토를 중심으로 하는 글로벌주의에 깊은 뿌리를 내리고 있다. 이와 달리 프랑스는 나토가 기능하지 못하는 영역에서 유럽연합의 군사력이 그 몫을 충족시켜야 한다고 주장하면서 강한 유럽주의를 표방하고 있다.[87] 한편 독일은 대서양주의를 기저로 한 채 유럽주의를 표방하는 중간자적 입장을 보이고 있다.

---

84 Ole Woever, "European Integration and Security: Analysing French and German Discourses on State, Nation, and Europe," In David Howarth et al.(eds.), *Discourse Theory in European Politics: Identity, Policy and Governance*(London and New York: Palgrave Macmillian, 2005), pp. 35-36.

85 Ole Woever, "European Integration and Security: Analysing French and German Discourses on State, Nation, and Europe," In David Howarth et al.(eds.), *Discourse Theory in European Politics: Identity, Policy and Governance*(London and New York: Palgrave Macmillian, 2005), pp. 35-36.

86 Dr. Jean-Yves Haine과의 인터뷰(2006.8).

87 Dr. Jean-Yves Haine과의 인터뷰(2006.8).

이러한 엇갈리는 아이디어는 담론의 최저층에서 일어나는 권력국가와 민족의 개념이 유럽이라는 아이디어와 융합되는 구도에서 기인한다. 좀 더 구체적으로는 '국가=민족, 민족=문화인가?'라는 질문에 스스로 답함으로써 국가와 민족에 대한 유럽인들의 아이디어와 정체성이 확인되고 그 결과 외교안보정책의 목표와 군사력 동원의 허용 범위가 결정된다. 유럽의 전략문화에서 인본주의적 목표를 위한 모든 군사력 동원은 허용된다는 논리는 그리고 유럽연합이 실질적인 군사력 동원력을 갖추게 된다는 초국가주의를 향한 제도적 변화는 국가·민족, 민족·문화라는 공식이 성립될 때 비로소 가능해진다. 이와 더불어 국내 및 국제 승인의 수준이 결정되어 유럽 국가들 간 수렴 과정을 거쳐 새로운 유럽의 전략문화로서 제도화되기에 이른다.

Ⅳ. 결론을 대신하여

결론적으로 우리는 지금껏 살펴본 사실들을 통해 다음과 같은 몇 가지 정치적 함의를 얻게 된다. 첫째, 유럽전략문화에 대한 기회와 도전은 '유럽화'의 개념과 분명한 상관관계를 갖고 있다. 유럽화는 '나토 내러티브'에 대한 도전적 개념으로서 유럽 사회에 점진적으로 자리매김하여 왔다. 이 과정에서 유럽의 전략문화는 '더 높은 적극성과 더 낮은 승인 수준'을 향해 수렴되는 정향을 보여주었으며 그 중심에는 냉전체제의 붕괴라는 체계적 변화가 자리하고 있었다. 체계적 변화를 통해 유럽은 협소한 영토방위의 개념에서 인본주의라는 광범위한 범주까지 군사력 동원의 정당성을 확대하기에 이르렀다.

둘째, 네 가지 전략규범으로부터 선호협력모드와 군사력동원을 위한 목표 설정에 영향력을 행사하는 것은 위협에 대한 인지, 제도적 사회화, 병합된 위기 등이 벡터를 이루는 학습 과정이었다. 위협에 대한 인지는 군사력동원의 목적에 영향을 미쳐 영토방위에 대한 배타적 몰입의 수준을 낮추고 선호협력모드의 수준을 낮추어 나토/미국에 대한 고착현상을 약화시켰다. 이로써 유럽연합 회원국들은 학습을 수반한 규범적 동형화의 기제를 통해 유럽의 전략문화를 구성하는데 있어서 선행동적인 모습을 보여주었다.

마지막으로 영국과 독일 간에 부분적으로 지속되고 있는 국가전략문화 간 차이는 개별 국가가 지닌 담론 채널의 다양성에서 비롯된다. 누가 영국 정책담론에서 아이디어를 주도하는지를 고려해보면 영국을 '약한 국가' 또는 다층적 행위자 시스템으로 보기 어렵다. 그럼에도 불구하고 의사소통 담론을 중심으로 하는 영국의 정책담론 채널은 조정담론 채널이 지배적인 독일의 경우와는 대립되는 양상을 보여준다.

한편 이 연구에서 이루어진 검토만으로는 영국과 독일의 국가전략문화 간 차이에 대한 완전한 이야기를 들려주지 못한다. 이는 이 연구가 다루지 못한 다음과 같은 관점이 생략되어 있기 때문이다. 첫째, 이 연구는 정부가 정책변화를 위한 동의를 어떻게 이끌어내는지 그리고 국내 저항을 어떻게 극복하는지를 설명하지 않는다. 둘째, 정책영역 모드에 따라 인식론적 공동체의 사회적 영향력에 의해 주도되는 유럽화의 상이한 형태를 검토할 필요가 있다. 인식론적 공동체의 사회적 영향력을 유럽화하는 것은 정책부문의 상이한 유형에 따라 다양하다. 마지막으로 일부 국가에서의 전략문화는 제도적 사회화를 통해 선호협력모드를 고려할 때 수용 압력에 놓여 있다는 점을 살펴보는 것도 흥미롭다.

결국 영국과 독일의 국가전략문화 간 차이를 만들어내는 동학은 이

연구가 다루지 못한 상기한 일련의 관점들에 대한 고려가 충분히 이루어진 이후에 이해될 수 있다. 필자는 이 글이 미래의 연구 노력들을 자극하는 마중물이 되기를 바란다.

참고문헌

인터뷰

Dr. Jean-Yves Haine(2006.8.) Research Fellow for European Security. IISS(The International Institute for Strategic Studies). Arundel House, 13-15 Arundel Street, Temple Place, London WC2R 3DX, UK.

Dr. Bastian Giegerich(2006.8.) Research Associate for European Security. IISS(The International Institute for Strategic Studies). Arundel House, 13-15 Arundel Street, Temple Place, London WC2R 3DX, UK.

Alexander Nicoll(2006.8.) Director of Defence Analysis and Pubications/ Editor, Strategic Survey. IISS(The International Institute for Strategic Studies). Arundel House, 13-15 Arundel Street, Temple Place, London WC2R 3DX, UK.

Dr. Claire Spencer(2006.8.) Head, Middle East Programme. Chatham House. The Royal Institute of International Affairs. chatham House 10 St. James' Square. London SW1Y 4LE.

Dr. Ian Kearns(2006.8.) Deputy Director. Institutefor Public Policy Research. 30-32 Southampton Street. London WC2E 7RA.

2차 문헌

Avermaet, Eddy Van(2001). "Social Influence in Small Groups." In Miles Hewstone and Wolfgang Stroebe(eds.), *Introduction to Social Psychology: A European Perspective*. London: Blackwell. pp. 405-43.

Carlsnaes, Walter. "The Agency-Structure Problem in Foreign Policy Analysis." *International Studies Quarterly* 36(3)(September, 1992).

Checkel, Jeffrey T.(2001). "Social Construction and European Integration." In Thomas Christiansen, Knud Erik Jørgensen & Antje

Wiener(eds.), *The Social Construction of Europe*. London: SAGE.
Cornish, Paul and Geoffrey Edwards. "Beyond the EU/NATO Dichotomy: The Beginnings of a European Strategic Culture." *International Affairs* 77(3)(2001). pp. 587-603.
Cram, L. "Calling the tune without paying the piper? Social policy regulation: the role of the Commission in European Community social policy." *Policy and Politics* 21(3)(1993). pp. 135-146.
Croft, Stuart. "The EU, NATO and Europeanisation: The Return of Architectural Debate." *European Security* 9(3). 1-20(Autumn, 2000).
DiMaggio, P. and W. W. Powell(1991). "The Iron cage Revisited Institutional Isomorphism and Collective Rationality in Organizational Fields." In W. W. Powell and P. DiMaggio(eds.), *The New Institutionalism in Organizational Analysis.* Chicago: Chicago University Press. pp. 63-82.
Dyson, K.. *Elusive Union: The Process of economic and Monetary Union in Europe*. London and New York: Longman, 1994.
European Council. "A Secure Europe in a Better World: European Security Strategy." http://www.consilium.eu.int(검색일 2003).
Everts, Steven, Lawrence Freedman, Charles Grant, François Heisbourg, Daniel Keohane and Michael O'Hanlon(2004)(eds.), *A European Way of War*. London: Centre for European Reform.
Fiske, Susan and Taylor, Shelley E. *Social Cognition*. New York: McGraw-Hill, 1991.
Freedman, Lawrence(2004). "Can the EU Develop an Effective Military Doctrine?" In Steven Everts, Lawrence Freedman, Charles Grant, François Heisbourg, Daniel Keohane and Michael O'Hanlon(eds.), *A European Way of War.* London: Centre for European Reform. 13-26.

Giegerich, Bastian. "National Responses to the Europeanisation of Defence Policy: Austria and Germany." *Bologna, Second Pan–European Conference on EU Politics, SGEU, ECPR*(June 24–26, 2004).

Goldstein, Judith, and Robert Keohan(1993)(eds.), *Ideas and Foreign Policy. Ithaca*. NY: Cornell UP.

Haas, E. B.. "Why Collaborate? Issue–Linkage and International Regimes." *World Politics* 32(3)(1980). pp. 357–405.

Haas, Peter M.. "Introduction: Epistemic Communities and International Policy Coordination." *International Organization* 46(1)(1992). pp. 1–35.

Hall, Peter A.. "Policy paradigms, social learning and the state: the case of economic policy–making in Britain." *Comparative Politics* 25(3)(1993). pp. 275–296.

Heiselberg, Stine. "Pacifism or Activism: Towards a Common Strategic Culture within the European Security and Defence Policy?" *IIS Working Paper*(2003).

Howorth, Jolyon. "The CESDP and the Forging of a European Security Culture." *Politique Européenne* 8(2002). pp. 88–108.

Howorth, Jolyon. "Discourse, Ideas, and Epistemic Communities in European Security and Defence Policy." *West European Politics* 27(2)(March, 2004). pp. 211–234.

Kapstein, E. B.. "Between power and purpose: central bankers and the politics of regulatory convergence." *International Organization* 46(1)(Winter, 1992). pp. 265–287.

Katzenstein, Peter J.. *Cultural Norms and National Security: Police and Military in Postwar Japan*. Ithaca, NY and London: Cornell University Press, 1996a.

Katzenstein, Peter J.. T*he Culture of National Security: Norms and Identity in*

World Politics. New York: Columbia University Press, 1996b.

Lindberg, Leon N.. *The Political Dynamics of European Integration*. Stanford, CA: Princeton University Press, 1971.

Lindberg, Leon N. and Stuart A. *Scheingold. Europe's Would-Be Polity – Patterns of Change in the European Community.* Englewood Cliffs, NJ: Prentice Hall, 1970.

Marcussen, Marin, "The Dynamics of EMU Ideas." *Cooperation and Conflict* 34(4). 383–411(December, 1999).

Maria Papadakis and Harvey Starr. "Opportunity, Willingness, and Small States: The Relationship Between Environment and Foreign Policy." In Charles F. Hermann et al. ed. *New Directions in the Study of Foreign Policy*. Boston and London: Allen & Unwin, 1987.

Marsh, Steve and Hans Mackenstein(2005)(eds.), *The International Relations of the European Union*. London: PEARSON LONGMAN.

Martinsen, P. M.. "The European Security and Defence Strategy: A Strategic Culture in the making." paper presented at the ECPR Conference. Marburg. 18–21,(September, 2003). http://www.essex.ac.uk/ECPR/events/generalconference/marburg/papers/17/1/Martinsen.pdf.

Meyer, Christoph O.. "Convergence Towards a European Strategic Culture? A Constructivist Framework for Explaining Changing Norms." *European Journal of International Relations* 11(4)(2005). pp. 523–549.

Meyer, Christoph O.. *The Quest for a European Strategic Culture: Changing Norms on Security and Defence in the European Union*. New York, N.Y.: Palgrave macmillan, 2006.

Moravcsik, Andrew. "Preferences and Power in the European Community: A Liberal Intergovernmentalist Approach." *Journal of Common Mar-*

ket Studies 31(4). 473-524(1993).

Nye, Joseph S. Jr.. "Nuclear Learning and U.S.-Soviet Security Regimes." *International Organization* 41(3)(1987). pp. 372-402.

Papadakis, Maria and Starr, Harvey. "Opportunity, Willingness, and Small States: The Relationship Between Environment and Foreign Policy." In Charles F. Hermannetal(eds.), *New Directions in the Study of Foreign Policy*. Boston and London: Allen & Unwin(1987).

Radaelli, C. M.. "The role of knowledge in the policy process." *Journal of European Public Policy* 2(2)(June, 1995). pp. 159-183.

Sabatier, Paul A.. "The Advocacy Coaltion Framework: Revisions and Relevance for Europe." *Journal of European Public Policy* 5(1)(1998). pp. 98-130.

Sabatier, Paul A. and Hunter, Susan. "The Incorporation of Causal Perceptions into Models of Elite Belief Systems." *The Western Political Quarterly* 42(3)(September, 1989). pp. 229-261.

Schmidt, Vivien A.. "Democracy and Discourse in an Integrating Europe and a Globalising World." *European Law Journal* 6(3)(2000). pp. 277-300.

Schmidt, Vivien A.. *The futures of European capitalism*. Oxford: Oxford University Press, 2002.

Schmitter, Philippe C.. "Neo-Neo-Functionalism." In Thomas Diez and Antje Wiener(eds.), *European Integration Theory*. Oxford: Oxford University Press(2004). p 45-74.

United States. Dept. of State. "Foreign Relations of the United States 1952-54." Secretary for Defense(Lovett) to Supreme Allied Commander Europe(Eisenhower) 6(1)(24 January, 1952). pp. 859-61.

Verdun, Amy, "The role of the Delors Committee in the creation of EMU: an epistemic community?" *Journal of European Public Policy* 6(2)

(June, 1999). pp. 308－328.

Waltz, Kenneth N.. *Theory of International Politics.* New York: McGraw－Hill, 1979.

Wendt, Alexander. *Social Theory of International Politics*. Cambridge: Cambridge, 1999.

Woever, Ole. "European Integration and Security: Analysing French and German Discourses on State, Nation, and Europe." In David Howarth et al.(eds.), *Discourse Theory in European Politics: Identity, Policy and Governance*. London and New York: Palgrave Macmillan(2005).

7장 유럽연합(EU)의 인권정책: 전쟁, 난민 그리고 정체성*

김남국

I. 서론: 유고 내전과 EU인권 정책의 전환

공동의 경제이해에 초점을 맞췄던 유럽통합 초기 단계에서 오늘날 유럽연합이 갖고 있는 수준의 인권에 대한 논의나 정책 구상을 찾아보기는 힘들다. 물론 범 유럽 차원에서 유럽평의회(Council of Europe)가 주관한 유럽인권협약이 이미 1950년에 조인되었지만, 현재 유럽연합의 전신이 되는, 유럽석탄철강공동체(ECSC)나 유럽경제공동체(EEC)의 조약 전문은 '경제적 발전'이라는 공통의 이해를 바탕으로 오래된 유럽 국가들 사이의 분열

* 이 장은 학술진흥재단 기초학문과제(KRF-2005-072-BM0010)의 지원을 받아 『EU학 연구』 12권 2호(2007)에 게재된 논문을 일부 수정하여 재수록한 것이다.

과 유혈갈등을 방지하고 평화로운 연대를 이루어 내겠다는 목표에 초점을 맞추고 있었다. 경제통합을 지렛대로 하여 유럽에서의 전쟁을 방지하고 평화를 구축한다는 이와 같은 유럽통합의 초기 정신은 적어도 정치, 문화, 인권차원에서 통합 심화문제가 제기되기 시작하던 1990년대 초까지는 심각한 도전에 직면하지 않았다.

유럽연합 차원의 인권정책에 대한 논의는 1990년대 들어와서 빠르게 진행된다. 예컨대, 1992년 마스트리히트 조약 F조와 1997년에 수정 통합된 유럽연합 조약 6조는 "유럽연합은 모든 회원국에 공통된 자유, 민주, 인권에 대한 존중, 법의 지배의 원칙에 근거하여 수립되며, 유럽연합은 1950년 로마에서 조인된 유럽인권협약의 권리들을 준수하고, 회원국들의 헌정에 공통된 이 원칙들을 유럽연합 법의 일반적인 원칙으로 삼는다"고 명시함으로써 '인권(human rights)'이라는 단어가 최초로 유럽통합과정의 조약 전문에 포함되었다.[1]

인권에 대한 유럽연합 차원의 관심은 1999년 6월에 논의를 시작하여 2000년 12월에 마무리된 유럽연합 권리장전(The Charter of Fundamental Rights)의 채택으로 이어졌다. 이 권리장전은 유럽이 추구하는 개인에 대한 존중, 민주주의 그리고 법의 지배 전통을 인간의 존엄, 자유, 평등, 연대, 권리, 정의 등 여섯 항목으로 나누어 54개 조항으로 명문화하고 있다. 이 장전의 18조는 정치적 망명과 난민의 보호를 명시하고 있고, 21조는 유럽연합의 모든 거주민은 EU 시민이 아니더라도 국적에 상관없이 성, 인종, 피부색, 사회적 출신, 언어, 종교, 신념, 정치적 견해, 소수집단의 일원 여

1 유럽조약1997년 6조는 http://europa.eu.int/eur-lex/en/treaties/dat/amsterdam.html#0145010077, 1992년의 Article F는 http://europa.eu.int/en/record/mt/title1.html(검색일: 2007.1.17).

부, 부, 출생, 장애, 나이 및 성적 취향 등에 근거해 차별을 받지 않는다는 규정을 명시하고 있다.[2]

1990년대 들어와 유럽연합 차원에서 인권정책 논의가 활발해지는 계기는 두 가지로 나누어 생각할 수 있다. 첫째는 내적 요인으로써 유럽연합 출범 이후 통합의 경제적 혜택에 근거한 비전이 소진된 상황에서 이를 뛰어넘는 통합의 내적 동인으로 인권정책에 대한 논의가 필요했다는 점이다. 인권정책의 공식화는 정치적인 통합의 심화 필요성과도 맞물려 있다. 하나의 정치공동체를 지향하는 유럽연합으로서는 당연하게 보편적인 인권에 대한 원칙을 천명함으로써 독립적인 공동체의 위상과 정당성을 확보해야 했다. 이런 맥락에서, 2004년 채택 뒤 비준단계에서 멈춰 있는 유럽헌법은 2001년 권리장전의 모든 내용을 헌법에 그대로 포함시킴으로써 단순한 선언차원을 넘어서 권리장전의 법적 지위를 분명하게 하려고 시도하고 있다.

유럽연합에서 인권정책 논의가 활발해 지는 두 번째 계기는 외적인 요인으로써 1992년 유고 내전의 발발과 더불어 대규모 난민이 유럽연합 영내로 유입되는 문제를 해결해야 할 긴급한 필요성 때문이었다. 유럽연합의 입장에서 보면 기존의 아시아나 아프리카 등지에서 일어났던 내전과, 이로 인한 난민의 발생은 유럽연합 회원국의 영토로 직접적인 난민유입을 가져오지는 않았기 때문에 인도적 차원의 재정 지원에 그치는 경우가 많았다. 그러나 유고 내전의 경우 인종과 종교, 문화적 차원에서 유럽의 전통과는 이질적인 대규모 난민들이 직접 유럽영내로 유입되는 것이 불가피했기 때문에 어떤 형태로든 유럽연합 차원에서 대응책을 모색해야만 했다.

2 http://www.europarl.europa.eu/charter/pdf/text_en.pdf. 유럽연합 권리장전(검색일: 2007.1.17).

유고 내전을 계기로 유럽연합의 인권정책은 두 가지 방향으로 빠르게 진전된다. 하나는 외부에서 유입되는 난민을 어떻게 효과적으로 통제하느냐는 것이고, 다른 하나는 내부적으로 민주주의 결여의 가장 큰 이유가 되어 왔던 유럽연합의 시민권 논의가 유고 내전이라는 외적 요인에 의해 활성화되는 것이다. 즉, 인종적, 종교적으로 이질적인 외부인의 유입을 통제하는 난민 및 망명 정책의 강화와, 유럽연합 시민과 유럽연합 내에 합법적으로 거주하는 제3국인들에 대한 인권정책을 강화하는 과정이 동시에 진행되는 것이다.

이 글에서는 유럽연합이 유고 내전이라는 전쟁에 직면하여 자신들의 인권정책을 수립해 가는 과정을 살펴보고, 이 과정에서 보여주는 유럽연합의 정체성에 대해 생각해보고자 한다. 특히, 유럽연합이 1990년대 들어와서 유고 내전을 계기로 빠르게 공식화시킨 난민정책 가운데, 임시보호(Temporary Protection) 정책을 중심으로 한 인권정책의 발전 및 그 발전 방향에 대해 평가하고자 한다. 평가의 기준은 두 가지이다. 첫째는 이안 매너스가 제기한 바 있듯이 유럽연합이 기존의 국민국가와는 다르게, 이른바 규범권력(normative power)이라는 개념을 통해 이해될 수 있다는 주장에 대해, 인권정책을 통해 보면 어떤 결론이 가능한가라는 점이다. 둘째는 조셉 와일러가 질문을 제기했던 것처럼 유럽연합이 과연 국민국가를 넘어서는 새로운 정치공동체를 향한 실험인가 하는 물음에 대해 인권정책을 통해 보면 어떤 결론이 가능한가라는 점이다.

매너스의 정의에 따르면, 규범권력이란 무엇이 정상적인가라는 개념을 형성할 수 있는 능력이면서 동시에 이 기준에 맞춰 다른 행위자들의 행동을 규제하고 궁극적으로 바꿀 수 있는 능력을 말한다. 기존의 국민국가가 보여 왔던 경제나 외교, 제도적 협력에 기반을 둔 시민적 권력(civilian power)과 재래식 군과 핵으로 무장한 자기방어 능력을 갖춘 군사적 힘(military power)과 비교할 때, 규범권력이란 유럽연합이 민주주의와 인권, 법의 지배 등 보편적인 가치를 모범적으로 구현하고 있다는 사실을 전제로 확산과 전환을 통해 비로소 작동할 수 있는 권력이라는 탈 국민국가적 개념이다(Manners 2003, 236-40). 유럽연합의 정체성을 이해하는 새로운 개념으로서 규범권력은 대체로 인권정책 자체가 당위의 논리를 전제하는 경우가 많기 때문에 유럽연합이 채택한 난민정책의 논의를 통해 과연 유럽연합이 규범적인 권력을 행사하고 있는가, 또는 규범권력이라는 개념을 통해 이해하기에 적절한가라는 질문에 더 선명한 답을 제시해 줄 수 있을 것이다.

이 질문에 대한 대답은 또한 조셉 와일러가 제기한 바 있는, 유럽연합이 과연 새로운 정치공동체를 향한 실험인가에 대한 답이 될 수도 있다. 와일러는 유럽연합의 정당성이 유럽시민의 연대를 넘어서는 유럽단일국가에 의해 매개되어야만 한다면, 이 상황은 국가권력의 집중에 의해 민주주의가 또 다시 시련에 처할 수 있는 개연성을 갖고 있다고 본다. 즉, 유럽통합에 대해 와일러가 가장 우려하는 상황은 외부인을 향해 국민국가의 경계가 갖는 배타적이고 부정적인 측면들이 유럽이라는 단일국가에서도 지속되는 상황이다. 새롭게 만들어지는 연방국가로서의 유럽이 유럽 이외의 세계에 대해 배타적인 또 하나의 국민국가로 자리 잡아서, 새로운 공동체를 향한 실험이 아니라 단순히 더 확장된 새로운 배제의 단위로 기능할 수 있다는 것이다(Weiler 2002).

이러한 주장으로부터 유추하자면, 유고 내전을 통해 유럽연합이 보여주는 난민 및 망명 정책에 대한 검토는 유럽연합이 기존 국민국가체제에서 볼 수 있었던 전략적 이해의 틀을 뛰어 넘어 새로운 정치체제의 모습을 보여주고 있는 것인지, 아니면 기존의 국민국가가 갖는 배타적 성격을 영토만 넓힌 상태로 확대 재생산하고 있는 것인지에 대한 시사점을 제공해 줄 수 있을 것이다.

Ⅱ. 임시 보호(Temporary Protection) 정책의 등장과 발전

1992년 유엔 고등난민판무관실(UNHCR)은 유럽의 국가들에게 보스니아 헤르체고비나 내전으로 인한 일시적인 대량의 난민 유입에 대처하기 위해 임시 보호(Temporary Protection) 정책을 채택해 줄 것을 제안하였다. 임시 보호 정책의 주요 내용은 대규모 난민의 발생 때문에 일일이 난민의 자격여부를 심사하기가 어려운 상황에서 집단 단위로 난민 기준을 적용해 입국을 허가해 줄 것과, 체류 기간 중 기본적인 권리를 보장해 줄 것, 상황종료 후 본국송환을 약속한다는 것 그리고 난민이 보호국가에 임시 체류하는 동안 망명신청을 허용하지 않는다는 등의 조항으로 이루어졌다. 이 정책을 합리화한 근거는 강제송환에 대비한 바람직한 보호를 제공하고, 정치적 해결을 통한 귀향을 기다리는 동안 인권보호의 필요성 그리고 대규모 난민절차를 진행해야 하는 유입국가의 부담 회피 등이었다(Luca 1994, 535-38).

보스니아-헤르체고비나 내전에서 발생한 약 230만여 명으로 추산되는 난민에 대해 아직 유럽연합 차원의 대응은 없었다. 다만, UNHCR의 설득에 의해 유럽 각국은 상당수의 난민들을 임시 보호 조치아래 받아들였다. 가장 많은 난민을 받아들인 나라는 독일로서 1994년 현재 총 1,354,000명의 국내 체류 난민 가운데 350,000명이 유고연방 출신이었다. 프랑스가 총 152,300명의 국내 체류 난민 가운데 15,000명가량의 유고연방 출신 난민을 받아 들였고, 영국은 총 20,000명의 국내 체류 난민 가운데 1,970명의 유고 출신 난민을 받아들였다.[3]

임시보호정책의 역사적 기원은 1956년 헝가리 민주화 운동, 1970년대 베트남, 캄보디아, 라오스 등 동남아시아 지역의 분쟁에 따른 난민 발생에 대처하기 위해 유엔이 취한 정책으로까지 거슬러 올라갈 수 있다. 당시 유엔은 사태를 빠르게 해결하고 난민에 대해 즉각적인 도움을 주기 위해, 또한 제네바 난민 협약의 당사국이 아닌 국가의 경우 재정적, 정치적 부담을 덜어주기 위해 정상적인 난민 수용과 다른 처리 기준을 제시했다. 한국의 경우에도 1992년 이전에는 제네바 난민 협약 당사국이 아니었지만 1970년대 후반 베트남 난민들이 제3국으로 영구 이주해 가기 전에 국내에서 임시 보호의 조건아래 일시 체류한 적이 있었다.

1951년의 제네바 난민 협약 1조 A(2)에 따르면 난민이란 "인종, 종교, 국적, 특정 집단의 일원, 또는 정치적 견해를 이유로 박해의 공포에 대한 상당한 근거를 갖고 자신의 국적국가나, 살아오던 거주지를 떠나서 돌아갈 수 없거나, 돌아가기를 원하지 않는 사람"을 일컫는다. 1951년 협약의 가장 유명한 조항은 이른바 일방적인 송환금지(non-refoulment)라고 불리는 제33조로써, 이 조항은 난민의 자유에 대한 위협이 남아있을 때 당사자의 의사에 반하여 본국으로 추방이나 송환을 금지한다는 점을 명시하고 있다. 제네바 협약의 1C(5)조는 난민의 지위 종료를 결정하기 위해서는 본국의 상황 변화에 대해 근본적이고, 안정적이며, 지속적이고, 효과적인 증거를 요구한다. 이후 1967년의 뉴욕 의정서는 1951년 협약에서 정해졌지만 더 이상 의미를 갖지 못하는 난민 지위에 관한 조항들, 예컨대, "1951

3 UNHCR, Statistical Year Book 1994, www.unhcr.org/cgi-bin/texis/vtx/statistics(검색일: 2006.1.19).

년 1월 1일 이전"에 발생한 난민지위에 대한 시기적 제한 조항이나, "유럽 등 난민발생의 장소" 제한 조항들을 수정 또는 삭제함으로써 난민의 범위를 확대하였다.[4]

1990년대 유럽에서 등장한 임시보호 정책은 제네바 난민협약에 따른 정상적인 난민처리 과정과 두 가지 점에서 크게 다르다. 첫째는 난민수용에 적극적이지 않을 유럽 국가들의 반응을 예상한 UNHCR이 상황종료 후 난민의 본국송환을 약속했다는 점이고, 둘째는 난민들이 임시보호 조건 아래 유럽 국가에 체류하는 동안에는 정치적 망명 신청을 허용하지 않는다는 조항을 포함시켰다는 사실이다. 유고 내전으로 인해 발생한 난민들은 정상적인 정치적 망명 신청 절차를 밟아 망명 기회를 가질 수 있었지만, 대규모 난민의 유입에 의해 공식 망명 절차가 불가능한 상황에서 임시 보호 조치를 통해 유럽 국가에 입국할 수 있었다. 그러나 유럽 국가로의 입국은 임시 보호 아래 현지 체류시 망명신청을 하지 않는다는 약속과 상황 종료 후 본국으로 송환된다는 조건을 전제한 것이었다. 즉, 유럽 국가들은 어떠한 상황에서도 난민으로 유입된 사람들이 유럽에 영구 거주하는 것을 원하지 않는다는 점을 분명하게 밝힌 것이다. 임시보호 조건아래 유럽에 수용된 유고 내전의 난민들은 또한, 정상적인 난민의 지위를 획득한 사람들이 누릴 수 있는, 제네바 협약 10조에 명시된 가족 재결합의 권리, 26조의 거주이전의 자유나 여행허가 서류를 얻을 권리 등을 누리지 못하였다.

유고 내전을 계기로 시작된 난민정책에 대한 유럽연합 차원의 논의의 결과는 1997년 암스테르담 조약에서 찾아볼 수 있다. 이 조약의 타이틀

4 http://www.unhcr.org/cgi-bin/texis/vtx/protect/opendoc.pdf?tbl=PROTECTION&id=3b66c2aa10(검색일: 2006.1.20).

4(Title IV) 61조부터 69조까지는 '비자, 망명, 이민 및 사람의 자유로운 이동에 관한 기타 정책'이라는 제목아래 향후 5년 이내에 이 부문에서 공동정책을 수립할 것을 천명하였다. 특히, 63조에서는 난민과 망명, 임시 보호 등에 대해 제네바 협약과 뉴욕 프로토콜을 준수하는 최소규정을 암스테르담 조약 발효시기로부터 5년 안에 수립할 것을 규정하고 있다.[5]

유럽연합 집행위원회(European Commission)는 이 계획에 따라 1997년 2월에 난민의 임시보호에 관한 제안을 각료이사회(Council of the European Union)에 제출하였고, 1998년 6월에 최초의 제안을 수정 제출하였다. 난민에 관한 법안은 의사결정 과정에서 가중다수결이 아닌 만장일치를 적용했기 때문에 회원국들 사이에 쉽게 합의에 이르지 못했고, 2001년 각료이사회에서 규칙(Directive)으로 정식 채택되기까지 논의의 진전이 이루어지지 않았다.

지지부진하던 임시 보호 정책은 1999년 코소보 내전을 계기로 다시 한 번 유럽연합의 관심사로 떠오르게 된다. 코소보 사태는 대략 120만 명의 난민이 발생하여 유럽으로 유입되는 계기를 만들었고, 99년 8월까지 750,000여 명이 자신들의 고향으로 돌아갔지만, 2006년에도 아직 200,000만여 명이 여전히 유럽 국가들에 머물고 있다.[6] 코소보 지역에 대한 나토의 공습과 함께 대규모 난민이 유럽연합 지역 내로 유입되자 1999년 10월에 핀란드 템페레(Tampere)에서 열린 유럽정상회의는 유럽연합 내의 자유, 안전 그리고 정의에 관한 정책 결정을 가속화하기로 결의하였다.

5 http://europa.eu.int/eur-lex/en/treaties/dat/amsterdam.html 암스테르담 조약(검색일: 2007.1.23).

6 http://www.unhcr.org/cgi-bin/texis/vtx/news/opendoc.htm?tbl=NEWS&id=447db6262(검색일: 2007.1.19).

이 회의에서 유럽의 정상들은 유럽의 영토에 정당한 이유를 갖고 접근하는 사람들에 대한 거부는 유럽의 자유주의적 전통과 모순된다는 점을 분명히 하면서 유럽연합 시민들이 누리는 자유는 그들만의 배타적인 것이 아니라고 주장하였다. 또한, 제네바 난민 협약 및 기타 인권 관련 제도들에 대한 존중과 사회적 연대에 기초한 인도적인 요구에 대한 대응을 통해 안전하면서도 개방적인 유럽연합을 건설하겠다는 의지를 표명하였다. 자유주의적 보편이념을 천명한 이 회의는 이후 유럽연합이 제정한 모든 난민 및 이민 관련 법률 전문에 중요한 계기로 명기되고 있다.

템페레 유럽정상회의는 동시에 유럽연합 공동의 망명 및 이민 정책을 수립할 것을 결의하고, 난민들의 신원을 파악하기 위해 공동의 정보 체계(Eurodac)를 신속하게 만들 것, 난민 신청 조사를 책임질 국가를 결정하는 절차를 제정할 것, 난민 신청과 난민의 지위에 관한 공동의 기준을 만들 것 등을 논의하였다. 또한 임시보호 정책에 대해 회원국들과 연대를 유지하면서 합의에 이를 필요성과 대규모 난민 유입에 대응하기 위한 재정확보의 필요성을 논의하였다.[7]

〈표 7-1〉 유럽연합의 망명신청 연도별 추이(단위: 명)

	1995	1996	1997	1998	1999	2000	2001	2002	2003	2004	2005
EU15	263,655	227,800	242,775	295,505	352,220	370,290			297,795	229,020	201,820
EU25						403,465			335,030	267,035	226,245
EU27									337,235	268,565	227,425

출처: Eurostat 재구성, EU 회원국이 각각 15개 국가, 25개 국가, 27개 국가일 때 통계.

7 http://www.europarl.europa.eu/summits/tam_en.htm 템페레 정상회의(검색일: 2007.1.21).

템페레 유럽정상회의 이후 유럽연합은 1997년 제안된 다음 합의에 이르지 못하고 있던 난민의 임시보호 정책에 대해 2001년에 '난민을 위한 임시보호'(2001/55/EC)라는 지침 제정을 통해 공동 기준을 제시했고, 일반 망명 및 난민정책에 대해 2003년 '난민수용에서 최소 기준'(2003/9/EC), 2004년 '난민에 대한 공동 정의'(2004/83/EC), 2005년 '난민의 최소 보호를 보장하는 망명 절차'(2005/12/EC) 등으로 이루어진 3개의 지침(Directive)을 제정하면서 이 분야의 정책 결정을 가속화하였다.[8]

유럽연합은 또한 망명신청자 처리국가를 정하는 기준에 대한 더블린(Dublin) 첫째 조약(1990)과 두 번째 조약(2003)을 제정하고, 회원국 간 연대를 증진하고 부담을 공유한다는 취지의 유럽난민기금(European Refugee Fund 2000)을 설립하고, 망명 신청자의 지문정보와 신원정보를 공유하기 위해 유럽난민정보(Eurodac 2003)를 수립함으로써 템페레 정상회의에서 합의하였던 유럽연합 차원의 난민 및 이민 정책의 최소 기준을 대부분 완성하였다. 궁극적으로 유럽연합은 단일 EU 기관을 통한 공동의 망명신청 체계 수립 역시 진행 중이며, 이에 관한 2004년 6월과 7월에 발표된 2개의 집행위원회 의견교환(Commission Communications)이 존재한다.

8 유럽연합의 입법 종류는 법적 구속 효과를 갖는 규칙(regulation), 지침(directive), 결정(decision) 등 3종류와, 단순한 제안에 그치는 추천(recommendation) 및 의견(opinion) 등 2종류로 이루어진다. EC 조약 249조는 지침에 대해 법적 구속력을 갖지만 입법의 목적을 달성하기 위한 수단과 방법은 회원국이 정한다고 규정하고 있다. 또한, 회원국을 상대로 한 수직적 관계에서만 직접효과를 갖는다고 적고 있다. 따라서 실제 회원국에서 이 지침의 효력을 검증하기 위해서는 난민 개인이 개별국가를 상대로 소송을 제기하고, 해당국 안에서 모든 법적 절차를 두루 거친 다음, 궁극적으로 유럽사법재판소(European Court of Justice)에 사건이 회부되었을 때 ECJ의 최종 판결 결과를 기다려 보아야 한다(Hartley 2004).

Ⅲ. 난민 및 망명 정책에 관한 주요 지침(Directive)의 내용들

2001년에 제정된 난민의 임시보호를 규정한 유럽연합 지침(2001/55/EC)에 따르면, 임시 보호의 채택여부는 대규모 난민의 유입에 의해 정상적이고 효율적인 망명처리가 불가능해진 상황에서 유럽이사회가 유럽집행위원회의 제안에 대해, 또는 회원국이 이사회에 제출한 요청에 대해 가중 다수결의 투표를 통해 결정한다. 임시보호 기간은 1년으로 하지만 6개월 단위로 최대 1년을 더 연장할 수 있다. 임시 보호의 종결 역시 집행위원회의 제안이나 회원국의 요청에 대해 이사회가 가중 다수결의 투표로 결정한다. 임시 보호 체류 중인 난민은 취업이 가능하고, 교육이나 직업훈련 등을 받을 수 있다. 그러나 회원국은 노동시장 정책에 따라 자신의 시민이나 EU 시민에게 실업 혜택 등의 우선권을 줄 수 있다. 이 지침의 17조는 임시 보호 난민은 언제든지 망명을 신청할 수 있다는 원칙을 말하고 있지만, 19조는 유럽연합 회원국이 임시 보호 체류 중 망명을 신청한 사람에 대해 임시 보호 자격을 철회할 수 있음을 말하고 있다. 아일랜드와 덴마크는 지침 채택과정에서 불참의사를 밝혔기 때문에 이 지침의 적용을 받지 않는다.[9]

임시보호정책과 일반 망명정책은 서로 배타적인 적용 범위를 갖고 있다. 2003년의 일반 망명 및 난민보호에 관한 지침은 2001년에 채택된 임

9 http://eur-lex.europa.eu/LexUriServ/site/en/oj/2001/l_212/l_21220010807en00120023.pdf. 2001년 난민을 위한 임시보호지침 2001/55/EC(검색일: 2007.1.20).

시보호 지침과 비교하여 이미 임시보호의 대상이 된 사람은 2003년 지침의 적용을 받지 않는다고 명기하고 있다.[10] 2004년 '난민의 정의'와 2005년 '망명절차'에 대한 지침은 더 나은 혜택을 얻기 위해 난민들이 회원국들을 끊임없이 이동해 다니는 현상을 방지하고, 개별 회원국이 적절하게 대응할 수 없는 난민문제의 경우 최소한의 공동정책을 수립하기 위해 유럽연합 조약 5조의 보조성의 원칙 및 비례성의 원칙에 근거해 이 지침들을 제정한다는 근거를 제시하고 있다.[11]

2003년의 더블린 조약은 망명신청자의 처리국가를 정하는 원칙들을 명기하고 있는데 그 우선순위는 첫째, 신청자가 서류를 접수한 나라, 둘째, 신청자가 실재 머물고 있는 나라, 셋째, 신청자가 갖고 있는 거주 서류나 비자를 발행한 나라, 넷째, 그러한 서류들이 겹칠 경우 가장 최근에 만료 되는 서류를 발행한 나라, 다섯째, 불규칙하게 회원국을 옮겨 다녔을 경우 최근 5개월 동안 머물렀던 나라, 여섯째, 이 경우도 아닐 때는 신청자가 가장 최근에 머문 나라가 망명신청을 처리한다고 규정하고 있다. 더블린 조약의 가장 중요한 취지는 오직 한 회원국만이 망명신청을 처리하게 공조함으로써 망명신청 쇼핑을 방지하겠다는 점이다.

10 http://eur-lex.europa.eu/LexUriServ/LexUriServ.do?uri=CELEX:32003L0009:EN:NOT. 2003년 난민수용에서 최소기준 지침2003/9/EC(검색일: 2007.3.4).

11 http://eur-lex.europa.eu/LexUriServ/site/en/oj/2004/l_304/l_30420040930en00120023.pdf.
2004년 난민에 대한 공통 정의 지침 2004/83/EC(검색일: 2007.3.4).http://eur-lex.europa.eu/LexUriServ/site/en/oj/2005/l_326/l_32620051213en00130034.pdf.
2004년 난민의 최소보호를 보장하는 망명절차 지침 2005/12/EC(검색일: 2007.3.4).

〈표 7-2〉 망명 및 난민에 관한 주요 정책과 지침의 내용

정책 및 지침 명칭	제정	주요 내용
유럽난민기금	2000	회원국 간 연대 증진과 망명신청 편중에 따른 부담 공유, 1차 5개년(2000-2004) 2억 1천6백만 유로 예산
난민을 위한 임시보호 지침	2001	임시보호 채택 여부는 유럽이사회에서 가중다수결(QMV)로 결정 1년 기본 6개월씩 2회 연장 총 2년 가능 임시보호 기간 중 망명신청 억제
난민수용에서 최소기준 지침	2003	보조성(subsidiarity)과 비례성(proportionality) 원칙 명기 임시보호 조치중인 사람은 이 지침 적용 받지 않음 노동시장 보호 위해 EU 시민, 자국민, 합법 거주 제3국인에게 우선권
더블린 조약 II	2003	망명신청자의 처리국가 원칙 및 우선 순위 명기 망명처리 공조 통해 망명쇼핑 방지
유럽난민정보 (Eurodac)	2003	망명신청자의 지문정보와 신원정보 공유
난민에 대한 공동정의 지침	2004	보조성(subsidiarity)과 비례성(proportionality) 원칙 명기 부차적 보호(subsidiarity protection) 규정 회원국의 안전에 위협, 유죄판결 받은 경우 강제송환 가능
난민의 망명 절차 지침	2005	보조성(subsidiarity)과 비례성(proportionality) 원칙 명기 안전한 제3국 개념 규정

유럽연합 회원국 간의 연대를 증진시키고 부담을 공유한다는 취지의 유럽난민기금은 2000년에서 2004년 기간 동안 2억 1천6백만 유로를 예산으로 사용했고, 2005년부터 시작되는 제2차 5개년 계획을 시작했다. 각국에 집중되는 망명신청자수를 비교해 보면 2003년의 경우 영국이 61,050명, 프랑스가 51,940명, 독일이 50,065명인 반면, 포르투갈은 115명, 라트비아는 5명에 그친다.[12] 회원국 간 큰 차이를 보이는 망명신청자의 숫자에 따른 부담의 편중을 없애고 연대를 공유한다는 차원에서 이 기금

은 의의를 갖는다.

이처럼 2005년까지 완결된 일반 망명 정책 및 임시 보호 정책은 유럽연합 회원국과 개별난민의 입장에 따라 적어도 두 가지 서로 다른 해석을 가능하게 한다. 우선, 임시 보호 정책은 1951년 제네바 난민협약에 근거한 난민 자격을 갖추지 못한 사람에게도 빠른 도움을 줄 수 있고, 한 개인이 개별적으로 피해 입증이 불가능한 경우에도 특정 지역으로부터 집단 유입된 난민의 일원으로 간주해 줄 수 있는 유연함이 있다. 즉, 국제적인 보호를 위해 도움이 필요한 사람에게 법적인 자격의 간극을 메우는 다리 역할을 해 줄 수 있고, 결과적으로 집단 지위 인정에 따라 서류 실수에 의한 부적절한 송환을 막는 역할을 할 수도 있다. 또한, 인도적인 도움의 이상은 유지되어야 하지만, 불법적인 난민의 대거 유입을 싫어하는 기존 유럽 시민들의 상충하는 요구에 적절한 타협책이 될 수도 있다(Fitzpatrick 2000). 이러한 입장을 지지하는 사람들은 난민정책이 가질 수 있는 자의적이고 우연한 자선의 성격을 없애고 실질적인 보호를 보장하기 위해 임시보호 정책의 명문화를 주장한다(Dacyl 1995).

그러나 다른 한편, 임시 보호 정책에 대한 부정적인 평가도 엄연히 존재한다. 우선, 이 조치는 제네바 협약에 따라 정식으로 난민 처리되어야 하는 사람까지도 간단하게 임시 보호 조치를 취한 다음, 개인의 안전보다는 회원국 입장에서 빠른 송환을 우선시 하는데 좋은 도구로 쓰일 수 있다. 즉, 단기적인 임시보호 조치 아래서는 일할 권리나 가족결합, 이전의

---

12 http://eur-lex.europa.eu/LexUriServ/site/en/oj/2003/l_050/l_050 20030225en00010010.pdf. 2003년 더블린 조약 전문(검색일: 2007. 3. 4.). 유럽 난민기금 내역(검색일: 2007. 3. 4). http://ec.europa.eu/justice_home/key_issues/refugee/refugee_1104_en.pdf.

자유, 복지혜택 등 개별 난민의 회원국으로 통합을 돕는 수단들을 제한 가능함으로써 궁극적으로 송환정책을 강화할 수 있는 여지를 준다. 또한, 회원국은 이 정책을 택함으로써 망명 신청을 일시 중지시킬 수 있고, 망명객의 증가에 따른 사회적 긴장을 피하는데 이 정책을 이용할 수 있다. 사실상, 유고 내전에 따른 대규모 난민 유입으로 정상적인 망명 업무의 처리가 불가능했던 나라는 독일 한 나라 정도였기 때문에 다른 나라들은 이 새로운 범주의 난민 자격을 자신들의 이해를 위해 남용할 수도 있는 것이다(Roxström and Gibney 2003). 실제 유럽 개별국가들의 임시보호 정책에 대한 인식도 다르게 나타난다. 벨기에, 프랑스, 그리스, 이탈리아, 영국, 독일 등은 임시보호를 거쳐 난민의 궁극적인 송환에 초점을 맞추는 반면, 오스트리아, 덴마크, 핀란드, 룩셈부르크, 네덜란드, 스웨덴 등은 임시보호를 거친 난민에게 자국 내의 영구 거주권을 부여하는 비율이 높다. 이러한 차이는 난민을 받아들이는 나라의 경제적 조건, 자국민의 난민에 대한 태도, 외교적 고려, 일반 이민 정책 등이 영향을 미친 결과로 나타난다(Koser 1998).

〈표 7-3〉은 유럽연합 주요 회원국의 망명신청 건수와 거부율의 추이를 나타낸 것이다. 거부율은 오스트리아, 네덜란드, 스웨덴에서 낮은 편이고, 영국, 독일, 프랑스 등 주요 3개 회원국 가운데 프랑스가 가장 높고 독일이 상대적으로 낮다.

〈표 7-3〉 주요 국가의 망명신청 건수 및 거부율(단위: 명, %)

국 가	내 용	1999	2000	2001	2002	2003	2004	2005	2006
영 국	신청건수	71,160	80,315	71,365	103,080	60,045	40,625	30,840	28,320
	결정건수				103,450	80,370	58,915	36,650	27,520
	거부건수				69,990	67,185	49,040	27,780	20,430
	거 부 율				67%	83%	83%	76%	74%

독 일	신청건수	94,775	78,565	88,285	71,125	50,565	35,605	28,915	21,030
	결정건수			107,195	130,130	93,885	61,960	48,100	30,760
	거부건수			55,400	78,845	63,000	38,600	27,450	17,780
	거 부 율			52%	61%	67%	62%	57%	58%
프랑스	신청건수	30,905	38,745	47,290	51,085	52,205	50,545	42,580	26,270
	결정건수	23,415	30,275	40,670	49,960	66,345	68,120	51,270	37,715
	거부건수	20,110	25,085	35,650	43,720	59,820	61,760	47,090	34,785
	거 부 율	86%	83%	88%	88%	90%	91%	92%	92%
그리스	신청건수	1,530	3,085	5,500	5,665	8,180	4,470	9,050	12,265
	결정건수					4,810	3,865	10,420	11,180
	거부건수					4,770	3,745	4,585	9,600
	거 부 율					99%	97%	44%	86%
벨기에	신청건수	35,870	42,690	24,505	18,800	13,585	12,400	12,575	8,870
	결정건수	23,975	29,130	33,925		19,975	15,435	17,585	8,345
	거부건수	15,845	27,585	32,545		17,985	12,060	10,345	5,905
	거 부 율	66%	95%	96%		90%	78%	59%	71%
오스트리아	신청건수	20,130	18,285	30,125	39,355	32,360	24,635	22,460	13,350
	결정건수	6,055	20,510	25,985	29,880	35,610	25,425	18,585	15,490
	거부건수	3,155	4,785	3,635	4,285	4,950	5,070	5,425	5,865
	거 부 율	52%	23%	14%	14%	14%	20%	29%	38%
네덜란드	신청건수	39,275	43,895	32,580	18,665	13,400	9,780	12,345	14,465
	결정건수	57,440	69,575	36,720	34,255	21,765	15,655	19,750	14,180
	거부건수	41,255	52,460	26,035	26,480	14,560	8,180	8,085	7,520
	거 부 율	72%	75%	71%	77%	67%	52%	41%	53%

스웨덴	신청건수	11,220	16,285	23,500	33,015	31,355	23,160	17,530	24,320
	결정건수	10,825	16,145	16,880	27,115	31,005	35,260	23,920	46,395
	거부건수	5,535	8,830	10,635	18,480	22,660	27,870	15,925	12,680
	거 부 율	51%	55%	63%	68%	73%	79%	67%	27%

출처: Eurostat 해당 자료 재구성, 주요국가 8개국은 EU 회원국 가운데 2005년과 2006년 기준 망명 신청수가 1만 건을 넘는 국가임.

Ⅳ. 유럽연합의 규범 권력적 성격과 전략적 이익

그렇다면, 유고 내전을 계기로 급속하게 진행되어 관련 법령 및 조치를 완비한 임시보호정책 및 일반 난민정책은 유럽연합의 정체성과 관련하여 어떤 의미로 해석할 수 있을까? 앞서 이안 매너스는 규범권력이란 무엇이 정상적인가라는 개념을 형성할 수 있는 능력이면서 동시에 이 기준에 맞춰 다른 행위자들의 행동을 규제하고 궁극적으로 바꿀 수 있는 능력이라고 정의했다. 그에 따르면 유럽연합은 평화, 자유, 민주주의, 법의 지배, 인권과 근본적 자유에 대한 존중이라는 핵심적인 다섯 가지 규범과 사회적 연대, 반 차별, 지속 가능한 발전, 좋은 정치 등 부차적인 네 가지 규범을 바탕으로 작동하고 있다. 매너스는 이러한 규범을 각종 선언과 조약, 정책들을 통해서 확인할 수 있다고 주장한다.

그에 따르면 유럽연합의 이와 같은 규범은 의도하지 않았던 자연스러운 전염(contagion), 전략적 대화를 통한 정보의 확산(informational diffusion), 관계의 제도화 과정에서 발생하는 절차적 확산(procedural diffusion), 무역 교류를 통해 일어나는 규범의 이전(transference), 유럽연합의 직접참여를 통해 영향 받는 물리적 확산(overt diffusion), 학습 및 적용, 거부의 단계를 거쳐 일어나는 문화적 확산(cultural filter) 등 여섯 가지 방식을 통해 영향력을 발휘해 왔다.

매너스는 유럽연합이 갖는 이와 같은 규범 권력의 성격을 사형제도 폐지에 기울인 유럽연합의 노력을 사례로 들어 논의한다. 즉, 사이프러스와 폴란드는 유럽연합 가입을 위한 협상과정에서 절차적 확산을 통해, 알바니아와 우크라이나는 직접적인 유럽연합의 압력에 의해, 아제르바이잔과 투르크메니스탄은 전염 및 정보, 이전 효과에 의해, 터키와 러시아는 절차적이고 물리적 확산의 영향을 받아 사형제를 폐지한 사례이다.

매너스는 이와 같은 유럽연합의 영향력이 물리적 힘의 필요성을 주장하는 두 가지 주장, 즉 지속적인 경제발전을 통해 지구적 시민권력을 형성해야 유럽연합의 안보가 보장된다고 보는 시민적 권력 주장과, 경제력을 넘어서 안보에 필요한 충분한 군사력을 갖추는 것이 유럽의 권력을 보장한다는 군사적 권력 주장과는 전혀 다른 규범적 권력의 예라고 본다. 여기에서 필자의 질문은 임시보호 조치를 중심으로 한 유럽연합의 인권정책도 매너스가 주장하는 유럽연합 특유의 규범권력적 성격을 보여주고 있는가라는 점이다. 인권정책을 중심으로 한 유럽연합의 정체성은 두 가지 방법을 통해 확인해 볼 수 있다. 첫째는 인권정책에 관한 한 가장 규범적인 이상을 담고 있는 1951년 제네바 인권협약과 국내안보 차원에서 전략적 이익을 강조하는 국민국가의 입장 사이에서 유럽연합의 정책들은 어디쯤에 위치하는가를 가늠해 보는 것이다. 둘째는 유럽연합 집행위원회가 제시한 난민 및 망명관련 규칙 초안들과 최종 채택된 법률안 사이의 차이를 검토하여 규범적인 기준으로부터 얼마나 멀어지는가 또는 가까워지는가를 살펴보는 것이다.

우선 국내안보 차원에서 전략적 이익을 강조하는 유럽 국가들이 불법

이민과 난민의 유입을 막기 위해 취하는 정책들을 살펴보면 크게 네 가지 공통된 흐름을 찾을 수 있다. 첫째는 정식 서류를 갖추지 못한 망명신청자의 입국을 아예 국경에서 차단하는 '도착 억제 정책(non-arrival policy)'의 강화이다. 유럽 국가들은 정상적인 서류를 갖추지 못한 승객을 싣고 온 비행기나 선박에 벌금을 물리는 '운송 규제(carrier sanction)'를 도입하고, 심지어는 이민연락관을 해외 주요 공항이나 부두에 파견하여 사전에 불법이민자와 서류를 갖추지 못한 난민의 유입을 차단하기 위해 노력한다.

둘째는 이미 유럽 국가의 국경에 도착한 불법이민과 난민들을 안전한 제3국으로 규정된 동유럽 국가들로 전환 배치(diversion policy)하는 것이다. 대개 난민들이 유럽에 들어오기 전에 거쳤던 완충지대인 동유럽 국가들로 송환하는 것은 결국 끊임없는 재송환의 고리를 만들어 궁극적으로 1951년 제네바 난민협약이 정한 일방적인 송환금지(non-refoulment)를 어기는 결과를 가져 오기도 한다.

셋째는 난민들에게 불리한 정책들을 계속 만들어 내어서 망명신청을 억제하는 효과를 유도한다. 난민이 도착하는 즉시 일정장소에 억류한다거나 거주 이전의 자유를 제한하고 캠프에 수용하는 것, 가족 재결합을 제한하는 것, 취업에서 당사국의 시민이나 합법적인 외국인에 비해 불리한 대우를 하는 것, 사회 복지수혜를 제한하는 것 등이 이에 해당한다.

넷째는 난민의 정의를 제한적으로 해석하여 난민자격 부여를 거부하거나 부차적인 난민 지위를 설정함으로써 제한적인 권리만을 부여하는 경향을 보인다. 즉, 난민에 대한 보호의 필요성을 인정하지만 부차적인 지위를 부과함으로써 난민을 지원해야 하는 제네바 협약 당사국으로서 의무는 가능하면 회피하고자 하는 것이다. 이러한 경우는 특히 정부의 공식적인 기구로부터 받는 위협이 아닌, 반군이나 부족 등, 이른바 비국가적 행위자(non-state agency)에 의한 억압의 경우, 난민자격을 구성하는 생명에

대한 위협이 충분하지 않다고 보는 것이다.[13]

이와 같은 유럽 개별국가의 정책과 가장 상반된 원칙은 1951년 제네바 난민 협약에서 찾아볼 수 있다. 난민 및 망명에 관한 제네바 협약의 원칙들은 유럽의 개별국가들이 취하는 국내안보 우선 경향과 비교할 때 보편적인 인권의 가치를 우선시하는 이상주의적 원칙을 주장한다는 점에서 다르다.

첫째, 제네바 협약은 모든 난민들이 자유롭게 난민지위를 신청할 권리를 가지며 조약 당사국은 이를 존중해야 한다고 규정하고 있다. 또한, 난민 신청자들에게 비자를 요구해서는 안 되며, 합법적인 서류를 갖추지 못한 난민신청자를 수송한 항공기나 선박에 제재를 가해서도 안 된다고 주장한다.[14]

둘째, 제네바 협약은 난민이 자신의 인종, 종교, 국적이나 사회적 소수의 신분, 정치적 의견 때문에 생명과 자유가 위협받는 상황에서 어떤 경우에도 난민의 강제송환을 금지 한다고 규정하고 있다. 한 가지 가능한 예외는 난민이 국적을 갖고 있는 나라에서 심각한 범죄나 위험한 행위로 인해 최종적인 유죄판결을 받았을 경우에는 강제송환의 대상이 될 수 있다. 유럽의 개별국가는 이 강제송환금지 조항을 존중한다는 명목으로 실제 송환하지 않으면서 비슷한 효과가 있는 억류(detention) 정책을 취하는 경우가 많다.

13 UNHCR, The State of The World's Refugees 2000: Fifty Years of Humanitarian Action(2000). pp. 161-162. http://www.unhcr.org/publ/PUBL/3ebf9bb10.pdf(검색일: 2007.1.23).

14 http://www.unhcr.org/protect/PROTECTION/43662e3a2.html. 1998년 유럽연합의 임시보호 지침 초안에 대한 유엔난민고등판무관실의 의견(검색일: 2007.3.7).

셋째, 제네바 협약은 난민에게 인종이나 종교, 출신지에 따른 모든 차별을 금지하고 결사의 자유를 보장하고 있다. 난민은 주택과 교육을 제공받을 권리, 자유로운 거주이전과 이동의 자유를 가지며, 불법적인 방법으로 난민 신청국에 도착하여도 즉시 불법적인 입국에 대한 이유를 설명하면 어떤 불리한 대우를 받지 않는다. 취업제한은 당사국의 노동시장을 감안하여 기존 시민이나 합법적 체류 외국인을 우선 보호할 수 있다. 그러나 거주 이후 3년이 지났거나 가족이나 자녀가 당사국의 시민일 때는 해당되지 않는다.

넷째, 제네바 협약은 인간의 존엄하고 행복할 권리로서 난민의 권리와 지위를 인정하고 부차적인 지위나 임시보호 등에 대해서는 규정하고 있지 않다. 나중에 UNHCR이 임시보호를 정책화 한 것은 제네바 협약의 범주로 포괄되지 않는 새로운 형태의 난민들을 보호하기 위해 자의적이고 시혜적인 보호로부터 공식적인 정책을 통해 난민의 지위를 명문화하려고 시도한 것이다. 그렇다면 보편적 규범으로서 난민의 인권에 대해 규정한 제네바 협약과 국내 안보에 초점을 맞춰 전략적 이익을 우선하는 개별 국민국가들의 입장을 비교할 때 유럽연합은 이 두 입장 사이에서 어느 지점에 위치할까? 유럽연합의 입장은 확실히 개별국가의 정책보다는 규범적인 차원이 강하지만, 그렇다고 해서 제네바 협약이 규정하고 있는 원칙들을 그대로 구현하고 있는 것은 아니다.

우선 첫째 난민 및 망명에 관한 유럽연합의 지침 어디에서도 도착 억제 정책에 대해 언급하거나 비자나 운송규제에 대해 규정하고 있지 않다. 모든 지침들은 제네바 협약을 존중하고 인간의 보편적인 권리와 존엄성을 존중한다는 원칙을 전문에 천명하고 있다. 또한 임시보호나 난민 정책에 관해 정기적으로 UNHCR 및 국제기구들과 협의한다고 규정하고 있다. 이러한 규정들은 분명 개별국가의 입장보다 규범적인 측면을 보이지만, 그러나 더블린 조약이 추구하는 망명 쇼핑 금지에 대한 시도나 사실상 유럽을 하나의 국경으로 간주하고 단 한 번의 망명 신청 기회만을 제공하겠다는 의지의 표현은 국민국가가 갖는 배타적 경계의 특징을 그대로 보여주고 있다고 말할 수 있을 것이다.

둘째, 유럽연합은 모든 지침에서 제네바 협약의 강제송환 금지 원칙을 준수한다고 표명하고 있다. 다만 예외적으로 회원국의 안보에 위험이 될 때나 회원국의 공동체에 해가 되는 심각한 범죄를 저질러 유죄가 확정되었을 때 송환을 인정하고 있다. 망명신청 사유를 증명하는 서류가 없는 불법적인 입국의 경우에 이전 출발지로 보낸다는 규정은 없다. 이와 같은 현상은 유럽연합이 규범적인 측면을 중시한다는 증거가 될 수 있다.

셋째, 유럽연합의 망명 및 난민에 관한 지침들은 모든 형태의 차별을 금지하고 있다. 다만 유럽연합이 규정하고 있는 가능한 차별 한 가지는 난민의 취업에서 회원국 노동시장 보호를 위해 시민과 합법거주 외국인에게 우선권을 줄 수 있다는 점이다. 이 이외에 또 한 가지 가능한 차별은 국적에 따른 차별 대우이다. 즉, 위험한 국가와 안전한 국가를 구분하고, 안전한 제3국을 구분하여 난민 및 망명 신청자의 국적에 따라 신청 자체를 합법적으로 거부하는 차별은 가능하다.

넷째, 유럽연합이 정규 난민의 지위와 임시보호 등에 따른 부차적인 지위를 구분하고 있는 것은 사실이다. 특히 2004년 지침에서 정규 난민과 부차적인 지위를 구분한 다음 권리를 제한하거나 낮은 수준의 권리 부여, 가족구성원, 거주 허가의 기간, 여행 허가증, 사회복지 혜택, 건강보험 혜택 등에서 차별 대우를 규정하고 있다. 이러한 지침이 회원국에게 정상적인 난민의 경우에도 부차적인 지위를 부여하고 난민 지원에 따른 지출을 줄이려는 혼란을 야기한다는 주장에 대해 각료이사회 사무국은 궁극적으로 집행위원회가 유럽재판소의 감시 아래 유럽연합 지침의 실행에 대해

책임을 질 것이라고 대답하고 있다.[15]

〈표 7-4〉 규범적 성격과 전략적 이익을 기준으로 본 각 단위 별 인권정책의 비교

개별 국민국가	유럽연합	제네바 협약
서류 미비자 국경 입국차단 등의 도착억제정책(non-arrival policy), 불법이민자와 서류 미비자를 운송한 항공, 선박에 벌금 물리는 운송규제(carrier sanction) 실시	도착억제 및 운송규제 없음 더블린 조약 통한 망명신청 기회 제한 시도	난민지위 신청의 자유 인정 비자 및 서류 요구 불가 선박 항공기 제재 불가
이전 출발국가로의 전환 배치(diversion policy) 연쇄 고리 통한 송환 금지(non-refoulment) 규정 사실상 위반	강제송환 금지 안전한 제3국 개념 있음 유죄판결을 받은 경우 송환 가능 안전에 위협이 될 경우 송환가능	강제송환 금지 유죄판결을 받은 경우 송환 가능
캠프 수용, 가족 재결합 제한, 거주이전의 자유 제한, 복지 수혜 제한 등 불리한 정책 통한 망명신청 억제	차별 금지 결사의 자유보장 노동시장 보호를 위한 자국민 취업 우선권 인정 국적에 따른 차별 가능	차별 금지 결사의 자유 보장 노동시장 보호를 위한 자국민 취업 우선권 인정
부차적 또는 제한적 권리부여 통한 망명 인정의 명분과 망명 지원 삭감의 실리 추구	부차적 지위 인정 낮은 수준의 권리 부여	부차적 또는 임시적 지위 인정 않음

이처럼 제네바 협약과 개별국가의 상황 그리고 유럽연합의 입장을 비교하면 유럽연합의 정책은 개별국가의 입장보다는 규범적인 차원이 강하

15 2004 지침에 나타난 난민 자격과 부차적 보호 사이의 모호성에 대해 각료이사회에 보내는 질문. http://register.consilium.europa.eu/pdf/en/06/st11/st11920.en06.pdf(검색일: 2007. 3.7).

지만 제네바 협약이 규정하고 있는 이상주의적인 원칙들보다는 훨씬 현실적이다. 유럽연합이 갖는 규범권력적 성격은 통합의 초기부터 집행부(High Authority) 구성에 내재된 이른바 '민주주의의 결여'와 밀접하게 관련되어 있다(Featherstone 1994; 김남국 2004).

V. 유럽연합의 규범 권력적 성격과 민주주의의 결여

규범적인 관점에서 본 유럽연합의 '민주주의 결여'란 연대감(solidarity)과 소속감(sense of belonging)을 갖고 유럽연합의 의사결정 과정에 적극적으로 참여하는 자발적인 유럽시민이 부재함을 뜻한다. 정치공동체의 궁극적인 정당성의 근원이 되는 시민이 부재하다는 사실은 역설적으로 시민에게 책임지지 않기 때문에 가능해지는 유럽연합의 규범권력적 성격을 가능하게 한다. 특히, 유럽연합이 난민 및 망명 정책에 대해 가장 큰 목소리를 내는 극우그룹의 요구에 대해 선거를 통해 직접 책임지거나 대답해야 하는 상황이 아니라는 사실은 유럽연합 엘리트들이 규범적인 유럽연합 추구를 가능하게 만드는 중요한 구조적 요인이다. 즉, 유럽의 규범적 비전을 공유하는 유럽연합 엘리트들 사이에서 회원국의 이해보다는 유럽차원의 이해에 쉽게 동의하는 이른바 '합의의 문화'(Mattila 2000)의 원천에는 역설적으로 유럽연합의 현실을 지칭하는 대표적인 개념인 '민주주의의 결여'가 작용하고 있는 것이다. '민주주의 결여'와 '합의의 문화'를 바탕으로 하여 유럽연합은 심지어 9·11 이후 활발해진 극우그룹의 활동에 대해서도 개별 회원국의 정부보다 훨씬 덜 영향받는 것으로 나타난다(Levy 2005). 하지만, 통합의 심화에 따라 유럽연합은 시민의 참여를 높여서 민주주의의 결여 문제를 해결해야 하는 상황에 이르렀고, 이러한 발전은 유럽연합이 시민들로부터 직접 책임지지 않기 때문에 가능해 지는 규범권력의 토대 자체를 무너뜨리는 결과를 가져온다.

모든 국가는 국가적인 이해(interest), 기대에 부응하려는 규범(norms), 선을 행하려는 도덕성(morality) 등을 종합하여 인권정책을 채택한다(Steiner 2003). 유럽연합은 '민주주의 결여'와 엘리트들 사이의 '합의의 문화'라는 구조적 이유 때문에 전통적인 국민국가보다 상대적으로 큰 규범권력의 성격을 갖고 있는 것은 사실이지만, 그렇다고 해서 유럽연합이 일방적으로 규범적인 측면만을 옹호하는 것은 아니다. 난민 및 망명 정책이 발전하는 과정과 그 내용들은 규범권력과 전략적 이익 사이에서 갈등하는 유럽연합의 모습을 잘 보여준다. 예컨대, 난민 및 망명정책을 위해 유럽 집행위원회가 처음 제안한 초안의 규범적인 성격은 각료이사회와 유럽의회의 논의 과정을 거치면서 점점 더 현실적으로 변화하는 것을 알 수 있다. 2003년 망명의 최소기준에 관한 지침과 이 지침을 논의하기 위해 집행위원회가 2001년에 최초로 제안했던 초안 사이에는 몇 가지 중요한 차이가 존재한다.[16] 우선 초안으로부터 상대적으로 규범적인 한 가지 조항이 제거되었고, 현실적인 두 가지 조항이 추가되었다. 즉, 회원국은 난민 및 망명 신청자들이 회원국의 자유 제한결정에 대해 이의를 가질 때 무료로 법원의 심사를 받을 권리를 보장한다는 7조 5항은 삭제되었고, 2001년 임시보호 지침에 해당하는 사람은 2003년 지침에 따른 적용을 받지 않는다는 조항이 3조 3항에 추가되었다. 또한, 11조 4항에는 노동시장 정책을 위해

16 2003년 지침에 대한 유럽연합 집행위원회의 2001년 최초 제안(검색일: 2007. 3. 14), http://eur-lex.europa.eu/LexUriServ/site/en/oj/2001/ce213/ce21320010731en02860295.pdf.

회원국은 유럽연합 시민과 유럽경제조약의 상대국 국민 그리고 합법적인 제3국 거주인에게 우선권을 줄 수 있다는 조항을 추가하고 있다.

이러한 수정과정은 대체로 유럽연합 집행위원회의 첫 제안보다는 유럽의회와 각료이사회의 논의 과정을 거쳐 채택된 최종안이 개별국가의 전략적 이익에 대해 더 민감하고, 제네바 협약 등의 보편적인 원칙보다는 덜 규범적이라는 사실을 보여준다. 그러나 유럽연합이 채택하는 최종안이 근본적으로 회원국의 전략적 이익을 무시할 수 없는 제도적 장치 역시 존재한다. 유럽연합의 난민 및 망명에 관한 모든 지침들은 유럽연합과 회원국의 관계에 대해 유럽공동체 조약 5조에 명시되어 있는 보조성(subsidiarity)과 비례성(proportionality)의 원칙을 분명하게 인용하고 있다.

즉, 유럽연합이 2001년부터 채택한 모든 난민 및 망명 관련 지침은 그 전문에 규모와 효과의 측면에서 회원국보다는 유럽연합에 의해 더 좋은 결과가 예상될 때만 개입한다는 보조성의 원칙과, 만약 유럽연합이 주도권을 갖고 개입하는 경우에도 원래 목적을 넘어서 나아가지 않는다는 비례성의 원칙을 명기하고 있다. 따라서 입법의 목적을 달성하기 위한 방법과 수단을 회원국에 위임하는 난민 및 망명에 관한 지침(directive)들의 경우 회원국의 전략적 이익을 무시하는 내용을 담고 있을 가능성은 낮다고 보아야 한다. 대부분의 난민 및 망명 관련 지침들은 보조성과 비례성의 원칙에 충실하게 회원국들의 선택 여지를 남겨 둔 최소기준(minimum standards)이라는 제목을 갖고 있다.

그러나 이와 같이 회원국의 자율성을 보장한다고 해도 유럽연합 집행위원회의 초안이 갖는 규범적 성격이 국민국가 수준의 현실적이고 구체적인 단계까지 후퇴하지는 않는다. 유럽연합의 비전을 공유하는 유럽 엘리트들의 핵심 결사체인 유럽연합 집행위원회는 유럽의회나 유럽각료이사회와 비교할 때 전통적으로 배제보다는 포괄적이고, 전략적 이익보다는 규범적인 방향의 정책들을 제기해 왔다. 이 과정은 유럽연합 집행위원회가 자신의 제안을 관철시키기 위해 행사하는 이른바 분리 정복(divide-and-conquer strategy) 및 차선의 선택 유도 전략(the lesser-evil strategy)으로 설명할 수 있다. 분리 정복 전략이란 집행위원회가 갖는 의제 설정과 정보의 우위를 이용해 반대 회원국를 선별한 다음, 유럽연합의 규정에 맞지 않는 관행을 개선하도록 압력을 가하는 것이고, 차선의 선택 유인 전략은 유럽사법재판소에 제소당해 패할 수 있다는 집행위원회의 압력을 통해서 회원국이 자신의 원래 입장보다 후퇴하여 결국 집행위원회의 의견에 가까운 차선의 선택, 즉 더 규범적인 선택을 하도록 유도하는 것이다(Schmidt 2000). 이 두 전략을 가능하게 만드는 가장 근본적인 힘은 집행위원회가 갖는 배타적인 의제설정 권한이다. 이처럼 유럽연합은 민주주의 결여와 엘리트들 사이의 합의의 문화가 규범적 성격을 가능하게 만드는 구조적 요인을 제공하고 있고, 보조성과 비례성이라는 원칙이 집행위원회의 분리 정복 및 차선의 선택 유인 전략과 결합되었을 때 규범적인 성격과 전략적 이익을 동시에 고려하는 모습을 보여주게 된다. 물론 이 가운데서 가장 중요한 변수는 통합의 심화과정에서 유럽시민의 부재를 해소하려는 노력, 즉 민주주의 결여라는 규범적인 문제를 해소하는 과정에서 역설적으로 유럽연합이 갖는 규범적 성격의 구조적 토대가 해체된다는 사실이다.

Ⅵ. 국민국가의 주권 대 세계주의적 인권

그렇다면 유럽연합이 인권정책에서 추구하는 규범권력적 성격과 전략적 이익을 통해 볼 때 유럽연합은 과연 국민국가를 넘어서는 새로운 정치공동체를 지향하고 있다고 평가할 수 있을까? 유럽연합이 여전히 국민국가의 틀에 머물고 있는가, 아니면 국민국가를 넘어서는 새로운 정치공동체를 모색하는가에 대한 질문은 난민 및 망명정책을 가속화하는 계기가 되었고, 동시에 인도주의적 개입을 둘러싸고 국민국가의 주권 대 세계주의적 인권 논쟁의 계기가 된 바 있는 유고 내전에서 유럽연합이 보여주었던 입장들을 검토함으로써 살펴볼 수 있다. 유고 내전을 통해 본 이러한 검토는 조셉 와일러의 문제 제기처럼 유럽연합이 기존 국민국가체제에서 볼 수 있었던 전략적 이해의 틀을 뛰어 넘어 새로운 정치체제의 모습을 보여주고 있는 것인지, 아니면 기존의 국민국가가 갖는 배타적 성격을 영토만 넓힌 상태로 확대 재생산하고 있는 것인지에 대한 시사점을 제공해 줄 수 있다.

1999년 3월 24일부터 유엔안보리의 승인 없이 영국과 미국 중심의 나토 지휘 아래 시작되었던 유고 공습은 주권에 대한 존중을 바탕으로 하던 기존의 전통주의적 국제법 해석을 뛰어 넘어, 심각한 인권 침해가 있는 상황에서는 주권을 무시하고 인도적 개입을 할 수 있다는 세계주의적 국제법 해석이 등장하는 계기가 되었다. 영국과 미국은 유고의 주요 산업시설을 폭격하는 군사적 개입을 정당화하며 웨스트팔리아 조약 이후 영토에 근거해 왔던 국민국가중심의 근대 국제정치 질서가 적실성을 잃어가고 있고, 인권을 중심으로 한 세계주의적 접근이 더 중요해졌다고 주장했다. 소수에 대한 폭력적 억압과 인권유린이 있는 곳에 긴급한 예외적 조치로써 군사적 개입은 주권에 대한 존중보다 우선되어야 한다는 것이다.[17] 반면 러시아와 중국, 인도 등은 유엔안보리의 승인 없는 군사적 개입은 현존

◇◇◇◇

17 Tony Blair, Chicago Economic 클럽 연설. http://www.pbs.org/newshour/bb/international/jan-june99/blair_doctrine4-23.html(검색일: 2006. 9. 23).

하는 어떤 국제법에 의해서도 정당화 될 수 없다며 유고에 대한 폭격을 반대하였다(Weller 2005). 이들 나라가 군사적 개입을 정당화할 수 있는 근거로 제시하는 국제법의 내용은 다섯 가지 정도가 있다. 첫째, 유엔헌장 7장 41조와 42조를 근거로 유엔안전보장이사회가 군사력의 사용을 승인하는 것이다. 둘째, 유엔헌장 7장 51조가 규정하고 있는 무장공격에 대한 개별적인 또는 집단적인 정당방위이다. 셋째, 유엔헌장 8장 53조가 규정하고 있듯이 유엔안보리가 나토나 아세안, 또는 북미기구와 같은 지역기구들에게 군사력 사용의 권한을 위임하는 것이다. 넷째, 안보리에서 이사국의 비토 등으로 결정이 어려울 때 한국전쟁의 예에서 그랬듯이 유엔총회에서 군사력의 사용을 의결하는 것이다. 다섯째, 궁극적인 국제법의 근원으로써 국제여론의 지지를 받아 군사력의 사용을 정당화하는 길이다(김남국 2007).

이와 같은 국제법의 다섯 가지 논리를 따르자면, 영국과 미국의 군사개입을 정당화 하는 길은 처음 네 가지 방법의 경우 유엔의 승인이 없는 상태에서 불가능하고, 다섯 번째 인도주의적 위급성을 명분으로 국제여론의 지지를 얻는 방법이 유일한 길일 것이다. 그러나 인권유린의 긴급성에 근거한 군사적 개입에 대한 지지도 2003년 이라크 침공을 계기로 빠르게 감소하고 있다. 즉, 국민국가의 주권보다는 세계주의적 인권 존중이 우선되어야 한다는 논리는 적어도 다음과 같은 세 가지의 지적에 대답하지 못하면서 강대국이 자신들의 이해를 위해 감행하는 제국주의적 침략을 인도주의적 개입으로 미화한다는 비난에 직면한 것이다. 첫째, 세계주의적 인권 존중의 접근은 역사상 근대 국민국가의 경계가 분명해진 다음에 시민들에 대한 인권보호가 비로소 비약적으로 신장되었다는 주권의 긍정적인 측면을 간과하고 있다. 둘째, 이 주장은 단일한 국제인권레짐이 존재하지 않는 한 누가, 어떤 기준에 의해 인도주의적 위급성을 판단하느냐의 자의성 문제에서 무력하다. 셋째, 이라크 사례에서 보듯이 결과적으로 인도주의적 개입이 해당국의 인권 증진에 기여하는지를 어떻게 보장할 수 있는가에 대해 해결책이 없다(김남국 2007). 물론, 국민국가의 주권 존중이라는 논리 아래 세계의 감시로부터 개별국가의 인권침해가 은폐되거나 견제되지 못하는 경우도 많다. 따라서 유고 내전의 군사적 개입여부를 둘러싼 논쟁은 세계주의적 인권 우선과 국민국가의 주권 존중이라는 논리 가운데 어느 한 입장이 선이고 다른 입장은 악이라는 단순한 이분법적 선택을 불가능하게 만든다.

유럽연합은 이처럼 복잡한 상황에서 어느 입장을 지지했을까? 코소보 독립과 유고연방의 주권 관계에 대해 유럽연합 각료이사회가 표명한 유럽연합의 입장을 보면 유럽연합이 국민국가의 주권을 존중하는 전통적인 해석을 따르고 있음을 알 수 있다. 1999년 11월에 작성된 문건은 유고연방의 영토적 통합에 대한 적극적인 법적 방어와 코소보 독립의 불가피성이 커져가는 현실정치적 상황 사이에서 유럽연합의 입장이 어떤 것이냐는 질문에 대해 코소보의 실질적인 자치를 존중하고, 동시에 유고연방 및 지역 내 다른 국가의 주권원칙과 영토적 통합을 지지한다고 분명하게 밝히고 있다.[18] 유럽연합의 이와 같은 입장은 1999년 6월 채택된 유엔안보리 결의안 1244호에 근거하고 있다. 유럽각료이사회는 코소보 독립에 대해 묻는 대답에서 결의안 1244호를 인용하면서 유럽연합이 코소보 독립의 불가피성을 인정한다는 소문은 잘못된 것이며 유럽연합은 유고연방의 주권과 영토적 통합의 원칙을 지지한다. 유럽연합은 유고 내전에서 미국과 영국 중심의 인권을 우선하는 세계주의적 접근을 지지하지 않았다. 그러

18 http://register.consilium.europa.eu/pdf/en/99/st12/12218en9.pdf. 코소보 독립에 대한 유럽연합 입장에 대해 질문(검색일: 2007.8.29).

나 이러한 노선이 국민국가를 넘어서는 새로운 정치공동체에 대한 모색과 거리가 먼 것으로 평가받을 수는 없을 것이다. 유럽연합의 규범적인 비전은 그 방법론에서 매우 현실적인 접근을 바탕으로 하고 있다. 즉, 정치적 독립이나 영토적 통합을 침해하는 국민국가에 대한 군사적 개입을 불허하는 유엔 헌장 2장 4조를 국제법의 중요한 원칙으로 존중하는 것이다. 유럽연합의 이와 같은 입장은 부시와 블레어의 세계주의 노선이 국제여론의 지지를 잃어가면서 점점 설득력을 갖게 된다.

특히 2004년 이후 블레어가 정립한 '신전통주의'에 따르면 영국이나 미국은 첫째, 외부세계에 대한 인도적 군사개입에서는 세계주의적 해석을 중시하지만, 둘째, 지구적 차원에서 자국의 안보를 위협하는 세력에 대한 방어에서는 우리의 주권에 대한 위협이라는 전통적인 국가주의적 이해를 중시한다.[19] 이처럼 내외부의 위협에 대응하는 세계주의적 인권과 국민국가적 주권의 편의적인 조합은 영국과 미국이 자신들의 이해를 위해 다른 나라에 대한 제국주의적 침략을 시도하고, 그 침략을 인도주의적 개입의 이름으로 정당화했다는 비판에 직면하게 된다. 이 과정에서 규범과 다자주의를 강조하는 인권에 대한 유럽적인 접근이 부시와 블레어의 세계주의 노선에 대한 대안으로 떠오르는 것이다.

19 Tony Blair, Chicago Economic 클럽 연설. http://www.pbs.org/newshour/bb/international/jan-june99/blair _doctrine4-23.html(검색일: 2006.9.23).

Ⅶ. 결론

유럽연합의 규범적 권력에 대한 강조와 다자주의에 대한 집착은 군사력에 의해 뒷받침되지 못하는 국력을 가진 약자의 전형적인 논리라는 비판이 있다(Robert Kagan 2002). 무엇이 이상적인가에 대한 기준을 만들고 그 기준의 확산을 통해 세계를 이끄는 힘을 발휘한다는 유럽연합의 규범권력적 성격은 확실히 신속한 의사결정과 단일 지휘체계의 군사행동이 필요할 때에는 무기력하다. 예컨대, 유고 내전 기간 동안 유럽연합은 현지의 분쟁 상황 개선과 나토의 군사행동 등에 대해서 아무런 의견 일치에 이르지 못했다. 사실, 유고 난민의 유입을 계기로 이를 통제하기 위해 난민 및 망명 관련법을 제정하기로 한 것이 거의 유일한 의견 일치일지도 모른다.

바꿔 말하자면, 유럽연합은 군사행동 이전의 사전 대화 과정과 이후의 사후 정리 과정에서 그 능력을 발휘한다. 그러나 정작 국제분쟁에서 어느 일방의 군사행동이 시작되면 유럽연합은 역할을 잃고 무력해지는 모습을 보인다. 유럽연합은 군사분쟁에 효과적으로 개입할 수 있는 수단을 갖고 있지 못하다. 물론 군사상황이 종료되면 유럽연합은 다시 사태안정 및 평화적 이행과 관련하여 역할을 찾는다. 코소보와 이라크전 경우처럼 군사행동을 주도한 미국과 영국의 노선에 대한 지지가 떨어지면 상대적으로 유럽연합의 신중한 노선에 대한 지지는 더 올라간다.

이런 점에서 보면 매너스가 제시하는 유럽연합에 대한 규범권력적 분석은 상당한 시사점을 갖는다. 인권정책을 통해 본 유럽연합은 확실히 개별 국민국가보다 앞선 규범적인 내용을 확보하기 위해 노력한다. 이른바 민주주의 결여와 유럽엘리트 사이의 합의의 문화가 이러한 규범권력적 성격을 강화시켜 주고 있다. 그러나 유럽연합이 규범적 권력을 달성해 가는 과정은 매우 현실적이고, 보조성과 비례성의 원칙이 보여주듯이 유럽연합은 회원국의 독자적인 영역과 문제해결의 자율성을 존중한다. 이러한 과정은 규범권력적 성격과 전략적 이익 사이에서 갈등하는 모습으로 나타난다. 그렇지만 유럽 시민들에게 직접 책임지는 모습을 강화해야 하는 정치통합 단계의 필요성에 의해 민주주의 결여라는 규범권력의 구조적인 토대는 점차 약화되고 있다.

다른 한편 규범권력이라는 개념자체의 한계도 지적할 수 있다. 유럽연합이 규범권력의 확산을 위해 경제적 유인을 사용하고 국민국가체제를 단위로 타협한다는 사실은 매너스의 개념에서 규범권력과 시민권력의 구분을 힘들게 만든다. 매너스는 규범권력이 탈근대적 개념이고 새로운 공동체를 향한 실험이라고 주장하지만 그가 주장하는 많은 규범권력의 내용은 그가 규정하는 근대적 의미의 시민권력의 내용과 뚜렷하게 구분되지 않는다. 또한 그가 규정하는 규범권력적 성격을 인권정책 이외의 유럽연합 정책 가운데 찾는 일도 쉬운 작업은 아니다. 예컨대, 경제정책에서 규범성을 따지기는 어렵다. 많은 정책들은 단지 선호의 문제이거나 특정시점에서 특정 공동체에 더 필요한 정책일 뿐 그것이 다른 대안보다 더 규범적이라고 주장하기는 쉽지 않다.

유럽연합이 유고 내전에서 취한 입장을 중심으로 볼 때 국민국가를 넘어서는 유럽연합의 새로운 정체성의 형성 여부에 대해서는 두 가지 점을 지적할 수 있을 것 같다. 첫째는 인권을 중심으로 국가 간 경계를 넘어서는 세계주의적 접근을 주장했던 영국과 미국에 대해 국민국가의 주권존중이라는 전통주의적 해석을 따랐던 유럽연합이 상대적으로 강경한 난민 및 망명정책을 통해 자신들만의 경계를 강화해 가고 있다는 사실은 당연해 보이는 한편 매우 역설적이라는 점이다. 유고 내전을 계기로 유럽연합의 인권논의는 유럽 내부의 차이를 줄이는 방향으로 나아가면서 동시에 유럽과 비유럽 사이의 벽을 높이는 방향으로 진행되고 있다. 즉, 일시적인 보호와 빠른 송환을 통해 사회통합의 비용과 부담을 미리 없애고자 하는 유럽연합의 시도는 회원국 간 유럽 내부의 차이를 줄이고는 있지만, 유럽의 안과 밖을 더욱 명확하게 구분함으로써 유럽과 비유럽 사이의 벽을 더욱 높이고 있다는 지적이 타당할 것이다.

둘째는 난민 및 망명정책의 가속화를 통해 시민권 논의와 관련된 유럽연합의 정체성 문제도 분명해지고 있다는 점이다. 유럽연합 조약 17조에서 22조까지 규정된 시민권에 대한 논의는 회원국의 국민을 유럽연합의 시민으로 규정한다는 부차적인 자격 규정에서 보듯이 상대적으로 느리게 진행되고 있고, 이는 유럽연합의 민주주의 결여를 말하는 원인이 되고 있다. 그러나 유럽연합의 시민권은 내부로부터 적극적으로 규정되는 것보다 훨씬 분명하게, 난민과 망명정책을 통해 외부에 대해 설정하는 경계의 강화를 통해 이미 실질적으로 규정되고 있는 것으로 보인다. 바꿔 말하자면, 유럽연합의 시민권은 유럽연합 경계 밖의 타자에 대한 배제를 통해 내부의 구성원들이 배타적으로 누리는 권리를 우회적으로 확인해감으로써 사실상 뚜렷하게 그 모습을 드러내고 있는 것이다. 인권정책을 통해 유럽 내부의 경계를 낮추고 하나의 유럽을 지향하는 것은 새로운 공동체에 대한 실험일 수도 있고, 또 하나의 거대한 국민국가의 등장일 수도 있다. 그러나 서로 다른 인종과 문화, 종교에 배타적인 국민국가의 부정적인 성격이 확대 재생산되는 경우라면, 차라리 서로의 차이를 인정하고 일정한 경계 안에서의 정체성을 바탕으로 그 경계를 넘어 교류하는 국민국가가 인간의 존엄성을 더 옹호하고 있다고 볼 수 있다. 즉, 와일러의 지적처럼 비록 진부하더라도 유럽단일국가보다는 국민국가들로 이루어진 느슨한 형태의 국제 공동체로서 유럽이 더 바람직할 수 있는 것이다. 탈냉전이후 끊임없이 계속되는 국지적 분쟁에서 국민국가가 그 경계를 배타적으로 남용하는 사례들은 유럽단일국가가 새로운 정치공동체를 향한 실험이 아니라, 단지 또 하나의 국민국가로서 더 커진 배제의 단위로 기능할 수 있다는 우려를 잠재우지 못한다.

유럽연합의 규범성격 논의에서 우리가 기억해야 할 또 다른 사실은 인권의 내용과 범위는 문화와 역사의 산물이라는 점이다. 즉, 인권의 보편성은 선험적 또는 초월적 기초에 의해서 정당화되기보다는 사랑, 신뢰, 사회적 연대와 같은 감정의 진보에 의해 가능할 수 있다. 인권의 보편성은 주어지는 것이 아니라 획득되는 것이다(유홍림 2003, 308). 따라서 유고 내전을 계기로 시작된 유럽연합의 인권정책의 변화는 확실히 전략적 이익과 규범권력의 특징을 모두 보여주지만 지나치게 이상적인 관점에서 유럽연합이 이룩한 현실적인 성취를 평가절하 하는 시각은 한계를 갖는다고 볼 수 있다.

참고문헌

김남국. “유럽통합과 민주주의의 결여.” 『국제정치논총』 44권 1호(2004).

김남국. “유럽에서 다문화의 도전과 대응.” 『국회도서관보』 43권 5호(2006).

김남국. “영국의 이라크전 참여 동기: 구조와 행위자.” 『국제정치논총』 47권 1호(2007).

김용찬. “유럽연합의 인권정책.” 『민족연구』 26권(2006).

배정생. “유럽통합과 인권보호.” 『유럽연구』 18호(2003).

오영달. “유럽연합의 대미얀마 인권외교정책과 북한 인권에 관한 함의.” 『평화연구』 13권 2호(2005).

유홍림. 『현대정치사상 연구』(고양: 인간사랑. 2003).

Bermann, George. et al. *European Union Law*(St. Paul: West Group. 2002).

Bhabha, J. “Get Back to Where You Once Belonged.” *Human Rights Quarterly* 20(1998), pp. 592-627.

Bogdandy, A. “The European Union as a Human Rights Organization?” *Common Market Law Review* 37(2000), pp. 1307-1338.

Brinkmann, G. “The Immigration and Asylum Agenda.” *European Law Journal* 10, No. 2(2004).

Brysk, A.(eds.), *Globalization and Human Rights*(University of California Press. 2002).

Cini, Michelle. *European Union Politics*(Oxford University Press. 2003).

Dacyl, W. J. “Europe Needs a New Protection System for ‘Non-Convention’ Refugees.” *International Journal of Refugee Law* 7, No. 4(1995).

Donnelly, J. *Universal Human Rights.* Cornell Press. 2003.

Eeckhout, P. “The EU Charter of Fundamental Rights and the Federal Questions.” *Common Market Law Review* 39(2002), pp. 945-994.

Featherstone, K. "Jean Monnet and the Democratic Deficit in the European Union." *Journal of Common Market Studies* 32, No. 2(1994).

Fitzpatrick, J. "Temporary Protection of Refugees: Elements of a Formalized Regime." *The American Journal of International Law* 94(2000), pp. 279-306.

Hartley, T. *European Union Law in a Global Context*(Cambridge University Press, 2004).

Hathaway, J. *The Rights of Refugees under International Law*(Cambridge University, 2005).

Hayden, P. *The Philosophy of Human Rights*(St. Paul: Paragone House, 2001).

Hendemann-Robinson, M. "Third Country Nationals Resident within the EU." *Common Market Law Review* 38(2001), pp. 525-586.

Ishay, M. *The History of Human Rights*(University of California Press, 2004).

Kagan, R. "Power and Weakness." *Policy Review* 113(2002).

Koser, K. & M. Walsh & R. Black. "Temporary Protection and the Assisted Return of Refugees from the European Union." *International Journal of Refugee Law* 10, No. 3(1998).

Kuijper, P. J. "Some Legal Problems associated with the Communitarization of Policy on Visas, Asylum and Immigration under the Amsterdam Treaty and Incorporation of the Schengen Acquis." *Common Market Law Review* 37(2000), pp. 345-366.

Lauren, P. G. *The Evolution of International Human Rights*(University of Pennsylvania, 2003).

Lavenex, S. "The Europeanization of Refugee Policies: normative Challenges and Institutional Legacies." *Journal of Common market Studies* 39, No. 5(2001).

Luca, D. "Questioning Temporary Protection," *International Journal of Refugee Law* 6, No. 4(1994), pp. 535–538.

Manners, I. "Normative Power Europe: a Contradiction in Terms?" *Journal of Common Market Studies* 40, No, 2(2002), pp. 235–258.

Mather, J. "The Court of Justice and the Union Citizen." *European Law Journal* 11, No. 6(2005). pp. 722–743.

Mattila, M. and J. Lane. "Why Unanimity in the Council?: A Roll Call Analysis of Council Voting." *European Union Politics* 2, No. 1(2001), pp. 31–52.

Mieville, C. "Anxiety and the Sidekick State: British International Law after Iraq." *Harvard International Law Journal* 46, No. 2(2005), pp. 441–458.

Nicol, A. "Between Immigration and Policing Cross Recognition." *European Law Journal* 10, No. 2(2004), pp. 171–181.

O'Connell, M. E. "The UN, NATO, and International Law after Kosovo." *Human Rights Quarterly* 22(2000). pp. 57–89.

Roxström, E. and M. Gibney. "The Legal and Ethical Obligations of UNHCR." in Niklaus Steiner, Mark Gibney, and Gil Loescher(eds.), *Problems of Protection*(Routledge. 2003). Salzman, T. "Rape Camps as a Means of Ethnic Cleansing." *Human Rights Quarterly* 20(1998), pp. 348–378.

Schmidt, K. S. "Only an Agenda Setter?" *European Union Politics* 1, No. 1(2000), pp. 37–61.

Steiner, N. "Arguing about Asylum," in Niklaus Steiner, Mark Gibney, and Gil Loescher(eds.), *Problems of Protection*(Routledge, 2003).

Triantafyllou, D. "The European Charter of Fundamental Rights and the Rule of Law." *Common Market Law Review* 39(2002), pp. 53–64.

Weiler, J. "A Constitution for Europe? Some Hard Choices." *Journal of*

Common Market Studies 40, No. 4(2002). pp. 563–580.

Weller, M. "Forcible Humanitarian Action: The Case of Kosovo," in Michael Bothe, Mary Ellen O'Connel, Natalino Ronzitti(eds.), *Redefining Sovereignty*(Transnational Publishers, Inc. 2005).

Willimann, I. and M. Dobkowski(eds.), *Genocide and the Modern Age*. Greenwood. 1987. 장원석 외 옮김. 『현대사회와 제노사이드』 각. 2000.

2부
국가와 전쟁 그리고 전략

8장 영국과 이라크 전쟁: 영미 특수 관계와 블레어 수상의 리더십*

최진우

I. 서론

2003년 3월 20일, 미국의 주도하에 대테러전쟁의 일환으로 시작된 이라크 전쟁은 한편으로는 유럽통합의 주축을 담당하여 온 독일 및 프랑스와 미국 사이의 관계에 '돌이킬 수 없는 상처'를 남기는가 하면,[1] 유럽 내

* 출처: 『세계지역연구논총』. 24권 3호. pp. 391-412. 2006.

1 Mowle(2004); Pond(2004); Smith(2004); Ilgen, ed.(2006) 등 참조. 이라크 전쟁을 계기로 표면화된 미국과 유럽의 갈등은 양자 간의 관계에 있어 근본적인 변화를 의미하는 것이라는 우려의 목소리와 함께, 장기적으로는 양자간에 긴밀한 동맹관계가 지속적으로 유지될 것이라는 낙관적인 진단도 아울러 존재한다. 후자의 견해를 표명하고 있는 최근의 저작으로는 Parsi(2006) 참조.

에서도 미국의 전쟁 수행에 대한 지지를 표명하는 국가들과 반대 입장을 취하는 국가들 간에 심각한 분열을 초래하였다.[2] 이로 말미암아 제2차 세계대전 이후 냉전의 환경 속에서 태동되어 꾸준히 성장해온 대서양동맹(Atlantic Alliance)에 근본적 변화가 진행되고 있다는 관측이 제기되는 한편, 외교안보정책 분야에 있어 유럽의 정체성을 구축하려는 노력이 좌초됨으로써 유럽통합의 미래 또한 불투명해질 수도 있다는 진단이 내려지기도 한다.

이라크 전쟁의 발발을 전후한 기간 동안 이와 같이 대서양동맹의 균열과 유럽 국가들 간의 갈등이 심화되는 상황 속에서, 블레어 수상이 이끄는 영국의 노동당 정부는 '미국의 푸들'이라는 조롱을 감수하면서까지 다른 어느 국가보다도 적극적으로 미국의 대이라크 전쟁 수행을 지지하는 입장을 취하고 있다.[3] 그 결과 명백히 미국 부시 행정부의 주도로 시작된 이라크 전쟁이 심지어 영국 내에서는 블레어의 전쟁(Blair's War)으로 불리기도 한다.[4] 이는 무엇보다도 사담 후세인의 가혹한 독재정치와 대량살상무기 개발의혹에 대한 정보를 공개하고,[5] 전쟁의 불가피성을 강조하는 윤

2 Hoffmann(2003), p. 1034; Hill(2004), pp. 152-154; Jürgen and Maier(2006). 미 국방장관 럼스펠드(Donald Rumsfeld)의 표현에 따르면 유럽은 이른바 '新유럽(New Europe)'과 '舊유럽(Old Europe)'으로 나누어져 있다고 한다. 신유럽은 대다수의 동유럽 국가들을 포함하여 미국의 입장을 지지하는 국가들을 지칭하고, 구유럽은 미국의 대이라크 정책에 반기를 든 프랑스와 독일을 위시한 서유럽 국가들을 일컫는다.

3 Sharp(2003-2004); Smith(2003) p. 948.

4 Peter Stothard, *Thirty Days: A Month at the Heart of Blair's War*(London: Harper Collins, 2003); David Coates and Joel Krieger, *Blair's War*(Cambridge, UK: Polity, 2004).

5 이라크가 대량살상무기를 개발, 보유하고 있다는 의혹은 이라크 전쟁 개전의 가장

리적 당위성을 제시함과 아울러, 전쟁의 결과에 대한 낙관적 전망을 피력함으로써 누구보다도 적극적으로 전쟁 개시의 필요성과 정당성을 역설한 것이 바로 토니 블레어 영국 수상이었다는 사실에 기인하는 바 크다. 하지만 한편으로는 영국의 이라크 전쟁 참여가 영국의 국민적 동의 없이 블레어 수상의 강변에 따라 이루어진 것이었기 때문에 '영국의 전쟁'이 아닌 토니 블레어 수상 개인의 전쟁이었다는 의미도 내포한 것으로 볼 수 있다.[6]

블레어 정부는 이라크 전쟁의 정당성의 근거로 크게 두 가지의 논리를 제시한 바 있다.[7] 첫째, 안보위협 요인으로서의 이라크의 존재, 둘째, 사담 후세인 정권의 비윤리성이 그것이다. 이라크 전쟁의 정당성은 무엇보다도 이라크가 대량살상무기를 비밀리에 개발하여 보유하고 있을 경우, 이는 중동 지역의 평화에 위협이 될 뿐 아니라, 궁극적으로 이 무기들이 테러리스트의 수중에 들어갈 경우 국제안보에도 큰 위협이 되기 때문에

중요한 명분 중 하나였으나, 이를 뒷받침할 수 있는 증거는 끝내 발견되지 않아, 미국과 영국 정부가 의도적으로 정보를 왜곡했다는 비판이 강력하게 제기되고 있다.

6 Kampfner(2003), p. 351 참조. 9·11 이후 이라크 전쟁의 발발에 이르는 기간 동안 영국 정부 내에서 이라크 문제에 관련된 정책 결정이 민주적이고 투명한 각료 회의나 외교 자문회의 등에서 충분한 토의 끝에 이루어진 것이 아니라 블레어 수상과 생각을 같이 하는 일부 최측근들과의 회합에서 만들어진 결정을 각료들에게는 충분한 정보와 시간이 주어지지 않은 채 블레어 수상이 토론을 주도해서 추인을 받는 방식을 따랐다는 지적도 이러한 사고와 맥락을 같이한다. 이라크 전쟁과 관련된 주요 정책 결정이 사실상 주로 블레어 수상의 사무실(den)에서 만들어진 것을 두고 블레어의 정책 결정 스타일을 일컬어 민주주의(democracy)가 아닌 밀실주의(denocracy)라고 하는 것도 이러한 비판의 연장선상에 있다. 블레어 수상의 밀실주의적 경향과 이에 대한 비판에 대해서는 Williams(2004), pp. 916-20 참조.

7 Bluth(2003); Williams(2005), p. 187 참조.

이를 제지하여야 한다는 데서 찾아진다.[8] 특히 이라크의 대량살상무기 개발을 방지하기 위해 유엔을 통해 국제사회가 취한 일련의 조치들이 더 이상 유효하지 않음이 드러난 이상, 전쟁을 통해서라도 대량살상무기의 개발 및 전개를 막아야 한다는 것이다. 아울러 후세인 정권은 이라크 국민을 탄압하고 착취하는 '나쁜' 정권이므로, 이라크 국민들의 인권을 보호하기 위한 인도주의적 차원에서라도 군사적 개입을 통해 이라크를 '해방(liberalize)' 시켜 민주주의와 시장경제로 유도할 필요가 있다는 것이 이라크 전쟁의 또 다른 이유로 제시되고 있다.

설령 영국정부의 이러한 논리의 타당성과 설득력은 일단 논외로 한다 하더라도, 이라크 문제에 대한 영국의 접근 방식은 몇 가지 흥미로운 질문을 제기한다. 첫째, 이라크 전쟁과 관련한 영국의 외교정책 노선은 여타의 주요 유럽 국가들과 많은 차이점을 보이고 있다. 영국의 입장이 이라크 전쟁을 반대한 독일과 프랑스와 다른 것은 물론이거니와, 정부 차원에서 미국의 이라크 전쟁 수행에 지지를 표명하는 국가들 가운데서도 영국은 적극성의 정도에 있어 차별성을 보이고 있다.[9] 왜 영국은 이라크 전쟁을 찬

8 그러나 영국은 이라크 전쟁의 정당성의 근거로 사담 후세인의 이라크 정권과 알카에다 간의 직접적인 연결고리가 있다고 하는 미 국방성 측의 주장에는 동조하지 않았다. Williams(2005), pp. 193-194, p. 195. 다만 영국은 이라크의 대량살상무기가 향후 테러리스트의 손에 들어갈 수 있다는 가능성만큼은 심각한 위협 요인으로 판단했다고 볼 수 있다.

9 이와 관련되는 연구로 Malici(2005)가 있다. 이 연구는 9·11 사건 이후 전개된 대테러전쟁의 과정에서 나타난 영국과 프랑스의 차이점에 초점을 두면서, 외부로부터의 안보 위협의 성격과 정도에 대한 인식 그리고 위협 타개의 방식에 대한 태도에 있어서의 공통점과 차이점이 이 두 나라가 아프가니스탄 전쟁에서는 서로 공동보조를 취했으나, 이라크 전쟁에서는 상호 협조에 실패한 이유라고 밝히고 있다. 그러나 이 연구는 영국과 프랑스가 왜 외부로부터의 안보 위협에 대한 인식

성하였으며, 그것도 다른 유럽 국가들에 비해 더욱 적극적으로 그러하였는가?

둘째, 블레어 정부의 태도는 영국의 노동당 정부가 전통적으로 취해온 외교정책의 노선과 모순된다. 전통적으로 영국 노동당은 다른 유럽 각국의 중도 좌파 정당과 같이 평화주의를 지향하는 외교정책을 추구해오고 있는 것으로 알려지고 있다. 이라크 전쟁 당시에도 영국 노동당 소속의 국회의원 및 일반 당원들은 전쟁에 반대하는 입장을 보인 바 있다.[10] 왜 영국의 블레어 수상은 당내의 반발에도 불구하고 오랜 기간 동안 지켜온 노동당의 평화주의적 입장에 반하여 이라크 전쟁을 지지하는데 앞장서는가 하면, 또 적극적으로 파병을 결정하였는가?

셋째, 블레어 정부는 이라크 전쟁에 대한 영국 국민들의 압도적인 비판적 여론을 무릅쓰고 미국의 부시 행정부와 보조를 같이 하였다. 일반적으로 외교정책은 국가 지도자나 정당의 지지도에 영향을 미치는 범위가 제한적이라고 하지만, 이라크 전쟁의 경우에는 영국 뿐 아니라 유럽 대다수의 국가에서 오랜 기간 많은 일반시민의 지대한 관심 속에서 공개적으로 열띤 논쟁의 대상이 되어 왔다는 점에서 정당 및 지도자의 지지도에 중요한 변화를 가져올 수 있는 쟁점이었다.[11] 이처럼 국내정치적으로 민감

◇◇◇◇

에 있어 차이점을 보이고 있는지 자체에 대한 분석을 결여하고 있어, 이라크 전쟁에 대한 양국의 정책 선호가 형성된 배경에 대한 심층적 설명에는 미치지 못한 채, 피상적 수준의 연구에 머무르고 있는 것으로 판단된다. 이라크 전쟁에서의 영국의 적극성은 9·11 사건에 대한 반응에 있어 영국과 다른 주요 국가들의 보여준 차이에서 이미 감지될 수 있음을 주장하고 있는 서술적 연구로는 Coates and Krieger(2004), pp. 43-47 참조.

10 Dunne(2004), pp. 893-894.

11 이라크 전쟁이 시작되기 이전은 물론이고 시작된 이후에도 영국의 대이라크 정

한 쟁점에 대해 여론의 동향을 알면서도 이에 거스르는 정책을 추진하는 것은 정치적으로 상당한 위험을 감수할 각오가 되어 있었음을 의미한다.[12] 그렇다면 블레어 정부는 왜 이런 정치적 위험을 감수하면서까지 이라크 전쟁을 지지하였던 것인가?

요약하자면, 이라크 문제에 대한 접근 방식에 있어 영국의 블레어 정부는 프랑스나 독일처럼 영국과 비슷한 수준의 국력을 가진 다른 유럽 국가들과는 상이한 정책노선을 취했으며, 그것도 당내 다수 의견과 국민 여론의 반대를 무릅쓰고 그렇게 한 것이라 할 수 있다. 이러한 영국 정부의 결정을 어떻게 설명할 수 있을 것인가?[13]

책에 대한 논란은 끊이지 않고 있으며, 학계 또한 이 논쟁에 적극적으로 참여하고 있다. 영국 정부의 전쟁 참여 결정에 대한 지지 입장을 표명하고 있는 학술적 연구의 예로는 Bluth(2004, 2005), 비판적 입장을 개진하고 있는 연구의 예로는 Sharp(2003-2004); Hoggett(2005)를 참조할 것.

12 예컨대 블레어 수상이 영국을 이라크 전쟁에 끌어들임으로써 블레어 자신과 노동당 정권에 대한 영국 국민들의 반발을 초래한 결과, 노동당 정부가 조심스럽게, 그러나 의욕적으로 추진해 오던 유럽통화연합에의 가입이 원천적으로 불가능해진 것이 이라크 전쟁으로 말미암아 블레어 정부가 지불해야 했던 가장 큰 정치적 비용이었다고 할 수 있다. Pond(2004), p. 91 참조.

13 영국의 이라크 정책뿐만 아니라 영국 외교정책 자체가 국제정치이론적으로 흥미로운 사례를 제공한다는 지적이 있다. 영국은 더 이상 초강대국(superpower)도 아니고, 그렇다고 해서 일부 논자들이 지칭하고 있는 것과 같은 중위권 국가(middle power)에도 해당되지 않으며, 약소국(small power)는 더더욱 아니라고 한다. 영국은 "아직도 강대국으로의 면모를 일부 유지하고 있는가 하면, 타국가들과의 복잡한 상호의존관계 속에 묶여 있으며, 국방과 경제 영역에서 동맹국가나 국제기구 등과의 지속적인 흥정을 해야 한다는 점에서 영국은 국가들을 분류하는 어느 범주에도 잘 맞지 않는다"는 것이다(Smith 1991, p. 66. Williams 2005, p. 3에서 재인용). 만일 영국의 여러 가지 행태들이 국제정치체제 내에서 영국이 차지하고 있는 이러한 독특한 위상에서 비롯되는 것이라고 한다면, 강대국, 약소국, 중위권 국

상식과 기존 이론의 관점에 근거한 직관으로는 선뜻 이해하기 어려운 영국의 대이라크 정책에 대해 현재 크게 두 가지의 설명 방식이 눈에 띈다. 하나는 영국과 미국 사이의 이른바 '특수 관계(special relationship)'에 초점을 두는 설명 방식이며, 또 하나는 블레어 수상 개인의 리더십 스타일에 주목하는 설명 방식이다. 이 두 가지 설명 방식은 사회과학 연구에 있어 구조 수준과 행위자 수준의 변수를 강조하는 두 가지 대별되는 접근 방법에 상응한다고 볼 수 있다. 구조 변수와 행위자 변수의 상대적 설명력에 대한 평가는 전통적으로 사회과학적 탐구의 방법론적 논쟁에서 중요한 축을 이루어 왔다. 본 연구에서는 이러한 논쟁의 맥락 속에서 이라크 전쟁에 대해 영국이 취한 정책의 근원을 찾아본다.

다만 본 연구에서는 이상의 두 가지 설명 방식에 근거한 주장들의 타당성 검증을 위해 과학적 엄밀성을 갖춘 인과론적 설명을 시도하지는 않는다. 많은 외교정책연구가 그러하듯이, 아직은 이라크 전쟁에 관련되는 여러 가지 결정들이 내려지는 과정에 대한 객관적 지식을 획득하기에 필요한 충분한 사료가 제공되지 않고 있을 뿐더러, 사실 이 논문을 집필하고 있는 현시점에서도 이라크 문제는 해결되지 않고 있는 현재 진행형인 사안이기 때문에, 상황을 균형적으로 판단할 수 있는 근거가 아직은 부족하다고 판단되기 때문이다. 영국이 이라크를 침공한 이유에 대해서는 많은 글들이 발표되고 있지만,[14] 세련된 이론적 사고의 기반 위에서 영국정부의 대이라크 정책을 설득력 있게 설명하는 연구가 아직 눈에 띄지 않고 있는 것은 아마도 이러한 이유에서일 것이며, 따라서 본 연구 또한 영국의

가로 나누는 분류방식에 의거한 기존 국제정치이론으로는 영국을 설명하기 어려우리라는 것이다.

14 Williams(2005), p. 192.

이라크 정책에 대한 새로운 이론적 설명의 시도보다는 현재 알려진 사실들을 토대로 이루어지고 있는 기존의 논의에서 제기되는 설명 방식들을 소개하고, 이 설명들이 갖는 한계를 지적함으로써 향후 이론적 기반에 근거한 보다 완결성을 가진 연구를 시도할 수 있는 토대의 구축에 기여하는 것으로 연구의 목적을 제한한다.

Ⅱ. 영-미 '특수관계'와 이라크 전쟁

본 연구에서는 영국 외교정책에 영향을 미치는 구조적 수준의 변수로 영국 외교정책의 주요 축을 이루고 있는 미국과의 '특수 관계'에 특히 주목한다. 문서화된 기록을 기준으로 했을 때 영미 양국 관계를 특수 관계로 표현한 것은 처칠 수상이 1946년 3월 5일 미국 미주리 주 펄튼(Fulton)에서 행한 연설에서였다. 냉전의 시작을 '철의 장막'이라는 표현으로 비유해 유명해진 이 연설에서, 처칠 수상은 영어 사용권 국가들 간의 형제애적 단합을 촉구하는 가운데 그 한 부분으로서 영연방과 미국 사이의 '특수 관계'를 강조하고 있다.[15] 처칠이 언급하고 있는 영미 특수 관계는 제2차 세계대전을 수행하면서 형성된 것으로, 주로 군사 및 첩보 분야에서의 협력관계에 초점이 맞추어져 있다. 하지만 비공식적 수준에서는 기타 경제적 협력 관계의 구축은 물론이요 언어적, 문화적 동질성에 기초한 정서적 유대관계의 강화로 이어져 왔다. 제2차 세계대전을 계기로 형성된 영미

15 Dumbrell(2001), p. 7.

특수 관계는 이후 어느 정도의 부침은 있었으나 전반적으로는 냉전의 상황 속에서 더욱 공고화되었으며, 탈냉전 이후에도 계속 유지, 발전되어 가고 있는 양상을 보이고 있다.

그런데 영미 특수 관계는 하나의 분석적 개념으로서의 효용성은 그다지 크지 않다는 것이 중론이다. 정확하게 그 의미를 정의하고, 그 내용을 측정 가능한 변수로 전환시키는 것이 쉽지 않기 때문이다.[16] 그럼에도 불구하고 영미 특수 관계가 일반적으로 관찰되는 우호적인 양자관계나 미국과 다른 국가들과의 양자 관계와 다른 점을 가려낼 수 있는 개념틀을 제시하려는 시도가 이루어지고 있다.[17] 대표적인 예로 호더-윌리엄스(Richard Hodder-Williams)에 따르면, 특수 관계는 적어도 세 가지 측면에서 양국 간에 상호 기대가 존재하고, 또 서로가 그 기대에 부응하는 행동을 하는 경우를 일컫는다고 한다.[18] 그 세 가지 기대란 첫째, 정책합의에 대한 기대, 둘째, 정보 공유의 기대, 셋째, 우호적 관계에 대한 기대이다. '정책합의에 대한 기대'가 존재한다는 것은 영국과 미국의 경우 국제관계의 중

16 그 결과 영미 특수 관계는 분명히 존재하는 것이 확실하지만 그것이 무엇이라고 단언하기는 어렵다는 점에서, "그것이 무엇이라고 정의할 수는 없으나, 그것을 보면 그것이 무엇인지 알 수 있다"고 하는 서술에 해당하는 개념이라고 할 수 있다. 이 표현은 원래 미국의 판사 스튜어트(Potter Stewart)가 외설(obscenity)의 여부를 가늠하는 판결에서 한 말로 유명하다. Hodder-Williams(2000), p. 235에서 재인용.

17 사실 관점에 따라 미국과 이스라엘의 관계, 미국과 멕시코의 관계, 미국과 일본의 관계 등도 특수 관계라고 할 수 있다. 따라서 영미 관계를 가리켜 '특수 관계'라는 고유한 표현으로 지칭하기 위해서는 영미 관계가 미국이 다른 나라와 갖고 있는 관계의 양상과 어떻게 다른지를 밝히는 것이 영미 양국 간의 관계의 현상을 이해함에 있어 중요하지 않을 수 없다.

18 Hodder-Williams(2000), pp. 236-245.

요한 이슈에 있어 대체로 유사한 이해관계의 성향을 갖고 있기 때문에, 서로의 외교정책이 같은 방향으로 수렴되리라는 기대가 존재함과 아울러, 이러한 기대가 실제로 충족되어 오고 있다는 것을 뜻한다. '정보 공유의 기대'란 민감하고 중요한 외교 정보와 군사첩보 등이 제도화된 메커니즘을 통해 양자 사이에서만 배타적으로 공유될 것이라고 하는 기대를 의미한다. '우호적 관계에 대한 기대'는 외교정책 담당자들 사이에 존재하는 인적 교류의 과정에서 생성되는 것으로, 정부 관료 체계의 여러 층에서 양국의 외교관 사이에 광범위하고 지속적인 상호작용을 통해 친교관계가 형성되어 있을 때 존재할 수 있는 것으로 간주된다. 시대적 상황과 당면 사안에 따라 굴곡이 있긴 하지만, 영국과 미국 사이에는 전반적으로 이 세 가지 종류의 기대가 대체로 매우 높은 수준에서 지속적으로 충족되고 있다는 점에서 영미 양국은 다른 나라와의 관계에서와는 다른 '특수 관계'를 유지하고 있는 것으로 묘사되고 있다.

영국과 미국 사이에 존재하는 이러한 기대는, 정책 담당자들과 그리고 나아가서는 일반 여론의 수준에서도 사실인 동시에 규범으로 인식되어 있으며, 그 결과 양국의 외교정책의 제도와 행태에 깊이 각인되어 있다는 점에서 양국의 외교정책 결정 과정에 영향을 미치는 '구조'로서의 기능을 한다고 볼 수 있다. 따라서 이 논문에서 사용하고 있는 '구조'라는 용어의 의미는, 현실주의자들이나 신자유주의 제도론에서 사용하고 있는 것처럼 객관적 사실로서의 국제정치의 무정부상태나 국가들 간의 물리적 힘의 분포를 뜻하는 것이 아니다. 여기에서 구조란, 국제정치의 행위자들 사이의 상호작용 속에서 발생하는 학습과정과 경로의존성의 결과로 형성된 행위자들의 현상 인식의 패턴 그리고 인식된 현상에 대한 반응의 패턴을 의미하는 것으로, 새로운 상황에 대한 주관적 수용의 가능성에 따라 이러한 인식과 행위의 패턴이 유동적으로 변화할 수 있음이 인정된다는 점에서 오히려 구성주의적 관점에서 개진되는 개념이라고 할 수 있다.

이와 같이 구조적 변수로서 영국과 미국의 특수 관계에 초점을 맞추는 관점에 의하면, 영국의 이라크 전쟁 참여는 미국과의 특수 관계가 요구하는 구조적 제약 속에서 이루어진 결정이라는 가설의 수립이 가능하다. 적어도 영국의 대이라크 정책은, 영국 외교정책 결정자들의 인식과 행위 양식이 미국과의 특수 관계의 파트너로서의 국제정치적 역할에 대한 인식에 의해 규정된 결과였다고 할 수 있는 것이다. 이는 바꾸어 말해, 영국의 정책 엘리트 사이에 영미 특수 관계의 유지 및 발전이 외교정책의 가장 중요한 원칙으로 널리 수용되고 있었으며, 따라서 2003년 당시 설령 토니 블레어가 아닌 다른 인물이 영국 수상이었다 하더라도 영국은 미국의 이라크 전쟁을 지지하고 또 전쟁에 참여했을 개연성이 크다는 주장으로 요약될 수 있다.

결국 이 주장에 따르면, 블레어 수상이 이라크 전쟁에서 미국을 적극적으로 지지하고 영국의 국민들과 정치인들을 설득하여 영국이 전쟁에 참여토록 한 것은 미국과의 특수 관계가 영국 외교의 핵심이라는 인식을 갖고 있었기 때문이라고 할 수 있다. 사실 블레어 수상은 판단으로는 탈냉전 이후 유일 초강대국으로 부상한 미국의 외교정책이 일방주의로 경도되지 않도록 하기 위해서는 미국의 외교정책 결정에 영향을 미칠 수 있는 외부의 목소리가 필요하며, 그 목소리를 내기에는 미국과의 특수 관계 하에 있는 영국이 가장 적임인 것으로 판단하였던 것으로 나타나고 있다.[19] 탈냉전 이후 국제정치질서를 안정되게 운영해 나감에 있어 미국의 일방주의적 경향이 갖는 위험성과 한계가 분명히 있는 만큼, 테러나 대량살상무

19 Williams(2005), p. 35.

기 등의 문제 해결을 위해서는 미국을 다자주의로 유도하는 것이 필요한데, 이 역할은 미국과 특수 관계를 구축해 온 영국이 적극적으로 맡아야 한다는 것이다. 나아가 영국이 미국에 대한 실질적인 영향력을 행사할 수 있기 위해서는 기존의 특수 관계를 더욱 긴밀하게 발전시켜 나가야 하며, 이를 위해서는 사적으로도 양국의 주요 외교정책 담당자들 사이에 친밀한 인적 관계를 유지하는 동시에 공적으로는 굳건한 동맹임을 지속적으로 재확인하는 작업이 필요한 것으로 보았다. 따라서 이라크 전쟁은 한편으로는 영미 양국의 특수 관계를 반영하는 것인 동시에, 영국이 특수 관계에 충실하고 있음을 미국에게 재확인시키는 작업의 일환이기도 한 것이다. 블레어 수상이 2003년 1월 런던에서 해외 주재 영국 대사들과 고위급 외무 관료를 대상으로 행한 연설에서 블레어의 영미 특수 관계에 대한 인식이 엿보인다.

> 우리는 미국과 가장 가까운 동맹관계를 유지해야 합니다. 동맹국가로서 우리는 미국이 외교 아젠다를 계속 확장하도록 영향력을 행사해야 합니다. 그 영향력 행사의 대가는 미국이 까다로운 문제를 혼자 해결하도록 하지 않는 것입니다. 까다로운 문제란, 발생하지 않았으면 하고 사람들이 바라는, 또는 발생했더라도 문제 해결에 개입되고 싶지 않은 그런 문제를 말합니다. 달리, 좀 더 직설적으로 표현하자면, 미국이 맞닥뜨릴 수밖에 없는 문제임을 알면서도, 그 문제를 다루는 미국의 방식에 대해 비판만 가하는 방관자적 사치를 원하는 그런 문제를 의미합니다. 따라서 미국이 만일 단독으로 문제 해결을 추구하게 된다면, 미국은 일방주의를 취하게 될 것입니다. 그러나 만일 미국이 동맹국을 원한다면, 사람들은 뒤로 한 발 물러서려고 할 것입니다. 테러 문제가 바로 그러한 문제입니다. … 미국이

> 테러문제를 단독으로 해결하도록 해서는 안 됩니다. 우리 모두 힘을 보태야 합니다. … 따라서 미국이 이 문제를 해결하려고 할 때, 우리는 보조를 같이 해야 합니다. 그리고 그 대가로 이 문제들이 국제공동체에 의해 장기적인 평화와 안보 그리고 정의가 구현될 수 있는 방향으로 사려 깊게 다루어지도록 해야 할 것입니다.[20]

이러한 관점에 입각하여 블레어 수상은 이라크 전쟁에 관련되는 결정을 내림에 있어, 미국이 일방주의 노선을 취하는 것을 방관함으로써 발생할 수 있는 위험이 국내정치적 반대와 범유럽적 비난을 무릅쓰고라도 전쟁을 강행함으로써 발생하는 위험을 훨씬 능가한다고 보았기 때문에, 미국이 테러 전쟁을 단독으로 수행하도록 내버려 두어서는 안 된다는 인식하에 이라크 전쟁에서 미국과 보조를 같이 하기에 이른 것이다.

그런데 미국과의 관계에 있어 영국이 패권국가의 길잡이와 같은 역할을 수행해야 한다는 인식, 이를 위해서는 미국과의 돈독한 관계를 잘 보존해야 한다는 인식이 만일 블레어 수상 개인의 생각이었다고 한다면, 영미 특수 관계는 구조적 변수이기보다는 블레어 수상의 개인적 성향의 문제로 간주될 수 있다. 즉, 미국과의 특수 관계가 영국 외교정책의 우선순위에 있어 최상위에 놓여야만 영국의 대미 영향력과 국제정치적 위상이 강화되고, 이에 따라 영국의 국가이익이 증진될 수 있다고 하는 견해는 어떻게 생각하면 일종의 '신념'에 해당되는 것이기 때문에, 영미 특수 관계의 문제는 영국외교정책의 결정 과정에 영향을 미치는 '구조적' 변수이기보다는 블레어 수상의 '개인적' 성향과 관련되는 변수라고 할 수도 있는 것이

20 Riddell(2003), p. 14.

다. 하지만 영국정부는 블레어 수상 훨씬 이전부터 일관되게 영미 특수 관계의 유지, 발전을 가장 중요한 외교적 과제로 여겨 왔으며, 현재 영국의 외교가에서도 가장 중요한 원칙으로 광범위하고 공유되고 있는 만큼, 영미 특수 관계의 논리에 따른 외교 행태는 영국 정부의 외교정책 노선으로 이미 '구조화'되어 있다고 볼 수 있다. 블레어 수상이 표방한 '새로운 노동당(New Labour)'의 외교정책도 기존 영국 외교정책의 전통에 기반을 두고 있기 때문에 노선상의 큰 변화를 보이지 않고 있다는 관찰이 이를 뒷받침한다.[21] 미국과의 특수 관계를 활용한 영국의 국제정치적 역할에 대한 인식은 제2차 세계대전 이후 그리고 특히 1956년 수에즈 운하 위기 이후 영국 외교정책의 근간이었으며, 블레어 수상의 대이라크 정책은 이러한 영국의 외교정책의 맥락 속에 놓여 있는 것이다.[22]

영국은 제2차 세계대전을 계기로 형성된 미국과의 '특수 관계'와 함께, 유럽연합의 회원국의 일원으로서 유럽대륙의 국가들과의 정치경제적 상호의존관계를 동시에 발전시켜 나오고 있다. '유럽'은 영국에게 있어서 또 하나의 가장 중요한 외교정책의 대상이자 무대이기도 한 것이다. 이러한 특수한 외교적 위상을 반영하여 영국은 미국과 유럽의 가교 역할을 자처하고 있으면서, 이러한 위상을 활용하여 국가이익을 극대화시키려는 전략을 구사하고 있기도 하다.[23] 유럽대륙에 중요한 국가이익을 갖고 있는

21 Williams(2004) 참조. 윌리엄스는 영국외교정책의 전통으로 첫째, 다자주의, 둘째, 대서양주의, 셋째, 신자유주의를 들면서, 이들 세 가지 외교정책 노선 간의에 긴장관계가 존재하고 있음을 아울러 지적하고 있다.

22 Riddell(2003), pp. 24-58.

23 그렇다고 해서 영국이 항상 미국과 유럽의 중간에서 중재 역할을 하고 있는 것은 아니다. 때로는 유럽 편에 서기도 하고, 때로는 미국 편에 서는 모습도 보인다. 영국은 지구온난화 방지를 위한 교토 의정서에 대해서는 유럽 국가들과 같은 입장

초강대국인 미국과의 특수 관계를 통해 유럽 내에서의 발언권을 강화하는 한편, 유럽연합 회원국으로서의 입지를 활용하여 미국에 대해 영향력을 행사하는 이른바 미-유럽 가교역할을 수행하여 객관적 국력 수준 이상의 국제정치적 위상을 확보하는 것(punch above weight)이 오랜 기간 영국 외교정책의 주요 기조인 것이다.[24]

하지만 현실적으로는 처칠 수상 이래 미국과의 관계가 유럽과의 관계에 비해 우선순위를 점해 왔다고 한다.[25] 클린턴 대통령에 이어 부시 대통령과도 우호적 관계를 발전시키기를 원한 블레어 수상의 외교 노선은 바로 제2차 세계대전 이후 모든 영국의 수상들이 취한 정책의 연장선상에 있는 것이다.[26] 그 결과 영국 정부와 영국의 언론은 미국과는 '우리' 의식을 강조하는 한편, 유럽대륙의 국가들에 대해서는 '그들'로 인식하고 있을

을 취하는 한편, 대테러전쟁에 대한 대응에 있어서는 미국의 접근 방법에 보다 가까운 경향을 보이는 것이 그 예이다(Ibid, p. 19). 아울러 영국이 스스로 자처하고 있는 가교 역할에 대해서 대서양안의 다른 국가들이 인정해 주고 있는 분위기도 아니다. 특히 프랑스는 영국이 자임하고 나선 중간자 역할에 대해 매우 못마땅하게 생각한다고 한다(Ibid)

24 Stephens(2004), pp. 104-105; Wallace(2004), p. 13.

25 그 유일한 예외가 에드워드 히스(Edward Heath) 수상이다. 히스 수상은 미국 대통령보다는 유럽의 다른 국가지도자들과의 의견 교환을 우선시했을 뿐 아니라, 미국의 닉슨 대통령이 히스 수상과 친분을 쌓고자 원했음에도 불구하고 히스 수상은 이에 적극적으로 응하지 않았다고 한다. 이러한 히스 정부의 태도는 히스 수상의 유럽 우선 정책은 영국의 EC 가입 노력과 맞물려 미국이 보기에는 미영관계가 거의 '혁명적'인 변화 단계에 진입한 것으로까지 생각되었으나, 히스의 유럽 우선 정책은 히스 정부의 수명이 길지 못하였던 탓에 오래 가지 못하고, 히스 실각 후 영국의 미국 중심적 외교정책 기조가 다시 복원되었다고 한다. Riddell(2003), pp. 42-44.

26 Riddell(2003), p. 26.

따름이라는 인상을 주는 경우가 많다고 한다. 예컨대 정상회담의 경우, 영국의 언론들은 영국 수상과 미국 대통령 사이의 정상회담에 대해서는 가능한 한 우호적인 표현을 사용하여 협력적인 분위기로 묘사하는 한편, 유럽의 다른 국가–특히 프랑스, 때로는 독일–의 정상과의 회담은 경쟁자와의 대결로 그려지는 경우가 많다는 것이다.

그런데 영국과 미국의 특수 관계는 현저한 힘의 불균형 속에서 맺어졌고 또 유지되어 오고 있다는 점에서, 양자 간 특수 관계의 중요성에 대한 인식에 있어서도 영국과 미국 사이에 비대칭성이 감지된다.[27] 물론 미국이 영국과의 특수 관계가 유용함을 인지하고 있음은 부인하기 어렵다. 설령 미국의 외교정책이 결정 과정에 있어서는 종종 일방주의적 성향을 띠는 경향이 있는 것은 사실이지만, 실행단계에 있어서만큼은 미국은 단독으로 움직이기보다는 다른 국가의 지지와 지원을 구하는 경우가 많기 때문이다. 이때 영국은 대체로 든든하고 믿을 수 있는 동맹이 되어 미국의 행동에 정당성을 부여하는 역할을 해 주고 있는 것이다.[28] 그럼에도 불구하고 미국은 영국의 지원 없이도 독자적인 행동을 할 수 있는 능력을 충분히 보유하고 있기 때문에, 영국과의 특수 관계가 잘 운용되면 좋긴 하겠지만 그렇지 않다고 해서 미국 외교정책 수행에 심각한 문제가 발생하는 것은 아니라는 인식을 갖고 있다.

반면 영국은 유럽 내에서의 발언권을 행사함에 있어서도 미국과의 특수 관계가 유용한 자산이 될 수 있으며,[29] 글로벌 수준에서의 무대에서도

◇◇◇◇

27 Dumbrell(2001), p. 8.

28 Riddell(2003), pp. 27–28.

29 물론 미국과의 특수 관계가 유럽 내에서 영국의 입지를 좁히는 역할을 하는 경우도 있다. 가장 대표적인 예로 1960년대 두 차례에 걸쳐 영국의 EC 가입 시도가 무

미국과의 특수 관계를 카드로 활용하거나, 아니면 미국에 대한 영향력 행사를 통해 혜택을 볼 수 있는 여지가 크기 때문에 미국과의 특수 관계가 영국 외교정책에 있어 가장 중요한 부분이라고도 할 수 있다.

그럼에도 불구하고 이라크 전쟁을 앞둔 시점에서 블레어 수상이 미국을 지지하는 대가로 행사할 수 있다고 생각한 대미 영향력에는 엄연한 한계가 있었음을 인정하지 않을 수 없다. 미국의 정책 결정은 여전히 미국의 국익을 최우선적으로 고려하는 가운데 미국 대통령에 의해 이루어지기 때문이다. 사실 미국이 영국의 의사를 타진하는 경우가 적지는 않았지만, 영국의 의사가 미국의 행동을 바꾸는데 중요한 작용을 한 예는 찾아보기 힘들다. 이라크 전쟁을 전후하여 영국이 미국에 대해 행한 가장 중요한 영향력 행사는 2002년 가을 미국으로 하여금 유엔 안보리에서의 결의안을 도출해 내도록 하는 것 정도에 그친다고 할 수 있다.[30] 이와 같이 영국은 미국과의 특수 관계를 통해 미국에 대해 영향력을 행사할 수 있기를 원하고 있지만, 적어도 블레어 수상 재임 중 영국이 특수 관계를 활용하여 미국으로부터 가시적인 양보를 얻어낸 예가 찾기 어렵다는 점에서, 영국은 미국과의 특수 관계에 대한 '환상'에 사로잡혀 있는 것에 불과하다는 비판이 제기되고 있다.[31] 그 결과 이라크 전쟁에 있어 영국이 과연 미국의 행동

산된 것을 들 수 있다. 앞서 설명한 수에즈 운하 위기 이후 영국과 미국과의 관계가 지나치게 밀착되어 있는 것으로 파악한 프랑스의 드골 대통령이 영국의 EC 가입은 곧 미국의 영향력이 EC 내로 침투하는 것을 의미하는 것으로 간주해 영국의 EC 가입을 막았던 것이다. 이라크 전쟁을 계기로 영국이 미국에 밀착되는 사이, 독일과 프랑스 간의 관계가 밀착되는 결과가 빚어진 것 또한 영국이 미국과의 관계를 대가로 유럽에서 치러야 하는 비용이 있음을 보여준다고 하겠다.

30 Williams(2004), p. 923.

31 Sharp(2003-4) 참조.

에 과연 어떤 변화를 갖고 왔으며, 미국이 주도하는 전쟁에 적극적으로 참여하는 대가로 도대체 무엇을 얻었는지에 대한 회의론이 심각하게 대두되는 한편, 미국과의 특수 관계에 최우선순위를 부여하고 있는 영국 외교정책 노선에 대한 진지한 재검토가 이루어져야 한다는 주장이 제기되고 있기도 하다.[32]

이와 같이 영미 특수 관계에 대한 회의론 그리고 영미 특수 관계에 입각한 영국 정부의 대이라크 정책에 대한 비판적 견해가 존재하고 있다는 사실은 한편 영국의 외교정책의 목표와 수단이 상당 부분 미국과의 특수 관계라는 구조적 요인이 제공하는 기회와 제약 속에서 선택되고 집행되어 오고 있음을 여실히 보여주고 있는 것으로 이해될 수 있다. 특수 관계에 대한 영국의 집착에 대한 비판은 미국과의 특수 관계가 영국 외교정책의 수립과 집행을 구조적으로 제약하고 있다는 점에 대한 반발이며, 영미 특수 관계가 영국의 국가 이익에 도움이 되지 않고 있다는 좌절감의 표현이라고 볼 수 있는 것이다. 결국 영미 특수 관계가 수반하는 혜택과 비용에 대한 평가는 논자에 따라 다르겠지만, 영국의 외교정책 일반 그리고 블레어 정부의 이라크 정책이 영미 특수 관계에 의해 크게 좌우되고 있다는 점은 광범위하게 수용되고 있는 것으로 보인다.

◇◇◇◇

32 Dunne(2004), p. 894. 영국에게 있어 과연 미국과의 특수 관계의 효용성이 얼마나 큰지에 대한 평가는 사실 매우 중요하고 흥미로운 문제이긴 하지만, 이 논문의 연구 범위를 벗어나는 별도의 연구주제이기 때문에 여기에서는 더 이상 깊이 있는 토론을 추구하지 않는다. 다만 여기에서 지적할 수 있는 것은 미국과의 특수 관계의 효용성에 대한 비판과 회의론이 제기되면 될수록, 영국의 외교정책에 영향을 미치는 구조적인 요인으로서의 영미 특수 관계의 양상과 파급 효과가 점차 변화할 것이라는 점이다.

Ⅲ. 토니 블레어 수상의 개인적 성향과 이라크 전쟁

앞서 서론에서 밝힌 바와 같이 2003년 이라크 전쟁은 일명 '블레어의 전쟁'으로 불리기도 한다.[33] 사실 블레어 수상은 제2차 세계대전 이후 영국의 그 어느 수상보다도 국제 문제에 대한 군사적 개입을 빈번하게 한 것으로 기록되고 있다. 탈냉전 이후 영국 규모의 국력을 가진 국가가 군사력을 동원해서까지 해결해야 할 이렇다 할 국제정치적 현안이 그다지 눈에 띄지 않았던 탈냉전 이후의 국제환경 속에서 1997년 영국 수상에 취임한 블레어는, 선거 캠페인 기간은 물론이요 그 이전 정치 경력을 축적하는 과정에서도 외교정책에 관한 지식과 관심이 그다지 크지 않은 것으로 나타나고 있다. 블레어 수상은 취임 당시를 기준으로 했을 때 제2차 세계대전 이후의 영국 수상 가운데에서는 외교정책에 대한 지식과 경험이 가장 취약한 편이라는 관측이 바로 이와 맥을 같이 한다고 볼 수 있다.[34]

그러나 블레어 수상은 취임 1년 만인 1998년, 이라크가 걸프 전쟁(1991년) 이후 강제적으로 시행되고 있는 비행금지구역 접근 금지 조치를 위반하였다는 이유로 '사막의 폭풍(Desert Storm)' 작전으로 명명된 이라크 공습에 참여한 것을 필두로 하여, 시에라레온 내전, 코소보 사태, 아프가니스탄 전쟁 그리고 이라크 전쟁 등 총 다섯 차례에 걸쳐 전쟁에 참여함으로써,[35] 1997년 수상 취임부터 2003년 이라크 전쟁 발발에 이르는 만 6

---

33 Dyson(2006), p. 289.

34 Kampfner(2003), pp. 3-9.

35 블레어 수상 취임 이후 영국이 전쟁 당사국으로 직접 전투에 참여한 것 이외에 평화유지군 임무 수행 등을 위해 이른바 '남의 전쟁(other people's wars)'에 군대를

년의 기간 동안 1945년 제2차 세계대전 종전 이후 영국이 참전하였던 모든 전쟁을 합친 수에 맞먹는 많은 전쟁을 치르고 있다.[36] 블레어 수상은 이전의 그 어느 영국 수상보다도 공격적인 수단, 즉 군사력의 동원을 마다하지 않고 적극적으로 대외정책을 수행하고 있는 것이다. 평화주의를 지향함으로 인해 안보 문제에 관한 한 안이한 사고에 젖어 있다는 비판의 대상이 되어온 영국의 노동당에서, 제2차 세계대전 이래 가장 호전적인 영국 수상이 등장한 것이다.

물론 블레어 수상의 외교정책이 잦은 군사적 개입만으로 요약될 수 있는 것은 아니다. 블레어 수상은 코소보 전쟁을 계기로 소위 '윤리적 외교 정책(ethical foreign policy)'의 주창자로서 국제여론의 형성에 큰 영향을 미치기도 했다. 1999년 4월 인종 청소 또는 아파르트헤이트(apartheid) 같은 인도주의적 사태의 경우에는 국가 주권에 대한 전통적인 불간섭 원칙을 완화할 필요성이 있음을 언급한 '블레어 독트린'을 발표한 것이다. 이 독트린은 베스트팔렌 체제를 근간으로 하는 국제정치의 주요 원리인 국가주권의 원칙과, 탈냉전 이후 국제사회의 주요 관심사로 부상하고 있는 인권의 가치가 서로 모순 관계에 놓일 경우, 국제 사회는 주권의 원칙을 유보할 수 있다는 주장을 제기함으로써 큰 반향을 불러일으킨 바 있다. 이를 계기로 블레어 수상은 영국의 지도자뿐만 아니라 세계의 지도자로 자

파병한 것을 다 합치면 그 리스트는 더욱 길어진다. 1999년 동티모르, 2003년 콩고민주공화국 파병이 그것이다(Williams 2005, p. 164).

36 제2차 세계대전 이후 블레어 수상 취임 이전까지 영국이 공식적으로 군대를 파병하여 정규군과 전투를 벌였던 분쟁으로는 한국전쟁(1950-1953), 수에즈 위기(1956), 인도네시아 충돌(1962-66), 포클랜드 전쟁(1982), 걸프 전쟁(1991), 보스니아 내전(1992) 등이 포함된다. http://www.britains-smallwars.com(검색일자: 2006.10. 31).

리매김하게 되는 발판을 마련했으며, 블레어 수상이 획득한 국제사회에서의 명성은 영국의 국제적 영향력을 증대시키는 명예로운 공헌으로 받아들여져 다시 국내정치에서의 인기도 상승에 기여하면서 블레어 수상은 노동당 역사상 최초로 3선에 성공한 기록을 역사에 남기게 되기도 하였다.[37]

하지만 블레어 수상은 명예로운 기록만을 역사에 남기게 될 것으로 보이지는 않는다. 그중에서도 특히 9·11 이후 이라크 전쟁의 발발에 이르는 기간 동안, 블레어 정부는 정보를 조작하고 여론을 호도함으로써 영국의 명예를 실추시키고 귀중한 젊은이의 피를 흘리게 하는가 하면, 영국 국민을 테러의 위협에 노출하는 등 국가이익에 중대한 손실을 초래하였다는 비판에 직면하고 있기 때문이다.[38] 특히 이러한 비판은 리더십 스타일의 문제 등을 비롯한 블레어 수상의 개인적 성향에 특히 화살을 겨누고

◇◇◇◇

37 하지만 윤리적 외교정책의 동기에 대한 비판도 존재한다. 특히 블레어를 비롯한 서방 국가들의 윤리적 외교정책은 정말로 인도주의적 동기에서 비롯된 것이라기보다는, 탈냉전 이후 이데올로기적 논쟁의 불필요성으로 인해 국내정치 수준에서는 일관성 있게 가치 및 신념체계에 근거한 정당성을 주장할 수 있는 영역이 없어졌기 때문에, 정치체제의 정당성 구현의 한 방편으로 대외정책을 윤리적 기반 위에서 구축하였다는 것이다. 윤리적 외교정책은 정책의 실패에 따른 책임 부담은 별로 없으면서, 국가의 도덕적 권위를 획득할 수 있는 정치적으로 안전한 게임이라는 점에서 그 매력이 있기 때문에 탈냉전 이후 지난 10년여 동안 많은 정치지도자들이 애용하고 있다고 한다. Chandler(2003) 참조.

38 이라크 전쟁 참여와 이로 인한 블레어 정부에 대한 지지도 하락은 매우 중요한 정치적 결과를 수반하였다. 즉 블레어가 취임 당시부터 추진할 뜻을 비쳤던 유로(Euro)화 가입이 블레어 수상의 임기 동안에는 불가능하게 되어진 것이 바로 그것이다. 말하자면 블레어 수상의 정치적 자본(political capital)이 이라크 전쟁으로 인해 소진되어 버린 것이다. 한편 블레어 수상은 처음부터 유로화 가입에 있어 그다지 적극적이지 않았다는 분석도 있다. Smith(2005), pp. 718-720 참조.

있다.

영국의 이라크 침공의 원인을 블레어 수상 개인적 수준에서 분석하고자 하는 시도는 다양한 요인들을 지적하고 있다. 예컨대 몇몇 최측근(inner circle)과의 비공식적 회의를 통해 주요 결정을 모두 내리고, 공식적 정책결정과정인 각료회의 등은 요식행위에 불과한 것으로 만든 이른바 밀실정치에 대한 의존, 나아가 블레어 수상에게 고언을 하기 어려운 최측근들과의 집단 사고(group thinking)의 결과로 사실을 보려 하지 않거나(unwillingness to see) 사실을 직시하는 능력을 결여하게 되는(inability to face facts) 자기기만의 상태에 빠진 심리적 기제의 작용, 종교적 신념에서 비롯되는 이분법적 사고에 입각한 도덕주의적 국제정치관에 대한 자아심취적 집착 등이 그것이다.[39]

그러나 이러한 여러 가지 요인들이 어느 정도 작용을 했을 것이라는 점은 수긍이 가지만, 이들 요인들이 과연 어느 정도로 블레어 수상의 결심에 영향을 미쳤는지에 대한 정확한 평가는 사실 어렵다. 위에서 소개한 여러 요인들을 제시한 주장들이 엄밀한 사회과학적 방법에 바탕을 둔 분석적 연구의 결과이기보다는 블레어 수상의 말과 행동에 대한 어느 정도의 자의적 해석에 의존하고 있는 정치적 주장이라는 인상이 강하기 때문이다. 따라서 본 연구에서는 지금까지 개인적 수준의 변수를 주목하는 연구 중 사회과학적으로 가장 탄탄한 분석 기법을 활용하고 있는 것으로 판단되는 다이슨(Stephen Dyson)의 논문의 내용을 비판적으로 검토한다.

다이슨에 의하면 영-미 특수 관계는 영국의 이라크 전쟁 참전에 결정적 변수가 아니었다는 주장을 먼저 제기한다. 미국의 부시 대통령은 전

39 Hoggett(2006), pp. 423-26.

쟁 발발 며칠 전 블레어 수상에게 만일 국내정치적 상황으로 인해 참전이 어려우면 참전 방침을 철회해도 상관없다는 언질을 받았으며, 럼즈펠드 미 국방장관은 미국의 군사력만으로 충분히 이라크 전쟁을 수행할 수 있으므로 영국의 참전이 반드시 필요하지 않다고 언급한 것을 그 증거로 제시한다. 영국은 미국으로부터 압력을 받지 않았으며, 따라서 이라크 전쟁에 참여하지 않더라도 영-미 특수 관계에 손상이 가지 않을 것이기 때문에, 영-미 특수 관계가 영국으로 하여금 불가피하게 전쟁을 선택하도록 했다는 주장은 맞지 않는다는 것이다.

따라서 다이슨에 의하면 영국 정부의 이라크 전쟁에 대한 선택은 블레어 수상의 개인적 특성이 결정적 변수라고 한다. 이를 입증하기 위해 다이슨은 리더십 속성 분석(Leadership Trait Analysis)이라는 분석 기법을 채용한다. 이 기법에 의거하여 블레어 수상의 개인적 특성을 파악하기 위해 다이슨은 1997년 5월 5일 수상 취임일부터 2003년 3월 19일 이라크 전쟁이 시작되는 날까지 영국 의회에서의 질의에 대한 블레어 수상의 응답을 모두 수집, 분석하여 7개 항목의 인격적 특성에서의 블레어의 개인적 성향을 측정하고 있다. 7개 항목의 인격적 특성이란

(1) 상황을 통제할 수 있는 능력에 대한 신념
(Belief in ability ot control events)
(2) 사고의 복잡성(Conceptual complexity)
(3) 타인에 대한 불신의 정도(Distrust of others)
(4) 측근에 대한 의존도(In-group bias)
(5) 권력에 대한 욕구(Need for power)
(6) 자신감(Self-confidence)
(7) 과업지향적 성향(Task orientation)

을 의미한다. 이 가운데 블레어 수상은 상황 통제 능력에 대한 신념과 권력 욕구에 있어 다른 나라의 정부 수반이나 역대 영국 수상들에 비해 높은 점수를 기록했으며, 사고의 복잡성에 있어서는 낮은 점수를 나타내고 있고, 나머지 항목에서는 평균에 가까운 점수를 보이고 있다.

다이슨의 해석에 따르면 상황 통제 능력에 대한 강한 신념은 정치적 환경을 자신이 뜻하는 대로 변화시킬 수 있다는 자신감을 의미한다. 이러한 속성을 보이는 정치지도자의 예로는 대처 수상과 독일의 아데나워 수상을 들 수 있다. 이들의 경우 공격적 외교정책 성향(expansionist foreign policy orientation), 적극적인 문제 해결 방식(proactive policy solutions)에 대한 선호 그리고 심사숙고를 거치지 않은 의사결정 방식(less deliberative decision process)이 나타난다고 한다. 다이슨에 의하면 이라크 전쟁에 관련되는 의사결정 과정에서 블레어 수상은 바로 이런 속성을 드러내고 있다고 한다.

한편 권력 욕구란 권력의 획득, 유지, 회복에 대한 관심도를 의미하는 것으로 타인, 정책 결정 과정, 정책의 결과를 통제하고자 하는 강한 욕구로 나타난다고 한다. 블레어 수상은 이 항목에서 특히 높은 점수를 기록하고 있는데, 이러한 성향을 지닌 지도자는 블레어 수상이 그랬던 것처럼 정책에 자신의 선호도를 강하게 반영하는 경향이 있으며, 정책의 형성과 집행 과정에 깊이 개입하면서 사고의 동질성과 리더에 대한 충성심을 보이는 최측근과의 비공식적 의견 교환을 통해 정책 사안을 검토하는 경향도 아울러 보인다고 한다.

마지막으로 사고의 복잡성 항목에서 낮은 점수를 기록하였다는 것은 단순한 흑백논리 또는 이분법적 사고에 입각해 상황을 판단하는 경향을 보여줌을 의미한다. 이러한 속성을 가진 지도자는 다양한 변수의 복잡한 상관관계에 대한 심층적 정보를 접하고자 하는 욕구가 별로 없으며, 정책의 수행으로 말미암아 발생할 수 있는 의도하지 않은 결과의 여러 가지

가능성에 대한 진지한 고민을 그다지 거치지 않은 채 '결단성 있는' 정책 스타일을 보여준다. 블레어의 경우 이라크 정권에 대한 도덕적 비난, 무력에 의존한 문제 해결 방법의 효과성과 불가피성에 대한 강조 등으로 이러한 속성이 나타났다고 한다.

이상을 종합해 보면, 블레어 수상은 정치적 국면을 자신이 원하는 방향으로 끌고 갈 수 있다는 강한 자신감을 가지고, 제한된 정보와 단순명쾌한 논리를 기반으로 한 과단성 있는 의사결정 스타일을 구사하면서, 정책 결정 과정과 정책 집행 단계 그리고 정책 수행의 결과에 있어 자신의 선호도를 강하게 반영시키려는 경향을 보이는 지도자로서, 블레어 수상의 이러한 개인적 특성이 영국의 이라크 침공 결정에 결정적인 작용을 했다는 것이다.

Ⅳ. 토론 및 결론

이상에서 소개한 두 가지 시각, 즉 영국의 이라크 전쟁 참전은 미국과의 특수 관계에서 비롯되었다는 설명과, 이와는 대조적으로 블레어 수상의 개인적 성향이 중요 변수라는 주장을 살펴보았다. 지금까지 밝혀진 사실을 토대로 보건대 이 두 가지 주장은 모두 이를 뒷받침할 수 있는 증거를 확보하고 있으며, 나름대로 상당한 설득력을 가지고 있는 것으로 보인다. 그러나 어느 주장도 다른 하나의 주장을 전적으로 부정할 수 있을 정도의 설명력의 우위를 보여주고 있지는 않은 것으로 판단된다.

그 이유로는 우선 '영미 특수 관계론'의 경우, 양자 간의 특수 관계가 제2차 세계대전을 거쳐 형성되면서 냉전 기간 동안 계속 유지, 발전되어

나왔음을 감안했을 때, 특수 관계가 반드시 양자 간의 이견과 갈등이 없었음을 의미하는 것은 아님을 지적할 수 있다. 대표적인 예를 들자면, 1956년 수에즈 위기, 월남전, 포클랜드 전쟁 등에서 양자 간의 견해 차이 및 이해관계의 대립이 나타나기도 했던 것이다. 특히 베트남 전쟁 당시 미국의 존슨 대통령은 여러 가지 경로를 통해 영국에게 전쟁에 참전할 것을 종용하는 메시지를 보냈지만, 영국 정부는 끝내 파병을 하지 않은 채, 주로 수사(rhetoric)의 수준에서 미국의 입장을 지지하는 데 그치고 있다. 당시 영국 정부는 윌슨(Harold Wilson) 수상이 이끄는 노동당 정부로서, 베트남전 파병은 차치하고 영국 정부가 미국의 전쟁 수행을 지지하는 입장을 취하는 것에 대해서도 당내 반발이 거센 상황이었다. 마찬가지로 블레어가 이끄는 노동당 내에서도 미국의 이라크 정책과 이에 대한 영국 정부의 공조 방침은 격렬한 비판의 대상이 되었으며, 이라크 전쟁 참전에 대한 찬성 여부를 묻는 의회 표결을 앞두고 세 명의 노동당 각료가 항의의 표시로 스스로 사임하는 사태까지 빚어지기도 하였다. 말하자면 1960년대나 2000년대 모두 영미 특수 관계는 유효한 의미를 갖고 있었지만, 영국 정부의 행태는 매우 지극히 대조적이었던 점을 고려한다면, 영미 간의 특수 관계가 대외 정책에 있어 미국과 영국의 자동적인 공조 체제를 의미하는 것은 아니라는 점을 알 수 있다. 이렇게 보았을 때, 만일 이라크 전쟁에의 영국 참전을 영미 특수 관계의 관점에서 설명한다면, 영국의 베트남 파병 거부를 어떻게 설명할 것인지가 문제로 남게 된다.

한편 블레어 수상의 '개인 책임론' 또한 확실한 설명을 제시하지는 못하고 있는 것으로 보인다. 영국의 이라크 전쟁 참전에 있어 블레어 수상 개인의 역할이 중요하다고 보는 입장에서는 만일 영국 수상이 토니 블레어가 아닌 다른 인물이었다면, 영국이 처한 여러 가지 상황을 종합해 보건대 이라크 전쟁 참전이 이루어지지 않았을 것이라는 주장을 제기한다.

그러나 위에서 소개한 다이슨의 주장처럼 블레어 정부의 대이라크 정책이 반드시 블레어 수상의 개인적 특성에서 말미암은 것이라고 하려면, 당시 영국 수상이 토니 블레어가 아니었고, 그 영국 수상이 블레어와는 다른 개인적 특성을 가진 인물이었을 경우, 2003년 이라크 전쟁을 전후한 상황과 동일한 여건 속에서 영국정부가 블레어 정부와는 상이한 정책을 추구했을 것이라는 가설적 주장(counter-factual argument)이 납득할 수 있을만한 수준에서 증명되어야 한다.

그러나 블레어 수상의 개인적 성향에 초점을 맞추고 있는 다이슨은 영미 특수 관계의 논리에 입각한 설명의 한계에 대해서는 유효한 문제 제기를 하는 데 성공하고 있지만, 그렇다고 해서 개인적 성향이 영국의 이라크 정책을 설명할 수 있는 독립 변수라고 하는 다이슨의 주장은 논리의 비약인 것으로 판단된다. 대안적 설명이라고 할 수 있는 특수 관계론에 대한 반박이 불완전하게 이루어지고 있기 때문이다. 즉 다이슨이 초점을 맞추고 있는 특수 관계론은 '미국의 압력에 대한 영국의 반응'이라는 측면에만 관심을 두고 있다. 영국 또한 특수 관계의 조성과 유지, 발전에 적극적인 역할을 할 수 있다는 가능성에 대해서는 관심을 기울이지 않고 있는 것이다.

그러나 사실은 영국이 특수 관계의 건설적 발전에 더욱 적극적이다. 이는 영국과 미국처럼 힘의 비대칭성이 극명하게 존재하는 경우, 특수 관계에 대한 상호 간의 인식 또한 지극히 비대칭적이기 때문에 그러하다. 특수 관계에 대해 얼마만큼의 중요성을 부여하고, 외교정책의 우선순위에 있어 어디를 차지하는지가 양자 간에 차이가 크게 날 수 있다. 사실 영국과 미국 양측 모두에서 시인되고 있는 바와 같이, 영미 특수 관계는 양자에게 모두 유용한 것이 사실이지만 그 가치는 영국이 훨씬 소중하게 생각하고 있다. 영국의 외교정책에 있어서는 미국과의 특수 관계 유지가 최우선 순위에 들고 있지만, 미국의 경우는 반드시 그렇지가 않다고 한다. 따라서 특수 관계의 유지에 있어 영국이 더욱 적극적일 수밖에 없는 것이다. 물론 영국 내에서도 미국과의 특수 관계를 통해 얻는 바가 무엇인지에 대한 냉소적 비판이 존재하는 것은 사실이다. 그럼에도 불구하고 적어도 외교정책 결정을 담당하는 영국의 당국자들의 관점에서는 영국 외교의 가장 중요한 축이 미국과의 특수 관계임은 기정사실화되어 있다. 이러한 관점에서 본다면, 영국의 이라크 전쟁 참전은 특수 관계의 장기적 유지 발전을 위한 포석이요 투자라고 볼 수도 있다. 블레어 수상이 자신의 정치적 생명이 위태로워질 수 있음에도 불구하고 미국 정부에 대해 전폭적인 지지를 보낸 것은, 특수 관계에 있는 미국의 직접적 압력을 받아서가 아니라, 미국과의 특수 관계를 더욱 발전시켜 가기를 희망하는 영국 정부의 의지에 따른 자발적 선택에 따른 것일 수 있는 것이다.

이렇게 볼 때, 특수 관계에 초점을 맞춘 설명 방식을 논박하기 위해서는, 영국의 참전이 미국의 압력에 의한 것이 아니었음만을 입증해서는 부족하다. 이라크 전쟁과 관련된 영국 정부의 선택이 향후 미국과의 관계에 대한 적극적 고려와는 상관이 없었다는 점까지 입증해야만 한다. 영국의 이라크 정책이 향후 미국과의 관계에서 사용될 수 있는 '외교적 자본(diplomatic capital)'을 축적하고자 하는 노력이 아니었다는 점을 증명해야 한다는 것이다. 영미 간의 특수 관계는 현재의 양자 간의 관계뿐만 아니라, 과거의 관계에 대한 기억과, 미래의 관계에 대한 기대가 복합적으로 존재하는 관계이기 때문이다.

참고문헌

Bluth, Christoph. "The British Road to War: Blair, Bush and the Decision to Invade Iraq." *International Affairs*, Vol. 80, No. 5(2004). pp. 871–892.

Bluth, Christoph. "'Iraq: Blair's Mission Impossible': A Rejoinder to Paul Hoggett." *British Journal of Politics and International Relations*, Vol. 7(2005). pp. 598–602.

Chandler, David. "Rhetoric without Responsibility: The Attraction of 'Ethical' Foreign Policy." *British Journal of Politics and International Relations* Vol. 5, No. 3(2003). pp. 295–316.

Coates, David and Joel Krieger. *Blair's War*. Cambridge, UK: Polity, 2004.

Dumbrell, John. *A Special Relationship: Anglo–American Relations in the Cold War and After*. London: MacMillan Press, 2001.

Dunne, Tim. "'When the Shooting Starts': Atlanticism in British Security Strategy." *International Affairs*, Vol. 80, No. 5(2004). pp. 893–909.

Dyson, Wabash. "Personality and Foreign Policy: Tony Blair's Iraq Decision." *Foreign Policy Analysis*, Vol. 2(2006). pp. 289–306.

Gordon, Philip H. and Jeremy Sharpiro. *Allies at War: America, Europe, and the Crisis over Iraq*. New York: Brookings Institution, 2004.

Heeffernan, Richard. "Prime Ministerial Predominance?: Core Executive Politics in the UK." *British Journal of Politics and International Relations*, Vol. 5(2003). pp. 347–372.

Hill, Christopher. "Renationalizing or Regrouping?: EU Foreign Policy Since 11 September 2001." *Journal of Common Market Studies*, Vol. 42, No. 1(2004). pp. 143–63.

Hodder–Williams, Richard. "Regorging the 'Sepcial Relationship': Blair,

Clinton and Foreign Policy." In Richard Little and Mark Wickham-Jones(2000)(eds.), *New Labour's Foreign Policy: A New Moral Crusade*? Manchester: Manchester University Press.

Hoffmann, Stanley. "US-European Relations: Past and Future." *International Affairs*, Vol. 79, No. 5(2003). pp. 1029-1036.

Hoggett, Paul. "Iraq: Blair's Mission Impossible." *British Journal of Politics and International Relations*, Vol. 7(2005). pp. 418-428.

Ilgen, Thomas L. *Hard Power, Soft Power and the Future of Transatlantic Relations*. Aldershot, Hampshire, UK: Ashgate, 2006.

Kampfner, John. *Blair's Wars*. London: Free Press, 2003.

Malici, Akan. "Discord and Collaboration between Allies: Managing External Treats and Internal Cohesion in Franco-British Relations During the 9·11 Era." *Journal of Conflict Resolution*, Vol. 49, No. 1(2005). pp. 90-119.

Mowle, Thomas S. *Allies at Odds?: The United States and the European Union*. New York: Palgrave MacMillan.

Parsi, Vittorio Emanuele. Translated by Catherine Bell. *The Inevitable Alliance: Europe and the United States beyond Iraq*. New York: Palgrave MacMillan, 2006.

Peterson, John. "In Defence of Inelegance: IR Theory and Transatlantic Practice." *International Relations*, Vol. 20, No. 1(2006). pp. 5-25.

Pond, Elizabeth. *Friendly Fire: The Near–Death of the Transatlantic Alliance*. Pittsburgh: European Union Studies Association, 2004.

Riddell, Peter. *Hug Them Close: Blair, Clinton, Bush and the 'Special Relationship*. London: Politico's, 2004.

Schuster, Jürgen and Herbert Maier. "The Rift: Explaining Europe's Divergent Iraq Policies in the Run-Up of the American-Led War on Iraq." *Foreign Policy Analysis*, Vol. 2(2006). pp. 223-244.

Sharp, Jane M. O. "Tony Blair, Iraq and the Special Relationship: Poodle or Partner?" *International Journal*, Vol. 59, No. 1(2003–2004). pp. 59–86.

Smith, Julie. "Introduction: The Future of the European Union and the Transatlantic Relationship." *International Affairs*, Vol. 79, No. 5(2003). pp. 943–949.

Smith, Michael. "Between Two Worlds? The European Union, the United States and World Order." *International Politics*, Vol. 41(2004). pp. 95–117.

Smith, Julie. "A Missed Opportunity? New Labour's European Policy 1997–2005." *International Affairs*, Vol. 81, No. 4(2005). pp. 703–721.

Smith, Steve(1991). "Foreign Policy Analysis and the Study of British Foreign Policy." In Lawrence Freedman and Michael Clarke(eds.), *Britain in the World*. Cambridge: Cambridge University Press.

Stephens, Philip. *Tony Blair: The Making of a World Leader*. New York: Viking, 2004.

Stothard, Peter. *Thirty Days: A Month at the Heart of Blair's War*. London: Harper Collins, 2003.

Wallace, William. "Broken Bridges." *World Today*, Vol. 60, No. 12(2004). pp. 13–15.

Williams, Paul. "Who's Making UK Foreign Policy?" *International Affairs*, Vol. 80, No. 5(2004). pp. 911–929.

Williams, Paul. *British Foreign Policy Under New Labour, 1997–2005*. London: Palgrave, 2005.

9장 독일 안보정책의 변화: 콜 정부와 슈뢰더 정부의 비교*

임종헌

I. 서론

이 글은 통일 이후의 독일의 안보정책을 연속성과 변화라는 측면에서 살펴보려 시도한 논문이다. 탈냉전 속에서 통일독일의 안보정책의 연속성과 변화라는 측면에서 볼 때, 독일의 전쟁에 대한 입장과 태도는 매우 흥미로운 것이다.

독일은 역사적 특수성을 인정하고 공식적으로는 정상화된 안보정책

* 이 논문은 2005년 정부(교육인적자원부)의 재원으로 한국학술진흥재단의 지원을 받아 수행된 연구임(KRF-2005-072-BM0010). 출처: 『한독사회과학논총』. 제19권 제2호. pp. 59-84. 2009.

의 복원에 대해 반대해왔던 국가였다. 제1차 이라크 전쟁, 유고슬라비아 전쟁, 코소보 전쟁과 제2차 이라크 전쟁에 대한 독일의 안보정책을 전후 독일 안보정책의 흐름 속에서 어떻게 자리매김해야하는 지의 문제에 부딪치게 된다. 과연 코소보 전쟁과 이라크 전쟁에의 참여는 독일의 안보정책 노선의 연속성 속에서 이뤄진 것인가? 아니면 전통적인 독일의 안보정책에서 하나의 분기점을 기록한 사건으로 평가할 수 있는가? 다시 말해 독일 안보정책의 근본적 변화를 의미하는가? 또는 연속성이라는 틀 속에서 변화를 모색하는 것으로 해석하는가?

이를 위해서는 무엇보다도 독일 안보정책의 역사와 현실이라는 복합적 차원의 접근을 통한 분석이 요구된다. 독일의 안보정책을 다루는 이 글 역시 다차원적인 분석을 통해 이 점을 규명하는 것을 연구의 목적으로 삼고 있다. 이를 위해 이 글은 먼저 억제와 정상화라는 상호 갈등하는 전후 독일 안보정책의 두 흐름을 살펴본 후에 콜 정부의 걸프 전쟁과 유고슬라비아 전쟁에 대한 태도, 슈뢰더 정부의 코소보 전쟁과 이라크 전쟁에 대한 태도를 이전의 안보정책과의 연속성과 변화라는 점에서 비교·고찰하고자 한다. 그리고 전쟁에 대한 태도와 참전에서 독일이 국제정치와 대외관계에서 구체적으로 어떠한 영향을 미쳤는지를 살펴보고, 이에 입각해서 향후 독일 안보정책의 전망을 제시하고자 한다.

Ⅱ. 환경조건의 변화와 안보정치상의 위험요소

40년 이상 독일의 안보정치 환경은 다음과 같이 쉽게 요약될 수 있다. 독일은 동서대결의 한복판에서 생존해야만 했다. 독일은 유럽의 다른 나라에 비해 동서갈등의 심화에 더 많은 영향을 받았다. 독일은 서방의 동맹국, 특히 영국과 프랑스에게 독일의 독주에 대한 우려를 일깨우지 않으려고 자신의 안보정책의 목표를 국제적인 틀 안에서 추구했었다. 북대서양조약기구(NATO)는 독일을 위한 안보와 독일을 대표하는 안보를 위해 독일에게는 가장 중요한 기구였었다. 이 동맹의 틀 안에서 안보정책상의 협력은 동시에 독일이 서방동맹에서 계속적인 동등발언권을 보장받고 완전한 동등권을 확보하는데 도움이 되었다.[1]

독일 통일의 달성과 바르샤바 조약기구와 소련의 붕괴로 유럽의 전후 질서는 무너져 버렸다. 유럽 전후 체제의 두 가지 주요 특징인 동서대결과 독일의 분단은 더 이상 존재하지 않게 되었다. 이러한 급격한 전환으로 인해 독일 외교정책의 활동조건이 근본적으로 변화되었다. 독일은 1990년 10월 3일 완전한 국가주권을 되찾게 되었고, 동등한 권리를 갖춘 국제사회의 구성원이 되었다. 냉전시대에 최전방에 위치했던 독일은 이제 전통적 입장인 유럽 중앙으로 되돌아갔다. 가장 큰 변화가 안보분야에서 일어났다. 1987년 이후 각종 군축조약이 체결된 결과 유럽의 핵무기와 재래식 무기는 두드러지게 줄게 되었다. 바르샤바 조약기구의 붕괴와 더불어 중유럽·동유럽으로부터의 소련군 철수로 인해 두 동맹체제간 군사적 충돌 가능성은 사라졌다. 이러한 안보정책 완화 및 독일 통일을 배경으로 미국과 다른 북대서양조약기구 참여 국가들은 독일 주둔군을 현저하게 감소시켰다.[2]

1 Stuermer, Michael, "Wohin die Bundeswehr?: Ueber Diplomatie, Strategie und Buendnistreue," *Internationale Politik*, No. 4(1995), pp. 30–31.

2 Paulsen, Thomas, "Aussenpolitik" Werner Weidenfeld and Karl–Rudolf Korte(eds.), *Handbuch zur deutschen Einheit*(Frankfurt/New York: Campus Ver-

독일안보정책을 규정지었던 외교적 기본 틀의 변화는 독일의 안보정책을 새롭게 정의하도록 요구하였다. 이를 위해 가장 중요하게 등장하는 사안으로는 독일군대의 역할을 들 수 있다. 독일군대는 국가연합차원에서 행해지는 평화수호와 평화창출 작전과 전투에서 어떤 역할을 수행해야 하는가? 정치 엘리트들은 이에 대한 준비를 하지 못하였다. 통일독일은 국제사회에서 권력추구의 목적으로 자국의 경제력과 군사력을 수단화할 것이라는 우려를 자아내지 않고 동맹국의 요청에 따라 국제분쟁의 진압에 적극적으로 참여해야만 했다.

동서 갈등의 시대에서 독일을 위협하는 시나리오를 매우 구체적으로 묘사할 수 있었지만, 1990년 이후 특수한 위험요소를 찾아내고 설명하는데 점점 더 어려워지고 있다. 이러한 어려움은 위험이 부재한다는 것에 있는 것이 아니라, 위험이 새로운 형태로 등장하고 있고 더 이상 전통적인 군사적 도전의 구도에서 해석될 수 없다는 사실에 있다. 그러므로 통일독일의 안보정치상의 환경을 평가한다는 것은 실제로 예전보다 더욱 더 어렵게 되었다. 하지만 다음에서 위험요소로 등장하고 있는 세 가지 문제점을 집어보고자 한다.[3]

첫째로는 발칸지역과 이탈리아 동부의 지중해지역 그리고 동유럽에서의 내전과 국내정치의 혼란을 들 수 있다. 이것들은 독일 영토를 직접적으로 위협하지 않지만 이에 따른 결과는 독일사회제도의 안정성을 해칠 수 있는 가능성이 있다. 즉, 옛 유고 지역의 내전의 경우에서도 볼 수 있듯

lag, 1996), pp. 31－32.

3 Bierling, Stephan, "Sicherheitspolitik," Werner Weidenfeld and Karl－Rudolf Korte(eds.), *Handbuch zur deutschen Einheit*(Frankfurt/New York: Campus Verlag, 1996), pp. 603－604.

이 이는 대규모의 탈출 형태로 나타날 수 있는 것이다. 또한 이것은 쿠르드족 폭도에 대항한 터키의 조치에서 볼 수 있듯이 전투 집단의 대표자들 간의 갈등대립상황이 독일 내에서 벌어질 수도 있다. 모스크바는 소련제국의 붕괴이후 독일과 서부유럽을 군사적으로 심각하게 위협할 수 있는 힘을 상실했다. 하지만 소련은 예전과 다름없이 핵무기와 재래식 무기를 갖추고 있는 유라시아 대륙의 최고 군사 강대국으로 남아 있다. 그러므로 크렘린궁의 타산적이고도 합리적으로 행동하는 정치인들은 유럽 특히, 독일의 안보정책에 가장 중요한 의미를 지닌다. 사실상 서방측이 받아들인 것으로 1990년에 수립된 '유럽재래식무기협약(CFE)'의 위반과 옛 소련연방에 속해있던 코카서스 공화국에서의 무력행위 그리고 체첸공화국에 대한 무력유혈진압은 소련의 외교정책이 민주주의가 가미된 체제하에서도 역시 서방측과의 부분적 협력과 제국주의적 힘의 정치로 혼합되어 있다는 사실을 여실히 보여주고 있다.

둘째로는 핵무기의 새로운 유출현상을 들 수 있는데 이것은 대부분 핵 강국인 소련의 붕괴로부터 생겨난 것이라고 볼 수 있다. 충분한 안전확보 없이 이루어지는 옛 소련 영토의 27,000개의 핵폭탄과 지역적 세력을 형성하려는 제3세계의 자금력의 결합은 하나의 위험요소로 등장하고 있다. 1994년 뮌헨 공항에서 발각 입수된 소련제 플루토늄이나 1995년 11월 체첸공화국의 반란세력에 의해 모스크바의 한 공원에 설치된 핵물질 등에서 볼 수 있듯이 현존하는 핵 강국인 세 국가 즉, 러시아, 우크라이나 그리고 카자흐스탄의 핵물질 관리능력이 얼마나 형편없는 상태에 있는가를 여실히 보여주고 있다.

셋째로는 안보정치상의 위험요소가 마침내는 범세계적으로 고려되어야 한다는 데에 있다. 우선 환경파괴, 인구증가, 이주문제를 들 수 있다. 비록 이런 위험잠재요소의 심각성이 독일 내에서 정치적인 이유로 종종

과장되지만 실제 동서 갈등의 종식 이후 그 중요성은 날로 더해가고 있다. 예를 들어 우크라이나와 서부러시아의 핵발전소들이 미비한 안전 상태에 있다는 사실은 독일과 중부유럽에게는 커다란 위험요소가 아닐 수 없다. 인구증가와 이주문제는 몇십 년 전부터 계속 문제점으로 인식되어 왔지만 80년대와 90년대로 이어지는 의사소통, 이동 그리고 제품교환의 가능성 구축으로 인해 요즘 들어 새로운 지평을 열었다. 한편으로는 개도국의 시민들은 점점 더 많이 방송매체나 과장된 소문 등을 통해 서방선진국의 복지와 정치적 안정성을 경험하게 되었고, 다른 한편으로는 자국이 겪고 있는 어려움을 피해 타국으로 이동할 수 있는 가능성이 확대된 것이다. 이런 이유들로 인해 제3세계 국가들의 내전이나 인구증가는 제1세계의 문젯거리가 되었다.

Ⅲ. 콜 정부의 안보정책

냉전시기에 독일은 유럽분단의 최전선에 위치하고 있었다. 그리하여 서독 지역에 약 40만 명의 나토군이 주둔하고 있었고, 동독 지역에 약 30만 명의 소련군이 주둔하였다. 그러나 통일 독일은 냉전시대와는 확연히 구분되는 안보환경을 가지게 되었다. 역사상 처음으로 독일은 민주적이고 우호적인 국가와 국경을 함께 하게 되었다. 그리하여 독일의 안보위협은 더 이상 국경으로부터 오는 직접적인 것이 아니라 발칸, 카프카즈, 중동, 북아프리카 등 역외 지역으로부터 오는 원격적인 것이 되었다.

탈냉전 이후 독일의 외교안보 정책은 세 가지 주요 목표를 가지고 있었다. 첫째, 유럽 지역안보를 강화하는 것이다. 둘째, 유럽 지역안보를 확대하는 것이다. 셋째, 국제평화 유지에 기여하는 것이다. 이러한 외교안보 정책 노선은 통일 이후 독일이 주변 환경의 급격한 개선을 토대로 국방보다는 예방적 동맹에 보다 주안점을 두는 안보정책을 취하고 있다는 사실을 말해준다.[4]

통일 이후 독일에게 닥친 첫 번째 외교안보적 도전은 걸프전이었다. 통일 이전 독일은 방어적 안보를 내용으로 하는 헌법 87조에 의거해 방위 이외의 목적으로 군사력을 사용한 적이 없었다. 1990년 8월 이라크가 쿠웨이트를 침략하자 미국은 이라크의 격퇴를 선언하고 동맹국들에게 반 이라크 연합전선에 가담해 줄 것을 요청하였다. 미국은 특히 독일에게 큰 기대를 하였다. 왜냐하면 통일로 인하여 힘이 커진 독일이 분단의 구속에서 벗어나 통일을 적극적으로 지지해준 미국에게 보답해줄 것이라고 생각했기 때문이었다.

독일 통일 직후 탈냉전에 접어드는 시기에 발발했던 걸프전은 통일과 함께 유럽의 중심세력으로 급부상하던 독일에게 직격탄을 안긴 것으로 평가된다. 콜(Helmut Kohl) 수상과 겐셔(Genscher) 외무장관은 서방 지도자들로부터의 압력에 직면하게 되었다. 이 압력에 직면하여 그들은 이라크의 쿠웨이트 침략에 대하여 즉각적으로 비난하였다.[5] 그러나 이후 소극적인 대응자세를 보였던 독일은 미국과의 관계에 있어 제2차 세계대전 후 서독이 미국주도의 서유럽 동맹에 편입된 이래 최악의 상태로 급변했다.

영국과 프랑스가 걸프전 참전을 결정한 것과 달리, 독일은 병참과 전비를 지원하는 것으로 대신하였다. 그 이유는 첫째, 당시 베를린 장벽은

4 고상두, "탈냉전 이후 동맹관계의 변화: 한국과 독일의 비교연구" 『한국정치학회보』 제35집 2호(2001), pp. 467–470.

5 Sueddeutsche Zeitung, August 5 1990, p. 1.

붕괴되었으나 통일이 완성된 상태는 아니었다. 동서독 간에는 통일조약이 협상 중이었고, 서독과 소련은 동독지역에 주둔하고 있는 소련군의 철수 문제를 논의하고 있었다. 두 번째 이유는 국내적 합의의 어려움이었다. 수십 년 동안 뿌리를 내린 전통적인 안보문화를 하루아침에 떨쳐버릴 수가 없었다. 더구나 걸프전은 유엔의 임무가 아니라 유엔의 승인을 받은 미국의 임무였기 때문에, 당시 야당인 사민당에게 참전을 설득하기에는 명분이 약했다. 그리고 무엇보다도 방위목적의 군사력 사용을 명시한 헌법조항이 가장 큰 걸림돌이 되었다.

걸프전에 군사력을 파견하지 않는 대가는 매우 컸다. 독일이 걸프전을 위해 지원한 금액은 총 170억 마르크이며, 이것은 독일 국방예산의 약 1/3에 해당하였다. 독일은 엄청난 비용을 지불하고도 '소극적 동맹국' '무임승차자' 등과 같은 이미지에서 탈피하지 못하였다. 이러한 배경에서 겐셔 외무장관은 1991년 9월 유엔총회 연설에서 "향후 독일은 국제사회에서 보다 적극적으로 책임을 짊어 질 준비가 되어 있다"라고 주장하였고, 이는 독일이 세계 안보문제에 대한 소극적인 자세에서 벗어나겠다는 신호탄으로 이해되어야 할 것이다. 독일의 변화는 유엔안보리 상임 이사국 자격 요청과 역외 파병 등을 통하여 구체화되었다.[6] 독일외교정책은 구 유고슬라비아 내 공화국인 크로아티아와 슬로베니아를 1991~1992년에 국제법적으로 승인하는 과정에서 논란의 여지가 있었지만 선구적인 역할을 하였다. 그 당시 유럽공동체(EC)와 유엔(UN)의 중재가 실패한 것을 배경으로 독일정부는 크로아티아와 슬로베니아의 승인을 통해서만 전쟁을 방지할 수 있다고 주장하였다. 1991년 12월에 독일은 유럽공동체(EC) 안에서 프

6 고상두(2001), *op. cit.*, p. 169.

랑스, 영국, 미국 그리고 유엔의 반대에도 불구하고 이 노선을 관철시켰다. 독일의 특별한 외교정책노선과 이에 일치되는 활약으로 크로아티아와 슬로베니아를 1991년 6월의 그들의 독립선언에 따라 승인해줄 것을 요구하는 독일 내 여론의 강력한 압력을 들 수 있다.[7]

1992년 킹켈 신임 외무장관은 독일의 유엔 안보리 상임이사국 지위획득을 본격적으로 추진하였다. 일본이 안보리 상임이사국 지위에 관심이 있음을 비공식적으로 표명한 직후, 킹켈 외무장관은 총회연설에서 공식적으로 독일의 희망을 표명하였다. 1992~93년에 진행된 유엔개혁에 관한 논의에서 독일은 안보리의 변화를 불러일으키지 못하였다. 기존의 상임이사국들이 그들의 기득권을 고수하였고, 제3세계 국가들이 상임이사국 개편 시 그들의 대표권을 충족시켜 줄 것을 강력히 요구하였다 이러한 과정에서 독일의 유엔 안보리 진출은 무산된 것이다.

반면에 독일의 역외지역 파병은 성공적으로 추진되었다. 1992년 소말리아에 유엔 평화유지군을 보냈고. 캄보디아에 약 150명의 의무부대를 파견하였다. 1994년에는 구 유고에 대한 금수조치를 관철하기 위하여 함정과 조기경보기를 아드리아 해안에 투입하였다. 기민당 정부의 이러한 조치에 야당인 사민당은 결국 헌법재판소에 제소하게 되었고, 1994년 7월 헌법재판소는 동맹국과 공동으로 군사행동을 하는 것은 헌법 24조 공동방위 규정에 부합한다는 합헌 결정을 내렸다. 헌법재판소가 콜 정부의 손을 들어주기 전까지 이미 독일은 9차례에 걸쳐 유엔 평화유지군을 파견하였다. 그리고 헌법적 장애가 제거된 후 기민당 정부는 평화유지군 파견에

---

7 Paulsen, Thomas, "Aussenpolitik" Werner Weidenfeld and Karl-Rudolf Korte(eds.), *Handbuch zur deutschen Einheit*(Frankfurt/New York: Campus Verlag, 1996), pp. 38-40.

보다 결단력을 보여, 1995년에는 수송기, 정찰기, 함정 등과 함께 독일군을 나토군의 일원으로 보스니아에 파병하였다.[8]

이상과 같이 콜 정부의 외교안보정책을 살펴보면, 통일 이후 독일의 외교안보정책이 전통외교에서 자주외교로 변화하였음을 알 수 있다. 독일의 안보정책이 극적인 변화를 달성했다. 즉, 독일은 안보의 수입국에서 수출국으로 발전했다. 1990~91년 골프 전 당시만 해도 보스니아 평화조약 감시활동 같은 '나토 영역 밖' 독일군 파견은 상상할 수 없는 것이었다. 이러한 변화의 시발점은 외부의 기대와 압력이었다. 걸프전에서 미국의 참전 요구에 대하여 무력감을 느낀 콜 정부는 적극적인 역외 파병정책을 추진하기 시작하였다. 정부의 태도 변화는 정당의 태도 변화를 초래하였는데, 녹색당은 파병을 무조건 반대하였지만, 사민당은 평화적 목적을 가지고 전투에 말려들 가능성이 없는 파병은 허용하였다. 기민당은 UN, NATO, WEU 등의 위임을 받은 파병은 정당화 될 수 있다는 가장 유연한 입장을 취했다. 정당들의 입장 변화는 헌법재판소의 해외파병 합헌판결로 더욱 가속화되었고, 결국 국민들의 안보정서를 바꾸는데 기여하였다.

안보정책에 관한 여러 입장에도 불구하고 기민당/기사당 연합과 사민당 그리고 자민당은 독일 통일시점까지 독일군을 단지 자위를 위해서만 투입한다는 것에 합의를 보았었다. 그래서 1990~91년의 골프 전 당시만 해도 독일군이 나토영역 밖의 전투행위에 참여해서는 안 된다는 것에 대해 근본적으로는 논의가 되지 않았었다. 터키로의 독일군 파견은 나토회원국에 대한 공격을 방지하는 예방적 군사조치로 이해되었다. 미국주도의 연합군과 이라크 간의 전투가 끝났을 때 독일 정부는 우선 독일 해병 구

8 Hacke, Christian, *Die Aussenpolitik der Bundesrepublick Deutschland*(Ullstein, 1999), pp. 555–559.

명보트를 페르시아만으로 파견했었다. 1991년 초 처음으로 독일에서는 가능한 독일군 전투행위의 범위에 대한 토론이 있었다. 기민당/기사당 연합은 유엔의 기치아래 평화유지 내지는 평화창출조치에 독일군의 참여는 기본법에 적합하다고 주장하면서 단지 기본법의 '명확한 보충문구'에만 치중한 반면, 같은 연립정당인 자민당은 비슷한 정치적 입장에서 법에 근거해 기본법 개혁을 선호했다. 1994년 7월 12일 헌법재판소의 최종판결이후 자민당도 원칙적으로 독일 군사력의 유엔 파병 참여를 지지하게 되었다. 나토 사령부 아래에서 보스니아에 관한 데이턴 조약의 실행에 대한 감시활동을 하게 될 국제 평화유지군(IFOR)의 군사적 조치에 대한 독일군의 참여는 연립정당에 의해 1995년 12월 6일 만장일치로 가결되었다. 사민당은 1992년 8월 체결된 레닌그라드 결의에서 유엔 안보리의 지시 아래 독일군의 평화창출 군사활동 참여에 대해 찬성한 바도 있지만 우선 통일 이후로 독일군은 단지 평화유지조치에만 투여되어야 한다는 단호한 입장을 취했었다. 유엔의 기치 아래 하지만 골프전과 같이 유엔에 의해 강력해진 한 국가의 사령부 아래에서 행해지는 군사적 활동에 대해 사민당은 여전히 단호한 반대 입장을 취했다. 하지만 독일군의 보스니아 파병은 1995년 말 사민당 당파의 다수에 의해 지지를 얻었다. 녹색당/연합90당의 소속 국회의원의 반은 독일군의 데이턴 평화조약의 감시활동 참여에 찬성표를 던졌다. 단지 민사당(PDS)만이 1995년 12월 6일에 전원 일치 반대표를 던졌다.

국제적인 문제에 참여하려는 준비태세는 국민들 사이에서도 마찬가지로 증가했다. 1990~91년에는 단지 소수(23~32%) 만이 독일이 "국제정치에 있어 더 많은 책임"을 넘겨받아야 한다고 표명했지만, 1993년도에는 국민의 82%가량이 이 의견에 찬성하고 나섰다. 하지만 1993년도의 82% 찬성 인구 중 구서독 지역에서는 39%, 구동독 지역에서는 57%가 독일의

'국제적 책임'을 단지 정치적, 외교적 영역으로 한정시켜 보았었다. 단지 구서독의 44%, 구동독의 22% 인구만이 평화수호를 위한 독일군 파병에 찬성하는 것으로 나타났다. 이에 덧붙여 군사적으로 더욱 강력한 조치를 원칙적으로 거부하는 사람들까지 계산에 넣으면 국제평화 수호 명목으로 군사력을 동원하는데 대한 지지도는 독일 전 국민의 1/3 이하가 되는 것이다. 평화유지군으로서의 독일군 파병은 1992년 이후 대다수 유권자로부터 지지를 받았지만, '평화강요'를 목적으로 하는 독일군 투입은 단지 적은 소수만이 지지하고 나섰다. 특히, 설문조사의 대부분 답변에서 나타난 구동독 지역 시민과 구서독 지역 시민의 서로 다른 입장 차이는 눈에 띄는 점이다. 서독인들은 독일의 국제사회 참여를 동독인들 보다 훨씬 더 강하게 지지하고 나섰다. 예를 들어 "독일이 나토 회원으로 남는 것이 얼마나 중요합니까?"라는 질문에서는 그 입장이 현격하게 다름을 보여주고 있다. 비록 냉전의 종식과 구소련제국의 붕괴로 인해 80년대 초 이후로 서독지역에서도 독일의 북대서양조약기구 가입에 대한 지지도가 낮아졌지만, 구동독 지역에서는 단지 다섯 사람 중 한 사람만이 독일의 나토 가입 상태를 안전보장을 위한 최선책이라고 여겼다. 한편으로 독일의 미국, 소련 양쪽에 같은 비중을 두는 긴밀한 협조에 대한 국민의 지지도는 점점 더 증가 추세에 있다(1992: 60%). 단지 1992년에 20%만이(1985년: 50%) 워싱턴과의 긴밀한 협력을 지지했다. 종합해서 보면, 이러한 자료들에서 국제사회에서 더 많은 책임을 넘겨받으려는 독일 여론의 확대된 준비태세를 엿볼 수 있다. 정치 지도자들의 과제는 이러한 국민의 동의를 응집력 있고 책임 있는 안전보장정책에 반영하는 것이다.[9]

---

9 Bierling, Stephan, "Sicherheitspolitik," Werner Weidenfeld and Karl-Rudolf Korte(eds.), *Handbuch zur deutschen Einheit*(Frankfurt/New York: Campus Ver-

통일과 관련해서 독일은 내외부적 결정에 의해 안보정책에 대한 변화된 법적지위와 통일 이전보다 명확한 법적근거를 가지게 되었다. '2+4' 회담을 통해 1990년 9월 12일 모스크바에서 서명된 '독일에 관한 최종규정에 대한 조약'의 인준 이후 독일은 '내국과 외교적 사안에 대해 완전한 주권'(조약 7조)을 갖게 되었다. 하지만 본 정부는 1954년의 독일조약 2조에 명시된 서방동맹의 유보된 권한의 폐지에 대한 대가로 자국의 안보정책상의 활동범위에 대한 제한을 받아들였다. 한편으로는 독일이 이미 발표한 바 있는 핵무기와 생화학무기 생산에 대한 금지뿐만이 아니라 이에 대한 소지와 처분권능에 대한 포기의무는 '2+4' 조약에서 재확인되었고(조약 3조 1항), 다른 한편으로는 독일은 자국의 군대 규모를 370,000명으로 제한하는 조치를 받아들였다(조약 3조 2항). 더구나 독일은 자국의 재래식 무기의 사용이 "단지 자국의 헌법과 유엔의 헌장에 위배되지 않을 경우"(조약 2조)에만 가능하다는 것을 인정했다. 독일은 자국의 군사력 투여가 유엔 규범과 북대서양조약기구 그리고 서유럽연합과의 합의상태에서만 가능하다는 것을 국제법적으로 재차 확실히 서명했기 때문에 독일의 군사력 사용은 단지 국제법적으로 효력이 있는 조약의 테두리와 다국적 동맹의 틀 안에서만 가능한 것이다. 즉 군사적, 안보정치적인 영역에서 독일의 주권은 그의 가장 중요한 동맹국보다 하위에 있는 것이다.[10]

독일의 안보정책에 있어 국제적 의무보다 더욱 더 중요한 법적근거는 자국 기본법의 규범내용이다. 왜냐하면 유럽연합은 외교와 안보정책의 영

lag, 1996), pp. 606-608.

10 Gros, Juergen/M. Wagner, Peter, "Vertraege zur deutschen Einheit," Werner Weidenfeld and Karl-Rudolf Korte(eds.), *Handbuch zur deutschen Einheit*(Frankfurt/New York: Campus Verlag, 1996), pp. 698-712.

역에서는 초국가적 성격을 가지고 있지 않은 관계로 유엔이나 나토 또한 서유럽연합의 군사적 조치에 대한 독일군대의 참여여부는 오로지 독일 기본법에 의해 결정될 수밖에 없기 때문이다. 이러한 측면에서 독일군대 해외 파견의 적법성에 관한 국내정치적 논쟁은 기본법상 독일군대를 규정하고 있는 중요한 조항들이 어느 정도까지 해석될 수 있는가에 대한 것과 기본법조항들을 개정해야 하는가에 대한 물음에 이르렀었다.

80년대까지는 독일에서 자위나 집단방위는 서로 상충되는 같은 개념으로 통했었다. 그러므로 독일군대의 나토회원국 내지는 나토 영역 밖의 파견은 그 당시 전혀 논의되지 않았었다. 변화된 세계질서의 기본 틀과 동맹국들의 압력의 배경에서 1991년의 걸프전 이후 독일정부에서는 입장의 전환이 이루어졌다. 지금까지 국회의 모든 정당은 정치적으로 시의 적절할 것이라는 생각에 기본법은 독일군대의 '나토영역 밖'의 파견은 금지할 것이라고 해석해왔었다. 이러한 태도는 '나토영역 밖'의 파견이 대두되지 않았던 때에는 형편에 알맞은 것이었지만 지금은 정치적 토론에 의해 독일군대의 해외파견이 절대적으로 기본법에 적법하다는 것으로 바뀌었다.

1992년부터 1994년까지 헌법재판소에서는 국회의 토론에 연루된 독일군대의 파견에 관한 세 건의 판결이 있었다. 첫 판결은 1992년 여름에 내려진 독일 정부 측의 결정 즉, 유엔안전보장이사회에 의해 결의된 유고슬라비아와 세르비아 그리고 몬테네그로에 대한 경제봉쇄조치(유엔결의 713/757)에 대한 감시활동과 나토와 서유럽연합의 공동 군사작전의 일환으로 독일 전투함과 전투기를 아드리아 해안에 투여한다는 독일 정부 측의 결정에 관한 것이었다. 독일정부의 결정에 대한 반대를 위해 국회의 사민당 당파와 사민당 소속 국회의원의 1/3은 헌법재판소에 구두로 이의를 제기했었다. 여기에서는 다른 두 건의 항소와는 달리 독일군대의 파병을 반대하는 잠정적 규정을 내리자는 정식제의서가 제출되지는 않았었다.

두 번째 판결은 보스니아-헤르체고비나 상공 비행금지에 관한 것이었는데, 이 비행금지는 1993년 초 유엔 안보리에 의해 결정 되었고(유엔결의 781/786/816) 이에 대한 감시는 나토에 의해 수행되었었다. 이에 대해 조기경보시스템을 갖춘 전투기의 역할이 중요했었는데, 이 역할은 독일군이 참여한 나토연합군에 의해 수행되었다. 자민당은 이것은 독일군대의 나토 영역 밖의 파병으로 기본법에 맞지 않는다는 반대 입장을 표명했지만 정치적으로는 독일의 참여에 찬성했다. 기민당, 기사당 그리고 자민당의 연합은 합의점에 도달했었는데 그 내용은 다음과 같다. 즉 내각에서는 자민당 소속 장관들이 기민당과 기사당 소속 장관들의 의견에 찬성하는 것으로 하지만, 자민당측은 이번 결정이 기본법에 적법한지를 헌법재판소에 항소함으로써 판결이 나올 수 있도록 해야 한다는 것이었다. 자민당 당파와 55명의 자민당 소속 국회의원의 항소에는 사민당의 당파도 같은 입장으로 동참했다. 그들이 공동으로 제출한 조기경보시스템 가동에 참여하는 독일군 파병에 반대하는 제의서는 1993년 4월 8일 헌법재판소의 최고 법정에서 5 대 3의 표로 부결되었다.

세 번째 판결은 독일군의 소말리아에 대한 인도주의적 파견에 관한 사항이었다. 유엔안보리는 1992년 초 이후 아프리카지역의 정치적 혼란을 방지하고 이에 대한 신속한 인도주의적 지원을 위해 재차(유엔결의 794/814) 결의한 바 있었다. 이에 독일군은 이미 평정된 지역에서 인도주의적 역할수행에 참여해야만 했다. 1993년 4월 21일 독일정부는 유엔으로부터의 요청에 응하기로 했고, 같은 날 국회의 동의를 얻어냈다. 하지만 국회의 동의가 있은 후 몇 주가 안돼서 소말리아지방에서 유엔군과 소말리아의 내전군과의 군사적 충돌이 생기자 사민당 당파는 헌법재판소에 정부결정에 대한 취소 제의서를 제출했다. 이에 대해 1993년 6월 23일 헌법재판소는 대법관의 전원일치로 독일군 파견의 속행은 이미 국회에서 비교다수로 가결된 사항에 의한다는 판결을 내놓았다.

헌법재판소는 1994년 7월 12일 최종적으로 다음과 같이 판결문을 내놓았다. 첫째, 독일군의 자위방위를 규정하고 있는 기본법 86a조 1항은 연방정부에 '공동방위체제'에서의 군사활동을 허락하고 있는 기본법 24조 2항이 서로 다르지 않다. 둘째, '공동방위체제'의 개념과 범위는 유엔뿐만 아니라 나토와 서유럽연합과의 공동방위를 포괄한다. 왜냐하면 이러한 공동방위체제가 회원국에 평화를 보장해야만 하는가에 대한 물음과 이 체제가 외부로부터의 침략에 공동대처의 의무를 바탕에 두고 있는가에 대한 물음은 의미가 없기 때문이다.

비록 정치학적 입장과 역사학적 입장에서 보면 공동방위와 공동 자위방위체제를 같은 것으로 보는 것은 틀린 것이지만, 헌법재판소는 이 판결로 이제까지의 독일군파병에 대해 종지부를 찍었다. 동시에 대법정은 지금까지의 모든 독일군의 해외파병은 지금까지의 국회인준에 의거한다는 것을 명시했다. 헌법재판소는 독일군의 국제적 군사활동에 대한 정치적인 찬성과 반대에 대한 문제에 너무 깊게 관여되는 것을 피하려 했고 각각의 파병에 대한 정치적인 결정을 본 정부에 위임했다.[11]

독일군의 해외파병, 또한 총체적인 독일의 안보정책은 기본법상과 정치적으로도 절대적으로 단지 다국적인 틀 안에서 생각할 수 있는 것이다. 즉, 독일이 국제적으로 속해 있는 나토, 유럽연합, 서유럽연합, 유엔 그리고 유럽안보/협력기구(OSZE)의 틀을 말한다.[12]

◇◇◇◇

11 Bierling, Stephan, "Sicherheitspolitik," Werner Weidenfeld and Karl-Rudolf Korte(eds.), *Handbuch zur deutschen Einheit*(Frankfurt/New York: Campus Verlag, 1996), pp. 605-606.

12 *Ibid.*, pp. 608-610.

현재 독일에게 가장 중요한 국제기구는 나토이다. 이에 대해 다음의 4가지 근거를 들 수 있다. 첫째, 이 기구는 회원국에게 안보정책적 협력을 제공, 보장하고 이로 인해 1990년 이후 다시 나타난 민족주의화 경향에 효과적으로 대응하도록 도움을 주고 있다는 점이다. 이러한 안보정책적 협력은 한편으로는 조기경보기 연결체제나 신속대응군 같은 나토 회원국의 완전한 통합을 통해 다른 한편으로는 각각 회원국에서 동원된 공동부대로 편성된 주요방위군사력체제를 통해 이루어지고 있다. 그 외에도 나토는 결정기관으로서 그 역할을 수행하고 있으며 회원국의 공동파병을 조직적으로 준비하고 있다. 둘째, 나토는 유럽의 안보정치에 있어 미국의 협조와 연결을 보장하고 있다는 점이다. 이 부분은 특히 독일에 있어 중요하다. 왜냐하면 독일은 전통적으로 유럽에서 워싱턴의 화해/조정 역할을 신임해왔기 때문이다. 셋째, 나토는 독일을 계속해서 안보정치적으로 묶어두기 때문에 통일 이후 막강해지는 독일에 대한 불안을 감소시키고 있다는 점이다. 넷째, 나토동맹은 독일에게 동구권에서 발생할 수 있는 모든 잠재적인 위협에 대한 이중 안보의 역할을 한다는 점이다. 이러한 위의 4가지 근거 외에 독일의 핵심적 외교/안보정치적 목표의 실현을 위해 가장 중요한 국제기구가 유럽연합과 더불어 나토라는 점은 바로 '동유럽의 안정화'에 있다. 즉, 나토 회원국 중 가장 동쪽에 있는 독일은 구소련 제국의 위성 국가로서 바르샤바 동맹국이었던 동구권에 생긴 안보정치적 틈이 유럽의 불안정한 안보관계로 발전되지 않게 각별한 관심을 기울여야 하기 때문이다. 비록 1994년 말 이후로 독일은 나토가입화 정책의 평행선상에서 비제그라드(Visegrad) 국가인 폴란드, 체코, 슬로바키아 그리고 헝가리를 단지 유럽연합의 회원국으로 받아들이려고 노력하고 있지만, 중/동부유럽의 민주주의화 추진국들을 나토동맹국으로 통합하려는 것은 독일의 장기적인 목표로 변치 않고 남아 있다.[13]

독일에 나토가 중요하다고 하나 다른 측면에서 보면 독일은 북대서양 동맹을 무조건 신임하지는 않는다. 유고슬라비아 갈등은 나토는 단지 미국이 그 지휘를 맡을 때만 완전한 기능을 발휘한다는 것을 여실히 보여주었다. 이런 측면에서 볼 때 독일의 이해관계는 또한 유럽연합 회원국 간의 안보정치적 협조를 촉진/구축하는 데 있다. 이러한 독일의 이해관계와는 달리 이미 마스트리히트 조약을 위한 협의에서 나타났듯이, 유럽연합 회원국 중 근소한 과반수(독일, 이탈리아, 스페인, 벨기에, 그리스, 룩셈부르크와 조건을 달은 프랑스)만이 안보체제의 근본적인 변혁에 찬성했었다. 이에 반해 영국을 비롯한 포르투갈, 덴마크, 네덜란드와 아일랜드는 안보체제로서 나토의 우위에 대한 문제 제기를 원치 않았었다. 그러므로 1992년 2월 7일의 마스트리히트 조약에는 질적으로 새롭게 등장한 공동화된 유럽의 외교안보정책은 없었다. 단지 공동외교안보정책(CFSP)을 통해 1970년 창설된 유럽정치협력(EPC)에 더욱 더 확대된 권한을 부여하는 것으로 그쳤다. 하지만 이 체제도 또한 단순한 정부 간의 협조와 만장일치의 원칙에 머물러 있었다. 하지만 이와는 달리 마스트리히트 조약에서 회원국들은 독립적으로 존재하는 유럽의 안보 및 방위체제의 구축과 촉진의 필요성을 인정했었다. 이런 취지에서 서유럽연합(WEU)이 "단계별로 유럽연합의 방위기구로 발전되어야 하고, 북대서양조약기구의 유럽 축의 강화를 위한 수단으로 계속 구축되어야 한다는 것"에 합의를 보았다. 1992년 5월 프랑스 라 로셸에서 개최된 독/불 정상회담에서 의제로 나온 유럽군의 창설 또한 마스트리히트 조약에서 공동의 사안으로 규정되지 않았다. 1993년

13 Clement, Rolf, "Bundeswehr," Werner Weidenfeld and Karl–Rudolf Korte(eds.), *Handbuch zur deutschen Einheit*(Frankfurt/New York: Campus Verlag, 1996), pp. 101–103.

에야 비로소 나토와 서유럽연합은 다음과 같이 합의했다. 군사방위 활동 시 북대서양조약기구는 상위 개념으로써 유럽군은 프랑스군대를 포함해서 모두 나토동맹의 하위에 있고, 또한 유럽군은 유엔과 유럽안보협력기구(OSCE)의 틀 안에서 행해지는 군사활동을 위해 나토동맹이 군사력을 동원할 때 부분적으로 사용될 수 있다. 이러한 파병 외에도 1995년 11월 이후 부분적으로 파병 가능한 유럽군은 서유럽연합에 속해 있다. 유럽군은 처음에는 독일과 프랑스 양자 간의 방위협조로 시작되었지만 후에는 벨기에, 스페인과 룩셈부르크의 동참으로 명실상부한 유럽/대서양안보의 한 축으로 연결되어 있다. 하지만 종합적으로 볼 때, 설득력 있는 전 유럽의 안보 및 방위를 위한 정책은 마스트리히트 조약 이후로 아직까지 확실히 정해지지 않고 있다. 이러한 공동안보정책의 부재상황에서 1995년 말 독일 정부와 프랑스 정부는 공동외교안보 정책 수행을 위해 유럽연합 의장국 순번과는 관계없이 별도의 임기를 가진 사무총장 임명을 제안했다. 결국, 독일은 50년대 이후로 유효했던 안보정치적 전제조건 즉, "북대서양조약기구의 회원국으로만 남는다는 선택과 별도의 유럽방위체제에 속할 것인가의 양자의 선택상황에서 최종적인 결정을 하지 않는 태도"를 앞으로도 계속 고수할 것으로 보인다. 외부 특히, 워싱턴과 파리로부터 오는 기대에 부응함과 동시에 우유부단하다는 인상을 주지 않으며 이러한 민족국가적 이해관계를 관철시키기 위해 독일은 많은 외교적 수완이 필요할 것이다.[14]

유엔 또한 동서 갈등의 종식 이후 독일의 안보정책에 있어 더욱 더 중요한 기구가 되었다. 동서 갈등의 시기에는 유엔 내에서 동/서독의 특별한

◇◇◇◇

14 Franz H.U.Borkenhagen, "Militarisierung deutscher Aussenpolitik?," *Aus Politik und Zeitgeschichte*, B 33-34(1996), p. 6.

활동이 요구되지 않았지만, 통일된 독일에게는 점점 더 많은 임무가 주어지고 있다. 1990년 이후 평화유지군의 파병의 증가로 독일이 더욱 더 많은 역할분담을 맡아야 한다는 기대감이 증가되었다.[15] 유엔 사무총장인 부트로스 갈리는 재차 독일이 평화유지군 활동에 더욱 적극적으로 참여 할 것을 독일정부에 호소했다. 이라크, 캄보디아, 소말리아 그리고 옛 유고에서의 유엔군 활동에 독일군의 참여로 독일 본 정부는 이러한 기대에 부응하고자 하는 독일의 준비태세를 보여주었다. 유엔 평화유지군(IFOR)에 대한 군사적지원의 형태로써 이탈리아와 크로아티아 지역을 통해 보스니아로 투입된 4,000명의 독일군의 활동은 최근에 활발해지는 유엔과 나토의 틀에서 행해지는 독일의 군사적 참여를 여실히 보여주고 있다.

1989년에서 1991년 사이 일어난 역사상의 큰 변화의 물결 속에서 긍정적으로 받아들여졌던 유럽안보협력회의 및 유럽안보협력기구(CSCE/OSCE)는 동서 갈등의 종식 이후 독일의 안보정책에 큰 의미를 주지 못했다. 유럽안보협력회의가 1994년 부다페스트 회담에서 국가협의체에서 국제기구의 형태로 발전되었지만 이 기구가 새로운 도전에 효과적으로 대처하기에는 그 규모가 너무 비대해졌고 잡다하고 이질적인 형태가 되어 버렸다. 이런 상황에서 확실한 것은 독일은 유럽안보협력기구(OSCE)를 안보정책상 유럽방위체제의 강화와 동유럽 나토 확대에 그 우위를 둔다는 것이다. 독일은 유럽안보협력기구를 다국적 협의체나 선거의 감시활동을 목적으로 활용할 수는 있지만 그 이상은 현재로써 기대할 수 없다. 국제적 위협과 갈등해결은 앞으로도 역시 나토나 '보스니아갈등 대책위원회' 같은 상황에 맞는 위기대책 위원회의 몫이 될 것이다.

15 서병철, "통일독일의 대외정책," 유임수(편), 『베를린 시대의 독일공화국』(서울: 앰에드, 2001), p. 108.

Ⅳ. 슈뢰더 정부의 안보정책

1998년 9월 총선에서 승리한 사민당의 슈뢰더 수상은 취임사에서 독일 외교안보의 우선순위가 어디에 있는지를 보여주었다. 나토동맹과 미국이 최우선 순위이고, 유럽 독자적인 안보협력을 모색하는 프랑스는 후순위로 밀려 있었다. 이러한 행정부의 입장은 여당인 사민당과 녹색당의 입장과 대립되었다. 사민당과 녹색당은 전통적으로 평화주의 정당으로서, 인권과 국제규범을 중시 여기며, 군사력의 사용은 유엔과 OSCE의 위임을 받아 행사해야 한다는 입장이다. 특히 녹색당은 나토가 새로운 안보기구에 의해 대체되어야 한다는 장기적인 안보목표를 가지고 있었다.

슈뢰더 수상이 곧바로 직면한 외교안보적 도전은 코소보 전쟁이었다. 미국을 비롯한 서방국가들은 신유고연방에 유사시 군사개입 및 경제제재 가능성을 강력히 경고하면서 평화적 해결을 위한 당사자 간 대화를 촉구하였다. 특히 미국은 신유고연방과의 관계개선 방침을 철회하고 EU 의장국인 영국도 밀로셰비치 대통령을 만나 사태의 평화적 해결을 촉구하였다. 그러나 신유고연방은 코소보 문제를 순수한 국내문제로 간주하여 국제사회의 개입 및 코소보의 분리독립을 거부하였으며, 이에 대해 코소보 알바니아인은 국제사회의 적극적 개입을 유도하였다.[16]

독일 총선 막바지에 유엔 안보리에서는 코소보 내전 당사자들에게 휴전과 대화를 촉구하는 결의안이 통과되었다. 결의안 1199호의 내용은 비교적 온건한 편이었다. 하지만 중국은 투표에 불참하였고, 러시아는 찬

16 Manners, Ian/G. Whitman, Richard, *The European Policies of European Union Member States*(Manchester University Press, 2000), pp. 64–83.

성표를 던졌지만 이 결의안이 무력사용의 근거가 되어서는 안 된다는 입장을 보였다. 결의안 통과 후 러시아 이바노프 외무장관은 베오그라드에 가서 코소보 내전에 대한 군사적 개입을 막겠다고 약속하였다.[17]

NATO는 세르비아에 대해 즉각적으로 코소보에 대한 만행을 중지하라고 촉구하였으며, 만약 사태가 평화적으로 종결되지 않는다면 군사개입을 감행하겠다는 입장을 분명히 하였다. 그러나 NATO의 이러한 입장에 대해 러시아와 중국은 코소보 사태에 대한 해결을 UN이 해결해야 한다는 입장을 고수하며 나토의 군사개입은 국제사회의 새로운 긴장을 고조시킬 뿐이라는 입장을 취하였다.

국제사회는 코소보사태의 평화적 해결을 위해 코소보 내 나토 평화유지군의 주둔을 골자로 하는 랑부예 평화협정을 세르비아가 수용하기를 요구하였으나, 밀로세비치는 외국군대를 자국 내에 주둔시킬 수 없다는 입장을 분명히 하며 평화협정 체결을 거부하였고, 결국 세르비아에 대한 나토의 공습이 1999년 3월 24일부터 UN의 의결을 배제한 채 감행되었다.

독일은 1999년 3월부터 6월까지 나토(NATO)의 세르비아에 대한 공습에 참여하였고 국제평화유지군(PKF)의 일원으로 코소보에 전투부대를 파병했다. 슈뢰더 정부는 야당인 기민당의 지지에 의해 의회의 승인을 얻어내었지만, 여당의 거센 비판을 감수해야 했다. 당내 원로인 슈미트 전 수상 그리고 나토에 대해 비우호적인 동독지역의 주지사들이 반대의사를 표명하였다. 사민당은 지상군 파병불가 방침을 결의하고 빠른 시일 내에 평화적인 해결안을 제시할 것을 정부 측에 요구하였다. 이번 참전은 보수

17 고상두, “통일 이후 독일의 국제적 역할 변화: 논쟁과 실천,” 『국제정치논총』 제44집 2호(2004), pp. 86-87.

연정이 아닌 과거에 평화운동을 벌이던 사민당(SPD)과 녹색당(Green)으로 구성된 연정이 주도해서 이뤄졌다는 점 외에도 제2차 세계대전 이후 최초로 독일이 국외 지역에 전투병력을 파견한 것이라는 점에서 국내외적으로 적지 않은 논란을 초래한 사건이었다. 적녹연정(Red-green Coalition)이라 불리는 사민당과 녹색당 연정의 지도자들은 국제사회에서의 독일의 책임을 강조하고 코소보 전쟁에 대한 군사적 개입을 적극적으로 추진하였다.[18]

외교안보 이슈에 관한 정부와 여당 간의 입장 차이를 극복하기 위하여, 피셔 외무장관은 1999년 12월 브뤼셀에서 개최된 나토 외무장관 회담에서 핵 선제공격 포기를 제안하였다. 이것은 그가 주창해 온 '도덕외교'를 처음으로 실천하는 시도였으며, 독일과 미국의 첫 외교충돌이었다. 전 세계 불량국가를 응징하기 위하여 나토를 범지구적 군사개입기구로 발전시키려는 목표를 가진 미국으로서는 피셔의 제안을 수용할 수 없었으며, 결국 공동선언문에 반영되지 않았다.

독일과 미국의 본격적인 갈등은 2003년 3월 미국이 감행한 이라크 전쟁을 둘러싸고 발생하였다. 전화 한 통으로 코소보 전쟁에 대한 독일의 지지를 얻어낸 것과 달리, 이라크 전쟁을 앞둔 2002년 5월 부시 대통령은 베를린을 방문하여 전쟁을 협의해야 했다. 미국 대통령으로서는 세 번째로 행한 독일 연방의회 연설에서 '반테러 세계동맹'의 구축을 호소하였다. 냉전시대 미국 대통령은 베를린 방문을 가장 즐겼다. 독일에 대한 미국의 안보적 기여가 가장 잘 상징화된 베를린에서 미국 대통령은 언제나 시민의 열광적인 환영을 받았기 때문이다. 그러나 부시 대통령의 방문에 대해 약 2만 명의 베를린 시민이 반전시위로 항의하였고, 시애틀과 같은 소요

18 홍익표, "코소보 전쟁에 대한 독일의 외교정책: 연속성 속의 변화," 『국제정치논총』 제40집 2호(2000), pp. 74-77.

사태를 예방하기 위하여 1만여 명의 경찰이 동원되었다. 노동조합, 평화주의자, 환경운동가 등이 주도한 이 반대시위는 미국에 대한 여러 가지 반미정서에 의해 함께 촉발되었다. 국제형사재판소, 교토의정서, 유럽 철강제품에 대한 제재 등 미국의 일방주의적 안보, 환경, 통상정책에 대한 반발이 함축되었다.[19]

이는 제2차 세계대전 이후 서방 세계를 이끌어 온 양대 축이 이라크 전쟁을 전후로 손상되었음을 의미한다. 기존 동맹 관계가 균열을 보이고 있는 것이다. 미국-유럽 축은 NATO를, 유럽-유럽 축은 유럽연합(EU)을 의미한다. 유럽은 제2차 세계대전 이래 처음으로 이라크 전쟁을 둘러싸고 분열되었다. 미국은 프랑스, 독일을 축으로 한 유럽과 대립했다.[20]

독일 정부는 테러문제 해결책으로서 군사조치가 아닌 근본적인 해결방안을 제안하였다. 중동문제의 평화적 해결, 세계 빈곤문제의 해결 등이 그것이다. 이라크 전쟁과 관련하여 슈뢰더 수상은 베를린이 독일의 외교정책을 결정한다는 '독일의 길'을 강조하였다. 피셔 외무장관은 자의식이 강하고 대결적인 외교정책으로 국민의 전폭적인 지지를 얻었다. 그는 거의 80%에 달하는 국민적 인기를 기반으로 2002년 10월 선거에서 녹색당의 득표율을 9%로 끌어올렸다.

슈뢰더가 이끄는 사회민주당과 녹색당의 여당연합이 여론조사에서 야당연합에 밀리고 있었다. 궁지에 몰린 슈뢰더 총리가 선택한 것은 이라크 문제를 선거 쟁점으로 올린 것이다. 독일 국민 그리고 여당 지지자 다수가 부시 정권의 이라크 정책에 반대했다. 슈뢰더는 독일인의 반전 감정

19 고상두, 『통일독일의 정치적 쟁점』(서울: 오름, 2007), pp. 174-175.

20 박봉규, "대테러전쟁과 미국의 동맹정책," 『한국정치외교사논총』 제25집 1호 (2003), p. 349.

을 선거에서의 지지 확대에 이용하려 했다.

시라크 대통령에게 이라크 문제는 프랑스의 국제적인 영향력을 확대할 수 있는 절호의 기회였다. 또한 시라크에 의해 외상에 기용된 도미니크 드빌팽(Dominique de Villepin)도 똑같이 프랑스가 세계 가운데 지도적 입장의 한 모서리를 차지해야 한다는 야망을 가지고 있었다.

유엔 안보이사회 상임 이사국인 프랑스는 미국과 영국이 제안하는 보다 강력한 제2차 대이라크 유엔 결의안 채택에 대해서 반대의 입장을 표명했다. 프랑스와 독일의 미국에 대한 반대는 단순히 이라크 전쟁에 관한 제한된 이슈를 넘는 것이지만 독일, 프랑스 반미주의의 직접 원인은 2002년 11월 채택된 UN 안보리의 대이라크 결의안 제1441호와 이의 후속 결의안 채택 여부를 둘러싼 갈등에서 비롯된 것이다.[21]

이라크에 대한 유엔사찰단의 보고는 이라크가 대량파괴 무기를 보유하고 있다는 사실을 찾아내지도 못했고 그렇다고 이라크가 대량파괴 무기 개발을 하지 않는 것도 아니며, 이라크가 사찰에 적극 협조한 것도 아니라는 그야말로 흐리멍덩한 내용이었다. 바로 이 시점에서 대이라크 강경론과 대이라크 전쟁 반대론 사이의 갈등이 노골적으로 표명되기 시작했다. 미·영의 강경론은 이라크가 심각한 결과에 직면해야 할 상황이며, 후속 결의안을 통해 이라크를 군사적으로 무장해제 조치할 수 있는 유엔의 허락을 받으려 하였다. 반면 프랑스, 독일은 이라크에 대한 사찰 시한을 더 연장하고 사찰 규모도 늘임으로써 지금 당장 전쟁을 할 필요가 없다고 주장하였다. 러시아도 불–독의 입장을 지지하며 프랑스 시라크 대통령은 안보리에서 새로운 결의안에 대해 거부권을 행사할 뜻을 밝혔다.[22]

21 우메카와 마사미·시카노 도모카즈 엮음, 김광옥 옮김, 『블레어의 이라크 전쟁』(서울: 도서출판 한울, 2005), pp. 109–112.

유럽연합(EU)과 북대서양조약기구(NATO)에 가입했거나 가입할 예정인 동유럽권 13개국이 미국의 이라크 침공을 둘러싸고 독일, 프랑스 등 유럽 주요국들과는 달리 미국 지지에 앞장서는 이례적인 모습을 보였다. 이런 옛 바르샤바조약국 회원국들의 태도로, 영국·이탈리아 등 친미 성향 국가들과 독일·프랑스 등 미국 일방행동 견제국들 간의 알력으로 이미 양극화 조짐을 보인 유럽이 더욱 깊은 균열 양상을 드러내었다.[23]

1999년에 이미 NATO에 가입한 폴란드·헝가리·체코 정상들이 2003년 2월 29일 유럽과 미국 주요 일간지에 영국·이탈리아·스페인·포르투갈·덴마크와 함께 이라크 무장해제에 유럽이 적극 동참할 것을 촉구하는 공개서한을 실은 데 이어, 2003년 3월 5일에는 에스토니아·불가리아 등 나머지 동유럽 10개국이 또다시 미국의 이라크 침공을 지지하는 성명을 발표했다. 전격적인 동유럽의 태도 변화로 유럽에서 미국의 일방적인 이라크 침공에 반대 목소리를 내고 있는 독일과 프랑스는 일격을 당했다.[24]

단순한 전술, 전략적 견해 차이를 넘어 이들의 갈등은 감정적인 갈등으로 치달았다. 더욱 문제가 되는 것은 소위 대서양동맹, 유럽 통합, 유엔의 장래는 치유하기 어려울 정도로 손상을 당할 가능성이 있었다. 비록 임시 해결되어 북대서양조약기구가 터키 방위를 위한 조치를 취하는데 합의를 이루기는 했지만 프랑스, 독일, 벨기에가 이라크와 전쟁이 발발할 경우 당연히 나토에 의해 군사적 보호 조치가 제공되어야 할 터키에 대한

22 Hacke, Chritian, "Deutschland, Europa und der Irakkonflikt," *Aus Politik und Zeitgeschichte*, B 24–25(2003), pp. 8–16.

23 Jae–Seung Lee, "Divided Europr and the Iraq War:Elements of Foreign Ploicy Choices," 한국정치학회 하계학술대회 발표문(2006). pp. 1–29.

24 Hacke, Christian(2003), *op. cit.*, pp. 10–11.

군사력 파견을 거부했던 것은 NATO 역사상 초유의 일이었으며 NATO의 장래에도 궁극적인 악영향을 미칠 수밖에 없게 되었다.[25]

프랑스와 독일의 대이라크 전쟁 반대는 예상치 않은 강력한 역풍을 받았다. 2003년 2월 5일 미국의 콜린 파웰 국무장관은 이라크가 무장해제 하지 않고 있다는 사실에 관한 증거를 제시하는 긴 연설을 함으로써 유엔의 지지를 호소했다. 이날 미국의 워싱턴포스트지는 "프랑스가 무어라 말하던 귀담아 들을 필요가 없다. 그들은 미국이 하는 일에 대해 1950년대부터 반대했고 그러다 때로 슬그머니 미국에 동참하곤 했다. 이번에 그런 일이 있어도 놀랄 사람은 아무도 없을 것이다"는 내용의 기사를 실었다. 프랑스 주요 언론들도 미국 및 세계 도처에서 광범하게 벌어진 2003년 2월 15일의 반전데모 사진들을 대문짝만하게 싣고 있다. 이에 대항하여 비교적 개인에 대한 인신공격을 삼가는 영국의 언론들조차 시라크를 벌레에 비유하고 있을 정도로 프랑스에 대한 반감을 표시하였다.

프랑스의 시라크 대통령은 미국의 입장을 지지하는 동부유럽 국가들을 향해 "당신들은 침묵할 수 있는 기회를 놓쳐 버렸다"며 비난을 퍼부었다. 이에 미국의 대이라크 정책을 전폭적으로 지지하는 영국의 블레어 수상은 동유럽 국가들의 행동에 경의를 보낸다는 편지를 보냄으로써 대응했다.

이런 현상은 폴란드가 지난달 유럽의 군수업체들을 제쳐놓고 35억 달

25 영국의 블레어정부는 당내의 반발과 국민 여론의 반대를 무릅쓰고 노동당 전통의 외교노선을 거스르면서까지 영국과 비슷한 수준의 국력을 가진 프랑스나 독일 등의 다른 유럽 국가와는 상이한 노선을 취했다. 최진우, "영국과 이라크 전쟁: 영미 특수 관계와 블레어 수상의 리더십,"『세계지역연구논총』 Vol. 24, No. 3(2006). pp. 391-412.

러 규모에 이르는 낡은 미제 F-16 전투기를 구입한 데서도 엿볼 수 있었다. 중요한 사실은 공산체제 시절 정치국원이었던 레스체크 밀러 총리가 그 일에 앞장섰다는 점이다. 값싸고 성능 좋은 전투기와 수많은 일자리 제공을 약속하고도 실패한 유럽연합 국가들은 "유럽연합에 가입하는 것은 슈퍼마켓에 들어가는 것만이 아니라 정치 공동체에도 참여한다는 것을 인식해야 할 것"이라고 폴란드를 비난했다. 동유럽 국가들의 이런 미국 지지 움직임은 구소련의 지배로부터 자신들을 '해방'시키고 경제적 지원을 해준 데 대한 고마움의 표시라는 해석이 많다. 미국 퓨리서치센터가 실시한 여론조사 결과 전 세계적으로 반미감정이 악화한 반면 동유럽에선 정반대 현상을 보였다. 폴란드인들은 79%가 미국에 우호적인 감정을 가지고 있는 것으로 나타나 각각 63%, 61%에 그친 프랑스와 독일을 웃돌았다. 공산주의를 싫어하는 이 지역 국민들에게 미국은 숭배의 대상이 됐다. 대서양을 건너온 이민자와 아메리칸 드림의 소식, 러시아에 대한 공포, 나토가입의 희망은 친미 성향을 고조시키는 요소가 됐다.

V. 결론

통일로 인하여 독일은 국제환경과 자국의 능력을 재인식하게 되었다. 분단시대의 외교안보정책을 지속할 것인가 아니면 수정할 것인가에 관한 논쟁에서 크게 3가지 담론이 대두하였다. 냉전시대의 외교안보정책의 지속성을 주장하는 입장을 전통외교담론이라고 지칭하고, 변화를 지향하는 두 가지 입장 중에서 현실주의적 노선을 자주외교담론, 이상주의적 노선을 민간강국담론이라고 지칭한다.[26] 통일 직후 외교논쟁을 촉발시킨 담론은 독일의 독자적인 노선을 주장하는 입장이었다. 자주외교론자들은 독일의 지정학적 위치가 서유럽의 주변부에서 유럽의 중앙부로 위치하게 되었기 때문에 자주외교 담론은 현실주의적 관점에 따라 독일의 국가적 역할이 강화되어야 한다고 주장한다.

전통외교론자들은 비록 유럽에서 역사적 대변혁이 일어났지만, 독일이 기존 외교정책을 새롭게 바꾸어야 할 필요성이 별로 없다고 주장한다. 국제체제는 냉전의 종식과 무관하게 지속적인 성격을 유지하고 있기 때문에, 나토와 유럽연합 둘 다 강화하여 활용해야 한다고 주장한다. 과거 독일의 외교정책이 강대국의 등 뒤에서 협력하는 '소극적' 다자주의였다면, 탈냉전과 통일 이후 독일의 외교정책은 '적극적' 다자주의라는 점에서 차이가 있다.

민간강국론자도 전통외교론자와 마찬가지로 국제관계는 상호의존적인 특징을 가지고 있다고 인식한다. 그들은 상호의존적 국제사회가 국내사회와 유사한 방식으로 통치되는 것이 바람직하다고 본다. 그리하여 이상주의적 관점에 따라 국제 규범과 협력을 중시하고, 유엔과 OSCE의 강화를 목표로 한다.

콜 정부와 슈뢰더 정부는 기회가 있을 때마다 독일의 외교정책이 통일 이전과 변함이 없다고 강조하였다. 이것은 독일이 제2차 세계대전 이전의 패권을 추구하지 않는다는 것이며, 유럽에서 군사적 지도국이 되는 것을 바라지 않는다는 의미일 뿐이다.

그러한 레토릭과 달리 독일외교정책은 통일 이후 변화의 조짐을 보여주고 있다. 국제평화를 위해 군사력을 해외에 파견한다는 점에서 달라졌

26 고상두(2007), *op. cit.*, pp. 157-180.

다. 그리고 안보의 무게중심이 나토에서 유럽연합으로 서서히 이동하고 있다는 것도 변화의 조짐이다. 독일 외교정책의 변화는 미국을 비롯한 외부의 기대와 압력에 의해 촉발되었으며, 독일국민들이 역사의 구속으로부터 해방됨으로써 본격화되었고, 궁극적으로는 정당의 태도 변화와 국민적 합의로 연결되었다.

통일을 이룩한 콜 정부는 통일 이후 8년간 정권의 연속성을 보였지만 국내외 환경의 변화로 인하여 분단시대의 전통적 외교노선에서 탈피하여 점차 자주외교를 실천하는 모습을 보여주었다. 통일과 동시에 발생한 걸프전에 대하여 전통적 외교를 고수했던 콜 정부는 막대한 전비를 부담하는 대가를 치러야 했다. 이러한 경험은 독일로 하여금 해외 분쟁지역에 독일군을 파병하는 정책변화를 가져왔다. 이러한 변화는 콜 정부의 외교정책이 국가중심의 자주외교 담론 쪽으로 이동하였음을 의미한다.

1998년 총선에서 승리한 슈뢰더 정부는 사민당과 녹색당의 외교안보 이념을 정책에 반영하지 못하고 유보해야 했다. 정권의 출범과 함께 코소보 전쟁에 참전해야 했지만 점차 슈뢰더 정부는 평화주의적 이념을 실천하기 시작하였다. 점차 정권의 단절성에 부합하는 외교정책을 보여주었다. 이러한 노력은 독일이 미국 주도의 이라크 전쟁에 반대함으로써 최고조에 달하였다. 유엔의 위임을 받지 않고 대이라크 전쟁을 수행하는 미국을 지지하지 않음으로써 자주적인 평화외교를 실천하였다.

참고문헌

고상두. 『통일독일의 정치적 쟁점』 서울: 오름, 2007, pp. 178-180.

고상두. "탈냉전 이후 동맹관계의 변화: 한국과 독일의 비교연구." 『한국정치학회보』 제35집 2호(2001), pp. 467-470.

고상두. "통일 이후 독일의 국제적 역할 변화: 논쟁과 실천." 『국제정치논총』 제44집 2호(2004), pp. 86-87.

로버트 케이건 지음. 홍수원 옮김. 『미국 vs 유럽 갈등에 관한 보고서』 서울: 세종연구원, 2003.

박봉규. "대테러전쟁과 미국의 동맹정책" 『한국정치외교사논총』 제25집 1호(2003), p. 349.

서병철. "통일독일의 대외정책." 유임수(편). 『베를린 시대의 독일공화국』 서울: 앰 에드, 2001, p. 108.

우메카와 마사미·시카노 도모카즈 엮음, 김광옥 옮김. 『블레어의 이라크 전쟁』 서울: 도서출판 한울, 2005.

최진우. "영국과 이라크 전쟁: 영미 특수 관계와 블레어 수상의 리더십." 『세계지역연구논총』 Vol. 24, No. 3(2006), pp. 391-412.

홍익표. "코소보 전쟁에 대한 독일의 외교정책: 연속성 속의 변화." 『국제정치논총』 제40집 2호(2000), pp. 74-77.

Bierling, Stephan. "Sicherheitspolitik." Werner Weidenfeld and Karl-Rudolf Korte(eds.), *Handbuch zur deutschen Einheit*(Frankfurt/New York: Campus Verlag, 1996), pp. 603-604.

Borkenhagen, Franz H.U. "Militarisierung deutscher Aussenpolitik?" *Aus Politik und Zeitgeschichte*, B 33-34(1996), p. 6.

Clement, Rolf. "Bundeswehr." Werner Weidenfeld and Karl-Rudolf Korte(eds.), *Handbuch zur deutschen Einheit*(Frankfurt/New York: Campus Verlag, 1996), pp. 101-103.

Gros, Juergen/M. Wagner, Peter. "Vertraege zur deutschen EinheitSicherheits." Werner Weidenfeld and Karl–Rudolf Korte(eds.), *Handbuch zur deutschen Einheit*(Frankfurt/New York: Campus Verlag, 1996), pp. 698–712.

Hacke, Christian. "Deutschland, Europa und der Irakkonflikt" *Aus Politik und Zeitgeschichte*, B 24–25(2003), pp. 10–11.

Jae–Seung Lee. "Divided Europr and the Iraq War: Elements of Foreign Policy Choices." 한국정치학회 하계학술대회 발표문(2006).

Manners, Ian/G. Whitman, Richard. *The European Policies of European Union Member States*(Manchester University Press, 2000).

Paulsen, Thomas. "Aussenpolitik" Werner Weidenfeld and Karl–Rudolf Korte(eds.), *Handbuch zur deutschen Einheit*(Frankfurt/New York: Campus Verlag, 1996), pp. 31–32.

Stuermer, Michael. "Wohin die Bundeswehr?: *Ueber Diplomatie, Strategie und Buendnistreue." Internationale Politik*, No. 4(1995), pp. 30–31.

10장 프랑스와 이라크 전쟁*

이재승

I. 서론

2003년에 발발한 이라크 전쟁은 유럽연합(EU) 내부 및 대서양 관계(transatlantic relations)에 있어 새로운 분열의 양상을 보여주었다. 미국의 이라크 전쟁 수행에 대한 유럽의 입장은 여러 형태로 나뉘었으며, 공동외교안보정책(CFSP)과 유럽안보방위정책(ESDP)의 원칙에 기초한 유럽연합 차원의 단일한 목소리는 전쟁 기간 동안 찾아보기 힘들었다. 유럽연합이 기

* 이 글은 Jae-Seung Lee, "Defending the National Interests?: Rethinking France and the Iraq War," *The Korean Journal of International Studies*(2006.12)의 번역본을 기초로 부분적으로 수정 및 재구성되었음을 밝힌다.

존 공동외교 및 안보정책의 위태로운 합의를 지키기 위해 신중한 입장을 취한 반면, 주요 회원국들의 정치적인 의지는 종종 유럽의 초국가적인 규범을 넘어서게 되었다.[1]

프랑스는 이라크전의 발발 전과 전쟁 기간 동안 미국의 정책에 대해 강력하게 반대 의견을 표명하던 국가 중 하나였다. 이 시기 미국과 유럽 국가들 간의 분열을 다룬 일련의 연구들은 프랑스가 이라크전을 반대한 이유를 다자주의(multilateralism) 원칙과 대서양 관계를 통해서 설명하고자 했다. 국제 문제를 대하는 방법에 있어서 미국과 프랑스는 오랫동안 서로 다른 입장을 보여 왔으며 이라크전을 반대한 프랑스의 선택은 결과적으로 미국과 프랑스가 다른 세계관을 가지고 있다는 것을 재확인하였다. 미국의 주도권에 의해 위축된 UN과 친미 국가들의 수동적인 의견 합의 또한 프랑스가 전쟁 반대 의견을 선택하게 만든 원인으로 지목되어 왔다. 그러나 관념적인 접근과 대서양 관계에 대한 설명만으로는 프랑스가 선택한 외교 정책을 전반적으로 설명하기에는 부족한 면이 있다. 실제로 냉전 이후 발발한 걸프전, 코소보 전 그리고 아프가니스탄 전 등과 같은 일련의 국제 분쟁들에 관해서 프랑스가 언제나 미국의 의견에 반대한 것은 아니었다. 아프가니스탄 전에 참전을 결정했던 프랑스의 행동이 이라크전에서

1 Stephen Wood, "The Iraq War: Five European Roles," *National Europe Centre Paper* No. 112(2003), p. 2. 이라크전과 관련된 유럽 공동외교정책 및 유럽안보방위정책과 관련해서는 다음 문헌을 참조. Brian Crowe, "A common European foreign policy after Iraq?," *International Affairs* 79-3(May, 2003); Christopher Hill, "EU foreign policy since 11 September 2001," *Journal of Common Market Studies* 42-1(March, 2004); Romain Yakemtchouk, *La politique étrangère de l'Union européenne*(Paris: L'Harmattan, 2005; Jolyon Howorth, "France, Britain and the Euro-Atlantic Crisis," *Survival* 45-4(Winter 2003-4).

는 반전 결정을 내린 것은 단순히 대서양 관계의 요인만이 전적으로 작용했다고 보기는 힘들다.[2]

그렇다면 왜 프랑스는 이라크전을 반대한 것인가? 왜 프랑스는 이라크전에 대해서 아프가니스탄 전과는 다른 선택을 한 것인가? 이에 이 글에서는 프랑스가 이라크전을 반대하게 된 일련의 요인들을 친미-반미라는 이분법적인 시각을 넘어서 정치, 경제, 외교 그리고 이념적 고려라는 다차원적인 틀에서 논의하고자 한다. 일차적으로 이라크전에 대해서 프랑스가 선택한 반대의 입장은 미국의 전략에 대한 의견 불일치와 미국과 다른 세계관 그리고 국가적 이익을 보호하기 위한 차원을 고려하여 이루어진 결정이라고 볼 수 있다. 특히 이라크에서 군사적인 행동을 반대한 프랑스의 결정은 프랑스가 이라크를 포함한 아랍지역에서 가지고 있었던 경제적, 정치적인 이해관계를 반영하는 것이었다. 그러나 단지 정치적, 경제적 이익을 위해서만 프랑스가 이라크에 대한 전쟁을 반대했다고만은 보기 어렵다. 프랑스의 여론과 프랑스 지도자가 가지고 있는 성향 역시 일정 부분 영향을 미쳤다고 볼 수 있다. 또한 프랑스의 입장에서는 프랑스 내 거주하고 있는 무슬림과 주변 유럽 국가들과의 관계 또한 이라크전과 관련해서

2 유럽과 미국과의 분열에 대한 문헌으로는 다음을 참조. Thierry de Montbrial, *La guerre et la diversité du monde: Les États-Unis contre l'Europe-puissance*(Paris: L'aube, 2004); Philip H. Gordon and Jeremy Shapiro, *Allies at War: America, Europe and the Crisis over Iraq*(New York: McGraw-Hill, 2004); Thomas S. Mowle, *Allies at Odds? The United States and the European Union*(New York: Palgrave Macmillan, 2004); Michael Gueldry, *Les États-Unis et l'Europe face à la guerre d'Irak*(Paris: L'Harmattan, 2005); Daniel Levy, Max Pensky, and John Torpey(eds.), *Old Europe, New Europe, Core Europe: Transatlantic Relations After the Iraq War*(London: Verso, 2005).

정치적으로 중요한 부분을 차지하고 있었다. 프랑스의 선택은 국가이익의 수호와 국제규범의 옹호 그리고 국내정치의 요소를 복합적으로 반영한 것이었다.

이 글의 구성은 다음과 같다. Ⅱ에서는 9·11 테러 이후 테러와의 전쟁으로 명명된 아프가니스탄 전과 이라크전에 대한 프랑스의 개입과 입장을 알아본다. Ⅲ에서는 대서양 관계, 다자주의 그리고 국제 규범에 입각한 세계관이 어떻게 프랑스의 정책 선택에 영향을 미쳤는지에 대한 부분을 고찰한다. Ⅳ에서는 프랑스의 선택이 국가이익의 관점에서 어떠한 정치적, 경제적 이해관계와 관련되어 결정되었는지를 살펴본다.[3] 결론에 해당하는 Ⅴ에서는 이라크전에 대한 프랑스 외교적 선택에 반영된 국내, 국제적인 다차원적인 요인들을 종합하며, 친미-반미의 이분법적인 사고를 넘어선 다면적인 접근을 통해서만 프랑스의 입장을 이해할 수 있음을 강조한다.

Ⅱ. 테러와의 전쟁과 프랑스의 입장

1. 9·11 테러와 아프가니스탄 전쟁

이라크 전쟁 발발 이전에, 프랑스는 미국이 주도하는 테러와의 전쟁에 대해 적대적인 입장을 취하지 않았다. 오히려 미국이 9·11 테러 공격을 받

3 이 글에서 국가이익은 국가의 복지를 극대화하기 위한 경제적 이익과 국가의 영향력을 증대하고 국제사회에서의 지위를 증진시키기 위한 정치적 이익으로 규정한다.

은 직후, 프랑스는 미국에게 깊은 애도를 표함과 동시에 미국이 주도하고 있는 테러와의 전쟁에 적극적으로 입장을 같이할 것임을 표명했다. 프랑스 국내의 여러 정치 지도자들도 미국의 비극적 사태에 대해서 깊은 애도의 뜻을 표했으며, 미국의 행동에 함께 동참할 것이라는 의사를 표명했다. 자크 시라크 대통령은 미국 현지에서 미국과 강력한 연대를 형성하겠다고 의견을 표명한 첫 국가 정상이었으며, 프랑스 일간지인 르몽드(Le Monde)에는 '우리는 모두 미국인이다(We are all Americans)'[4]라는 헤드라인이 등장했다. 또한 미국의 국가가 프랑스의 대통령궁에서 연주된 것은 이러한 프랑스의 입장을 잘 표현했다고 볼 수 있다. 9·11 테러로 인해서 프랑스 여론은 미국에 대해서 상당히 호의적으로 다가갔다. 비록 프랑스가 주창하는 대서양주의와 미국의 세계관과는 일정부분 인식의 차이가 상존하고 있었지만, 9·11 테러 사태는 미국과 유럽은 서로가 공통의 관심과 가치를 가지고 있다는 것을 상기시켜주었다. NATO에 대한 프랑스의 전통적인 입장은 유럽대륙에서 NATO의 역할이 커져가는 것을 원치 않았음에도 불구하고, 프랑스는 NATO의 상호 안보 방위에 입각하여 수립된 조약 제4조의 발동을 망설임 없이 지지했다.

동시에 UN 안전보장 이사회의 의장국가로서, 프랑스는 국제 평화와 안보에 위협이 될 수 있는 테러 공격을 차단하기 위한 수단으로 UN이 채택한 〈결의안 1368〉을 제시했다. 이 결의안은 미국이 알 카에다와 탈레반의 테러리즘 행동에 대해서 정당하게 대응할 수 있는 정치적인 합법성을 제공해주었다. 또한 프랑스는 미국이 UN 안전보장 이사회에서 채택된 〈결의안 1373〉에 의거하여, 테러리스트들의 자금 동결 건에 대해서 국제

4 Le Monde(검색일: 2001.9.13).

적인 공조를 얻을 수 있는 지지를 아끼지 않았다.[5]

지난 수십 년 동안 프랑스는 테러에 의한 공격을 자주 받아왔고, 이 때문에 프랑스는 상당히 많은 테러를 다룬 경험을 가지고 테러와의 전쟁에 대응할 수 있었다.[6] 프랑스는 테러와의 전쟁에서 선두에 선 국가이지만 그로 인해 프랑스 및 자국의 국민들은 항시 테러의 위협에 노출되어 있었다.[7] 자크 시라크(Jacques Chirac) 대통령과 다른 지도자들은 프랑스가 미국과 함께 빈 라덴에 대항한 군사적인 행동을 할 수 있다는 의견을 표명했으며, 한 조사에 따르면 프랑스 국민의 약 73%가 이런 프랑스 지도자들의 의견을 지지했다.[8]

아프가니스탄 전쟁 중에 프랑스는 5000명 정도의 군사들을 배치했고 프랑스 부대들은 아프가니스탄전의 상당수의 작전에 참여했다. 프랑스의 군사적인 지원은 공습 공격을 포함하여 다양하면서도 포괄적이었으며 미

◇◇◇◇

5 Jeremy Shapiro, "The Role of France in the War on Terrorism," *U.S.–Europe Analysis Series*, The Brookings Institution(2002), p. 1.

6 프랑스의 대테러전에 대한 문헌으로는 다음을 참조. Daniel Hermant and Didier Bigo, "Les Politique de Lutte contre le Terrorisme: Enjeux Français," in Fernando Reinares(eds.), *European Democracies against Terrorism: Governmental Policies and Intergovernmental Cooperation*(Aldershot: Dartmouth Publishing Company, 2000); Erik Van de Linde et al. "Quick Scan of Post 9·11 National Counter–terrorism Policymaking and Implementation in Selected European Countries," *Research project for the Netherlands Ministry of Justice*(May, 2002); Jean–Louis Bruguière, "Terrorism after the War in Iraq," *U.S.–Europe Analysis Series*, The Brookings Institution(2003).

7 Gregory Shaun, "France and the War on Terrorism," *Terrorism and Political Violence* 15–1(Spring, 2003), p. 124, 147.

8 Gordon and Benedicte(2002).

국과의 군사정보 교류 또한 활발히 이루어졌다. 미군은 프랑스의 정보 네트워크를 북부동맹(The Northern Alliance)과 함께 탈레반 정부를 전복시키기 위한 협약을 맺는 데 사용했다.[9] 그러나 프랑스는 자국이 아프가니스탄 전쟁을 승리로 이끌어 가는 데 있어서 매우 큰 역할을 했지만 이를 미국이 크게 인정하지 않는 점을 실망스럽게 생각했다. 시라크 대통령은 부시 대통령과의 회담 자리에서 테러와의 전쟁에서 제3자의 개입에 대한 부분을 보다 명확히 하기를 희망했다.

2. 이라크 전쟁과 프랑스의 입장

프랑스는 미국의 테러와의 전쟁을 지지하는 입장을 표명해 왔지만 이라크 전쟁에 있어서만큼은 미국의 입장과는 다른 선택을 하게 되었다. 아프가니스탄 전쟁이 승리로 끝난 이후, 미국은 테러와의 전쟁에서 이라크를 다음 목표로 설정하면서 대테러전의 범위를 확대시켜 나갔다. 이와 동시에 미국은 중동에 대한 새로운 정책 패러다임을 만드는 데 있어서 보다 일방적(unilateral)인 자세를 보이기 시작하였다. 이러한 정책기조는 전통적으로 중동 지역과 관계가 깊은 국가, 특히 프랑스와의 충돌을 불러일으킬 수밖에 없었다. 부시 대통령의 '악의 축(Axis of Evil)' 발언 이후 미국의 반테러주의 정책에 대한 프랑스의 비판은 더욱 거세져 갔다. 프랑스의 베드린느(Hubert Védrine) 외무장관은 이러한 미국의 입장이 국제문제에 대한 '단순논리적(simplistic)'인 것이라고 비판했다.[10] 이라크 전쟁에 대한 프랑스

◇◇◇◇

9 Shapiro(2002).

10 Shapiro(2002).

의 비판은 2002~03년의 가을과 겨울에 더 진전되었다. 프랑스는 절대적으로 미국이 이라크에 대해 선제공격을 감행하는 것을 반대하였다.

프랑스는 미국의 이라크 침공이 UN 안보리 협약을 깨는 것이라 주장했고, 이라크가 대량살상무기를 공개하지 않았기 때문이 미국이 침공을 감행했다는 논지는 전쟁의 직접적인 원인과 연관성이 없다고 강조했다. 시라크 대통령은 전쟁은 실패를 인정하는 것이라고 지적하며,[11] 이라크에 대한 군사적인 행동을 가하기 위해서는 이라크가 위협적인 대량살상무기들을 가지고 있다는 것이 확실하게 증명되어야만 한다고 주장했다. 이러한 과정 속에, 이라크 전쟁 시작과 동시에 프랑스는 미국의 정책에 강력하게 반대하는 국가 중 하나가 되었다.

아프가니스칸 전쟁 때와는 다르게 프랑스의 여론은 미국의 행동에 호의적이지 않았다. 미국이 일방적으로 추진한 군사적인 행동들은 미국에 대한 반감을 불러일으켰으며 이런 현상들은 여론을 통해서 확산되어 갔다.[12] 2003년 4월 초에 실시된 여론조사에 따르면 프랑스 국민의 약 78%가 미국의 전쟁에 반대하는 것으로 나타났으며, 74%의 국민들은 부시 행정부에 대한 시라크 대통령의 정책에 찬성하는 의견을 보였다. 약 65%의 국민들은 모든 갈등의 원인이 미국에 의해서 발생했다고 생각했다.[13] 자국 내의 여론을 감안하여 프랑스 지도자들은 테러와의 전쟁을 위해서 이슬람 국가들과의 전쟁을 선택하기보다는 외교적인 해결책과 합법적인 법 집

11 Jacquelyn K. Davis, Reluctant Allies & Competitive Partners: U.S.-French Relations at the Breaking Point?(Dulles: Brassey's Inc., 2003), p. 163.

12 그러나 이러한 여론 형성 과정 속에는 이라크전에 대한 잘못된 정보들이 상당부분 존재했다는 의견도 제시되고 있다. Alain Hertoghe, *La Guerre à Outrances: Comment la Press nous a désinformés sur l'Irak*(Paris: Calmann-Lévy, 2003).

13 Le Monde(검색일: 2003.4.1); Wood(2003), pp. 6-7.

행 그리고 국제공조를 통해서 해결할 것을 강조했다.

또한 프랑스는 미국이 가지고 있는 사담 후세인 이후의 정권 수립에 대한 생각에 대해 매우 회의적이었고,[14] 정치적, 사회적으로 매우 불안정한 지역에서의 군사적인 개입과 행동이 아랍 지역의 균형을 깨트릴 수 있을 것이라는 우려를 가지고 있었다.[15] 성향이 다른 정치 지도자들 사이에서도 반전에 대한 의견만큼은 강한 연대감을 가지고 있었다. 야당과 여당 모두 이라크전에 참전하지 않겠다는 의사를 표명했다. 시라크 대통령은 3월 10일 TV연설에서 다음과 같이 발표했다. "프랑스는 … 이라크에 대한 전쟁에 반대표를 던질 것이다. 그 이유는 프랑스가 전쟁을 통해 이라크를 무장해체시킴으로써 얻을 수 있는 그 어떤 이익과 명분도 찾을 수 없기 때문이다."[16] 이런 시라크 대통령의 의견에, 프랑스 국내의 정치 지도자들은 프랑스가 가지고 있는 기본적인 외교 정책의 속성, 즉 대통령 중심제의 강력한 리더가 이끄는 결정을 존중하는 전통에 따라 프랑스 정부의 반전

14 William Shawcross, *Allies: Why the West Had to Remove Saddam*(New York: Public Affairs, 2004).

15 Jacques Beltran, "French Policy Toward Iraq," *U.S.-Europe Analysis Series*, The Brookings Institution(2002). 무력의 사용과 합법성에 대한 프랑스의 입장에 대해서는 다음 문헌을 참조. Gilles Andréani and Pierre Hassner(eds.), *Justifier la guerre? De l'humanitaire au contre-terrorisme*(Paris: Sciences Po Les Presses, 2005); Pierre Hassner, "Raymond Aron on the Use of Force and Legitimacy," in *U.S.-Europe Analysis Series*, The Brookings Institution(February, 2005); Stanley Hoffmann, "Force, Legitimacy, and Order," *U.S.-Europe Analysis Series*, The Brookings Institution(February, 2005).

16 Jane M. O. Sharp, "Tony Blair, Iraq and the special relationship: poodle or partner?," in *International Journal* 59-1(Winter, 2004), p. 66.

주의에 힘을 실어주었다.[17]

Ⅲ. 반이라크전에 대한 이념적 기반

1. 대서양 관계

프랑스와 미국 사이의 대서양 관계의 균열 또한 프랑스가 이라크전을 반대한 주요 원인으로 지목되어 왔다. 대서양 관계에서 종종 프랑스와 미국의 관계는 첨예하게 대립되는 논쟁의 핵심 축이었다.[18] 프랑스는 국제관계에서 항상 일정 수준의 자주권을 강조했으며 또한 냉전 이후 강화된 미국적 리더십에 거부감을 표시해 왔다. 프랑스는 오랜 기간 동안 미국, 영국이 제안하는 정책과는 다른 대체적 정책 비전을 제시하곤 했다.[19] 프

17 프랑스의 외교정책에 있어서 대통령들은 강한 재량권을 행사해 왔다. 이라크전과 관련된 실질적인 의사결정은 소수의 정책 행위자를 중심으로 이루어졌다. Dr. Dominique David 및 Etienne de Durand과의 인터뷰, IFRI(2006.2.6).

18 이러한 관계에 대해서는 다음 문헌을 참조. David Baran, "La guerre d'Irak: la stratégie du faible face à la puissance américaine," *Politique Étrangère* 68-2(printemps, 2003); Jean-Marie Colombani and Walter Wells, *Dangerous De-Liaisons: What's Really Behind the War Between France and the U.S.*(Hoboken: Melville House, 2004); Philip H., Gordon, "France, the United States and the 'War on Terrorism'," *U.S.-France Analysis Series*, The Brookings Institution(January 2002); Thierry Tardy, "France and the US: the inevitable clash?," *International Journal* 59-1(Winter, 2004).

19 David Styan, "Jacques Chirac's 'non': France, Iraq and the United Nations,

랑스가 추구했던 냉전 이후의 세계관은 강력한 유럽의 부활이 프랑스에 의해서 이루어지고, 그로 인해서 유럽이 세계무대에서 영향력을 발휘하는 강력한 연합체가 되는 것이었다.[20] 전 외무장관인 도미니끄 빌팽(Dominique Villepin) 장관은 이러한 국제관계를 형성하기 위해서는 미국의 협력만으로 이루어지는 것이 아니며, 다자주의 관점에 입각한 각 지역의 다양한 의견이 중요하다는 것을 강조했다.[21]

다극적인 세계 질서 하에서 프랑스는 미국에 대항할 만한 힘을 가진 존재가 될 수 있었다. 전통적인 프랑스 외교 관계에서 본다면 이라크전에 대한 프랑스의 행동은 그렇게 특별한 정도의 사건은 아니었다.[22] 전술한 바와 같이 이라크전이 발발하기 전까지 프랑스와 미국이 각자가 바라보는 세계관과 인식의 차이는 상당한 거리감을 두고 있었다. 스텐리 호프만(Stanley Hoffmann)은 현재의 대서양 관계의 불화는 부시 행정부와 동맹국들 간의 '철학'이 근본적으로 다를 수 있다는 점을 지적한다.[23] 르몽드 편집장인 장-마리 꼴롬바니(Jean-Marie Colombani)는 프랑스와 미국이 가지고 있는 세계관의 차이를 두 국가가 가지고 내려온 국가의 기원의 상이성을 들어 설명하기도 한다.[24] 힘의 균형 관계에서 로버트 케이건(Robert Ka-

◇◇◇◇

1991-2003," *Modern & Contemporary France* 12-3(August, 2004), p. 375.

20 Wood(2003), p. 6.; *Le Debat*, 125 May-August, 2003.

21 Dominique de Villepin, *Toward a New World*(Hoboken: Melville House Publishing, 2004); John Gaffney, "Highly Emotional States: French-US Relations and the Iraq War," *European Security*, 13-3(2004), p. 248.

22 Emmanuel Godin and Tony Chafer(eds.), *The French Exception*(Oxford: Berghahn Books, 2005)

23 Stanley Hoffmann, "Force, Legitimacy, and Order," *U.S.-Europe Analysis Series*, The Brookings Institution(February, 2005).

24 Jean-Marie Colombani and Walter Wells, *Dangerous De-Liaisons: What's Really*

gan)은 홉스주의적인(Hobbesian)의 미국과 칸트주의적인(Kanitan) 유럽을 비교했다.[25] 프랑스를 포함한 유럽은 상대적으로 힘이 약했으며 그로 인해 문제 해결에 있어서 다자 간 해결을 찾는 방법에 주로 의존했다. 반대로 미국은 충분한 힘의 우위를 바탕으로 자신들이 생각하는 선택을 일방적으로 추진할 수 있었다.

이러한 관점에서 볼 때, 이라크 전쟁을 다루는 데 있어서 프랑스와 미국은 상이한 인식론적 입장을 취했다.[26] 미국은 테러에 취약한 자신들을 보호하기 위해 테러와의 전쟁을 선두에서 이끌었다. 또 미국이 테러리스트들과 이라크 정부, 군이 연관되어 있다고 제시한 증거들도 이런 미국의 행동을 지지하기에 충분한 자료들이었다.[27] 이처럼 이라크전에 있어서 미국이 공격적으로 위험 요소들을 제거해나가고 있을 때, 프랑스와 일부 유럽 국가들은 그 위험들과 공존하면서 해결점을 찾는 방식들을 택했다. 미

Behind the War Between France and the U.S.(Hoboken: Melville House, 2004).

25 Robert Kagan, *Of Paradise and Power*(New York: Knopf, 2003). 세력관계에 대한 보다 자세한 문헌은 다음을 참조. Michael Brenner and Guillaume Parmentier, *Reconcilable Differences: U.S.-French Relations in the New Era*(Washington D.C.: Brookings Institution Press, 2002); Tod Lindberg(eds.), *Beyond Paradise and Power: Europe, America, and the Future of a Troubled Partnership*(New York: Routledge, 2004).

26 François Vergniolle de Chantal, "Les débats américains sur la relation transatlantique," *Synthése* n. 128, CFE-IFRI(mars, 2004), p. 5; Guillaume Parmentier, "Force, faiblesse, puissance?," *Commentaire* No. 100(hiver, 2002-2003).

27 Stanley Hoffman and Frederic Bozo, *Gulliver Unbound: The Imperial Temptation and the War in Iraq*(Lanham: Rowman & Littlefield, 2004); Mason, John G., "Gulliver en process: la guerre en Irak et ses retombées aux Etats-Unis," *Politique Étrangère*(autumne-hiver, 2003-2004).

국과는 대조적으로 프랑스의 경우는 국제기구를 활용한 합법적인 해결책과 이를 통해 문제를 해결하는 것이 가장 이상적인 경우라고 생각했다.[28] 이렇게 세계를 바라보는 두 국가의 인식론적 차이점은 이라크전에 대한 입장의 차이로 투영되었다. 또한 이라크전에 관한 프랑스의 정책은 상당 부분 초강대국 미국에 대한 거부감과 반미 감정에 기대고 있었으며, 이는 정책 입안자들과 여론이 공감하고 있었던 사항이기도 했다.[29] 또한 양국 정상들의 성향과 인식도 미국과 프랑스의 관계에 균열이 발생하는 데 영향을 미쳤다. 이라크전을 다루는 데 있어서 부시 행정부는 성전(Holy War)으로 칭한 전쟁의 타당성을 주장하는데 반해 자크 시라크 대통령은 일련의 반미주의적 태도를 보여주었다.[30]

그러나 미국과 프랑스의 의견 차이가 회복이 불가능할 정도로 근본적으로 다른 것은 아니었다. 오히려 양국의 정부는 테러와의 전쟁은 지속되어야 한다는 인식에는 서로가 공감을 하고 있었다.[31] 대량살상무기의 확

28 Fouad El Khatib, "Counter-Proliferation Policy and France's New Government," *U.S.-Europe Analysis Series*, The Brookings Institution(2002).

29 프랑스의 반미주의에 대해서는 다음 문헌을 참조. Thierry de Montbrial, "Les trois sources du malaise américain," *Le Monde*(2002.12.29), "Le monde selon George W. Bush," *Le Monde*(2003.2.7), "Au-delà de l'affrontement," *Le Monde*(2003.3.20) ; Philippe Roger, *L'ennemi américain: Géénéalogie de l'antiaméricanisme français*(Paris: Seuil, 2002).

30 Gregory Marfleet and Collen Miller, "Failure after 1441: Bush and Chirac in the UN Security Council," *Foreign Policy Analysis*(2005), p. 333, 360.

31 Ruxandra Popa, "The UN Disarmament Process: French and American Lessons from Iraq," *U.S.-France Analysis Series*, The Brookings Institution(January, 2004), p. 5.

산에 대해서도 실제 미국과 프랑스의 입장은 그다지 상충되지 않았다.[32] 9·11 테러 이후 수행된 테러와의 전쟁에서 미국과 프랑스가 취한 대응은 방법적인 측면에서는 다르지만 기본적으로 테러에 대해서 반대하는 공통된 인식과 그에 따른 일련의 행동을 취해야 한다는 필요성에 대해서는 서로가 같은 생각을 가지고 있었다. 이런 의미에서 프랑스 내에서 과도한 반미주의나 미국에 대한 적대감을 이라크 전쟁에 대한 반대의 근거로 내세우는 데는 분명 과장된 부분이 있다고 볼 수 있다.[33]

2. UN과 다자주의

전통적인 프랑스 외교정책의 기조는 국제적인 위기 상황에 대한 관리 또는 마찰이 생겨날 수 있는 사건을 미연에 방지하기 위한 방법으로 다자간 협력을 중요시 해왔다. 프랑스는 테러의 위협이 세계화 시대에 위협이 될 것이라는 것을 인식하고 있었으며 이 문제는 외교, 정보의 공유 그리고 법적 조치 등을 통한 다자주의에서 반드시 이루어져야 한다고 생각했다.[34] 프랑스 정부는 이라크 전쟁에 있어서도 군사적 행동이 UN의 적합

32 Khatib(2002). 시라크 대통령의 안보정책에 대한 전반적인 문헌으로는 다음을 참조. Etienne de Durand, "French Security Policy under the New Government," *U.S.-France Analysis Series*, The Brookings Institution(November, 2002).

33 Colombani and Wells(2004). 장-프랑소와 르벨(Jean-François Revel)은 보다 신중한 경지에서 프랑스의 반미주의의 상당부분은 과장된 것이라고 지적한다. Jean-François Revel, *L'obséssion anti-américaine: Son fonctionnement, ses causes, ses inconséquences*(Paris: Plon, 2002).

34 Bruguière(2003), p. 4.

한 승인이 있어야만 한다고 계속적으로 강조했다.[35] 부시 대통령이 UN 〈결의안 1441〉의 재가를 받은 이라크에 대한 핵사찰의 실효성을 그다지 신뢰하지 않았던 반면, 프랑스는 UN의 무기 사찰 및 핵 사찰 등을 통해서 이라크가 대량살상무기 프로그램을 재가동하는 것을 효과적으로 통제할 수 있을 것이라 생각했다.[36] 또한 UN 안전보장 이사회에서의 거부권 행사는 프랑스로 하여금 미국의 독주를 막는 실질적인 장치가 되었다.[37]

시라크 대통령은 UN의 승인을 받지 않은 모든 군사적인 행동에 반대하며, 외교적 해결과 다자주의에 입각한 공동행동 그리고 인내심이 문제를 해결할 수 있는 열쇠임을 강조했다.[38] 시라크 대통령은 다음과 같이 프랑스의 입장을 표명했다:

> "… 안보를 위한 프랑스의 비전은 국가들의 협력에 협력을 중시하며, 안전보장 이사회의 권위와 법을 존중하는 자세를 기반으로 한다. 우리는 이런 원칙들을 필요로 할 때마다 계속적으로 지켜나가야 하며 특히 이번 이라크의 경우는 더욱 더 그런 원칙들을 지켜야 한다. 만약 바그다드가 계속적으로 사찰단 방문을 받아들이는 것을 거부한다면, UN의 안전보장이사회는 차후의 대책을 강구해야 할

35 France emphasized the role of UN and its Security Council during the 1999 Kosovo war and debate over NATO's new Strategic Concept. Gordon and Benedicte(2002).

36 Beltran(2002).

37 Jean-Claude Casanova, "U.S.-French Crises in Historical Perspective: An Aronian View," *U.S.-Europe Analysis Series*, The Brookings Institution(February, 2005), p. 4.

38 Marfleet and Miller(2005), p. 336.

것이다."[39]

빌팽 외무장관 역시 프랑스는 어떤 군사적인 행동에 있어서도 찬성하지 않을 것이라는 의견을 분명히 했다.[40] 이러한 프랑스의 행동은 차기 안전보장 이사회의 의장국이 될 독일의 전적인 지원이 뒷받침되고 있었다. 독일의 외무장관은 사찰단 활동에 있어 "그들의 임무를 충분히 수행할 수 있는 시간이 필요"하다는 것을 강조했다.[41]

프랑스는 UN에 대한 확실한 선호를 가지고 있었으며 또한 당면한 문제들을 해결하는 데 있어서 강한 국제적 연대가 필요함을 표명하였다. 프랑스에게 있어서 UN은 그 자체로서의 외교적인 목표 그리고 사상, 규범으로서 의미가 있었으며, 나아가 미국의 독주를 견제하기 위한 하나의 효과적인 기구로서 인식되었다. 그러나 이러한 이념적, 인식론적 그리고 관례적인 측면만을 가지고 프랑스의 이라크전에 대한 선호를 규정하는 것은 불충분하다. 이라크전에 대한 프랑스의 입장은 국가이익의 차원에서 어떠한 의미를 지니고 있었는지를 더 깊게 살펴볼 필요가 있다.

39 Jacques Chirac, Speech to the 10th Ambassadors' Conference(29 August, 2002), Beltran(2002), p. 6.

40 De Villepin(2004)

41 Marfleet and Miller(2005), p. 337.

Ⅳ. 프랑스의 국가이익과 이라크 전쟁

1. 경제적 이해관계

1975년부터 프랑스와 이라크 사담 후세인 정부는 경제적으로 서로 밀접한 관계를 유지해왔다.[42] 양국 지도자들은 바그다드와 파리를 오가면서 경제적인 협력을 이끌어 냈다. 시라크 대통령은 당시 장관 자격으로 1974년 및 76년 이라크를 방문한 바 있었고, 이 당시 부통령이었던 사담 후세인과 개인적인 관계를 유지하기 시작하였다. 1970년대 석유산업이 부흥하기 시작하면서, 프랑스 회사들은 이라크의 주요한 국책프로젝트의 중요한 수혜자가 될 수 있었다. 이라크는 프랑스 기업들에게 특혜를 제공하였고, 프랑스는 이라크 정부의 국책 프로젝트를 수행하는 대가로 바그다드와 가까운 지역인 탐무브 지역에 이라크의 핵원자력센터(Nuclear power center)를 만드는 데 있어서 도움을 준 바 있었다.[43] 또한 프랑스는 미라지(Mirage) 미사일을 포함한 약 20억 달러 규모의 무기들을 이라크에 판매했으며, 이런 일련의 협력들이 오가면서 프랑스는 이라크의 가장 중요한 무역파트너가 되었다.[44] 이런 양국 간의 긴밀한 경제관계는 걸프전이 발발하고 나서 잠시 위축된 바 있었지만, 1990년대 중반 이후 프랑스 기업들이

◇◇◇◇

42 David Styan, *France and Iraq: Oil, Arms and French Policy Making in the Middle East*(New York: Palgrave Macmillan, 2006).

43 Amir Taheri, "The Chirac Doctrine," *National Review Online*(2002.11.4). http://www.benadorassociates.com/article/123(검색일: 2006.1.17).

44 Styan(2004), p. 374, 396; Styan(2006).

전후 재건사업에 뛰어들면서 다시 이라크와의 경제적 관계는 회복되어 갔다. 이라크와의 경제적인 협력의 관계는 이라크뿐만 아니라 아랍 세계의 상업, 에너지 산업 등과도 중요한 연결점이 될 수 있었으며 이라크의 수도 바그다드는 프랑스의 경제 전략을 수행하는 데 있어서 중요한 전략적 요충지가 될 수 있었다. 또한 프랑스는 1990년대 이라크에 대한 제제를 부분적으로 완화하며, 석유 판매를 통해 식료품 및 생필품의 수입은 원활히 하는 석유식량 프로그램(Oil for Food Program)을 UN 하에서 제시한 바 있었다.[45]

프랑스와 이라크 양국 간의 무역규모는 1997년 6억 8천5백만 유로에서 2001년 160억 유로까지 증가했으며 특히 이중 석유는 이라크와 프랑스 경제협력에서 가장 중요한 요소였다. 프랑스의 에너지 기업인 토탈(Total)은 이라크에서 오랫동안 석유와 관련된 사업을 해왔으며 특히 빈 우마르(Bin Umar), 마즈눈(Majnoon)과 같은 주요 유전개발 사업에서 우선협상대상자로서 중국의 CNPC와 러시아의 루크오일(Lukoil)과 함께 이라크 정부와 밀접한 관계를 유지하고 있었다. 이러한 양국 간의 경제적인 이해관계는 이라크가 제제를 받던 시기에 더 견고해졌으며 이라크에 있어서 프랑스의 경제적인 존재감은 상당히 컸다. 그렇기 때문에, 미국의 주도로 발발한 이라크 전쟁은 프랑스에게 있어서 자국이 누려왔던 경제적 이해관계를 상실할 수 있는 잠재적 위협이 될 수 있었다. 특히 이라크에 대한 프랑스의 정책이 석유 산업과 연관되어 있다는 점은 미국과의 입장 차이를 내게 된 주요한 요소가 될 수 있었다.[46]

45 Styan(2004), p. 376.

46 Pierre Noël, "Irak: Une guerre pour l'or noir?," *Le Nouvel Observateur*(2002.10.3), "L'Amérique et le pétrole irakien," *Policy Brief du CFE*, Paris, IFRI(février, 2003),

이와 같은 경제적인 요소들은 대이라크전에 대한 정책 형성의 기저에 깔려 있는 주요한 상황적 변수가 되었다. 그러나 경제적인 이해관계만으로 프랑스가 단지 이라크전을 반대했다는 사실을 모두 설명할 수는 없다. 경제적인 이점들은 분명 존재했지만, 이라크는 프랑스에게 있어서 절대적으로 중요한 교역대상국은 아니었다. 프랑스의 대이라크 수출은 전체 수출량의 0.3%, 수입은 0.2%에 불과할 정도로 미약했다. 게다가 석유식량프로그램에서 프랑스는 대이라크 교역에 있어서도 우선순위를 차지하지 못했다.[47] 이러한 일련의 사실들을 검토해 볼 때, 프랑스가 단지 기업의 이익만을 고려하고서 이라크전에 대한 선택을 하기는 힘들었다고 본다. 주요한 이해관계가 걸린 석유산업의 경우에도 Total은 국가이익의 차원뿐만 아니라 기업의 전략적인 고려를 통해 위험을 최소화하는 경향을 보여 왔다.[48] 이라크에서 프랑스가 취할 수 있는 경제적인 이점들은 이라크전이 발발하면서 매우 현실적이 되어갔다.

"La stratégie américaine de sécurité et le pétrole du Moyen-Orient," *Document de travail du CFE*, Paris, IFRI(octobre, 2003), "A long terme, les Etats-Unis auront peu d'influence sur le pétrole irakien," in *La Tribune*(2003.5.23) ; Michel Chatelus, "Pétrole: mythe et réalité de l'hégémonie des Etats-Unis," *Politique Étrangère*, 68-3/4(automne-hiver, 2003-2004).

47 동 프로그램의 발효 이후 이라크는 주변국들을 중심으로 교역을 다변화하였으며 2001년 기준 11번째의 프로그램 계약국이었다. Valerie Marcel, "Total in Iraq," *U.S.-France Analysis Series*, The Brookings Institution(August, 2003).

48 Marcel(2003), pp. 5-6.

2. 정치적인 고려: 아랍 외교, 무슬림 그리고 유럽통합

프랑스가 이라크전에서 일련의 군사적인 행동에 반대의사를 표명했던 중요한 이유 중 하나는 프랑스의 전통적인 대아랍 외교 정책을 통해서 규명해 볼 수 있다. 아랍 주변 국가들의 전쟁에 대한 입장과 아랍 지역에서 마찰이 생길 경우 발생할 수 있는 충격에 프랑스는 깊이 연루되어 있었다. 이미 프랑스는 1991년 미테랑 대통령이 걸프전 참전을 승인하면서 이런 문제들을 겪은 바 있었으며, 당시의 국방 장관이었던 장 피에르 슈베느멍(Jean-Pierre Chevènement)는 걸프 지역에서의 프랑스군대 주둔에 대한 비판에 책임을 지고 사임하였다. 이라크전에서 프랑스의 지정학적 위치는 이라크와 예전부터 맺어왔던 양자관계에서 살펴볼 수 있다. 이라크는 중동 지역에서 프랑스를 지지하는, 즉 프랑스에게 있어서 정치적으로 상당히 이점이 되고 있는 아랍의 중심 국가였다. 또한 1970년대 프랑스는 이라크에게 있어서 중요한 무기 공급국이었다. 프랑스는 이라크 관련 정책에 대해 OECD 국가들 중 가장 수용적인 태도를 취했으며, 이라크에 대한 제재 조치를 반대하는 로비스트들의 영향력 또한 커져갔다. 그러나 양국 간의 관계가 항상 원만하지만은 않았다. 이라크의 국제규범을 무시하는 넘어서는 행위들에 대한 비판 의견이 프랑스 내부에서도 존재했으며, 프랑스의 걸프전 참전과 1980년 이후 정치, 경제적인 불안정으로 인해 이라크 행정부가 프랑스로부터 수입한 무기 대금을 제대로 지불하지 않게 되면서 양국 간의 관계는 균열의 조짐을 보이고 있었다.

이라크전에 대한 프랑스의 정치적인 이해관계는 프랑스의 대아랍 및 무슬림 정책을 통해서 더 큰 관점에서 살펴보는 것이 바람직하다. 이슬람 세계와의 관계는 프랑스에게 있어서 매우 신중하게 접근해야 할 문제였고, 특히 프랑스계 무슬림들의 움직임은 상당히 중요한 관심사였다.[49] 프랑스는 거의 약 5백만 명에 가까운 무슬림 인구를 가지고 있었고, 만약 무슬림들의 정치적인 시위가 일어난다면 결과적으로 테러리즘과 더불어 반유대주의까지 떠안는 결과를 초래할 수도 있었다. 이라크에 대한 군사적인 행동이 발생했다면 이는 이라크 한 국가만이 아닌 아랍 및 무슬림 세계 전체와의 관계를 어지럽힐 수 있는 일이었다.

유럽통합의 문제 역시 이라크전과 관련된 정치적 고려사항이 되었다. 프랑스는 원래 대유럽정책에 있어서 두 가지 목적을 가지고 있었다. 첫째, 프랑스는 유럽이 정치적인 영향력을 키워서 미국, 또는 다른 강대국들과 균형을 이룰 수 있게 되기를 원했다. 이와 동시에, 프랑스는 유럽 내에서의 자신들의 영향력을 다시 찾기를 원했다. 이러한 관점에서 본다면 유럽통합은 프랑스에게 있어서 자신들의 힘을 증진시켜 프랑스 국가의 영광을 다시 되찾을 수 있도록 도와주는 효과적인 기제였다.[50] 그러나 프랑스는 냉전 이후에 변화하는 국제 환경에서 자신들의 원하는 목표가 쉽게 이루어질 수 없다는 현실을 맞부딪치게 된다. 유럽에서 프랑스의 특별한 위치와 독자적인 외교적인 전략 등의 가치는 냉전이 끝난 이후 그 빛을 점차 잃어가기 시작했다.[51] 유럽연합의 확대는 프랑스에게 있어서 또 다른 도전 요인으로 다가왔다. 회원국 간의 더 많은 이해관계와 상반된 입장들이 늘어나기 시작했으며 유럽 차원의 일치된 의견 조율은 더욱 힘들어져 갔다.

49 Michel Wieviorka, "The Effects of a War Foretold: The War in Iraq and French Society," *U.S.-France Analysis Series*, The Brookings Institution(January, 2003).

50 Parmentier(2002-2003), p. 9.

51 Grégory Rayko et Isabelle Lassèrre, "Entretien avec Hubert Védrine," *Politique Internationale—La Revue*, n° 106(Hiver, 2005); Margaret Blunden, "France," in Ian Manners and Richard G. Whitman(eds.), *The Foreign Policies of European Union Member States*(Manchester: Manchester University Press, 2000), pp. 19-20.

프랑스는 외교 관계에서 미국뿐만 아니라 다양한 관점을 가진 회원국들을 상대해야 했다.[52] CFSP와 ESDP가 유럽 국가들의 공통된 하나의 의견을 만들어내지 못하게 됨과 더불어, '새로운 유럽'의 회원국들이 프랑스 및 독일 등 기존 중심국들의 의견에 동의하지 않게 되면서 프랑스의 전략적인 입지는 점차 위축되었다.[53] 이라크전에 대한 프랑스의 입장은 이러한 정치적인 위기감을 반영하고 있었다.

요약해보면 프랑스의 이라크전에 대한 정책은 다차원의 정치, 경제적 이해관계를 포함하고 있었다. 이러한 이해관계는 때로는 직접적으로, 때로는 간접적으로 표출되었고 이미 정책형성의 기저에 깔려있기도 하였다. 이라크전이 가지는 이러한 이해관계의 다양성과 민감성은 아프가니스탄 전에 비해 비교할 수 없을 정도로 큰 것이었다.

V. 결론

이 글은 이라크전에 대한 프랑스의 선택이 단순히 친미-반미라는 이분법적인 사고를 넘어서 이념적, 정치적, 경제적 그리고 외교적인 다차원적인 요소들을 반영하는 것임을 논의했다. 또한 아프가니스탄 전과 이라

52 Davis(2003), p. 152.

53 Maxime Lefebvre, "France and Europe: An Ambivalent Relationship," *U.S.-Europe Analysis Series*, The Brookings Institution(September 2004); François Heisbourg, "The French-German Duo and the Search for a New European Security Model," *The International Spectator*, 3-2004, pp. 62-63.

크전에 대한 상이한 프랑스의 대응은 이러한 변수들이 두 사례에 상이한 민감성과 중요성을 가지고 적용되고 있다는 것을 보여주었다. 이라크가 가지는 석유의 지정학적 중요성, 여러 경제관계들은 기저에 깔려 있는 중요한 변수였으며, 전통적인 대아랍 외교 정책과 유럽통합 차원의 위기감은 정치적인 고려 사항에서 중요한 요인이었다. 프랑스의 반대는 미국이 세계 질서를 재편하고 자국의 경제적 그리고 지정학적인 영향력을 극대화하기 위한 방편으로 테러와의 전쟁을 이용하고 있다는 판단과 맞물려 더 심각해졌다.[54] 여전히 드골주의의 영향을 받고 있는 프랑스의 대아랍 외교 정책과 미국의 일방적인 정책 결정 방식은 프랑스가 미국의 편에 설 수 있는 가능성을 더욱 감소시켰다.[55]

본 연구는 다차원적 이해관계에 관한 설명을 통해서 프랑스가 미국주도의 테러와의 전쟁에서 왜 상이한 선택을 했는지를 보다 심도 있게 규명하고자 하였다. 또한 대이라크전 외교정책 형성에 있어서 맥락적 통찰력(contextual insight)을 심화함으로써, 나아가 외교 정책 결정의 연구에 있어서 이념과 이해관계의 동시적인 고찰을 시도해 보았다. 또한 마지막으로, 프랑스의 대이라크전에 대한 입장의 선택은, 외교정책을 결정함에 있어서 미국, UN과의 기존의 정해진 관계 및 틀뿐만 아니라, 각 사안이 가지는 맥락과 긴급성(urgency)를 반영한다는 것을 보여주었다. 이러한 사안의 맥락과 긴급성은 국제적인 규범 또는 기준의 효과를 증가시키거나 감소시킬 수 있다. 이처럼 이라크전에 있어서 프랑스의 선호 형성에 대한 분석을 통해서 본 연구는 유럽연합의 CFSP와 ESDP의 효용성 그리고 대서양 관계

54 Volker Perthes, "Guerre en Irak: vers un nouvel ordre regional?," *Politique Étrangère* 68-3/4(automne-hiver 2003-2004).

55 Casanova(2005), p. 3.

에 대해서도 논의를 진전시킬 수 있었다.

참고문헌

Andréani, Gilles, and Pierre Hassner(eds.), *Justifier la guerre? De l'humanitaire au contre-terrorisme*. Paris: Sciences Po Les Presses, 2005.

Baran, David. "L'adversaire irakien." *Politique Étrangère* 68-2(printemps, 2003).

______. "La guerre d'Irak: la stratégie du faible face à la puissance américaine." *Politique Étrangère*(printemps, 2003).

Beltrand, Jacques. "French Policy toward Iraq." *US-France Analysis Series*, The Brookings Institution(September, 2002).

Blinken, Antony. "The United States, France, and Europe at the Outset of the New Administration." *U.S.-France Analysis Series*, The Brookings Institution(March, 2002).

Blunden, Margaret. "France." in Ian Manners and Richard G. Whitman(eds.), *The Foreign Policies of European Union Member States*, Manchester, Manchester University Press, 2000.

Bozo, Frédéric. *La politique étrangère de la France depuis 1945*. La Découverte & Syros, 1997.

Brenner, Michael. "The CFSP factor: a comparison of United States and French strategies." *Cooperation and Conflict* 38-3(September, 2003).

Bruguière, Jean-Louis. "Terrorism after the War in Iraq." *U.S.-France Analysis Series*, The Brookings Institution(May, 2003).

Casanova, Jean-Claude. "U.S.-French Crises in Historical Perspective: An Aronian View." *U.S.-Europe Analysis Series*, The Brookings Institution(February, 2005).

Chatelus, Michel. "Pétrole: mythe et réalité de l'hégémonie des Etats-

Unis." *Politique Étrangère* 68–3/4(automne–hiver, 2003–2004).

Colombani, Jean–Marie and Walter Wells. *Dangerous De–Liaisons: What's Really Behind the War Between France and the U.S.* Hoboken, Melville House, 2004.

Crowe, Brian. "A Common European Foreign Policy after Iraq?" *International Affairs* 79–3(May, 2003).

Cuche, Pascal. "Irak: et si la France s'était trompée?" *Politique Étrangère* 2–2003(printemps, 2003).

Davis, Jacquelyn K. *Reluctant Allies & Competitive Partners: U.S.–French Relations at the Breaking Point?* Dulles, Brassey's Inc., 2003.

De Durand, Etienne. "French Security Policy under the New Government." *U.S.–France Analysis Series*, The Brookings Institution(November, 2002).

De Montbrial, Thierry. *La guerre et la diversité du monde: Les États–Unis contre l'Europe–puissance*, Paris, L'aube, 2004.

________________. "Les trois sources du malaise américain." *Le Monde*(2002.10.29).

________________. "Le monde selon George W. Bush." *Le Monde*(2003.2.7).

________________. "Au–delà de l'affrontement." *Le Monde*(2003.3.20).

De Villepin, Dominique. *Toward a New World*. Hoboken, Melville House Publishing, 2004.

Gaffney, John. "Highly Emotional States: French–US Relations and the Iraq War." *European Security* 13–3(2004).

Godin, Emmanuel, and Tony Chafer(eds.), *The French Exception*. Oxford, Berghahn Books, 2005.

Gordon, Philip H. "France, the United States and the "War on Terrorism." *U.S.–France Analysis Series*, The Brookings Institution(January,

2002).

__________________. "Trading Places: America and Europe in the Middle East." *The International Institute for Strategic Studies* 47-2(Summer, 2005).

Gordon, Philip H. and Jeremy Shapiro. *Allies at War: America, Europe and the Crisis over Iraq*. New York, McGraw-Hill, 2004.

Gordon, Philip H. and Benedicte Suzan. "France, the United States and the 'War on Terrorism'." *US-France Analysis*, The Brookings Institution(January, 2002).

Gregory, Shaun. "France and the War on Terrorism." *Terrorism and Political Violence* 15-1(Spring, 2003).

Gueldry, Michael. *Les États-Unis et l'Europe face à la guerre d'Irak*. Paris, L' Harmattan, 2005.

Hassner, Pierre. "Raymond Aron on the Use of Force and Legitimacy." *U.S.-Europe Analysis Series*, The Brookings Institution(February, 2005).

Haglund, David G. "Has France Finally Said auf Wiedersehen to Its German 'Problem?'" *Orbis*(Summer, 2004).

Heisbourg, François. "The French-German Duo and the Search for a New European Security Model." *The International Spectator*(March, 2004).

Hermant, Daniel and Didier Bigo. "Les Politique de Lutte contre le Terrorisme: Enjeux Français." in Fernando Reinares(eds.), *European Democracies against Terrorism: Governmental Policies and Intergovernmental Cooperation*. Aldershot, Dartmouth Publishing Company Limited, 2000.

Hertoghe, Alain. *La Guerre à Outrances: Comment la Press nous a désinformés sur l'Irak*. Paris, Calmann-Lévy, 2003.

Hill, Christopher. "EU foreign policy since 11 September 2001." *Journal of Common Market Studies* 42-1(March, 2004).

Hoffman, Stanley, and Frederic Bozo. *Gulliver Unbound: The Imperial Temptation and the War in Iraq*. Lahnam, Rowman & Littlefield, 2004.

Hoffmann, Stanley. "Force, Legitimacy, and Order." *U.S.–Europe Analysis Series*, The Brookings Institution(February, 2005).

Howorth, Jolyon. "France, Britain, and the Euro-Atlantic crisis." *Survival* 45-4(Winter, 2003-04).

Kagan, Robert. *Of Paradise and Power*. New York, Knopf, 2003.

Khatib, Fouad El. "Counter-Proliferation Policy and France's new Government." *U.S.–France Analysis Series*, The Brookings Institution (September, 2002). *Le Debat*. 125(May-August, 2003).

Lefebvre, Maxime. "France and Europe: An Ambivalent Relationship." *U.S. –Europe Analysis Series*, The Brookings Institution(September, 2004). *Le Monde*, various days.

Levy, Daniel, Max Pensky and John Torpey(eds.), *Old Europe, New Europe, Core Europe: Transatlantic Relations After the Iraq War*. London, Verso, 2005.

Lindberg, Tod(eds.), *Beyond Paradise and Power: Europe, America, and the Future of a Troubled Partnership*. New York, Routledge, 2004.

Marcel, Valerie. "Total in Iraq." *U.S.–France Analysis Series*, The Brookings Institution(August, 2003).

Marfleet, B. Gregory and Collen Miller. "Failure after 1441: Bush and Chirac in the UN Security Council." *Foreign Policy Analysis*(2005).

Mason, John G. "Gulliver en process: la guerre en Irak et ses retombées aux Etats-Unis." *Politique Étrangère*(autumne-hiver, 2003-2004).

Mowle, Thomas S. *Allies at Odds? The United States and the European Union*.

New York, Palgrave Macmillan, 2004.

Mueen, Saqueb. "Fallout from the War in Iraq: Domestic Echoes in Foreign Policy?" *Rusi Journal*(June, 2003).

Noël, Pierre. "Irak: Une guerre pour l'or noir?" *Le Nouvel Observateur*(2002.10.3).

_________. "L'Amérique et le pétrole irakien." *Policy Brief du CFE*, Paris, IFRI(février, 2003).

_________. "La stratégie américaine de sécurité et le pétrole du Moyen-Orient." *Document de travail du CFE*, Paris, IFRI(octobre, 2003).

_________. "A long terme, les Etats-Unis auront peu d'influence sur le pétrole irakien." in *La Tribune*(23 Mai, 2003).

Parmentier, Guillaume. "Force, faiblesse, puissance?" *Commentaire* No. 100(hiver, 2002-2003).

Perthes, Volker. "Guerre en Irak: vers un nouvel ordre regional?" *Politique Étrangère* 68-3/4(automne-hiver, 2003-2004).

Popa, Ruxandra. "The UN Disarmament Process: French and American Lessons from Iraq." *U.S.-France Analysis Series*, The Brookings Institution(January, 2004).

Rayko, Gr gory et Isabelle Lasserre. *Entretien avec Hubert Védrine*. Politique Internationale-*La Revue*, n° 106(Hiver, 2005).

Revel, Jean-François. *L'obséssion anti-américaine: Son fonctionnement, ses causes, ses inconséquences*. Paris, Plon, 2002.

Rifkin, Jeremy. *The European Dream: How Europe's Vision of the Future Is Quietly Eclipsing the American Dream*. New York, Tarcher, 2004.

Robbins, James S. "Coalition of the Unwilling." *National Review* Online(2003.2.11). http://www.nationalreview.com/robbins/robbins021103.asp(searched on 2006.1.17).

Roger, Philippe. *L'ennemi américain: Généalogie de l'antiaméricanisme fran-*

çais. Paris, Seuil, 2002.

Shapiro, Jeremy. "The Role of France in the War on Terrorism." *Foreign Policy Studies*, The Brookings Institution(May, 2002).

Shawcross, William. *Allies: Why the West Had to Remove Saddam*. New York, Public Affairs, 2004.

Styan, David. "Jacques Chirac's 'non': France, Iraq and the United Nations, 1991-2003." *Modern & Contemporary France* 12-3(August, 2004).

Styan, David. *France and Iraq: Oil, Arms and French Policy Making in the Middle East*. New York, Palgrave: Macmillan, 2006.

Taheri, Amir. "The Chirac Doctrine." *National Review Online*(4 November, 2002). http://www.benadorassociates.com/article/123(searched on 2006.1.17).

Tardy, Thierry. "France and the US: the inevitable clash?" *International Journal* 59-1(Winter, 2004).

Van de Linde, Erik et al. "Quick Scan of Post 9·11 National Counter-terrorism Policymaking and Implementation in Selected European Countries." *Research project for the Netherlands Ministry of Justice*(May, 2002).

Vergniolle de Chantal, François. "Les débats américains sur la relation transatlantique." *Synthése* n. 128, CFE-IFRI(Mars, 2004).

Wieviorka, Michel. "The Effects of a War Foretold: The War in Iraq and French Society." *U.S.-France Analysis Series*, The Brookings Institution(January, 2003).

Wood, Stephen. "The Iraq War: Five European Roles." *National Europe Centre Paper*, No. 112, 2003.

Yakemtchouk, Romain. *La politique étrangère de l'Union européenne*. Paris, L'Harmattan, 2005.

11장 정치적 전환기의 이탈리아 대외정책: 걸프전과 보스니아/코소보전을 통해 본 대외정책을 중심으로*

김종법

I. 서론

유럽의 여러 국가들 중에서 정치적이고 사회적인 역동성이라는 측면에서 가장 독특한 특징을 보이는 국가로 많은 사람들이 이탈리아를 꼽는다. 그 이유에는 여러 가지가 있지만 이탈리아 내부의 다양성 및 그 다양성을 초래한 역사적 사건과 상황들의 중첩을 거론하는 경우가 많다. 실제로 이탈리아는 유럽의 주요 열강 중에서 국민국가로서 통일한 시기가 가

* 이 논문은 2005년 정부재원(교육인적자원부 학술연구조성사업비)으로 한국학술진흥재단의 지원을 받아 연구되었음(KRF-2005-072-BM0010). 출처: 『국제정치논총』. 제47집 4호. pp. 169-190. 2007.

장 늦었고, 유럽 외교무대에도 비교적 뒤늦게 등장하였다. 그러나 짧은 역사적 연원에도 불구하고 양차 세계대전에도 적극적으로 개입한 국가였으며, 지중해와 유럽을 잇는 가교 역할을 했을 만큼 유럽정치질서에서 중간자의 역할을 충실히 해왔다.

이 글은 그러한 이탈리아의 대외정책에서의 전환기를 다루고 있다. 특히 제2차 세계대전의 패전국이라는 지위로 인해 평화 헌법이라는 큰 틀에서 대외정책의 소극성을 특징으로 하던 이탈리아의 외교정책이 적극적인 방향으로 전환되는 과정을 살펴보고, 그러한 전환이 가져온 주요 특징들을 살펴보고자 한다. 이를 위해 걸프전과 보스니아/코소보 전쟁이라는 두 개의 종속변수를 설정하고 전쟁을 통해 변화된 외교정책의 노선과 주요 특징들을 비교함으로써 전환기의 이탈리아의 외교정책의 일반적 특징을 이론적으로나 노선적으로 정형화할 수 있을 것인지를 살펴보고자 한다. 또한 개별국가로서 이탈리아라는 지위와 유럽연합의 구성원으로서 이탈리아의 입장에 대한 비교분석이 가능한지를 간략하게 살펴볼 것이다.

공화국 이탈리아의 대외정책과 외교노선을 다루고 있는 연구서나 논문은 그리 많지 않다.[1] 이는 제2차 세계대전이 끝난 뒤 새롭게 출발하게 된 이탈리아가 프랑스나 독일에 비해 정치외교적 중요성이 상대적으로 적

1 영어권에서 소개되는 이탈리아 외교정책에 대한 것은 외교관계사나 일반 국제정치 개론서에서 주로 다루어지고 있으며, 논문의 경우 주로 *Foreign Affairs, International Affairs, Italian Politics*지를 통해 특집 형식으로 다루어지거나 특정 주제에 대한 개별 논문들이 발표되고 있다. 이탈리아에서는 *Affari Esteri, Il Mulino, Politica in Italia, L'ITALIA E LA POLITICA INTERNAZIONALE*지 등을 통해 연구 논문들이 발표되고 있으며, 개별 연구서들 역시 적지 않다. 그러나 대부분 이탈리아의 입장을 지나치게 강조하거나 특정한 이론에 국한되는 경우가 많다는 사실이 지적되곤 한다.

었고, 실제로 북대서양조약기구(NATO)가 출범할 때도 이탈리아를 처음에는 포함시키려고 하지 않았다.[2] 그러나 이탈리아가 갖는 정치적이고 지정학적인 중요성으로 인해 유럽의 외교안보질서 속에서 이탈리아는 어느 정도의 중요성을 지속할 수 있었다. 전쟁 후부터 현재까지 이탈리아 외교는 그 시기별로 다소 다른 양상을 나타내고 있는데, 제1공화국과 제2공화국 시기로 크게 대별된다.[3] 각각의 시기 구분에 대한 방법은 학자마다 조금 다르지만, 일반적으로 제1공화국에서는 4단계로 구분한다. 로마노(Romano)는 1943년부터 47년까지를 제1기로, 제2기는 1948부터 50년대 중반까지, 제3기는 50년대부터 1983년까지를, 제4기를 80년대와 92년까지로 설정하고 있다.[4] 제2공화국의 외교정책은 프로디를 중심으로 하는 강력한 좌파연합의 등장으로 분명한 노정된 유럽중심주의라는 노선과 베를루스코니의 등장 이후 특히 자주 나타났던 것으로 앞의 노선과는 전혀 다른 불안정하고 원칙 없는 외교노선으로 특징지을 수 있다.

이와 같은 시기 구분에 더하여 몇 가지 원칙과 이론으로 이탈리아 외교정책을 설명하기도 한다. 일반적으로 이탈리아 대외정책 이론으로 거론되는 것은 제1공화국 시기에는 신민족주의, 유럽주의, 지정학적 마키아벨리즘의 세 가지이며, 제2공화국에서는 유럽주의와 대서양주의 그리고 신

◇◇◇◇

2 이수형, 『북대서양조역기구(NATO)와 유럽안보』(서울: 한울아카데미, 2004), pp. 34-35.

3 이탈리아에서 제1공화국과 제2공화국의 구분은 언론과 정치사가들이 인위적으로 구분한 것이다. 헌법상의 뚜렷한 개정에 의한 정체의 변화에 기인한 공화국 구분이 아니지만, 마니풀리테 이후의 정치적 상황과 제도적 변화에 기준한 구분임을 밝혀둔다.

4 S. Romano, "La Politica Estera" in *La Politica Italiana. Dizionario Critico 1945–95 a cura di G. Pasquino*(Roma-Bari; Laterza, 1995), pp. 464-471.

자유주의가 중심적인 노선이 되었다.[5]

제1공화국 시기의 주요 외교정책 중 신민족주의는 정당의 이념적이고 정책적인 입장 차이를 근거로 한 노선으로 기민당(DC) 중심의 중도우파 정당들의 입장인데, 주로 민족주의를 강조하면서 현실주의 이론을 이탈리아적 입장에 맞추어 해석한 것으로 볼 수 있다. 따라서 국가이익의 강조와 미국이나 프랑스 독일 등의 주요 강대국들이 견지하고 있는 경제적·정치적 입장을 활용하여 국익의 극대화를 도모한다는 입장이다.[6] 이에 반해 국제주의는 집권당이던 중도 우파 정당과 야당이던 이탈리아공산당(PCI)을 중심으로 하는 입장으로 파시즘의 유산이었던 민족주의에서 탈피하여 유럽통합에서나 여러 국제관계에 주체적으로 참여함으로써 이탈리아의 이익을 도모한다는 입장이다.[7] 세 번째의 지정학적인 마키아벨리

5 이탈리아 대외정책을 시기별로 구분한 것은 제1공화국과 제2공화국의 정치사회 구성이나 정책 노선이 뚜렷한 차이를 보이고 있고, 각각의 노선을 주도한 정치적 주체가 분명하게 다르다는 점도 있다. 또한 이탈리아의 경우 대외정책의 기본 방향이 국내정치의 변동과 상당한 밀접한 관계를 갖는 점도 이러한 시기에 따른 구분이 가능한 근거이다. 현재 한국에서 이탈리아 대외정책에 대한 연구 결과물은 두 가지 정도가 분명한 노선과 정책적 분석을 제시하고 있다. 양차대전 전후의 이탈리아 외교정책을 정리한 이선필(『유럽통합: 이상과 현실–데 가스페리의 유럽주의와 외교정책』 높이깊이, 2006)의 글은 역사적 서술방식에 의한 당대의 이탈리아 외교정책을 제1차 외교자료를 토대로 서술하고 있으며, 전후 이탈리아 외교정책을 3개의 방향에서 분석하고 있는 정병기("아프가니스탄 분쟁과 이라크 전쟁에 대한 대응을 통해 본 이탈리아 대외정책의 변화: 유럽내 준강대국으로서의 국가이익," 『한국정치학회보』 제40집 제5호, 2007)는 이탈리아의 여러 학자들의 주장을 중심으로 이탈리아 대외정책에 대한 분석적인 논지를 전개하고 있다.

6 Attinà, Fulvio. 1989. "The Study of International Relations in Italy." Hugh C. Dyer and Leon Mangasarian(eds.), *The Study of International Relations: The State of the Art*(London: Macmillan), pp. 341–354.

즘 입장은 당대 가장 영향력 있던 정치가의 하나였던 안드레오티(Andreotti) 등이 중심이 되어 주장한 이론으로, 유럽대륙과 지중해의 지정학적 위치를 이용하여 현실적인 국가이익과 외교적 입장을 활용하면서, 유럽과 북부 아프리카 및 지중해 연안국들 간에 완충적이고 교량적인 역할을 해야 한다는 실리주의 외교노선으로 규정한 입장이다.[8] 이 노선들은 제1공화국에 전개된 주된 입장이었고, 제2공화국에 들어서도 몇몇 정당과 학자들 사이에서는 여전히 그 유용성을 인정받고 있었다.

'마니 풀리테(깨끗한 손)' 운동을 기점으로 촉발된 선거법 개정과 새로운 정치세력의 등장을 특징으로 하는 제2공화국에서는 제1공화국의 외교정책과는 다소 차이를 보이는 노선들이 본격적으로 등장하게 되었다. 이는 베를루스코니와 프로디를 중심으로 하는 신진 정치세력의 등장과 베를린 장벽 해체 이후 새롭게 조성된 국제정치질서에 기인한 바가 컸다. 이 시기 가장 중요한 특징의 하나는 신민족주의나 국제주의 노선의 색채가 약화되고 마스트리히트 조약의 체결 이후 유럽통합을 바라보는 시각과 그에 따른 미국과 유럽의 두 중심축에 대한 해석 등을 둘러싸고 벌어진 논의였다. 이탈리아 역시 이러한 흐름에서 비껴나지 않았고, 베를루스코니와 프로디는 이러한 변화의 흐름에 중심에 섰던 인물들이었다.

이 시기 이탈리아 대외정책은 유럽주의와 신자유주의 노선의 공존과 혼동 속에 몇몇 학자들의 독특한 연구들이 눈에 띤다. 특히 마스트리히트 조약 체결 이후 유럽경제통화연합(EMU)에 가입하기 위해 지속적인 노

7 Roberto and Ettore Greco, "Foreign Policy Re-Nationalism and Internationalism in the Italian Debate," *International Affairs* 72, No. 1(January, 1996), pp. 43-51.

8 Andreotti, Giulio, "Foreign Policy in the Italian Democracy," *Political Science Quarterly* 109, No. 3(Summer, 1994), pp. 529-537.

력을 기울였던 프로디 정부의 입장은 유럽중심주의의 가장 대표적인 흐름이자 이론적 틀을 가지고 있다. 그러나 기민당과 사회당의 몰락의 빈 공간을 대체한 베를루스코니의 등장 이후 그의 정부에서는 일정한 노선이나 이론으로 설명되지 않는 외교정책 일관성의 부재를 겪게 되면서 제2공화국 시기의 외교정책에 대한 다양한 논의와 분석 방향들이 등장하였다. 이러한 흐름은 일정 분파나 학파에 의해 주창되거나 주장되지는 않았지만, 개별 연구 차원에서 수많은 논의를 가져오기도 하였다.[9]

제1공화국과 제2공화국 외교정책 간의 차이성이나 노선 전환의 내용은 수많은 요인들이 복합적으로 교차 작용하면서 발생한 것이다. 이 글에서는 이러한 외교노선 전환에 작용했던 주요 요인들 중에서 전쟁이라는 국제정치적 요소를 통해 어떤 변화된 모습을 보이고 있는가를 추적해보고자 한다. 특히 걸프전과 보스니아/코소보 전쟁은 이탈리아의 정치적 전환기에 발생된 것으로, 이 두 전쟁에 개입하였던 경과와 내용을 통해 전통적인 이탈리아의 외교정책이 어떤 방향과 노선으로 정립되었는가를 가늠해볼 수 있는 기준이 될 것이다.

9 산토로(Santoro 1994)는 전후 반세기 이탈리아 대외정책의 슬로건을 미국과의 관계에서 '주권 대신 안전'으로 규정하고, 이탈리아의 지위를 '강대국들 중 막내'이자, "약한 대국 중 서열 1위"로 정의했으며, 콜롬보(Colombo 1994)는 냉전기 동구블록으로부터 이탈리아의 안전은 유럽보다 미국에 의존했다고 소개했다. 한편 걸프전 개입을 연구한 바르라베키아(Barravecchia 1994)는 이탈리아의 걸프전 개입을 '안전을 위한 개입'이라는 명분으로 이루어졌다고 보았다. 그리고 베를루스코니 정부의 대외정책을 분석한 안드레아타와 브리기(Andreatta and Brighi 2003) 및 로마노(Romano 2004)는 인물화된 성격과 그에 따른 예측불가능성에 주목했다. 이 모든 분석들은 모두 국제분쟁에 대한 대응과 대외정책에 대한 종합적인 분석으로 발전시킬 필요가 있지만, 여전히 부분적인 분석에 머문 것이 한계이다. 정병기(2006), 350.

이를 위해 이탈리아 공화국 수립 이후 외교정책의 가장 주요한 결정 기준이자 척도였던 내부의 정치적 요소들 사이의 변화 관계를 중심으로 국내정치가 여전히 국외정책에도 영향을 미쳤던가를 살펴보고, 이를 대체하거나 새로운 요소의 등장은 없었던가를 함께 검토해보고자 한다. 이는 국내정치요소에 대한 대외정책의 상관성을 추론하고, 더 나아가 유럽연합 차원의 대외정책과는 어떤 영향 관계를 설정할 수 있을지를 가늠해볼 수 있다는 측면에서 중요한 의미를 가질 것이다.

Ⅱ. 탈냉전 이후 이탈리아의 국내정치적 상황

이탈리아의 경우 의회중심제라고 하지만 대통령의 존재와 제1당을 중심으로 항상 연정을 해왔다는 점 등이 다른 국가들과 차이가 있다. 대통령은 권한이나 역할 면에서 독일과 프랑스 대통령의 중간적 수준에 위치해 있다. 그러나 공화국이 처음으로 출발했던 때에는 독일의 대통령과 그다지 차이가 나지 않은 형식적 지위를 가진 헌법기관에 불과했다. 대통령에 비하여 임기 중 절대적인 권력을 갖게 되는 이가 바로 내각수반이다. 행정부의 수반으로 국가권력의 실질적 집행자이기도 한 내각수반은 내각의 업무를 관장, 조정 및 협의하여 국가정책 전반을 책임지고 있다. 이탈리아의 경우 득표율에 따라 제1당의 당수나 총리 후보자가 일반적으로 내각수반으로 지명된다. 지명된 내각수반은 연정에 참여하는 각 당의 대표자들이 협의하여 내각의 장관직을 배분한다. 연정이라는 기본구도와 내각총리는 언제든지 불신임될 수 있다는 점 등으로 이탈리아 내각수반은 상당히 자주 바뀌었다. 공화국 수립 이후 지금까지 총 58번이나 총리가 교체되었지만, 총선의 임기(5년) 내에는 제1당이 옹립하는 후보가 내각 수반이 될 권리가 유효하기 때문에 정권 자체의 혼란이나 혼선 등은 그다지 존재하지 않는 역설적인 구조를 갖고 있다.

내각수반이 중심이 되는 행정부는 상하양원제에 기반을 둔 입법부에 의해 정치권력의 정당성이 뒷받침된다. 임기 5년의 상하 국회의원들은 각각의 선출 방식에 차이가 있고, 그 권한이나 특징에서도 다소간의 차이가 있다. 의회중심제를 채택하는 다른 유럽 국가들에서와 마찬가지로 하원 우위이며, 그 수에 있어서도 상원의 2배가 된다. 이탈리아는 1948년 제헌 헌법으로 출발할 당시부터 정당명부식 선호투표제에 의한 100% 비례대표제를 채택하고 있었는데, 정치문화와 그것을 결정하는 요소는 정치적 환경과 역사만큼이나 복잡하고 다양하다.

이러한 복잡함과 다중성은 역사적인 배경에 의해 결정된 것이 많다. 특히 통일 이후 제2차 세계대전까지 발생했던 몇몇 요소들은 이탈리아의 내부적 정치상황을 결정하는데 여전히 주요한 변수로 작용하고 있다. 첫 번째는 종전이 곧 해방을 의미하거나 패전국이라는 상황에서 자유롭지 못한 복잡한 정치적 상황을 초래했다는 점이다. 남부를 먼저 해방시킨 미국이 주도하는 연합군 세력과 북부의 파시즘 괴뢰정부 살로(Salò)공화국을 무너뜨린 레지스탕 세력이 주축인 사회주의 세력 간의 갈등과 대립은 이탈리아의 정체(polity)를 상당히 복잡하게 만들었다. 특히 미국이 지원하고 파시즘과 가톨릭 세력들이 결합하여 만들어진 기민당과 북부 해방의 중심세력이었던 공산주의 계열의 양자구도는 서구사회에서 가장 강력한 공산주의 야당을 갖게 하는 원인이 되었다.

더군다나 파시즘이란 전체주의 체제를 경험했고, 패전국이라는 이탈리아의 입장에서 과거에 대한 청산이 이루어지지 않은 여건 속해서 행해진 국민투표는 결국 공화국 이탈리아의 승리로 끝났다. 이 과정에서 개입된 외부의 힘과 내부적 모순은 향후 이탈리아 정치의 복잡함과 어려움을 예상할 수 있는 것이었다. 가톨릭과 군정을 통한 미국의 개입을 낳게 하였고 기민당은 그런 정치세력의 중심이었으며, 이는 새롭게 출발하고자 했던 이탈리아의 정체성을 과거의 유산과 미래의 지향점을 섞어 놓는 결과가 되었다.[10] 이런 점들은 결국 미국의 협력과 지원을 통해 결성된 기민당(PDC)의 승리로 귀결되었다.[11] 그러나 기대했던 과반수 득표를 하지 못함으로써 불안정한 좌우 정당의 공존은 오랜 기간 계속되었다.

불완전한 양당체제는 이탈리아 특유의 정치적 불안정성과 함께 흔히 '남부문제'[12]라고 불리는 사회문제를 심화시켰다. 정치적 후견인주의와 남부문제의 접목은 남부에 기반을 둔 기민당 지도자들의 강력한 지지기반으로 변형되었다. 이는 50년대부터 80년대까지 기민당 주도의 정권에서 표방하던 주요 정책으로 표출되었다. 또한 '남부문제'라는 남부에 기반을 둔 지역문제가 북부에 근거한 새로운 지역문제인 '북부문제'[13]라는 지리적 대립구조로 발전하면서, 북부에서는 분리주의를 표방하는 정당(레가 노르드Lega Nord: 북부동맹)이 주요한 정치세력으로 등장하였다. 이러한 지역문

◇◇◇◇

10 이에 대하여는 다음 책을 참고하시오. Salvatorelli, Luigi, 1969, *Sommario della storia d'Italia*(Torino; Einaudi), pp. 505-514.

11 Salvatorelli, Luigi(1969), pp. 510-12.

12 강옥초, 1997, "초기 그람쉬의 사상과 이탈리아 남부주의," 『서양사론』 제55호, 서양사학회. 김시홍, 2003, "이탈리아 지역주의의 사회적 기원," 『유럽연구』, 제17권(여름), 한국유럽학회, pp. 169-185. 김종법, 2004, "이탈리아 남부문제에 대한 정치사상적 연구-카부르에서 그람쉬까지 남부문제의 형성과 역사," 『전환기의 유럽과 유럽통합』2004 한국유럽학회 춘계학술회의, 한국유럽학회, 85-132. 김종법, 2003, "이탈리아 남부문제와 그람쉬," 『인문과학연구』 제4집, 대구가톨릭 대학교 인문과학연구소, pp. 51-69.

13 김시홍(2003) 참조.

제가 이탈리아의 정치적 환경을 결정하는 요소로 작용하면서 이탈리아 정치상황의 복잡성은 더해갔다.

이와 같은 복잡한 이탈리아의 국내정치를 더더욱 예측불가능하게 한 것은 이탈리아 특유의 정치문화요소들이다. 가장 대표적으로 거론할 수 있는 것이 서구 현대정치에서 공산당이 중심이 되는 강력한 좌파 정당의 존재, 이를 뒷받침하는 노동조합 역시 이탈리아 정치 환경의 주요한 변수들이다. 이외에도 강력하고 제도화된 사회조직이 되어버린 마피아(Mafia)[14]의 존재는 지방(주로 남부나 시칠리아와 같은 섬 지방)의 입후보자나 득표까지도 통제할 수 있을 정도의 막강한 권력을 지니게 되었다.[15] 그밖에도 가톨릭의 영향력이 일상생활에서 차지하는 비중이 크며, 비효율과 부패한 사회구조 역시 이탈리아 정치사회에 대한 이해에서 필수불가결한 요소이다.

외부적 요인으로 가장 주요한 사건은 1989년 '베를린 장벽' 해체로 상징되는 사회주의 국가의 몰락과 소련 체제의 해체였다. 이후 등장한 이탈리아 공산당의 당명개정 문제(PCI에서 DS로 개정)나 세력약화는 오히려 부차적인 것이었다. 이탈리아 정부와 발칸반도 국가들과의 문제는 피할 수 없는 치명적 심각함을 초래할 가능성을 내포하였다. 갑작스럽게 해체된 발칸반도의 사회주의 국가들에서 쏟아져 들어오는 난민 문제와 함께 유

---

14 이에 대한 논의는 상당히 많다. 이탈리아 마피아가 현실정치에 끼치는 영향관계를 비교적 잘 나타내고 있는 자료로는 다음과 같은 것들이 있다. Catanzaro Raimondo, 1995, "La mafia", in *La politica italiana*(Roma-Bari; Laterza), pp. 417-431: Catanzaro, R., 1991, *Il delitto come impresa. Storia sociale della mafia*(Milano; Rizzoli): Arlacchi, P., 1983, *La mafia imprenditrice*(Bologna; Il Mulino): Lupo, S., 1993, *Storia della mafia dalle origini ai giorni nostri*(Roma; Donzelli). etc.

15 Catanzaro, P.(1995), p. 420.

고연방의 해체로 인한 민족과 인종 분쟁의 직접적 피해자가 될 서방 국가는 지리적으로 이들과 인접해 있던 이탈리아였다.

이와 같은 국제적 긴장의 연속성 상에서 발발한 걸프전은 이탈리아의 정치적 상황을 더욱 혼란스럽게 만들었다. 80년대 중반에 이미 크락시는 로날드 레이건과의 개인적인 친분을 넘어서는 정부차원의 외교적 밀월 관계를 더욱 강화하였고, 결국 1984년 시칠리아의 꼬미소(Comiso)에 크루즈 미사일을 설치하는데 동의하는 수준으로까지 미국에 접근하게 되었다.[16] 이와 같은 상황에서 이탈리아의 걸프전 개입은 어쩌면 당연한 수순이었고, 결국 이탈리아 정부는 공식적인 전쟁 개입을 선언하였다.

Ⅲ. 걸프전 발발과 이탈리아의 대응과 입장

1. 이탈리아 대외정책의 기조와 국제분쟁에 대한 시각

이탈리아 국내정치의 복잡성에 비하면 외교정책은 비교적 단순하고 일정한 방향성을 유지했다. 이는 제2차 세계대전의 패전국이라는 입장에서 일본 헌법의 특징이라고 할 수 있는 '평화헌법'의 성격을 어느 정도 유지했기 때문이었다. 이는 헌법에서 허용하는 범위 안에서 전통적으로 '이중국가(doppio Stato)'[17]의 기조를 유지했던 이탈리아 외교정책의 특성이었

16 Ginsborg P.(1998), p. 446.

17 외형적으로는 가시적이고 법적인 입장과 행동을 하는 것처럼 보이지만, 그 이면에는 겉으로 드러나지 않으면서 정치적으로 불법적인 행동과 입장을 띠는 이중인격

다. 이와 같은 원칙을 견지할 수 있었던 것은 몇 가지 주요한 요소와 변수들의 존재였다. 가장 주요한 기준의 하나는 미국과의 관계로 이를 두고 벌어지는 논쟁의 주요 핵심은 유럽통합에 대한 이탈리아의 입장문제로까지 연계된다. 두 번째는 유럽통합에 대한 이탈리아의 입장이다. 세 번째는 전쟁개입이나 국제분쟁 개입을 대외팽창정책으로 인식하는 한정적이고 소극적인 시각이 존재하고 있다는 점이다. 이는 과거 파시즘을 경험한 이탈리아의 입장을 고려한 시각이라 할 수 있다. 여기에 외교와 대외정책의 속성에 현실주의와 기능주의 등이 혼재하면서 이탈리아 대외정책의 기조가 시대와 정권의 성격에 따라 다르게 나타나고 있다.

제1공화국 초기 이탈리아 대외정책을 결정하는데 가장 주요한 외적 변수들은 냉전의 시작(제2차 세계대전 이후), 기민당 연정의 수립과 지속(1948년과 그 이후), 이탈리아의 나토 가입(1949년), 유럽경제공동체(EEC)의 창립국가(1957년) 등이었다.[18] 이탈리아는 70년대 중반까지 이러한 변수들에 기대어 소극적인 역할에 머물렀고, 특별한 외교노선이나 정책보다는 상황에 따라 부차적이고 안정적인 역할에 만족하는 경향을 보였다. 산토로(Santoro)와 같은 이는 이를 외교정책에 대한 "천부적인 나태성과 비대칭적 동맹 구조 안에서 소국에 대하여는 책임을 지지 않는 역할을 수행하곤 했다"라는 말로 표현했다.[19]

1980년대로 넘어오면서 이탈리아의 대외정책은 지중해와 유럽을 잇

◇◇◇◇

적인 입장의 외교정책 기조를 갖는 국가를 말한다. Romano S, 2002, *Guida allla politica esterna italiana*(Milano; Rizzoli), p. 6.

18 Ginsborg P.(1998), p. 445.

19 C. M. Santoro, 1988, "La politica estera del Partito Socialista", in Id., *L'Italia e il Mediterraneo*(Milano: BUR), p. 127.

는 매개지역의 이점을 충분히 활용하면서도, 크락시와 안드레오티의 이중 정책에 의해 미국과 아랍 세계 모두를 적절히 활용하는 현실주의적 외교 노선을 채택하였다. 이는 시칠리아 코미소(Comiso)에 크루즈 미사일 배치를 위한 미군기지 설치 허용과 같은 사실과 북아프리카와 지중해 연안 중동 국가들에 대한 안드레오티의 각별한 관심 등으로 설명될 수 있는 것이었다. 더군다나 80년대 이탈리아의 석유 의존도가 이들 중동 국가에 더욱 집중되면서 친아랍 정책은 이탈리아 대외정책의 주요한 기조였다.

그러나 무엇보다 중요하고 결정적인 외부적 요인은 아무래도 1989년에 발생한 베를린 장벽 해체에 이은 동구 사회주의권 국가의 몰락이었다. 당시 야당이었던 공산당(PCI)의 당명 개정과 노선 전환까지 가져오게 되었고, 야당의 국제주의를 지탱하는 한 축이었던 소비에트 공화국의 해체는 이탈리아의 국제주의가 미국과 유럽 지향으로 전환되었음을 의미하였다. 또한 이 사건으로 인해 국내정치의 영향력이 외교정책에 끼치는 힘의 정도가 이전보다 크지 않을 수 있게 되었다. 이런 상황에서 1990년 8월 2일 이라크의 쿠웨이트 침공으로 발생된 걸프전은 이탈리아 외교정책의 방향 전환을 가늠 하는 중요한 시금석이 되었다.

2. 이탈리아 정부와 의회 및 여론

이탈리아의 걸프전 참전 문제는 1989년 베를린 장벽의 해체로 상징되는 동서 냉전시기의 종료를 알리는 시점에서 발생한 첫 번째 국제분쟁 개입이라는 측면에서 중요한 의미를 지닌다. 당시 이탈리아의 집권정부는 기민당(DC)을 중심으로 이탈리아 사회당(PSI)과 군소정당(PSDI, PRI, PLI)이 중심이 되어 연정을 구성하고 있었다. 정부의 기본 입장은 유엔의 공식요청을 받아들여 걸프전에 개입한다는 것이었다. 당시 야당이었던 이탈리아 공산당(PCI)은 녹색당(Verdi)을 비롯한 다른 야당들과 함께 반대했지만, 의회의 참전인준 과정에서 이탈리아의 무력 개입을 저지하지 못했다.

걸프전 처리를 위한 첫 번째 국회의 외교국방소위가 개최되고 난 뒤인 1990년 8월 11일부터 동월 23일까지 파병 문제가 집중적으로 거론되었다. 당시 외무장관이었던 데 미켈스(De Michels)의 경과보고가 있었는데, 그는 다음과 같은 네 가지의 이유를 들어 이탈리아가 걸프전에 개입하여 유엔의 국제질서 회복에 동참해야 한다고 주장했다.[20] 첫째는 종교적인 미묘한 차이가 있다 할지라도 아랍 국가들이 후세인이 원하는 방향과는 정반대의 방향으로 움직일 것이기 때문에 아랍 국가들의 눈치를 그다지 볼 필요가 없이 개입할 수 있다. 둘째는 쿠웨이트 침공에 대한 소비에트 연방의 외교적인 태도나 정부의 입장을 보면 그동안 유엔이 이야기했던 내용이나 입장과 다르지 않고, 나아가 유엔의 문제해결 방식에 동의한다고 이야기하고 있기 때문에 소비에트 연방에 대한 염려는 하지 않아도 된다. 셋째는 이라크의 쿠웨이트 침공에 대하여 단순히 유럽-미국의 양대 국가들에 한정하여 공동전선을 펴는 것이 아니라 캐나다, 오스트리아, 일본 및 다른 선진 국가들 역시 유엔과 보조를 맞추어 나가려하고 있으며, 각국에 맞는 방식과 형식으로 걸프전 개입을 모색하고 있다는 점이다. 넷째는 이탈리아가 1990년 하반기 유럽공동체(EC)의 의장국이기 때문에 유엔보다 먼저 이라크에 대한 금수조치와 경제제재조치를 내린 유럽공동체의 결정을 당연히 따라야할 필요가 있다는 것이었다.

외무장관에 뒤를 이어 경과보고를 한 국방장관 로뇨니(Rognoni)(기민

20 Atti parlametari, Camera dei Deputati, X legislatura, discussioni, seduta del 23 agosto 1990, pagg. 68794 55.

당 소속)는 한발 더 나아가 이미 각료회의에서 8월 14일에 군함 세척을 파병하기로 결정했다고 발언했다. 덧붙여서 그는 “이번 600여 명의 군대와 3척의 군함 파견이 전투적 임무가 아닌 유엔안전보장이사회의 661호 금수조치를 수행하고 원활한 임무가 될 수 있도록 하기 위한 조치였다”[21]라고 밝혔다. 이는 이탈리아의 개입이 무력개입이나 전투부대의 파병이 아닌 ‘국제경찰’의 임무를 수행하기 위한 것이라는 입장을 강조하기 위한 것이었으며, 기민당 사무총장인 포를라니(Forlani)의 발언에서도 나타난 것이었다. 결국 집권 여당의 공식 입장은 신속한 개입은 하되, 치안이나 보안을 담당하는 역할에 한정한다는 것으로 집약될 수 있었다.

이와 같은 집권 여당의 입장에 대하여 야당은 강력하게 반발하였다. 가장 강력한 야당이었던 PCI 당수 오케토(Occhetto)는 냉전시기가 끝나자마자 미국적 이해에 반하는 국가들을 미국주도의 새로운 국제질서에 편입시키기 위해 일방적으로 조성된 주도권 쟁탈 전쟁일 뿐이라고 일축하였다. 그러나 이라크의 쿠웨이트 침공 사실은 강한 어조로 비난하고, 즉시 철수할 것을 요청하면서 유엔 안보리의 의결과 결정에 의한 보다 합리적인 해결을 주장했다.[22] 또한 같은 당의 잉그라오(Ingrao) 의원은 아예 파병안에 대한 투표에 불참할 것을 주장하기도 했다.

이외에도 전쟁 개입에 대한 분명한 반대 입장을 밝혔던 정당은 유럽연방주의(Federalisti Europei)당과 녹색연합(Gruppo Verde) 등이었으며, 프롤레타리아 민주주의(Democrazia Proletaria) 당의 스페나(Spena) 같은 의원은

21 Atti parlametari, Camera dei Deputati, X legislatura, discussioni, seduta del 23 agosto 1990, pagg. 68806 55.

22 Atti parlametari, Camera dei Deputati, X legislatura, discussioni, seduta del 23 agosto 1990, pagg. 68809 ss.

"이번 걸프 전쟁은 평화의 구축이나 '정당한' 전쟁이 될 수 없으며, 단지 석유와 원유 확보를 위한 추악한 전쟁일 뿐이자 신식민지 전쟁 혹은 신제국주의 전쟁일 뿐이다"[23]라고 주장했다. 계속해서 좌파 독립(Sinistra Indipendente)당의 마지나(Masina) 의원은 "이번 전쟁 개입에 과연 어떤 책임감과 사명감이 있는지를 정부에게 물으면서, 미국의 요청에 대한 단순한 추종은 미국과 이탈리아 간 바람직한 동맹관계에도 전혀 도움이 되지 않을 뿐더러, 현재 EC 의장국이 이탈리아라는 사실은 모든 유럽 국가들이 이탈리아의 말 한마디와 입장 하나하나를 주시하고 있다는 의미이며, 이는 이탈리아가 유럽공동체를 이끌 수 있는 자격이 있는가를 가늠할 주요 기준이 될 것이다"[24]라고 밝혔다.

전쟁 개입에 반대하는 야당과 일부의원들은 단순히 파병 안에 대한 반대에만 그치는 것이 아니라, 파병 자체의 헌법 위배를 주장하였다. 특히 헌법 제11조, 제52조, 제78조, 제87조에서 규정하고 있는 전쟁 참여의 목적인 "국가 안위에 관련된 자위전쟁" 경우에만 개입할 수 있도록 되어 있는 조항들에 어긋난다는 점을 밝혔다.[25] 그러나 결국 집권여당인 기민당과 사회당을 비롯한 군소정당은 국제질서와 유럽 각국들의 의견통합을

23 Atti parlametari, Camera dei Deputati, X legislatura, discussioni, seduta del 23 agosto 1990, pagg. 68872 ss.

24 Atti parlametari, Camera dei Deputati, X legislatura, discussioni, seduta del 23 agosto 1990, pagg. 68866 ss.

25 이탈리아 헌법 제11조의 내용은 다음과 같다: 이탈리아는 타국민의 자유를 침해하는 수단이나 국제분쟁의 해결 수단으로서 전쟁을 거부한다. 이탈리아는 타국과 동등한 조건에서 여러 국가들 간의 평화와 정의를 보장하는 기구에 필요한 주권의 제한에 동의하며, 이와 같은 목적을 지향하는 여러 가지 국제조직을 촉진하며 조성한다.

통해 결정된 사항이라는 것을 강조하면서 전쟁 개입을 강행하였다. 특히 당시 유럽연합 의장을 맡고 있었던 안드레오티(Andreotti)를 비롯한 기민당 내 각 정파 수장들은 이러한 전쟁 개입에 우호적이었을 뿐만 아니라 주도적으로 파병을 승인하도록 노력하였다.

초기 정부의 입장은 주요 일간지에 그대로 반영되었다.[26] 미국의 입장에 동조하고 전쟁의 정당성을 어느 정도 인정하는 의견을 나타냈지만, 일반 국민들의 정서와 여론은 전쟁 개입의 정부 입장에 그다지 우호적이지 않았다. 정부의 파병방침 직후 실시된 한 여론조사에서 응답자의 70%는 전쟁 개입에 반대하였고, 20%만이 개입에 우호적이었으며, 4%는 군사적 행동에도 찬성하는 입장이었다. 더욱이 무력 개입보다는 경제·외교적 제재를 먼저 사용한 뒤에 무력 개입을 해도 늦지 않다는 입장을 대다수의 국민들은 견지하고 있었다. 이는 전통적으로 전쟁에 반대하는 일반 국민들의 인식을 잘 보여주는 것이라 할 수 있다. 더군다나 1984년 크루즈 미사일의 설치문제 시기보다도 국민여론은 전쟁에 더욱더 적대적이었다.

여론 외에도 교황 요한 바오로 2세 역시 반대의 뜻을 표명했다.[27] 그러나 시간이 흐르면서 교황은 전쟁에 대해 중립적인 입장으로 돌아섰다. 이러한 교황의 입장 변화는 이탈리아인이 대부분 가톨릭교도라는 사실에 비추어 보면 아주 중요한 의미를 갖는다. 실제로 수백만 명이 이상의 이탈리아인들이 전쟁 반대를 더 이상 주장하지 않았다는 정치적 사실을 뜻하

◇◇◇◇

26 여기서 의미하는 주요 일간지란 *La Stampa, Corriere della Sera, La Repubblica* 등의 전국적인 일간지를 의미하며, 각 정당의 기관지나 지역지를 의미하지는 않는다.

27 그러나 초기의 반대 입장은 이후 점점 약화되더니 결국 중립적인 태도를 취함으로써 암묵적으로는 전쟁 개입에 찬성하게 되었고, 이는 미국의 개입과 직접적으로는 기민당의 요청과 요구를 교황이 인정하고 수락한 것으로 볼 수 있다는 주장이 제기되기도 하였다. Ginsborg Paolo(1998), p. 448.

기 때문에 교황과 로마 교황청의 태도 변화는 이탈리아 정부의 전쟁 개입의 정당성을 확보하는 것이었다.

그러나 초기 전쟁 반대라는 여론과 입장이 반전된 것은 이라크의 인질사태였다. 전쟁 발발 후 이라크와 쿠웨이트에 억류되어 있던 외국인은 8,200명의 서양인과 6,000명의 소련인, 5,000명의 중국인 및 수백 명의 일본인과 아시아인들이 있었던 것으로 파악되었다. 이탈리아인들은 80명이 쿠웨이트에, 300명이 이라크에 있었다.[28] 인질 사태는 이라크의 전쟁 반대 여론을 누그러트리고 전쟁 개입의 정당성을 부여했는데, 이는 인도주의적인 유럽의 가치가 전쟁 개입의 정당성을 확보한 것으로 평가할 수 있다.

이탈리아 국내 정치상황의 복잡성으로 인한 전쟁 개입 시기의 지체는 이러한 우호적인 환경 변화와 전쟁 개입을 담고 있는 유엔 결의안 제678호에 의거 1950년 한국전쟁 이후 공식적으로 개입하는 전후 첫 번째 국제분쟁이라는 의의를 배경으로 실행되었다.[29] 야당의 강력한 반대에도 불구하고 상하양원에서 파병결의안이 통과되었고,[30] 국제분쟁에 개입을 금하고 있던 이탈리아 헌법의 성격과 해석이 변화하면서 봅비오(Bobbio)[31]나 에코(Eco)[32]조차 '정당한 전쟁'으로 평가하게 되었다.

◇◇◇◇

28 Atti parlamentari, Camera dei Deputati, X legislatura, Commissioni riunite(Esteri e Difesa) Camera e Senato, seduta dell'11 agosto 1990, 50.

29 Editoriale, "L'ultima sfida", *Corriere della Sera*, 30 novembre, 1990.

30 상원에서는 190 대 96으로 통과되었고(기권 4), 하원에서는 355대 230으로 통과되어 확정되었다(기권 10). Atti Parlamentari, Camera dei Deputati X Legislatura – discussioni, seduta del 16 gennaio 1991, pag. 77972.

31 Norberto Bobbio, 1991, *Una guerra giusta?*(Venezia; Marsilio Editori), 11.

32 Umberto Eco, "Come pensare la violenza e la giustizia, dal settimanale", *L'Espresso*, 1991, 10 febbraio n. 6, 178.

3. 대외정책의 변화인가? 국내정치의 결과인가?

걸프전은 이탈리아의 국가 성격 자체에 전환을 줄만큼 커다란 국제적 사건이자 국가 정체성 변화의 중요한 정치적 계기였다. 평화헌법의 내용이 바뀜으로써 정상국가로의 회귀라는 역사적 전기를 마련했고, 비록 미국과의 친분관계 등이 고려되었지만 국내정치의 영향관계보다 국제정치적 요소에 의한 파병 결정이었다는 측면에서 신현실주의 외교정책의 노선 정립을 조심스럽게 전망할 수 있으며, 국제분쟁 개입의 명분이 인도주의나 인권 개념이 접합된 '정당한 전쟁'이론이 국제분쟁 개입의 주요한 기준이 되었다.[33]

그러나 여전히 국내정치의 여러 요소들은 이탈리아 외교정책을 결정하는데 영향력을 미치고 있다는 사실 역시 걸프전 개입과정을 통해 드러났다고 볼 수 있다. 정당 및 노조의 의견은 상당히 중요한 고려 요인이었으며, 가톨릭의 입장변화 역시 주요 변수의 하나였고, 내부적으로 경제발전 지속을 위한 석유 자원 확보라는 국익 차원의 필요성 역시 주요 변수였다는 점은 이탈리아 외교정책의 결정 요소들이 여전히 외부지향적이라기보다는 내부지향적이라는 사실을 말해주고 있다는 조심스런 분석이 가능할 것이다.

그럼에도 불구하고 이 시기 외교정책의 변화 가능성을 나타내는 징후는 여러 곳에서 발견된다. 첫째, 전후 처음으로 국제분쟁에 개입했다는 사실은 이후 전개될 유사한 국제분쟁에서도 어떤 형태에서건 개입할 수 있는 대의명분과 정책전환의 기초를 마련했다는 점이다. 둘째, 국내정치의

33 Terry Nardin, "International political theory and the question of justice", *International Affairs* 82, 3(2006) pp. 449–465.

제도적 변화를 통한 새로운 정권교체의 가능성이 대두됨에 따라 근본적인 외교정책 노선의 재검토와 변화가 불가피했다는 점이다. 셋째, 마스트리히트 조약 이후 유럽통합에 대한 이탈리아의 입장이 보다 분명한 방향성을 갖게 되면서, 유럽주의의 틀 안에서 이탈리아의 공동외교안보정책의 방향성에 대한 외교정책적 고민이 시작되었다.

특히 미국과의 관계만을 고려한 기민당 중심의 연정에 대하여 야당이던 좌익민주당이나 유럽연방주의정당 및 녹색당 등이 유럽연합의 주요 국가들과의 정책적 보조를 주장했다는 점 등은 이후 전개될 외교노선과 방향이 미국과의 관계만으로 결정되지 않을 수도 있다는 예상을 가능하게 했다. 더군다나 국가이익의 실현이라는 신현실주의 노선의 본격적인 등장으로 중도실용주의 입장이나 신민족주의 등의 입장과도 상호교차적인 선택의 가능성을 높였다는 측면에서 외교정책과 노선의 다변성을 가져왔다는 점에서 걸프전 개입은 주요한 전환점을 마련했다고 평가할 수 있겠다.

Ⅳ. 보스니아/코소보전의 발발과 이탈리아의 대응 및 입장

1. 국내의 정치적 상황과 변화된 국제정치질서

1990년대의 시작이 걸프전과 함께 시작되었지만, 90년대 말에 있었던 보스니아/코소보 내전이 발발하기까지 이탈리아의 국내정치는 격정과 변화의 연속이었다. 가장 중요한 변화는 마니풀리테(Mani Pulite)[34]라고 하는 일종의 정치개혁과 정풍운동을 시작으로 선거법 개정에 따른 선거제도의 전환 그리고 그러한 결과로 인해 변화된 정치적 역학관계와 내용 등은 이전의 정치문화와 환경에서는 볼 수 없었던 것이었다.

마니풀리테로 인한 가장 의미 있는 변화는 정권교체의 정당성과 당위성을 불러일으켰다는 점이다. 전후 50여 년을 집권해왔던 기민당 중심의 정치세력은 마니풀리테에 의해 와해되었지만, 베를루스코니로 대표되는 신흥 산업자본가에 의해 정권이 존속되면서 진정한 의미에서 야당에 의한 정권교체는 이루어지지 않았다. 정권교체의 열망이 구체적으로 구현된 것은 1996년 총선거였다. 오랜 야당생활을 하던 좌익민주당은 여러 좌파세력을 묶고 오랫동안 이탈리아 최대의 국영기업체 IRI의 사장을 역임했던 교수 출신의 프로디를 영입하여 올리브(Ulivo) 연합을 결성하였다. 전(前)수상이던 베를루스코니 역시 포르짜 이탈리아(Forza Italia) 당을 중심으로 자유연합(Polo delle Libertà)을 결합하여 선거에 임했지만, 변화를 열망하는 국민들은 오랜 야당이었던 올리브 연합에게 표를 던짐으로써 전후 처음으로 선거에 의한 정권교체가 이루어지게 된 것이었다.

정권교체를 이룬 프로디 정부는 이탈리아를 유럽통합에 포함시키기 위한 경제적 개혁 작업에 착수하였으며, 이는 노동계를 비롯한 다수 국민의 합의에 기반을 둔 것이었다. 이탈리아가 유럽통합국의 회원이 되기 위해서는 유럽통합의 기준을 제시한 마스트리히트 조약에서 규정한 재정적자 비율은 3% 이하와 국가부채 비율 60% 이하라는 조건을 충족시켜야만 했다. 95년까지 이탈리아는 재정적자 7.7%와 국가부채 122.9%를 기록하고 있었기에, 이탈리아가 과연 유럽통합에 가입할 수 있을 지에 대하여는 부정적인 전망이 대부분이었다. 그러나 예상과는 달리 프로디 정부

34 김종법, "이탈리아 '마니풀리테'의 사회적/정치적 의미", 『세계지역연구논총』 제23집 1호(2005) 참조.

는 긴축재정과 과감한 정부 개혁을 통하여 97년에 2.7%라는 재정적자 비율을 달성함으로써 98년에 유럽연합 가입국이 되는 성공적 정책운영을 하였다.[35]

유럽연합 가입이라는 일차적 목표가 완성된 이후 98년에 들어서자 잠잠하던 국민적 합의는 다시 한 번 갈등과 대결국면으로 내몰리게 되었다. 국가적 목표였던 유럽연합 가입이 달성되자 노동자들은 그동안 유예되었던 노동정책에 대한 전반적인 실시를 주장하며 정부와 갈등관계를 유지하였다. 노조의 입장에서 가장 큰 문제는 안정된 일자리 보장과 주 35시간제 노동 시간 및 연금관련 연령조정 문제였다. 이에 반해 정부는 국영기업과 정부경영의 효율성 등을 이유로 각종 공사의 민영화를 추진하고 재정적 부담을 줄이는 방향으로 정책을 추진하려고 하였다.

이와 같은 정부와 노동자가 주축이 된 국민들의 대립 관계를 이해하기 위해서는 집권연립세력인 올리브 연합의 정치적 역학관계를 살펴볼 필요가 있다. 올리브 연합의 가장 커다란 세력은 좌익민주당이었으며, 프로디는 특정 정치세력을 거느리지 않은 독자적 인물이었고(그는 후에 마르게리타(Margherita)라는 정당으로 결집된다), 녹색당(Verdi)과 이탈리아 인민당(PPI) 등 여러 소규모 정당들이 연합한 정치세력이었다. 따라서 정치와 정책과 관련하여 주도적 역할을 하고 있던 세력은 좌익민주당이었다. 이렇듯 복잡한 세력구조와 역학관계는 노동정책과 복지정책을 두고 집권연합 내에서도 종종 이견과 갈등이 벌어지는 원인이 되었다. 따라서 연금정책이나 국가경영의 효율성을 내세우는 프로디와 경제전문가들 그룹과 정치적 주도 세력인 좌익민주당의 충돌은 어느 정도 예견된 것이었다.

◇◇◇◇

35 김종법, "하부정치문화요소를 통해 본 베를루스코니 정부의 성격," 『한국정치학회보』 제38집 5호(2004).

더군다나 집권연합 세력은 아니었지만 이탈리아 공산당의 당명개정 과정에서 떨어져 나온 재건공산당(구 공산당에서 에쎄레 신다카토(essere sindacato) 그룹이 중심이 되어 결성한 급진적 좌파 정당으로 베르티노티가 이끌고 있다)은 정부의 노동자 희생정책을 반대하였다. 결국 프로디 정부는 이와 같은 역학구도에서 충분한 정치적 역량을 발휘하지 못하고 퇴장하였고, 좌익민주당의 당수였던 달레마(D'Alema)를 수반으로 하는 제2기 좌파정부가 들어서게 되었다.

국제정치경제의 흐름 역시 주요한 사건들에 의해 변화하고 있었다. 신자유주의와 세계화의 파고를 거치면서 IMF 시대라는 신조어가 만들어질 정도로 국제정치경제는 미국이 주도하는 경제체제에 적응해가고 있었고, 마스트리히트 조약 체결 이후 유럽연합의 통합 속도 역시 빠르게 진행되면서 지역통합경제체제의 강화가 21세기를 맞는 화두가 되었다. 아시아 국가들에서는 IMF에 의해 촉발된 금융 위기를 겪으면서 자본의 종속화와 개방화가 더욱 빠르게 진행되었고, 인구 규모를 바탕으로 세계 자본주의 경제체제에 발을 딛게 된 중국의 부상은 장기적인 디플레이션을 걱정할 수 있는 수준으로 나아가고 있었다.

소련연방의 해체를 시작으로 전개되었던 사회주의 국가들의 몰락과 사회주의 이데올로기의 퇴색은 세계정치질서의 안정과 미국이 주도하는 자본주의 체제의 지속발전의 예상을 뒤로 하고 19세기 민족주의 시대의 또 다른 도래를 알리는 인종과 종교에 바탕을 둔 소민족주의가 곳곳에서 벌어지게 됨으로써 국지적으로나 국제적으로 새로운 분쟁과 갈등의 여지를 남겼다. 특히 발칸반도와 동유럽 국가들은 이와 같이 변화된 국제정치의 주된 공간이었다. 보스니아/코소보 내전 역시 이러한 유럽의 정치적 변환기에 발생할 수밖에 없었던 결과물의 누적 사태라고 할 수 있다.

2. 보스니아/코소보 내전 발발에 대한 이탈리아의 대응

보스니아/코소보 내전은 오랜 역사적 배경을 갖는다. 유고연방이 성립되기 이전부터 이 지역은 인종과 종교로 인한 갈등과 분쟁의 씨앗을 안고 있었다. 1999년 발생한 인종청소는 이러한 갈등과 대립의 누적 결과였다. 유럽의 안마당이라 할 수 있는 유고슬라비아 지역의 내전에 대하여 이미 1991년부터 많은 유럽인들이 우려했고, 중간중간 이에 대한 해결책을 제시하고 있었다.[36]

지리적으로 유고슬라비아와 가장 가까운 곳에 위치하고 있던 이탈리아는 1991년부터 격해지기 시작한 유고 문제의 방관자가 될 수 없는 입장이었다. 실제로 유고슬라비아가 해체되고 유고연방이 성립되면서 구-유고슬라비아 지역의 많은 주민들이 정치적이고 종교적 그리고 인종적인 이유 등으로 이탈리아의 국경을 넘는 일이 자주 발생했다. 따라서 이탈리아 정부 입장에서 유고 문제는 다른 나라의 문제가 아닌 자신들의 국내 문제로 인식할 수밖에 없었다. 1991년 당시 10%였던 인플레이션율이 1300%까지 치솟자 수상이던 마르코비치(Markovic)가 유럽연합에 경제지원을 요청했지만 거절당했고,[37] 뒤이어 크로아티아와 슬로베니아 의회가 독립을 선포하면서 유고는 내전의 수렁으로 빠지기 시작했다. 슬로베니아 국경과 맞닿아 있던 이탈리아에게 이는 심각한 위험 요소였고, 내전을 피해 국경을 넘을 수도 있는 난민 처리문제가 시급한 현안이 되었다.

이후 유고문제는 유럽의 화약고로서 언제 폭발할지 모르는 위험을 안

---

36 Paolo Rumiz, 2000, *Maschere per un massacro, Nuova edizione*(Roma: Editori Riuniti), p. 29.

37 Joze Pirjevec, 1993, *Il giorno di San Vito*(Torino: Nuova Eri) 참조.

게 되었다. 유고연방 내의 코소보 문제를 둘러싸고 벌어진 인종과 종교에 기반 한 갈등은 1996년 코소보 해방군이 결성되는 등 해결의 실마리가 보이지 않은 채 1998년까지 팽팽한 긴장의 연속이었다. 1998년 3월 6일 런던에서 열린 회의는 미국을 비롯하여, 러시아, 영국, 독일, 프랑스, 이탈리아가 모여 유고문제를 논의한 뒤, 코소보 사태의 해결을 위한 나토의 무력 개입이 1999년 9월에 결정되었다.[38]

이탈리아의 초기 입장은 전쟁 파병에 반대하는 입장이었다. 프로디에 이어 정부의 수반이 된 달레마는 전쟁에 반대하는 당의 공식적 입장 때문에 선불리 전쟁에 개입하기 어려웠고, 많은 국민들과 시민단체들 역시 전쟁에 반대하고 있었다. 그러나 계속되는 세르비아계의 인종청소를 지켜보면서 인도주의적 권리(human rights)를 천명하고 있는 이탈리아 헌법 정신과 무력개입 이외의 해결책은 없다는 현실적 문제 그리고 전쟁 과정과 이후에 발생할 난민 문제들이 복합적으로 작용하여 파병을 찬성하였다. 당시 정부의 입장은 대서양주의적인 시각에서 코소보 내전에 대한 개입 입장을 명확히 표명할 필요가 있었지만, 내전 개입은 국가적 이익에 부합하지 않는 것이었다. 인접국이라는 지리적 위치 때문에 난민문제나 내전의 직접적 피해가 막대하리라는 것은 분명한 것이었기에, 내전의 개입이라기보다는 난민구호와 치안유지라는 목적으로 파병이 결정되었던 것이다.

그러나 파병은 인권보호나 인간권리 차원에서만 설명될 수 없는 것이었다. 90년대 이후 진행되고 있는 유럽연합 차원의 공동외교안보정책의 연장선에서 이탈리아 역시 공동의 노력에서 벗어나기 어려웠다는 점도 무

38 Doc. XII-bis, CAMERA DEI DEPUTATI N. 105 DOCUMENTO DELL' ASSEMBLEA PARLAMENTARE DELLA NATO, Dichiarazione n. 294 su: Il Kossovo, Annunziata il dicembre 23, 1999 참조.

시할 수 없는 것이었다. 1992년 마스트리히트 조약 이후 유럽연합의 3대 정책 기조에 전후 최초로 유럽연합의 공동외교안보정책(CFSP)이 공식적으로 설정되면서[39] 유럽연합의 외교안보정책은 크게 두 가지 방향에서 진행되어 왔다. 하나는 공동외교안보정책의 지속적인 발전 방향이며, 다른 하나는 유럽안보방어전략(European security and defense policy)이다.[40]

80년대 이후 꾸준하게 제기되어 온 이 문제는 1997년 암스테르담 조약(Amsterdam Treaty) 제26조에 명기한 공동외교안보정책을 위한 고위대표단의 구성으로 실질적 진전을 이루었고, 보스니아/코소보 내전을 비롯하여 최근까지도 유럽연합의 외교안보정책을 조정하고 중앙집중화 하는데 일정 부분 역할을 담당하고 있다. 이에 반해 유럽안보방어전략(ESDP)은 1998년 상말로(St. Malo)에서 개최된 프랑스-영국 간의 정상회담에서 주요 의제로 다루어진 뒤, 유럽연합의 새로운 외교안보정책 방향으로 설정되었다.[41] 이어 다시 1999년 헬싱키 정상회담에서 유럽연합신속대응군(European Rapid Reaction Force)이 창설되면서 항구적인 정치-군사적 기구로 발전하였다.[42]

유럽연합의 이러한 외교정책의 변천과정에서 전후 50년 만에 최초로 야당이었던 중도좌파연합정부는 제1기 내각수반이었던 프로디가 지향하고자 했던 유럽주의에 대한 연장선에서, 이를 승계한 달레마 역시 파병을

39 Simon J. Nuttall. 2000. *European Foreign Policy*(New York; Oxford University Press), pp. 273-4.

40 Seth G. Jones. 2007. *The Rise of European Security Cooperation*(Cambridge; Cambridge University Press), p. 84.

41 Maartje Rutten(eds.), *May 2001. From St Malo to Nice: European Defence, Core Document*(Paris; Institute for Security Studies), pp. 8-9. 참조.

42 European Council, Helsinki, 10-11 December, 1999.

통해 전쟁 개입을 선언하지 않을 수 없었던 것이다. 비현실적이고 다소 이상적이었던 유럽연합의 공동외교안보정책이 서서히 구체화되면서 이탈리아 역시 대서양주의와 유럽주의 사이에서 고민하였다. 기민당 집권 시절 외교안보정책에서 미국의 영향력에서 자유로울 수 없었던 이탈리아가 정권교체라는 내부의 정치적 상황에 의해 대외정책 기조에도 상당한 변화를 수반할 수밖에 없는 기로에 서게 되었다.

3. 정상적 외교정책 전환인가? 외교안보정책의 새로운 노선인가?

유럽의 많은 국가들이 1989년의 베를린장벽 해체 사건을 기점으로 상당한 대내외적 변화를 겪었다. 이탈리아 역시 정치적 격동기와 전환기에 서 서있던 국가였고, 그 어느 국가보다 정치적인 변화의 폭이 컸던 국가였다. 제1공화국 시기에는 대외정책의 결정 요소는 국제정치질서의 구성요소에서 나오기보다는 오히려 내부의 정치적 요소가 더 많은 영향력을 가졌다. 이러한 제1공화국의 외교정책의 변인적 특징은 걸프전 개입과정에서 볼 수 있듯이 제2공화국에서도 어느 정도 지속되었다. 마니풀리테를 거치면서 선거제도의 개정과 베를루스코니를 정점으로 하는 신자유주의적 산업자본가 출신의 정치적 세력화 등은 여전히 국내의 정치적 사건이 이탈리아의 대외정책을 결정하는데 여전히 주요한 변수로 작용했다.

그러나 이탈리아 대외정책 기조의 보다 근본적이고 중대한 변화는 보스니아/코소보 내전에 개입하는 과정에서 나타났다. 현실주의나 자유주의 또는 국제주의적 시각에 의한 일방적인 외교정책은 그다지 커다란 영향력을 갖지 못하게 되었고, 내부적으로 이탈리아와 외국이라는 이분법적 관계는 이탈리아 대 유럽, 유럽연합의 회원국 이탈리아 대 미국, 이탈리아 대 지중해 국가들 그리고 이탈리아 대 비유럽(not-Europe)의 다자적 구도 속에서 유럽주의와 대서양주의 및 유럽과 지중해의 중간자적 입장 등이 복합적으로 작용하면서 사안과 정책별로 공조와 협력의 대상이 결정되는 선택적 상호주의(alternative reciprocity)의 노선을 따르게 되었다.

그럼에도 불구하고 이러한 대외정책의 결정 요인들은 국내 수준에서의 여러 행위자들에 의해 결정되는 경향은 잔존하고 있다. 다만 그러한 국내의 정치적 행위자들의 양상이 기존의 정당이나 정치적 요소들과는 성격이나 특징적인 면에서의 차이가 존재할 뿐이며, 여전히 국내정치문화를 구성하고 있는 많은 요소들이 그 외형을 바꾼 채로 이탈리아 대외정책에 영향을 미친다고 볼 수 있다.[43] 1996년 선거에서 정권을 획득한 좌파 연정 내부에서조차 제1기의 프로디 정부와 제2기의 달레마 정부가 연속성을 갖지 못했다는 점이나, 이후 재등장하게 되는 베를루스코니 역시 일관된 정책 노선이나 이론적 틀이 아닌 상황에 따른 개인의 선호도와 판단을 중시하는 현상이 자주 발생하는 점[44] 등은 국내정치 요소의 국외 정치요소

43 이에 대한 보다 자세한 내용은 다음의 책을 참조하시오. Nicola Tranfaglia. 2003. *La Transizione Italiana*(Milano: Garzanti), pp. 55-77; Guido Alborghetti. 2005. *Il Libro Nero del Governo Berlusconi*(Roma; Nutrimenti), pp. 387-412 참조.

44 가장 대표적인 것이 2001년 외무부 장관 루지에로(Ruggiero) 사임 사건이었다. 이는 항공 산업 프로젝트를 둘러싸고 벌어진 사건으로 이탈리아 정부가 영국과 독일 프랑스와의 약속을 지키지 않고 중간에 프로젝트 참여를 포기했던 사건으로, 당시 내각 수반이었던 베를루스코니가 이 과정에서 외무장관이었던 루지에로를 사임시키고, 공석 중인 외무장관직까지 한동안 겸임했던 사건이었다. 이 사건은 대표적인 베를루스코니의 개인적 취향과 노선을 국가정책이나 외교노선의 일관성과 대체했던 사건으로 평가받는다. Romano, Sergio. 2004. *Guida alla politica estera italiana: Da Badoglio a Berlusconi*(Milano: BUR), pp. 279-84 참조.

에 대한 우위를 보여주는 것이다.

그러나 앞의 걸프전과 마찬가지로 21세기의 길목에서 이탈리아는 외교 노선 결정 과정이 이전과는 달라진 모습들을 보였다. 첫째, 국익 차원의 실리와 이상주의적 대의명분을 함께 고려한 선택적 상호주의 입장이 분명히 드러났다는 점이다. 둘째, 전쟁 파병에 대한 정부 차원의 논의뿐만이 아니라 시민사회와 기타 비정부기구들과의 연계 및 공동결정 과정을 겪었다는 점에서는 구성주의적 입장의 반영이라는 의미를 가질 수 있다. 이는 유럽의 공동외교안보정책의 정책적 결정 과정과 실질 수립 과정에 대한 이탈리아의 입장을 나타내 주는 것으로도 해석할 수 있는 것이었다. 셋째, 프랑스를 비롯한 유럽의 다른 국가들과의 긴밀한 사전 협의와 조정을 통해 개입을 선언했다는 사실은 개입에 대한 성공 여부와는 별도로 유럽공동외교안보정책을 바라보는 이탈리아의 입장에 대한 일면을 볼 수 있는 것이었다.

이와 같은 사실들을 고려한다면, 이 시기 이탈리아의 대외정책 기조와 외교노선은 이전 시기와는 분명히 다른 입장과 결정 과정을 보이고 있다는 것을 알 수 있다. 또한 우파와 좌파 정부의 구성에 따른 외교 노선의 다변화 가능성은 향후 정권 교체에 따른 분명한 노선과 정책으로 표출될 수 있다는 점은 이탈리아의 외교정책의 새로운 정립 가능성을 예상할 수 있다는 점에서 이탈리아 외교안보정책의 변화는 필연적인 것으로 보인다.

V. 결론: 이탈리아의 국내정치와 대외정책의 상관성

전통적으로 이탈리아 외교정책을 논할 때는 민족주의적 성향의 강한 친미적 정서 위에 마키아벨리적 사고에 바탕을 둔 현실주의를 부각시키는 것이 일반적이다. 그러나 걸프전과 보스니아/코소보 내전에 개입하는 과정을 통해서 이와 같은 전통적인 특징은 많은 부분 바뀌었다. 외형적인 변화는 말할 것도 없고, 내용적으로도 많은 변화가 수반되었음을 알 수 있다. 그럼에도 불구하고 전통적인 이탈리아 대외정책의 노선이나 특징이 분명한 전환을 이룩했는가에 대한 대답은 쉽지 않다. 그러나 대답을 선택할 수 있는 변화된 환경과 요소들은 상당히 많이 발견된다.

국내정치요소의 변화는 눈에 두드러질 정도로 그 차이를 발견할 수 있으며, 그에 상응하는 정치문화 역시 상당한 변화를 이룩하였다. 국제정치요소 역시 새로운 계기와 동인들이 등장하였다. 유럽연합의 구체적 전진, 신자유주의와 세계화를 특징으로 하는 국제정치경제의 변화, 이데올로기 대립의 소멸과 사회주의 국가들 몰락, 미국 중심이 초강대국에 의해 주도되는 국제정치질서, 걸프전을 비롯한 주요 국제분쟁 규모의 대규모화 및 증감하는 국제분쟁의 고조 등등이 그것이다.

이와 같은 상황에 맞는 새로운 정치적 주체–프로디, 베를루스코니, 중도좌파정부, 신파시즘 정당(AL: 민족동맹), 신나치즘 정당(북부동맹; Lega Nord) 등등–들이 등장했으며, 이들 요소들은 각각 자신들만의 독특한 정치적 속성을 갖게 되었다. 따라서 변화된 환경 아래에서 변화된 동인과 요인들의 등장은 이탈리아 외교안보정책의 전환 가능성을 알려주는 징표였다. 더군다나 그러한 징표를 초래한 국제적 사건이 전쟁을 통한 무력분쟁의 개입이라는 사실은 이탈리아 대외정책의 기조가 이전과는 전혀 다른 차원에서 논의되어야 할 이론적이고 실질적인 필요성이 대두되었다는 것을 의미한다.

제1공화국 시기부터 견지해왔던 국내정치가 갖는 대외정책에 대한 우위의 지속 여부를 좀 더 공고하게 분석할 필요가 있으며, 새롭게 등장한 여러 정치적 요소들에 대해서도 외교정책과의 관련성 여부를 세밀하게 분석해야 할 것이다. 비록 당분간 베를루스코니의 존재로 인한 예측불가능성이 존재한다고 하고, 베를루스코니를 정점으로 하는 중도-우파 연합세력과 프로디를 정점으로 하는 중도-좌파연합 세력의 집권 여부에 따라 대외정책 기조가 결정될 것이라는 예측이 가능할지라도 이러한 예측이 외교노선과 정책의 단순한 결정을 의미하지는 않을 것이다.

다시 말해 베를루스코니라는 인물 중심의 비정형적 외교정책 노선이 상존할 수 있지만, 결국 이에 대한 귀결점은 전통적인 친미적 입장에 기반한 대서양주의를 강화할 것인가의 문제와 프로디 등이 중심이 되어 추진하는 유럽주의의 보다 심화된 입장 견지라는 커다란 이론적 틀이 유지될 것이다. 이는 공화국 초기 이탈리아의 외교정책 노선과는 분명히 다른 기준과 가치라는 점에서 두 번에 걸친 국제분쟁의 개입은 이탈리아 대외정책과 외교노선 변화에 중요한 영향을 미쳤다고 볼 수 있는 것이다. 따라서 이탈리아는 국내정치의 대외정책에 대한 영향력이 일정 정도 존속하는 구조 속에서, 외교정책의 성격에 따라 신자유주의적 속성과 구성주의적 속성이 대립하거나 유럽주의와 대서양주의가 대결하는 양상이 당분간 지속될 것이라고 조심스럽게 예측할 수 있다.

참고문헌

강옥초. "초기 그람쉬의 사상과 이탈리아 남부주의." 『서양사론』 제55호(서양사학회, 1997).

김시홍. "이탈리아 지역주의의 사회적 기원." 『유럽연구』 제17권(여름)(한국유럽학회, 2003).

김종법. "이탈리아 남부문제와 그람쉬." 『인문과학연구』 제4집(대구가톨릭대학교 인문과학연구소, 2003)

김종법a. "이탈리아 남부문제에 대한 정치사상적 연구-카부르에서 그람쉬까지 남부문제의 형성과 역사." 『전환기의 유럽과 유럽통합』(한국유럽학회 춘계학술회의, 2004).

김종법b. "하부정치문화요소를 통해 본 베를루스꼬니 정부의 성격." 『한국정치학회보』 제38집 5호(2004).

김종법. "이탈리아 '마니뿔리떼'의 사회적/정치적 의미." 『세계지역연구논총』 제23집 1호(2005).

이수형. 『북대서양조역기구(NATO)와 유럽안보』(서울; 한울아카데미, 2004).

이선필. 『유럽통합: 이상과 현실-데 가스페리의 유럽주의와 외교정책』(서울: 높이깊이, 2006).

정병기. "아프가니스탄 분쟁과 이라크 전쟁에 대한 대응을 통해 본 이탈리아 대외정책의 변화: 유럽내 준강대국으로서의 국가이익."『한국정치학회보』 제40집 제5호(2007), pp. 85-132.

Alborghetti Guido. *Il Libro Nero del Governo Berlusconi*(Roma: Nutrimenti, 2005).

Aliboni Roberto and Ettore Greco. "Foreign Policy Re-Nationalism and Internationalism in the Italian Debate." *International Affairs* 72, No. 1(January, 1996).

Andreatta Filippo and Elisabetta Brighi. 2003. "The Berlusconi Government's Foreign Policy: The First 18 Months." Jean Blondel and Paolo Segatti(eds.), *Italian Politics: The Second Berlusconi Government*(New York and Oxford: Berghahn Books).

Andreatta Nino. "Una politica estera per l'Italia." *Il Mulino* 42, No. 349(September–October, 1993.).

Andreotti Giulio. "Foreign Policy in the Italian Democracy." *Political Science Quarterly* 109, No. 3(Summer, 1994).

Arlacchi, P. *La mafia imprenditrice*(Bologna; Il Mulino, 1983).

Attinà Fulvio. 1989. "The Study of International Relations in Italy." Hugh C. Dyer and Leon Mangasarian(eds.), *The Study of International Relations: The State of the Art*, 341–354(London: Macmillan).

Barravecchia Giuseppe. "Le operazioni di tutela della pace." Paul Ginsborg, *a cura di Stato dell'Italia*(Bruno Mondadori: Il Saggiatore, 1994).

Bobbio Norberto. *Una guerra giusta?*(Venezia: Marsilio Editori, 1991).

Catanzaro R. *La mafia*, in *La politica italiana*(Roma–Bari: Laterza, 1995).

Catanzaro, R. *Il delitto come impresa. Storia sociale della mafia*(Milano; Rizzoli, 1991).

Colombo Alessandro. "Nuovi scenari nella NATO e nella CEE." Paul Ginsborg, *a cura di Stato dell'Italia*(Bruno Mondadori: Il Saggiatore, 1994).

Eco Umberto. "Come pensare la violenza e la giustizia." *dal settimanale L'Espresso* n. 6(febbraio 10, 1991).

Froio Felice. *Il libro nero dell'Italia di Berlusconi: Quattro anni di guasti., Prefazione di Antonio Tabucchi*(Roma: Newton & Compton, 2005).

Holmes John W. "Italian Foreign Policy in a Changing Europe." *Italian Politics* 8(1993).

Ginsborg Paolo. *L'Italia del tempo presente–Famiglia, società civile, Stato*

1980–1996(Torino: Einaudi, 1998).

Johnstone Diana, "Italy to the Gulf–and Back." *Middle East Report* 151(March–April, 1988).

Loggia Ernesto Galli. 1994. "La morte della partia. La crisi dell'idea di nazione dopo la seconda guerra mondiale." Giovanni Spadolini, *a cura di Nazione e nazionalita in Italia. Dall'alba del secolo ai nostri giorni*(Bari: Laterza).

Maartje Rutten(eds.), May, 2001. *From St Malo to Nice: European Defence, Core Document*(Paris: Institute for Security Studies).

Merlini Cesare. "Critique punti sul nazionalismo italiano." *Il Mulino* 2, No. 43(November, 1994).

Mignone Mario B. *Italy Today: At the Crossroads of the New Millennium. Revised Edition(*New York: Peter Lang, 1998).

Lupo S. *Storia della mafia dalle origini ai giorni nostri*(Roma: Donzelli. 1993).

Nardin Terry. "International political theory and the question of justice." *International Affairs* 82, 3(2006).

Newell, James L. and Martin Bull. 1997. "Party Organisations and Alliances in Italy in the 1990s: A Revolution of Sorts." *West European Politics* 20, No. 1.

Pasquino Gianfranco. 1993. "Programmatic Renewal, and Much More: From the PCI to the PDS." *West European Politics* 16.

Pasquino Gianfranco. 1995. "Il sistema e il comportamento elettorale." Gianfranco Pasquino. *a cura di. La politica italiana: Dizionario critico 1945-95*(Roma–Bari: Laterza).

Pirjevec Joze. *Il giorno di San Vito*(Torino: Nuova Eri. 1993).

Paolo Rumiz. *Maschere per un massacro, Nuova edizione*(Roma: Editori Riuniti, 2000).

Romano S. "La Politica Estera" in *La Politica Italiana. Dizionario Critico 1945–95 a cura di G. Pasquino*(Roma–Bari: Laterza, 1995).

Romano, S. *Guida alla politica estera italiana: Da Badoglio a Berlusconi(*Milano: BUR, 2004.).

Salvatorelli Luigi. *Sommario della storia d'Italia*(Torino: Einaudi, 1969).

Santoro. C. M. 1988, "La politica estera del Partito Socialista." in(eds.), *L'Italia e il Mediterraneo(*Milano: BUR).

Seth G. Jones. *The Rise of European Security Cooperation*(Cambridge: Cambridge University Press, 2007).

Simon J. Nuttall. *European Foreign Policy*(New York: Oxford University Press, 2000).

Tranfaglia Nicola. *La Transizione Italiana(*Milano: Garzanti, 2003).

Atti parlametari, *Camera dei Deputati, X legislatura, discussioni, seduta del 23 agosto 1990*, pagg. 68794 55.

Atti parlametari, *Camera dei Deputati, X legislatura, discussioni, seduta del agosto 1990*, pagg. 68806 55.

Atti parlametari, *Camera dei Deputati, X legislatura, discussioni, seduta del 23 agosto 1990*, pagg. 68809 ss.

Atti parlametari, *Camera dei Deputati, X legislatura, discussioni, seduta del 23 agosto 1990*, pagg. 68872 ss.

Atti parlametari, *Camera dei Deputati, X legislatura, discussioni, seduta del 23 agosto 1990*, pagg. 68866 ss.

Atti parlamentari, *Camera dei Deputati, X legislatura, Commissioni riunite*(Esteri e 23 Difesa) *Camera e Senato, seduta dell'11 agosto 1990*, p. 50.

Atti Parlamentari, *Camera dei Deputati X Legislatura–discussioni, seduta del 16 gennaio 1991*, pag. 77972.

Doc. XII–bis, CAMERA DEI DEPUTATI N. 105 DOCUMENTO

DELL'ASSEMBLEA PARLAMENTARE DELLA NATO, Dichiarazione n. 294 su: Il Kossovo, Annunziata il dicembre 23, 1999. *Corriere della Sera*, 2006.05.18.
Editoriale. "L'ultima sfida." *Corriere della Sera*, novembre 30, 1990.
European Council, Helsinki. 10–11 December, 1999.

12장 국제 분쟁에 대한 동유럽 국가들의 관점과 대응*

정병기

I. 서론

1980년대 말 동구 현실사회주의 국가들의 잇따른 붕괴는 전 세계의 이목을 집중시키며 정치·경제·사회 전반에 커다란 파장을 일으켰다. 서구 각국의 좌파 정치에 심각한 혼란을 야기하는가 하면 동구권 국가들의 자본주의 체제 편입에 따른 혼란과 동구권 주민들의 대량 이주 등 그 영향은 실로 막대했다. 더욱이 동구권 국가들의 내분과 상호 갈등이 심각해졌

* 이 글은 『정치비평』 제16호(한국정치연구회, 2006)에 발표된 논문("국제 분쟁에 대한 동유럽 국가들의 관점과 대응: 현실사회주의의 성격과 자본주의 세계체제 편입의 갈등에 따른 소극적 대응을 중심으로")을 수정해 게재한 것임.

으며, 이들이 서구 국가들과 맺어갈 관계도 중요한 관심의 대상이 되었다.

학계에서도 물론 붕괴의 해석뿐 아니라 현실사회주의 질서에 대한 새로운 연구까지 촉발되었다. 이른바 '탈공산주의' 혹은 '탈현실사회주의' 국가를 연구하는 전문적인 학술지를 비롯하여 그와 관련된 연구가 막대한 분량을 축적해왔으며, 그중 동구권 국가 내부의 갈등과 상호 긴장 상태에 대한 연구도 적지 않게 이루어졌다. 그러나 동구권 국가들이 전쟁에 어떻게 대응해왔는지를 종합적으로 연구한 경우는 거의 전무하다. 그것은 걸프전과 이라크전 등에 대해 지금까지 동구권 국가들이 적극적으로 대응하지 않았던 사실에 기인할 것이다. 그러나 동구권 국가들도 이제 자본주의로의 체제전환을 일정하게 이루어가면서 서구 질서에 신속하게 편입됨에 따라 이라크전에 처음부터 개입한 폴란드와 같이 일정한 변화가 나타난 것을 볼 때 이들의 전쟁 대응에 대한 연구도 절실히 필요해졌다.

그렇지만 동구권 국가들의 전쟁 개입이 공통적으로 적극적이지 않았다는 점은 경시할 수 없는 사실이다. 때문에 동구권 국가들의 전쟁 대응에 대한 연구는 최근까지 나타난 이러한 공통적인 소극적 대응에 관심을 가지고 그 원인을 분석하면서 지역종합적인 맥락적 관점에서 고찰할 필요가 있다.[1] 지역종합적인 맥락적 분석은 이 지역 국가들의 공통적인 역사를 천착하여 어떠한 역사적 맥락에서 그와 같은 공통적인 대응양식이 나타났는가를 밝히는 것이다. 따라서 이 국가들이 과거 현실사회주의 국가그

1 물론 최근 동구권 연구자들은 전환기 이후 동구권 국가들은 매우 다른 발전방향을 보이고 있으므로 동구권 연구도 더 이상 '동구권 지역'에 대한 지역종합적 연구에 머물지 않고 국가별 심층연구를 해야 한다고 주장하기도 한다. 정홍모, 『체제전환기의 동유럽 국가 연구: 1989년 혁명에서 체제전환으로』(서울: 오름, 2001). 그러나 적어도 전쟁 대응과 관련해서는 아직도 극히 예외적인 경우를 제외하면 지역종합적인 연구가 필요하다고 판단된다.

룹으로서 가졌던 성격과 전환기에 띠어간 새로운 변화들을 파악하는 것이 기본이 된다.

그러나 과거 일국 내의 갈등으로 취급되었던 민족 간 분쟁이 국가 분리에 따라 이제는 전쟁의 양상을 띠게 된 만큼 동구권 내 민족 간 갈등도 함께 다룰 필요가 있다. 따라서 이 연구는 전쟁 현상에 민족 간 갈등도 포함하여, 현실사회주의 국가의 과거 질서와 전환기의 성격을 파악함으로써 소극적 전쟁 대응의 원인을 밝히고자 한다.

분석의 이론적 배경과 접근방법은 과거 현실사회주의 국가가 사회주의 이념을 근간으로 노동현장을 통해 관료적으로 통제되는 '관료적 노동사회'이자, 프롤레타리아 국제주의를 토대로 소련을 중심으로 구성된 블록체제였으며, 이 사회의 변화는 이행이 아니라 체제전환이라는 관점에 근거한다. 따라서 논문의 구성은 크게 현실사회주의의 성격과 그 성격으로부터의 전환으로 나누어 전쟁관과 전쟁 대응을 분석하는 것으로 이루어진다.

분석의 대상은 구 소비에트연방 국가들을 제외한 동유럽 국가들이다. 구 소연방 국가들에 대한 분석은 소련에 대한 별도의 고찰을 필요로 하기 때문이다. 또한 동독도 서독에 흡수되어 현재 독립국가를 이루고 있지 않으므로 분석에서 제외한다. 따라서 이 글에서 말하는 동유럽은 구 소비에트연방 국가들과 동독을 제외한 동구권 국가들, 즉 헝가리, 폴란드, 루마니아, 불가리아, 알바니아, 구 체코슬로바키아 연방국(체코, 슬로바키아), 구 유고슬라비아 연방국(마케도니아, 보스니아-헤르체고비나, 세르비아, 몬테니그로[2]) 등 10개국이다.[3]

Ⅱ. 이론적 배경과 접근방법: 관료적 노동사회 블록의 체제전환

동유럽 국가들의 전쟁 대응을 직접 다룬 연구들은 거의 없지만, 전쟁 도발과 국가 정치체제의 관계를 고찰한 것으로서 적용 가능한 논의들은 적지 않다. 민주주의와 전쟁의 관계를 분석한 연구들이 대표적이라고 할 수 있다. 민주주의가 발전할수록 전쟁을 도발하지 않는다는 학설과, 그에 반대하여 민주주의로의 전환기에 있는 국가들이 결코 덜하지 않으며, 성숙한 민주주의 국가나 안정된 권위주의 국가보다 오히려 더 공격적이며 호전적이 되어간다는 주장들이 그것이다.[4] 민주주의로의 이행이 일정하게

2 마케도니아 공화국과 보스니아-헤르체고비나 공화국이 분리해 나간 후, 유고연방은 세르비아 공화국과 몬테니그로 공화국으로 구성되어 2003년에 세르비아-몬테니그로 연방공화국으로 개칭했다. 그러나 2006년 6월 3일 몬테니그로가 국민투표를 통해 독립을 선언함에 따라, 이틀 후 기존 세르비아-몬테니그로 연방은 세르비아 공화국으로 다시 개명하였다.

3 동유럽 연구와 관련해서 제2차 세계대전 이후에는 '동유럽' 개념을 지리적 의미보다 정치적 의미로 많이 사용해왔다. 정치적 개념으로서 동유럽은 상술한 바와 같이 구소비에트 블록에 속했던 국가들을 포함하는 지역이었다. 물론 동유럽 사람들은 자신들을 동유럽인이라기보다 중부유럽인 혹은 폴란드인, 체코인, 헝가리인으로 인식하는 경우도 많다. 그러나 현실사회주의 국가들이 가진 공동의 속성과 경험에 입각하여 전쟁 대응을 다루는 이 글에서 지리적 개념과 정체성 문제를 상론할 필요는 없다. 이규영, "지역개념으로서의 동유럽: 의미와 문제점,"『한독사회과학논총』통권 제9호(한독사회과학회, 1999), pp. 66-67 참조.

4 민주주의가 전쟁을 억제한다는 입장으로는 Michael Doyle, "Liberalism and World Politics," *American Political Science Review*, 80-4(December, 1986), pp. 1151-1169; Bruce M. Russett, *Grasping the Democratic Peace Principles for a*

이루어진 2000년대 이후 동유럽 국가들이 전쟁에 적극적으로 개입하지 않았다거나, 이행의 혼란기인 1990년대에는 동유럽 내 분쟁이 격화되었다는 설명이 가능할 것이다.

그러나 동유럽 국가들 내에서 국제 분쟁에 개입하거나 휘말린 경우를 보면 급속한 민주화를 이룬 폴란드와 체코슬로바키아 혹은 민주화 과정의 시작 자체가 늦은 다른 현실사회주의 국가들에서보다, 민주화는 상대

◇◇◇◇

Post–Cold War World(Princeton, NJ.: Princeton University Press, 1993); Bruce M. Russett, "The Democratic Peace: 'And Yet It Moves'," *International Security*, 19-4(Spring, 1995), pp. 164-175; Sara McLaughlin Mitchell, Scott Gates and Håvard Hegre, "Evolution in Democracy-War Dynamics," *The Journal of Conflict Resolution*, 43-6(December, 1999), pp. 771-792가 있다. 그리고 이 주장에 대해 회의적이거나 반대하는 입장은 Edward D. Mansfield, and Jack Snyder, "Democratization and the Danger of War," *International Security*, 20-1(Summer, 1995), pp. 5-38; David E. Spiro, "The Insignificance of the Liberal Peace," *International Security*, 19-2(Fall, 1994), pp. 50-86; Christopher Layne, "Kant or Cant: The Myth of the Democratic Peace," *International Security*, 19-2(Fall, 1994), pp. 5-49; Sven Chojnacki, "Demokratien und Krieg. Das Konfliktverhalten demokratischer Staaten im internationalen System, 1946-2001," *Discussion Paper P2003–304(*Wissenschaftszentrum Berlin, 2003)이 대표적이다. 특히 Michael Mousseau, "Market Prosperity, Democratic Consolidation, and Democratic Peace," *The Journal of Conflict Resolution*, 44-4(August, 2000), pp. 472-507은 민주주의가 전쟁을 억제한다는 명제는 시장경제가 발전된 선진국에 한정된다는 주장을 펴고 있어 흥미롭다. 그밖에 전쟁 도발뿐 아니라 승패까지 민주주의와 결부시킨 연구들도 있다: William Reed and David H. Clark, "War Initiators and War Winners: The Consequences of Linking Theories of Democratic War Success," *The Journal of Conflict Resolution*, 44-3(June, 2000), pp. 378-395; Dan Reiter and Allan C. Stam Ⅲ, "Democracy, War Initiation, and Victory," *American Political Science Review*, 92-2(June, 1998), pp. 377-389.

적으로 일찍 시작되었지만 완만하고 더디게 진행된 유고슬라비아와 같은 국가들에서 더 잦았다.[5] 민주주의와 전쟁에 관한 이론들의 이러한 오류는 민주주의로의 이행(transition)과 자본주의로의 편입 및 민족 간 갈등을 동시에 겪은 동유럽 국가들의 변화 과정을 잘못 판단했기 때문이다. 즉, 이러한 총체적 전환(transformation)의 성격을 경시하고 민주화로만 설명하는 이행론의 한계를 벗어나지 못했다는 것이 중요한 이유이다.

민주화 이행론은 헌팅턴(Samuel P. Huntington), 슈미터(Philippe Schmitter), 린츠(Juan Linz), 칼(Terry Karl), 셰보르스키(Adam Przeworski), 오도넬(Guillemo O'Donnell)에 의해 대표적으로 주장되었다.[6] 이들은 동유럽 각국에서 전개되고 있는 체제변화도 민주주의 이행의 틀 안에서 설명할 수 있다고 본다. 그러나 이행론은 국내 정치제도와 같은 정치체제 중심적 설명으로서 경제체제 변화를 민주화로 환원하거나 경시했을 뿐만 아니라 민족주의 등 분리 독립의 양상도 설명하지 못하고 내부몰락의 심층요인과 국가간 관계를 경시했다.

반면, 1990년대 들어 번스(Valerie Bunce), 조윗(Ken Jowitt), 코헨(Stephen Cohen), 바이메(Klaus von Beyme), 오페(Claus Offe), 맥폴(Michael McFaul) 등을 중심으로, 탈공산주의 이행은 사회주의로부터의 포괄적인 체제변혁이기 때문에 주로 제3세계의 경험 속에서 발전되어온 이행론을 적용할 수

5 Reinhard Wolf, "Correspondence 'Democratization and the Danger of War'," *International Survey*, 20-4(Spring, 1996), p. 177.

6 동유럽의 변화와 관련된, 이행론과 전환론의 논쟁에 대해서는 김용민, "폴란드 민주화 과정 연구: 제4의 물결인가?," 이상환·김웅진 외, 『동유럽의 민주화: 체제이행의 역동성』(서울: 한국외국어대학교 출판부, 2004), pp. 31-70과 정흥모(2001)를 참조. 김용민은 이행론을 확장하면 적용이 가능하다고 주장했고, 정흥모는 미래의 다양한 발전전망을 포괄해야 한다는 입장에서 전환론을 채택했다.

없다는 비판이 제기되었다.[7] 특히 바이메, 오페, 맥폴은 정치적 민주화를 포함하여 소유관계 및 경제과정에 있어서 근본적 변화의 추구를 설명하기 위해서는 혁명에 버금가는 '전환(transformation)'이 필요하다고 주장하였다. '전환'은 마르크스의 정의를 따라 경제적 생산력과 토대 및 정치·문화적 상부구조의 통일체인 '사회구성체(social formation)'와 관련지어 이해할 필요가 있다.[8] 동유럽의 변화가 이행인지 전환인지를 규정하려면 동유럽의 과거인 현실사회주의의 성격을 정확히 파악해야 하며, 이때 유용한 개념이 '사회구성체'이기 때문이다.

무엇을 어떻게 생산할 것인지에 대한 결정권을 가진 계급이 어떻게 분배할 것인가에 대한 결정권까지 소유한 사회가 자본주의 사회라면, 정치·경제·기술적 처분권 중 하나 이상을 소유하거나 적어도 참가할 권한을 가진 계층이 생산된 부에 대한 특권적 부분을 취득할 권리를 가진 사회가 현실사회주의 사회라고 할 수 있다.[9] 곧, 현실사회주의에서는 모든 정치·사회·경제적 권력이 국가기구를 장악한 당에 집중되었고, 그에 따라 인민민주주의 요소가 퇴색해 갔다.

그럼에도 불구하고 당과 관료에 의한 새로운 불평등에 대한 인민들의 저항은 오랫동안 형성되지 못했다. 물론 1950-60년대에 동독, 헝가리, 폴란드에서 노동자들의 시위가 일어나기는 했지만, 그것은 당대 사회주의 체제 자체에 대한 저항이라기보다 오히려 자국의 개혁 사회주의를 지지하

7 김용민(2004), pp. 259-260.

8 이와 관련해 정흥모는 '구성체' 개념을 사용하며, 이 개념을 토대와 무관한 "경제적, 정치적 그리고 문화적 상부구조의 통일체"로 이해한다. 정흥모(2001), pp. 19-20과 p. 200.

9 Heike Solga, "Klassenlagen und soziale Ungleichheit in der DDR," *Aus Politik und Zeitgeschichte* B 46(1996), p. 20.

는 시위이거나 스탈린주의적 친소 세력에 대한 저항이었다. 그러나 1980년대부터는 폴란드의 졸리다르노스츠(Solidarnosc; 연대노조)와 같은 당대 사회주의 체제에 대한 저항이 발생했고, 이러한 저항은 이후 전 동유럽 국가들로 확산되어 급기야 1980년대 말의 체제전환으로 이어졌다.

이러한 일련의 과정을 설명하기 위해서는 사회구성체 개념을 도입하지만, 이들의 현실사회주의가 하나의 완결된 사회구성체라는 것은 아니다. 동유럽 현실사회주의는 봉건제적 사회구성체와 자본제적 사회구성체 사이에 존재한 특수한 형태로서, 반(半)봉건제적 상부구조와 자본제적 생산력 및 반(半)자본제적 생산관계를 가진 과도기적 사회구성체라고 보아야 한다.[10] 이러한 과도기적 구성체를 그라이펜하겐 부부(Martin & Sylvia Greiffenhagen)가 규정한 '노동사회(Arbeitsgesellschaft)' 개념을 변형하여 설명할 수 있다.[11]

'노동사회' 개념은 모든 실제 생활들이 노동현장을 통해 성공적으로

10 소련과 동유럽의 성격을 국가자본주의라고 보는 입장도 있다. 대표적으로 Tony Cliff, 정성진 역, 『소련 국가자본주의』(서울: 책갈피, 1993); Chris Harman, 김형주 역, 『동유럽에서의 계급투쟁: 1945-1983』(서울: 갈무리, 1994); Chris Harman and Mike Haynes, 이원영 편역, 『소련의 해체와 그 이후의 동유럽: 소련과 동유럽에서의 이행을 통해 살펴본 세계자본주의의 현 단계』(서울: 갈무리, 1995)가 있다. 그러나 생산수단의 사적소유를 자본주의의 핵심이라고 볼 때, 현실사회주의를 자본주의라고 규정하는 것은 무리가 있다.

11 정병기, "독일 통일 과정에서 나타난 정치·사회단체들의 대응: 개혁과 통일의 갈등," 『통일정책연구』 제12권 2호(통일연구원, 2003), pp. 301-334. 노동사회 및 과도기 사회구성체의 이론적 시도는 『정치비평』 통권 제17호(한국정치연구회, 2006)에 실린 필자의 논문 "동구 현실사회주의의 성격과 전환: 과도기 사회구성체로서의 '관료적 노동사회'와 자본주의 사회구성체로의 체제전환 완결"에서 더 발전시켰다.

매개되고 보장되며 통제되는 사회를 의미한다.[12] 그라이펜하겐 부부는 이 개념과 관련해 매개와 보장을 언급하면서도 주로 '노동현장을 통한 통제'에 초점을 둔다. 그러나 이 글에서는 '노동사회'를 통제뿐만 아니라 경제성장에 의한 물질적 보상과 사회주의 이데올로기를 통한 동의 형성까지를 포함하는 넓은 개념으로 규정하되, '관료주의적' 통제의 의미를 강조하여 '관료적 노동사회'로 변형하여 사용한다. 곧 '관료적 노동사회'란 '물질적 보상과 이데올로기적 동의에 기초하고 노동현장을 통해 매개됨과 동시에 관료제에 의한 정치적 통제가 강하게 작용하는 통합 체제'로 정의된다. 이때 노동자들은 적어도 현실사회주의의 안정과 발전의 시기에는 통제의 성격이 상대로 약한 '통합된 주체'였다.

그렇지만 물질적 토대인 생산력이 더욱 자본주의화하고 그에 따라 사회적 토대인 생산관계도 자본제적 성격을 점차 강하게 띠어감에도 불구하고 상부구조는 반봉건적인 관료적 권위주의를 고수하며 지속적으로 억압적 방식으로 생산관계를 규정해 나갔다. 게다가 자본주의화한 물질적 토대가 1970년대 중후반 이후의 세계경제위기에 노출됨에 따라 물질적 보상조차 감소하기 시작했다. 이미 대규모화한 경제규모를 반봉건적 계획경제로는 감당할 수 없게 됨과 동시에 자본제적 경제위기까지 경험하게 된 것이다. 그에 따라 토대와 상부구조의 모순과 갈등이 첨예해질 수밖에 없었고 결국 그에 대한 '통합된 주체'들의 일탈과 저항이 시작된 것이다. 그 변화는 당연히 자본주의라는 새로운 사회구성체를 지향하는 '체제전환'적인 성격을 띠었고, 그 일차적인 전환은 자본주의의 정치적 상부구조인 자

12 Martin & Sylvia Greiffenhagen, "Die ehemalige DDR als das 'deutschere' Deutschland?," in *Landeszentrale für politische Bildung Baden–Württemberg(Hg.), Die neuen Bundesl nder*(Stuttgart u.a.: W. Kohlhammer, 1994), pp. 9–22.

유민주주의 혹은 사민주의를 지향하는 방향으로 이어졌지만, 자본제적 토대의 구축을 완결시키고자 하는 사회·경제적인 전환도 적극적으로 추구했다. 또한 사회주의 이념이 설득력을 잃어감에 따라 노동계급의 형제 국가라는 블록체제로부터의 탈피도 생겨났다. 그에 따라 종족이나 민족을 근간으로 하는 정체성이 다시 고개를 들었으며 다민족 연방국가들은 민족별로 해체되기 시작했다. 구현실사회주의 국가들의 전쟁 대응은 이러한 총체적인 체제전환 속에서 규정되었다고 할 수 있다.

Ⅲ. 관료적 노동사회와 블록체제로서의 현실사회주의와 전쟁관

1950년대와 1960년대의 현실사회주의 국가에서 '관료적 노동사회'는 통합적 사회질서로서 성공적으로 정착되었다고 할 수 있다. 이 '관료적 노동사회'는 노동자들이 노동조합과 기업 내의 당조직에 의해 노동현장을 매개로 이루어지는 통제와 동시에, 사회주의적 평등에 의한 설득 및 경제발전에 따른 물질적 보상 동기에 기반을 두었다.

사회주의적 평등은 마르크시즘에 따라 역사 발전의 최고 단계인 공산주의(commuism) 사회질서에 근거하고 있다. 마르크스에 따르면, 진정한 공산주의 사회는 '능력에 따라 일하고 필요에 따라 분배받는 사회'로서, 프롤레타리아트 독재를 과도기로 하여 '능력에 따라 일하고 일한 만큼 분배받는 사회'인 낮은 단계를 거쳐 최종적으로 달성되는 사회이다.[13] 이때 사회주의는 정치적 과도기인 프롤레타리아트 독재 사회까지 포괄하는 개념으로 사용할 수 있다. 즉, 사회주의 제1단계를 프롤레타리아트 독재기로, 사회주의 제2단계를 낮은 단계와 최종 단계의 공산주의를 의미한다고 보는 것이다.[14] 다시 말해 현실사회주의는 최종단계인 공산주의적 평등 이념에 기반을 두어 과도기적 평등을 추구한 사회였다.

실제 1960년대 중반 미국의 경우 최고소득자의 소득이 최소임금의 11000배, 평균임금의 7000배에 달했던 반면, 소련의 최고소득자 소득은 각각 300배와 100배에 불과했다.[15] 또한 1980년대에는 일정하게 악화되기는 했지만 상위 10%와 하위 10%의 소득 대비가 서구 복지국가인 영국에서 약 3.9배였던 데 비해, 체코슬로바키아에서 약 2.4배, 헝가리에서 약 2.6배, 폴란드에서 약 2.8~3.0배 그리고 소련에서 약 3.3배였다.[16]

물질적 보상의 획기적 증진을 가져온 경제 발전도 노동자들의 통합에

13 Marx, Karl, 1987, "Kritik des Gothaer Programms," Karl Marx and Friedrich Engels, *Marx Engels Werke* 19, hrsg. von Institut für Marxismus-Leninismus beim ZK der SED(Berlin: Dietz Verlag), pp. 20-21, 28 참조.

14 이러한 해석이 현실사회주의를 자본주의와는 근본적으로 다른 새로운 생산양식으로 규정하는 스탈린의 '사회주의 생산양식론'과 다르지 않다는 비판이 가능하다. 그러나 스탈린의 논의는 소련 사회를 이행기가 아닌 완성된 생산양식으로 보고 정당화하려는 의도가 있다는 점에서, 과도기적 사회라고 보는 이 글의 입장과 근본적으로 다르다.

15 David Lane, *The End of Inequality? Stratification under State Socialism*(London: Penguin Books, 1971); 진승권, 『동유럽 탈사회주의 체제개혁의 정치경제학 1989-2000』(서울: 서울대학교 출판부, 2003), p. 33에서 재인용.

16 물론 빈부차의 상대적 심화라는 점에서 1980년대의 수치는 사회주의적 평등의 후퇴를 의미한다. 여기에서는 다만 복지국가의 하나인 영국과 대비함으로써 동유럽 국가들에서 상하층의 소득격차가 상대적으로 현저히 낮았다는 것을 보여주려는 것이다. Anthony Barnes Atkinson and John Mickelwright, *Economic Transformation in Eastern Europe and the Distribution of Income*(Cambridge, UK: Cambridge University Press, 1992), p. 80과 p. 114 참조.

크게 기여했다. 1950년부터 1970년까지 20년간 서방 18개국(프랑스, 서독, 영국, 아일랜드, 이탈리아, 스페인, 포르투갈, 벨기에, 네덜란드, 룩셈부르크, 스위스, 오스트리아, 스웨덴, 노르웨이, 핀란드, 덴마크, 그리스, 아이슬란드)의 연평균 GDP성장률이 3.8%였던 반면, 동유럽 8개국(소련, 동독, 폴란드, 체코슬로바키아, 헝가리, 루마니아, 불가리아, 유고슬라비아)은 4.2%의 성장률을 보인 것이다.[17]

그러나 이러한 제1단계 사회주의적 평등과 물질적 보상을 가능케 했던 것은 마르크스가 예상했던 바와 달리, 충분히 성장한 자본주의적 경제발전의 토대 위에서 이루어진 혁명의 결과가 아니었다.[18] 현실사회주의의 성립은 어디까지나 봉건제적이거나 초기자본제적 저발전 상태에서 이루어졌으며, 그에 따라 제1단계 사회주의적 평등의 보장은 자본주의적 생산력을 확보하는 과정과 동시에 이루어진 것이었다.

1920년대 신경제정책(NEP) 실시 때부터 이미 소련은 테일러주의적 중공업 위주 정책을 도입하여 자본제적 발전을 시작했으며, 이러한 정책은 이후 스탈린주의와 함께 동유럽 국가들로 이식되었다. 그에 따라 동구권 국가들의 물질적 토대인 생산력은 점차 자본제적 양식으로 전환되었

◇◇◇◇

17 Peter Murrell and Mancur Olson, "The Devolution of Centrally Planned Economics?," *Journal of Comparative Economics*, 15(1991), pp. 239-265.

18 이와 관련하여 마르크스는 "한 사회구성체는 그에 충분한 모든 생산력들이 발전하기 전에는 결코 붕괴하지 않는다"고 했다. 곧 현실사회주의는 봉건제나 초기자본제적 성격을 완전히 탈피할 수 없는 조건에 있었다. Karl Marx, "Zur Kritik der Politischen Ökonomie," in Karl Marx and Friedrich Engels, *Marx Engels Werke* 13, hrsg. von Institut für Marxismus-Leninismus beim ZK der SED(Berlin: Dietz Verlag, 1971), p. 9.

으며, 관료적 계획경제[19]를 통해 자본가의 역할을 관료가 대신한 사회적 토대, 즉 반(半)자본제적 생산관계가 형성되기 시작했다. 바로 이러한 물질적·사회적 토대에 기반을 두었기 때문에, 자본제적 성격을 가지면서도 기업 당조직에서 보듯이 당과 관료의 역할이 중앙에서 단위 사업장에 이르기까지 권위적으로 작동하는, 봉건적 성격이 더 강한 관료적 권위주의 상부구조가 형성되었다.[20]

이와 같은 과도기적 사회구성체로서의 관료적 노동사회는 전쟁에 대한 대응에서 이념적으로 사회주의적 관점을 견지하면서 실질적으로는 자본주의적 생산력 확보를 목적으로 했다. 현실사회주의 국가의 관점에서 전쟁은 어디까지나 계급갈등의 국제적 현상으로서, 레닌의 자본주의 최고 단계인 국가독점자본주의가 제국주의적 전쟁을 통해 자본의 팽창을 시도하는 현상에 불과했다. 따라서 노동자 계급국가인 현실사회주의 국가들 간의 전쟁은 자본주의 세력의 침투에 따른 분란이 아니면 가능하지 않다는 입장이었다. 실제 1950년대와 60년대 소련의 동유럽 침공은 이러한 명분 아래 행해졌으며, 그 밖의 동유럽 국가들 간에 전쟁은 존재하지 않았다.

19 동유럽 경제체제를 지칭하는 개념은 '사회주의 계획경제체계' 외에도 '공산주의 경제체제', '국가사회주의 경제체제', '명령경제', '중앙통제 경제체제', '중앙행정 경제체제' 등 다양하지만, 관료들에 의한 계획적 성격을 강조하기 위해 여기서는 '관료적 계획경제'로 칭하기로 한다. 진승권(2003), p. 1 참조.

20 또한 동유럽이 오랫동안 제국주의 국가의 지배를 받았고 그로 인해 독립 이후에도 오래도록 권위주의 정권이 유지되어 시민사회의 발전이 늦었던 것도 현실사회주의 국가의 권위주의적 성격에 영향을 미쳤다. 실제 현실사회주의가 수립되기 전에 선거를 통한 정권교체가 이루어진 것은 1931년 불가리아의 경우가 전부였다. 이규영, "탈-사회주의 동유럽의 정치문화 갈등," 『유럽연구』 통권 제8호(1998), p. 258; Iliana Zloch-Christy, *Eastern Europe in a Time of Change: Economic and Political Dimensions*(Westport, CT: Praeger, 1994), pp. 1-2.

그러나 다른 한편으로 동유럽 국가들은 실질적 이해관계의 관점에서 IMF와 같은 국제경제기구들을 통해 경제원조를 받는 것을 적어도 거부하지 않았거나 적극적으로 지원을 요청하기까지 했으며, EU와 NATO 같은 정치·군사적 국제기구에도 가입하고자 했다. 그에 따라 자본주의 국가들 간의 전쟁에 개입해 서구 국가들의 심기를 불편하게 하기를 원치 않았다. 실제 헝가리는 이미 1980년에 IMF와 세계은행 및 유럽은행에 가입하면서 국제금융기구의 지원을 요청하여 이 지원에 따라 긴축정책을 추진했고,[21] 그밖에 다른 동유럽 주요 국가들도 1989년을 전후해 IMF와 세계은행을 비롯한 다국적 국제기구에 가입했다. 또한 1990년 중후반 이후에는 EU와 NATO가입을 적극적으로 추진하거나 성사시켰다.

Ⅳ. 관료적 노동사회와 사회주의 블록체제로부터의 전환과 전쟁 대응

1. 관료적 노동사회로부터의 체제전환과 전쟁 대응: 자본주의 사회구성체의 완결 과정

현실사회주의 국가들이 물질적 토대인 생산력의 영역에서 시도한 자본제화는 이미 현실사회주의화 초기부터 시작되었다. 그러나 반자본제적 상태에 머문 사회적 토대인 생산관계를 철저히 자본제화하고 정치·문화

21 진승권(2003), p. 204.

적 상부구조를 자본주의적 의회민주주의체제로 전환하는 것은 더 많은 세월을 요구했다. 그러나 그러한 변화는 이미 자본제화한 생산력에서 맹아를 찾아볼 수 있다. 자본제화한 생산력은 자본주의 세계경제위기에서 자유로울 수 없었기 때문이다. 또한 이미 자본제화하면서 규모가 커진 경제를 기존의 반봉건적 계획경제로는 효율적으로 운영해 나갈 수 없다는 자체 모순도 동유럽 경제위기 촉발에 함께 작용했으며, 이러한 모순과 위기가 결국 사회구성체 전체의 자본주의적 전환으로 연결되었다.

소련과 동유럽에서 경제성장의 둔화는 자본주의 경제위기를 야기한 1973/74년 제1차 유가파동 이후 이미 명확히 드러났다. 1974년부터 1982년까지 소련의 연평균 GDP성장률은 2%에 불과하였고, 1983년부터 1988년까지의 기간에는 더욱 낮아졌다. 다른 동유럽 국가들도 1974년부터 1982년까지 1.9%의 성장률을 기록하는 데 그쳤고, 1983년과 1988년 사이에는 조금 높아지기는 했지만 2.7%에 머물렀다.[22]

그에 따라 1980년대와 1990년대 초반은 동유럽 각국이 물질적·사회적으로 자본주의적 토대를 구축하는 데 전념한 기간이었다.[23] 헝가리는 1988년 기업법을 제정하면서 외국으로부터의 투자유치에 적극적으로 나섰으며, 체코슬로바키아는 1989년 11월 27일에 전국적 파업을 겪은 후 벨벳 혁명이 시작되어 국영기업 권리증서인 바우처(voucher) 분배를 통한 사유화를 시작했다. 폴란드도 1980년대의 경제위기를 벗어나기 위해 1990년대 초에 충격요법식 급진 개혁을 통해 시장경제로의 전환을 숨가쁘게 진행하고 있었다.

이와 같은 국내 정세는 1991년 걸프전에 대한 동유럽 국가들의 대응

22 진승권(2003), p. 39.

23 동유럽의 사유화 과정에 대해서는 진승권(2003), pp. 163-5, p. 212, p. 300 참조.

에 직접적으로 작용했다. 폴란드, 체코슬로바키아, 헝가리를 비롯한 동유럽 국가들은 미 국방부가 밝힌 대로 이러한 역사적 변동을 반영한 지원을 제공했다.[24] 대부분 소극적인 비군사적 지원에 그쳤던 것이다. 그러나 내부 경제 사정으로 볼 때, 비군사적 지원조차 재정적 부담이 되는 것이 사실이었지만, 서구와의 관계가 체제전환에 지대한 영향을 미치는 만큼 지원을 소홀히 할 수도 없었다. 그래서 잠재적 사용품목을 다국적군에 제공했는데, 구체적으로 헝가리는 의무팀을 파견했고, 체코슬로바키아는 화학 탐지 및 분석에 참여했다.[25]

물론 미국은 동유럽 국가들에 대한 영향력을 높이고 전쟁의 도덕적 부담을 덜기 위해 동유럽 국가들의 적극적 참여를 유도하려는 시도를 게을리 하지 않았다. 특히 이라크전과 관련해서 럼스펠트 당시 미국방장관은 '새 유럽'을 언급하며 동서유럽을 분열시켜 동유럽을 자국에 유리한 입장에서 전쟁과 세계체제에 편입시키려고 했다.[26] 그러나 동유럽 국가들의 체제전환이 아직 완성되지 않았으므로 비군사적 개입조차 이들에게는 부담일 수밖에 없다. 따라서 폴란드를 제외한 다른 동유럽 국가들은 이라크전에서도 선언적 지지는 적극적으로 표명했으나 실질적 참여는 하지 않았다. 체제전환기 동유럽 국가들의 전쟁 개입은 내부 사정을 고려한 실리주의적 대응을 추구할 수밖에 없었던 것이다.

폴란드의 경우는 예외적으로 처음부터 미국의 이라크 침공에 군사를

24 미국방부, 『미국방부 의회 최종보고서 걸프 전쟁 부록』, 국방군사연구소 역(서울: 국방군사연구소, 1993).

25 미국방부(1993), p. 359.

26 John Horvath, "Osteuropäische Identitätskrise," http://www.telepolis.de/r4/artikel/14/14114/1.html(검색일: 2006.4.23).

파견했는데, 이 경우도 역시 체제전환과 관련해 설명이 가능하다. 폴란드의 체제전환은 대표적 신자유주의 경제학자인 제프리 삭스(Jeffrey Sachs)의 충격요법에 따라 미국과의 긴밀한 관계 속에서 이루어지고 있었기 때문에 위와 같은 미국의 참여 유도를 거절할 수 없는 입장이었으며, 상대적으로 다른 동유럽 국가들에 비해 성공적인 경제발전과 체제전환을 이루어왔기 때문이기도 하다. 실제 1989년과 대비한 1998년의 GDP는 헝가리와 체코가 95%로 악화되었고 슬로바키아가 간신히 100%로 현상회복에 머문 반면, 폴란드는 117%로 개선되었던 것이다.[27]

2. 사회주의 블록체제로부터의 전환과 전쟁 대응: 민족주의의 재강화

고르바초프 시절 소련은 국내 경제사정으로 인해 '외교정책의 경제화'를 시도하며, 동구권 국가들에 대한 군사적 지원을 취소했는데, 이는 곧 소련 제국의 포기를 의미하는 것이었다.[28] 반면 EU는 대 소련 혹은 이후 대 러시아 관계에서 정치적 이해관계를 우선시했다. 특히 1995년 이후에는 NATO를 대체할 수 없다는 인식 아래 유럽의 안보를 위해서라도 EU

27 이은구, "동유럽 시장경제화 평가와 사회경제적 제문제," 『유럽연구』 통권 제11호(2000), p. 139.

28 Gerhard Wettig, "Transformiertes Staatensystem und transformierte Staateninteressen in Europa," in Bundesinstitut für ostwissenschaftliche und internationale Studien(Hg.), *Der Osten Europas im Prozeß der Differenzierung: Fortschritte und Mißerfolge der Transformation*(München und Wien: Carl Hanser, 1997), p. 316.

와 NATO를 동유럽으로 확장하는 데 관심을 가지게 되었다.[29] 이러한 상황에서 동구의 블록체제는 급속히 해체되었으며, 동유럽 국가들은 정치적·경제적 이해관계에 따라 자본주의 경제와 NATO 안보체제에 편입되었다.

그러나 동유럽 내의 안보는 비동구 국가들과의 관계에 의해서보다 동유럽 내부의 문제에 의해 더 자주 위협받아 왔다. 1950년대와 1960년대 소련에 의한 침공이 그러했으며, 1990년대 초 유고 내전도 심각한 불안을 야기했다. 특히 국내 민족 간 갈등에서 동유럽 국가들은 조정자나 '제3자'가 아니라 한 편에 서서 다른 한 편을 억압하는 '양자 방법(dyadische Methode)'을 사용하여 문제를 더 악화시켜 왔다.[30] 국가 통합의 이념이자 블록체제 유지의 명분이었던 사회주의와 이른바 '사회주의 조국' 소련의 역할이 사라지자 동유럽 국가들은 전환기의 급박한 사정에 따라 구 블록체제 국가 문제에 적극적으로 개입하려 하지 않았으며 그에 따라 민족주의는 더욱 강력하게 등장했다.

이제 동유럽 국가들의 안보적 염려는 체제경쟁이나 소련 혹은 러시아에 대한 두려움이 아니라 민족갈등에 의한 소수민족과 이주자에 대한 두

29 Heinz Timmermann, "Die Reformstaaten Mittel- und Osteuropas und die euroatlantischen Integrationsprozesse," in *Bundesinstitut für ostwissenschaftliche und internationale Studien(Hg.), Der Osten Europas im Prozeß der Differenzierung: Fortschritte und Mißerfolge der Transformation*(München und Wien: Carl Hanser, 1997), p. 342.

30 Manfred Sapper, "Konflikte in der Transformation Osteuropas: Zur Spezifik der Konfliktkonstellation und Konfliktkultur," in *Bundesinstitut für ostwissenschaftliche und internationale Studien*(Hg.), *Der Osten Europas im Prozeß der Differenzierung: Fortschritte und Mißerfolge der Transformation*(München und Wien: Carl Hanser, 1997), p. 328.

려움 및 새로운 전쟁의 도발자인 미국에 대한 두려움으로 바뀌었다. 실제 동유럽 주민들이 '국가 안보와 평화를 위협하는 요소로 인식하는 정도'는 1992년에서 1998년 사이 러시아에 대해 29%에서 잠시 상승 기간을 거쳐 다시 24%로까지 하락했으며, 이웃 국가들에 대한 두려움도 민족 간 갈등이 첨예했던 1992년에 49%였다가 점차 줄어들어 절반 이하인 23%로 떨어졌다(아래 그림 참조).[31] 반면, 소수자/종족그룹에 대한 염려는 역시 1992년에 각각 40%와 36%로 상대적으로 높았으나 1995년에 절반 가까이 하락했다가 1998년에는 다시 소폭 상승하여 29%와 26%를 기록했다. 특히 미국에 대한 두려움은 1992년 8%에서 꾸준히 상승하여 1998년에는 21%까지 올라갔다. 독일에 대한 두려움도 꾸준히 상승했으나, 19%에서 1% 포인트씩 증가하는 데 그쳤다. 독일에 대한 두려움은 통일로 인한 팽창 욕구를 염려한 것으로, 국경분쟁의 불씨가 남았거나 독일어 사용주민이 많은 폴란드, 유고-크로아티아 연방공화국, 체코에서 많은 비중을 차지했기 때문인 것으로 풀이된다.[32]

한편 동유럽 국가들의 미국에 대한 관점은 지지와 경계를 동반하는 이중적인 것으로 나타난다. 이러한 대응은 비단 구공산계 그룹에서만이 아니라 우파 정당들에서도 마찬가지이다. 폴란드에서 미국정치의 가장 열렬한 지지자는 반미공산주의자였던 전 대통령 크바스니에프스키(Kwasniewski)였던 반면, 반이라크 연합 가입에 반대하는 주요 세력은 우파민족

31 Haerpfer, Christian, Cezary Milosinski and Claire Wallace, "Old and New Security Issues in Post-Communist Eastern Europe: Results of an 11 Nation Study," *Europe–Asia Studies*, 51-6(1999), p. 1000. 조사 대상 국가들은 폴란드, 체코, 슬로바키아, 헝가리, 벨라루스, 우크라이나, 불가리아, 루마니아, 슬로베니아, 유고-크로아티아 연방공화국이다.

32 Haerpfer(1999), pp. 1001-1002.

〈그림 12-1〉 국가안보 위협요소 인식도

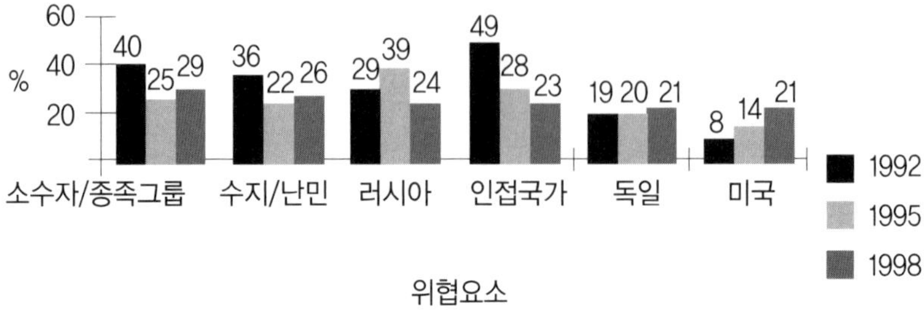

출처: New Democracies Barometer, Haerpher, et al.(1991). p. 1000에서 재인용.

주의 정당들이었다.[33] 슬로베니아의 경우도 중도-좌파 연합은 실질적인 국가이익을 내세워 NATO에 참여하여 미국을 지지하고 있으며, 우파민족주의자들은 자본주의적 통합을 적극적으로 지지하면서도 미국화된 대중문화 속에 매몰된다는 염려를 하고 있다.[34] 따라서 대부분의 동유럽 국가들은 세계자본주의에 편입하고 미국을 지지하면서도 그 대가인 문화적 '미국화'의 맹습으로 인해 자신들의 문화적 정체성과 국가로서의 생존 자체가 위협받고 있음을 심각하게 우려하는 '친부시적 반미주의'라는 역설을 안고 있다고 할 수 있다.[35]

동유럽 국가들의 전쟁 개입은 미국에 대한 이와 같은 대응과 밀접한 관계가 있다. 이라크 전쟁에 대한 동유럽 국가들의 대응이 가장 대표적인 예이다. 2003년 2월 동유럽 국가들은 EU의 주요 국가인 독일과 프랑스의

33 Slavoj Zizek, 박대진·박제철·이성민 역, 『이라크: 빌려온 항아리』(서울: 도서출판 b, 2004), p. 43.

34 Zizek(2004), pp. 43-44.

35 Zizek(2004), p. 43.

반대에도 불구하고 미국 지지에 앞장섰던 것이다.[36] EU 가입을 앞두고 상호관계를 긴밀하게 유지해야 할 필요성이 있었음에도 불구하고 동유럽의 이러한 대응은 미국의 경제적 지원이 더 긴급하고 유익하다고 판단했기 때문이다. 실제 미국은 '테러와의 전쟁'에 참여하는 국가들을 위해 2004년 예산에 47억 달러의 해외원조 금액을 산정했으며, 그것을 군사 장비나 훈련 등의 형태로 25개 나라에 지원할 예정이었다.[37] 결국 사회주의 블록 체제가 붕괴된 후 동유럽 국가들의 전쟁 대응은 미국 중심의 세계체제를 인식하고 자국의 체제전환적 이해관계에 따라 대미(對美) 관계를 중심으로 이루어지고 있다고 할 수 있다.

V. 결론

현실사회주의 국가의 전쟁 대응은 국내 민족 간 갈등의 당사자를 제외하고는 동유럽 내 무력충돌에도 거의 개입하지 않았으며 동유럽을 벗어나는 무력분쟁에 대해서도 폴란드의 이라크전 개입을 제외하고는 소극적인 것으로 나타났다. 현실사회주의 시절에 그것은 관료적 노동사회라는 과도기적 사회구성체와 사회주의 블록체제의 속성에 기인했으며, 1980년대 말 이후 탈현실사회주의 과정에서는 이후에는 체제전환을 위한 이해관계에 따라 대응한 데 기인한다.

'관료적 노동사회'란 노동현장을 통한 통제와 경제 성장에 의한 물질

36 《한겨레》(검색일: 2003.2.10).

37 《한겨레》(검색일: 2003.2.10).

적 보상 및 사회주의 이념에 근거한 동의 형성까지를 포괄하는 개념으로서, 동유럽 국가들은 이러한 구성체적 성격을 갖는 한편, 사회주의 종주국 소련을 중심으로 형제국가들로 구성된 블록체제에 속해 있었다. 그에 따라 내부적으로 통합된 사회이자 외부적으로 안보체제에 굳건히 소속된 현실사회주의 국가들은 소련과의 관계를 제외하고는 프롤레타리아 국제주의에 입각해 블록 내에 전쟁을 일으키지 않았으며, 다민족 연방국가들도 민족 간 갈등을 억압 혹은 통제할 수 있었다. 현실사회주의 국가들에게 전쟁이란 국내 계급갈등의 국제적 전선에 불과한 것이었다.

그러나 동유럽의 현실사회주의가 충분한 자본주의적 생산력을 토대로 혁명을 이룩한 것이 아닌 만큼 사회구성체로서의 변혁을 완성하지는 못했다. 따라서 현실사회주의 국가들은 자본주의를 압축적으로 거쳐 물질적 토대를 갖춘 다음 신속하게 공산주의 사회구성체로 전환해야 하는 숙제를 안고 있었다. 그러나 자본제적 생산력은 일정하게 갖추어갔음에도 불구하고 '자본가 대 노동자'라는 생산관계 대신 들어선 '관료 대 노동자'라는 새로운 생산관계가 반봉건제적인 관료적 권위주의로 인해 계획경제의 비효율성을 극복하지 못한 채 토대와 상부구조의 모순을 극대화시켜갔다. 사회주의 제2단계로서 최종단계인 공산주의로 진입해 가야 할 사회주의 제1단계인 프롤레타리아트 독재 사회가 반봉건적 상부구조, 반자본제적 생산관계, 자본제적 생산력이라는 과도기적 사회구성체로 정체되어간 것이다. 그러나 현실사회주의 국가들의 노동자들은 노동현장에 의해 억압되고 통제된 객체만이 아니라, 사회주의 이념과 물질적 보상에 의해 어느 정도 자발적으로 동의해간 '통합된 주체'였다. 그에 따라 이들의 요구는 차라리 자본제적 의회민주주의인 자유민주주의나 사민주의를 요구했다. 곧 자본주의 사회구성체로의 체제전환이 시작된 것이다.

게다가 자본제적 생산력을 가지게 된 후 동유럽 경제는 자본주의 국가들에 불어 닥친 세계경제위기로부터 자유로울 수 없었다. 1970년대 유가파동에 따른 경제위기로 인해 관료적 노동사회의 내부적 모순에 외부로부터의 자본제적 위기가 가중된 것이다. 이러한 상황에서 동유럽 국가들은 명분상으로는 프롤레타리아 국제주의에 입각하지만, 실질적으로는 실리주의적 관점에 따라 국제관계에 대응했다. 사회주의의 종주국이었던 소련의 사정도 마찬가지였다. 소련도 자국의 전환기적 이해관계에 따라 움직일 수밖에 없었는데, 소련의 위상이 블록의 종주국이었던 만큼 그것은 블록체제의 포기를 의미했다. 그에 따라 프롤레타리아 국제주의가 파기되고 다민족으로 이루어진 동유럽 국가들은 민족주의의 재강화에 따라 해체되었으며 다른 국가들은 과거 블록국가들의 사정에 개입하지 않았다.

동유럽 밖의 전쟁에 있어서도 동유럽 국가들은 전환기적 이해관계에 따라 대응했다. 국제기구 가입과 경제적 지원을 위해 선언적으로는 적극적인 지지를 표명하지만 실질적 참여에 있어서는 소극적으로 일관했던 것이다. 특히 미국 중심의 국제질서에서 살아남기 위해 이들은 EU와의 관계를 염두에 두지만 미국과의 관계를 중심으로 국제관계에 대응하는 자세를 보였다. 그러나 미국에 대해서도 동유럽 국가들의 대응은 지지와 경계를 동시에 고려하는 이중적 자세를 견지하고 있다. 체제전환기 동유럽 국가들의 전쟁 대응도 이와 같은 국내 상황의 반영일 수밖에 없었다.

참고문헌

김용민. “폴란드 민주화 과정 연구: 제4의 물결인가?” 이상환·김웅진 외, 『동유럽의 민주화: 체제이행의 역동성』 서울: 한국외국어대학교 출판부, 2004, pp. 31-70.

미국방부. 『미국방부 의회 최종보고서 걸프 전쟁 부록』 국방군사연구소 역, 서울: 국방군사연구소, 1993.

서경교. “동유럽의 민주화: 비자유민주주의의 확산?” 이상환·김웅진 외, 『동유럽의 민주화: 체제이행의 역동성』 서울: 한국외국어대학교 출판부, 2004, pp. 31-70.

이규영. “지역개념으로서의 동유럽: 의미와 문제점.” 『한독사회과학논총』 통권 제9호(한독사회과학회, 1999), pp. 65-92.

이규영. “탈-사회주의 동유럽의 정치문화 갈등.” 『유럽연구』 통권 제8호(한국유럽학회, 1998), pp. 249-273.

이은구. “동유럽 시장경제화 평가와 사회경제적 제문제.” 『유럽연구』 통권 제11호(한국유럽학회, 2000), pp. 135-157.

정병기. “독일 통일 과정에서 나타난 정치·사회단체들의 대응: 개혁과 통일의 갈등.” 『통일정책연구』 제12권 2호(통일연구원, 2003), pp. 301-334.

정병기. “동구 현실사회주의의 성격과 전환: 과도기 사회구성체로서의 ‘관료적 노동사회’와 자본주의 사회구성체로의 체제전환 완결.” 『정치비평』 통권 제17호(한국정치연구회, 2006), pp. 115-138.

정흥모. 『체제전환기의 동유럽 국가 연구: 1989년 혁명에서 체제전환으로』 서울: 오름, 2001.

진승권. 『동유럽 탈사회주의 체제개혁의 정치경제학 1989-2000』 서울: 서울대학교 출판부, 2003.

Atkinson, Anthony Barnes and John Mickelwright. *Economic Transforma-*

tion in Eastern Europe and the Distribution of Income. Cambridge, UK and New York: Cambridge University Press, 1992.

Chojnacki, Sven. "Demokratien und Krieg. Das Konfliktverhalten demokratischer Staaten im internationalen System, 1946-2001." *Discussion Paper* P2003-304. Wissenschaftszentrum Berlin, 2003.

Cliff, Tony, 정성진 역. 『소련 국가자본주의』 서울: 책갈피, 1993.

Doyle, Michael. "Liberalism and World Politics." *American Political Science Review 80–4*(December, 1986), pp. 1151-1169.

Greiffenhagen, Martin & Sylvia. "Die ehemalige DDR als das 'deutschere' Deutschland?" in *Landeszentrale für politische Bildung Baden–Württemberg*(Hg.), *Die neuen Bundesländer*. Stuttgart u.a.: W. Kohlhammer, 1994, pp. 9-22.

Haerpfer, Christian, Cezary Milosinski and Claire Wallace. "Old and New Security Issues in Post-Communist Eastern Europe: Results of an 11 Nation Study." *Europe–Asia Studies* 51-6(1999), pp. 989-1011.

Harman, Chris and Mike Haynes, 이원영 편역. 『소련의 해체와 그 이후의 동유럽: 소련과 동유럽에서의 이행을 통해 살펴본 세계자본주의의 현 단계』 서울: 갈무리, 1995.

Horvath, John. "Osteuropäische Identitätskrise." http://www.telepolis.de/r4/artikel/14/ 14114/1.html(검색일: 2006.4.23).

Lane, David. The End of Inequality? *Stratification under State Socialism*. London: Penguin Books, 1971.

Layne, Christopher. "Kant or Cant: The Myth of the Democratic Peace." *International Security* 19-2(Fall, 1994), pp. 5-49.

Mansfield, Edward D. and Jack Snyder. "Democratization and the Danger of War." *International Security*, 20-1(Summer, 1995), pp. 5-38.

Marx, Karl. "Kritik des Gothaer Programms." in Karl Marx and Friedrich Engels, *Marx Engels Werke* 19, hrsg. von Institut für Marxismus-Leninismus beim ZK der SED. Berlin: Dietz Verlag, 1987, pp. 11-32.

Marx, Karl. "Zur Kritik der Politischen Ökonomie." in Karl Marx and Friedrich Engels, *Marx Engels Werke* 13, hrsg. von Institut für Marxismus-Leninismus beim ZK der SED. Berlin: Dietz Verlag, 1971, pp. 3-160.

Mayer, Karl Ulrich und Martin Diewald. "Kollektiv und Eigensinn: Die Geschichte der DDR und die Lebensverlaeufe ihrer Buerger." *Aus Politik und Zeitgeschichte* B 46(1996), pp. 8-17.

Mitchell, Sara McLaughlin, Scott Gates and Håvard Hegre. "Evolution in Democracy-War Dynamics." *The Journal of Conflict Resolution* 43-6(December, 1999), pp. 771-792.

Mousseau, Michael. "Market Prosperity, Democratic Consolidation, and Democratic Peace." *The Journal of Conflict Resolution* 44-4(August, 2000), pp. 472-507.

Murrell, Peter and Mancur Olson. "The Devolution of Centrally Planned Economics?" *Journal of Comparative Economics* 15(1991), pp. 239-265.

Reed, William and David H. Clark. "War Initiators and War Winners: The Consequences of Linking Theories of Democratic War Success." *The Journal of Conflict Resolution* 44-3(June, 2000), pp. 378-395.

Reiter, Dan and Allan C. Stam Ⅲ. "Democracy, War Initiation, and Victory." *American Political Science Review* 92-2(June, 1998), pp. 377-389.

Russett, Bruce M. "The Democratic Peace: 'And Yet It Moves'." *International Security* 19-4(Spring, 1995), pp. 164-175.

Russett, Bruce M. *Grasping the Democratic Peace Principles for a Post-Cold War World*. Princeton, NJ.: Princeton University Press, 1993.

Sapper, Manfred. "Konflikte in der Transformation Osteuropas: Zur Spezifik der Konfliktkonstellation und Konfliktkultur." in *Bundesinstitut für ostwissenschaftliche und internationale Studien*(Hg.), Der Osten Europas im Prozeß der Differenzierung: Fortschritte und Mißerfolge der Transformation. München und Wien: Carl Hanser, 1997, pp. 323-332.

Solga, Heike. "Klassenlagen und soziale Ungleichheit in der DDR." *Aus Politik und Zeitgeschichte* B 46(1996), pp. 18-27.

Spiro, David E. "The Insignificance of the Liberal Peace." *International Security* 19-2(Fall, 1994), pp. 50-86.

Timmermann, Heinz. "Die Reformstaaten Mittel- und Osteuropas und die euroatlantischen Integrationsprozesse." in *Bundesinstitut für ostwissenschaftliche und internationale Studien*(Hg.), Der Osten Europas im Prozeß der Differenzierung: Fortschritte und Mißerfolge der Transformation. München und Wien: Carl Hanser, 1997, p. 332-347.

Wettig, Gerhard. "Transformiertes Staatensystem und transformierte Stateninteressen in Europa." in B*undesinstitut für ostwissenschaftliche und internationale Studien*(Hg.), Der Osten Europas im Prozeß der Differenzierung: Fortschritte und Mißerfolge der Transformation. München und Wien: Carl Hanser, 1997, p. 313-322.

Wolf, Reinhard. "Correspondence 'Democratization and the Danger of War'." *International Survey* 20-4(Spring, 1996), pp. 176-180.

Zizek, Slavoj, 박대진·박제철·이성민 역. 『이라크: 빌려온 항아리』 서울: 도서출판b, 2004.

Zloch-Christy, Iliana. *Eastern Europe in a Time of Change: Economic and Political Dimensions*. Westport, CT: Praeger, 1994.

결론-EU의 공동외교안보정책 향방

이재승(고려대학교)

Ⅰ. EU와 전쟁, 그리고 새로운 안보의 도전

마스트리트 조약에서 공동외교안보정책(Common Foreign and Security Policy: CFSP)이 유럽연합(EU)의 중심축의 하나로 자리 잡은 이후 유럽의 안보정책은 새롭게 정형화되기 시작했다. 1950년대 유럽정치공동체(EPC)와 유럽방위공동체(EDC)가 실패로 돌아간 이후 유럽의 공동 외교안보정책은 경제통합에 비해 답보상태에 있어왔다. 실제로 분쟁 해결에 유의미한 군사력을 보유한 국가들이 제한적인 상황에서 군사·안보분야는 개별 국가의 주권이 공동체의 결정에 우선하는 양상을 보여왔다.

냉전이 종식되고 공산진영이 해체되면서 중·동유럽 국가가 유럽으로 편입되는 과정에서 EU는 새로운 안보환경에 대응하게 되었다. 냉전시기

소련과 공산진영이라는 뚜렷한 주적 개념에 대항하여 NATO를 중심으로 한 대서양동맹에 기반했던 유럽 안보는 탈냉전기에 들어서면서 새로운 형태의 안보 위협에 대응하게 되었다. 걸프전 종전 이후 EU는 유럽차원의 공동안보방위정책을 보다 적극적으로 모색하게 되며, 이에 따른 유럽공동안보방위정책은 유럽의 정치적 통합을 완성하기 위한 중요한 정책이자 상징으로 EU의 안보의제를 조정하고 추진하는 역할을 수행하고자 하였다. 유고슬라비아로 묶여있던 발칸반도의 제반 국가들이 분리되는 과정에서 보스니아-헤르체고비나, 코소보 사태는 심각한 내전의 양상을 보였고, 여러 인도주의적 위기가 동반되었다. 공동시장의 확대, 단일통화의 도입 논의와 같은 경제통합의 진전 이면에 가려져 있던 안보적 위기와 분쟁의 촉발은 EU로 하여금 새로운 안보 정체성을 모색하게 하였다.

특히 9·11 테러 이후 국제 안보상황의 변화는 EU로 하여금 1990년대에 채택되어 진전되어온 일련의 외교안보정책을 시험하게 만들었다. 테러 사태 직후 아프가니스탄 전쟁과 이라크 전쟁을 겪으면서 EU와 NATO는 안보적 역량과 정체성 두 가지의 측면에서 동시에 도전에 직면하게 되었다. 아프가니스탄 전쟁이 국제사회의 일관된 지원을 받았던 반면, 이라크전에 있어서 미국과 유럽 및 국제사회의 입장은 분열된 양상을 보였다. 이라크 전쟁은 안보 주체로서 EU가 안고 있는 여러 단면들을 노출시켰다. 또한 공동정책 수립의 차원에서 외교안보분야가 여전히 가지고 있었던 국가중심적인 성격들이 부각되었다. EU 전체의 공동입장은 국제적인 공조에 의해 테러행위에 대응한다는 원론적 차원에 머물러 있었고, 개별 회원국은 각기 자국의 주권적 결정에 의해 이라크전에 대한 공조를 결정하게 되었다. 프랑스와 독일이 이라크전에 부정적인 입장을 보인데 비해 미국과의 '특수한 관계(special relationship)'를 강조했던 영국과 스페인, 이탈리아 및 폴란드를 위시한 동유럽 국가들은 테러와의 전쟁에 있어 미국과의 공조 체제를 재확인하였다. 이는 개별국 차원뿐만 아니라 기존 EU 회원국들을 중심으로 한 구 유럽(Old Europe)과 신 유럽(New Europe) 사이의 간극도 노정시키게 되었다.

이번 〈유럽과 전쟁〉 프로젝트에서는 수사학(rhetoric) 상으로의 EU의 외교안보 전략에 대한 고찰을 넘어 실제로 걸프전에서부터 유고 내전, 그리고 아프가니스탄과 이라크 전쟁에 이르는 탈냉전기 국제분쟁을 마주하게 된 상황에서의 EU 및 회원국들의 입장과 주요정책들을 비교분석하고자 하였다. 본서는 다양한 국가적, 이론적 전문성을 가지면서, 동시에 유럽통합이라는 공통분모를 공유한 연구진의 공동작업으로 추진되었다. 그 동안 국내에서 유럽 공동외교 및 공동안보정책에 대한 연구는 공동체 및 제도적 성격에 대한 일반적 고찰 및 이러한 유럽 차원의 외교안보정책이 한반도 평화정착과 북핵문제 해결에 미치는 영향을 중점적으로 분석해왔다. 그러나 특정한 유럽의 외교안보적 현안에 대해 국가적, 공동체적 차원에서 수직적, 수평적 분석을 동시에 시도한 사례는 그리 많지 않았다. 이러한 차원에서 이번 공동작업은 EU 외교안보정책을 논의하는 데 있어서 기존의 연구와 차별화되는 규모, 범위 및 접근방식을 도입함으로써 한국의 유럽학 연구에 기여하고자 하였다.

본 연구는 서론에서 제기한 바와 같이 탈냉전기 국제 분쟁에 있어서 유럽의 외교안보 노선이 미국의 일방주의적 현실주의와 대비되는 다자적 자유주의 노선이었는지, 이러한 유럽의 접근방식은 어떠한 결과를 가져왔는지, 그리고 대서양주의와 유럽주의간의 대립구도는 EU에게 있어서 새로운 학습(learning)과 상호작용(interaction)을 통해 새로운 형태의 인식적 수렴과 정체성을 가져왔는지, 이상의 세 가지의 질문을 바탕으로 다양한 사례를 검토하였다.

EU가 추구한 외교안보 노선은 분명 미국과는 차별화되는 측면이 있었고, 국제기구 및 규범, 그리고 다자주의적 접근을 강조하는 원칙과 전통을 가지고 있었다. 그러나 EU가 실질적으로 보유하고 있던 경성안보(hard security)적 역량은 극히 제한적이었다. 실질적인 군사방어 및 안보에 있어서 EU는 미국과 NATO의 범주 안에서 움직여 왔다. 9·11 사태 이후 이라크 전쟁에 있어서 EU는 전략적 대전제에 동의했음에도 불구하고 전술적 측면의 추진 방식에 있어서 심각한 갈등과 분열의 양상을 보였고, NATO 역시 대서양동맹의 분열 구조 하에서 충분한 기능을 수행하지 못하였다. 테러와의 전쟁의 결과는 미국 신보수주의적 입장의 일방주의 노선의 한계를 노정했지만, 그렇다고 테러와의 전쟁과 이후의 안보상황의 진전이 유럽이 추구해온 자유주의적 다자주의적 접근방식이 이를 대체하는 성과를 거두었다고 보기는 어렵다.

다른 한편으로 탈냉전기의 주요 국제분쟁을 겪으면서 EU는 계속해서 자신들의 안보 정체성을 확립해 가고 있다. 본서에서는 걸프전, 유고 내전, 그리고 테러와의 전쟁을 겪으면서 EU가 인권, 제도 및 군사적 역량 강화라는 차원에서의 정체성 확립 과정을 내적, 외적인 다양한 경로로 분석하였다. 테러와의 전쟁 이후에도 EU는 인간안보, 분쟁예방, 평화구축, 위기관리 등을 중심으로 한 기존의 외교안보정책 노선을 크게 수정하지 않고 지속적으로 발전해 나가고 있으며, 그 형태와 수행주체 역시 보다 공고화되고 있다. 이에 대한 평가는 앞으로 발생할 안보위협과 분쟁에 대응하는 EU 공동외교안보정책의 성과를 통해 이루어질 것이다.

Ⅱ. 끝나지 않은 도전: 유럽 공동안보정책의 과제

이라크전 종전 이후에도 국제 안보환경은 EU로 하여금 지속적인 안보 위협에 대응하게 하였다. 범세계적 테러의 발생은 국지적인 성격을 넘어 더욱 확산되기 시작하였고, 북아프리카 및 중동 지역, 그리고 우크라이나에 이르기까지 크고 작은 분쟁들이 지속적으로 발생하였다. 취약국가와 실패국가가 상존하고 있고, 시리아, IS 등을 중심으로 테러 발생이 광범위하게 확산되고 있다. 테러의 직접적인 대상에서 비교적 안전하게 여겨졌던 유럽의 주요국(프랑스, 벨기에 등)들에서 이루어졌던 일련의 테러는 전 세계를 경악시킨 한편 한층 더 강화된 안보 차원에서의 공조의 필요성을 제기하기도 하였다. 2014년 3월 러시아의 크리미아 병합과 우크라이나에서의 분쟁, 그리고 뒤이은 일련의 제재조치가 현재까지 지속되는 과정에서 유럽과 러시아가 가진 안보적 대척점 역시 여전히 존재하고 있다. 이는 가스 파이프라인을 중심으로 한 에너지 안보와 관련된 대러 상호의존과 더불어 안보-경제관계상의 협력과 대립이 혼재된 양상을 보여주기도 한다. 이들 지역의 평화정착과 테러와의 전쟁은 여전히 진행 중에 있다.

이에 대응하는 유럽 공동외교 공동안보 정책은 지속적인 변화의 틀 안에서 진행되고 있다. EU는 2003년 〈유럽안보전략(European Security Strategy)〉을 발표한 이래 유럽방위청(European Defense Institute) 신설, 신속대응군 창설, NATO와의 협력 강화 등의 일련의 제도적 진전을 이루어 왔으며, 새로운 안보 환경에 대응하는 〈신유럽안보전략〉을 발표하며 보다 진전된 안보역량과 안보정체성을 추구하고 있다. 2011년 공식적으로 설립된 유럽대외관계청(European External Action Service)은 안보 문제를 포함한 EU의 외교관계를 보다 체계적으로 수행하게 되었고, 고위대표(high representative)를 중심으로 한 외교안보정책의 대표성을 강화해 나가고 있다. 오바마 행정부가 들어서며 유럽과 미국 간의 안보 간극은 상당부분 회복되었고, NATO를 중심으로 한 대서양동맹도 다시 강화되기 시작하였다. 대외적으로 EU는 위기관리, 경찰력 및 거버넌스 지원과 같은 독자적 안보전략도 꾸준히 추진하면서 유럽주의와 다자주의의 연계를 지속적으로 도모하고 있다. 이러한 의미에서 국제분쟁과 관련한 EU의 안보정책에 있어서 상황에 따라 유연하게 대응하는 다자주의적 입장은 여전히 유효하다.

2015년 브렉시트 이후 영국의 탈퇴로 인해 NATO 회원국으로서의 안보동맹은 여전히 유효하지만 EU의 유럽안보정책은 새로운 도전을 맞게 될 수 있으며, 미국의 트럼프 행정부 하에서의 새로운 대서양 관계의 정립 역시 EU로 하여금 보다 독자적인 역량에 기반한 외교안보정책을 요구하고 있다. 유럽의 안보 및 글로벌 안보 상황에 있어서 EU는 규범의 주체로서, 분쟁 예방과 개입의 주체로서, 그리고 다양한 위기관리의 주체로서 끊임없는 현실주의적인 도전과 다자주의적인 대응을 조율해 나가게 될 것이다.

Ⅲ. 한국 외교안보정책에의 함의

EU의 외교안보정책의 범위는 지금까지 제한적으로 이루어져 왔다. 그러나 2003년 이후 테러리즘을 비롯한 다양한 안보 위협은 글로벌 차원

1 European Parliament, Towards a New European Security Strategy? Assessing the Impact of Changes in the Global Security Environment, EP/EXPO/B/SEDE/FWC/2013-08/Lot6/05(June 2015-PE 534.989)

으로 확대되어 왔고, 따라서 EU의 안보적 대응 범위 역시 확대되어 왔다. 여전히 EU 외교안보정책의 주요 대상은 유럽 지역 내, 그리고 북아프리카와 중앙아시아를 포함한 인접국으로 지정되고 있으나, 동시에 보다 광범위한 글로벌 안보 이슈에 있어서도 그 범위를 확대해 나가고 있다.

한반도의 평화정착에 있어 EU의 역할은 제한적이었지만, 그 중요성과 효용성이 간과되지 말아야 한다. EU는 1990년대 북핵 문제 해결을 위한 경수로 건설을 포함한 KEDO 프로젝트에 지속적으로 참여해 왔으며, 2000년대 이후 북한이 테러리스트 국가로 지정된 상황 하에서도 가장 주요한 인도주의적 지원 주체로 활용해 왔다. 유럽에 기반을 둔 여러 비정부단체(NGO)들은 북한의 보건, 교육, 기술지원의 역할을 담당해 왔다.

다른 한편으로 EU가 이제까지 추구해 온 국제안보에 있어서의 규범적 권위와 역할 역시 강조되고 있다. 북한의 인도주의적 위기상황과 인권상황 악화에 있어서 EU는 원조의 주체인 동시에 규범적 제재의 주체로서도 기능해 왔다. 최근 북한의 일련의 핵 및 미사일 시험, 그리고 대량살상무기(WMD)의 확산과 관련해서 EU는 국제 사회의 제재에 동참한 바 있다.

한국과 EU 간에 2014년 체결되고 2016년 11월에 발효된 〈위기관리 기본참여협정(Crisis Management Agreement)〉은 아시아에서 최초로 한국이 EU의 안보방위정책에 직접적으로 참여할 수 있는 계기를 마련하였다. 한국은 경제적인 측면에서의 한-EU 자유무역협정(FTA), 정치적인 측면에서의 한-EU 기본협정(Framework Agreement)과 더불어 안보적인 차원에서의 위기관리 협정을 체결함으로 EU 정책의 세 가지 근간(pillar)에 대한 협력 체제를 구축한 바 있다. 특히 위기관리 협정은 NATO와의 글로벌 파트너십과 더불어 글로벌 안보 차원에서 한국이 수동적인 안보 수혜자를 넘어서 능동적인 안보 기여자로서 기능할 수 있는 계기를 바련한 점에서

의미를 부여할 수 있다.

한반도 평화정착과 대테러정책, 그리고 글로벌 안보 이슈에의 대응은 군사력에 기반한 현실주의적 조치들뿐만 아니라 국제사회의 다양한 역량들을 연계시킬 다자주의적, 제도적 기제들, 그리고 규범과 법치에 기반한 소프트파워를 필요로 한다. 이러한 차원에서 EU와의 안보협력의 강화는 한국에 있어서 간과할 수 없는 주요한 향후 과제가 된다.

Ⅳ. 맺음말

본 공동연구의 일차적인 결과물들은 여러 학술지에 게재되었고 다양한 학회에서의 발표를 통해 소개된 바 있다. 이러한 연구물들은 해당 저자들의 세심한 재집필과 수정보완을 통해 본 단행본 작업으로 이어졌다. 실제로 원고의 최종 취합에서부터 발간에 이르기까지 본의 아니게 긴 시간이 소요되었다. 본서의 편집진들은 이러한 발간의 지연에 대한 아쉬움을 전한다. 본서의 내용을 더 적극적으로 활용할 수 있는 최적의 시점을 놓치지 않았는지에 대해 우려한 바도 있지만, 여전히 진행 중인 유럽 공동외교안보정책의 진전이라는 긴 흐름에서 보았을 때 본서에서 다루어진 일련의 연구들은 여전히 그 학술적, 정책적 가치들을 지니고 있다고 사료된다. 독자들의 너그러운 이해와 많은 관심을 부탁드린다.

▮ **최진우**(Choi Jin Woo)
연세대학교 정치외교학과를 졸업하고 미국 Univ. of Washington에서 정치학 박사를 마쳤으며, 현재 한양대학교 정치외교학과에 재직 중이다. 한국유럽학회, 한국정치학회 회장을 역임하였고, 다수의 저서와 논문을 발간하였다. 현재 한양대학교 사회과학대 평화연구소 소장으로 재임 중이며 관심분야는 정치경제, 국제관계, 비교정치(유럽정치) 등이다. (연락처: jinwooc@hanyang.ac.kr)

▮ **김남국**(Kim Nam Kook)
서울대학교 정치학과를 졸업하고 미국 시카고대학교에서 정치학 박사학위를 받았으며 현재 고려대학교 정치외교학과 교수로 재직 중이다. 유럽정치와 정치사상을 가르치고 연구하며 한국정치학회 및 한국유럽학회 학술상을 수상한 바 있다. (연락처: nkim98@gmail.com)

▮ **김종법**(Kim Jong Bub)
7년간의 이탈리아 유학 생활을 통해 그람시와 이탈리아에 대한 학문적인 저변과 깊이를 연구한 소장학자로 이탈리아 토리노국립대학에서 정치학 분야 국가연구박사(Dottorato di Ricerca)를 취득하였다. 현재 대전대학교 글로벌융합창의학부에 재직 중이다. 관심분야로는 이탈리아 정치, 유럽통합의 문화적 요소, 그람시 연구 등이다. (연락처: utikim@hanmail.net)

▮ **양오석**(Yang Oh Suk)
서울대학교에서 경영학 박사(국제경영, 국제재무 전공), 영국 Univ. of Warwick에서 정치학박사(국제정치경제전공)를 마쳤으며, 삼성경제연구소 수석연구원을 거쳐 현재 강원대학교 경영대학 경영회계학부에 재직 중이다. 관심분야는 국제경영, 전략경영, 국제금융, 유럽경제 및 금융정책분야, 해외직접투자, 은행의 국제화, 유럽 지역연구 등이다. (연락처: osyang30@kangwon.ac.kr)

▯ **윤기석**(Yoon Ki Suk)

윤기석은 파리 소르본 대학에서 정치학 학위 취득 후 참여정부 정부혁신지방분권위원회 자문위원으로 정부혁신업무를 수행하면서 대통령 표창을 받았다. 2004년 프랑스국비장학생으로 선발되어 프랑스국립행정학교(ENA)에서 국제공공정책과정을 이수했다. 귀국 후 청와대 비서실 정책자문위원 등 정부정책에 관한 자문활동을 하였고 한국정치학회 부회장, 한국프랑스정치학회장, 유럽정치연구회 회장 등 학회 활동을 하였고 현재 충남대학교 농업과학연구소 국제협력 연구교수로 근무하고 있다. (연락처: sorbonne2001@hanmail.net)

▯ **이재승**(Lee Jae Seung)

서울대 정치학과를 졸업하고 예일대학교에서 석, 박사학위를 취득하였다. 현재 고려대학교 국제학부 교수로 재직 중이며, 노르딕-베네룩스 센터장 및 KU-KIEP-SBS EU 센터 부소장을 맡고 있다. 존스 홉킨스 대학 고등국제관계대학원(SAIS)과 스탠포드 대학의 방문 교수를 지냈다. 주요 연구 분야는 외교정책, 유럽정치경제, 에너지 안보 등이며 해당 분야에서 다수의 저서와 논문을 발간하였다. 외교부, 대통령 비서실 및 국회 외교안보분야 자문위원으로 활동해 왔으며, 아시아유럽 에너지정책네트워크(AEEPRN) 의장을 맡고 있다. (연락처: jaselee@korea.ac.kr)

▯ **임종헌**(Lim Jong Hun)

임종헌(林鍾憲)은 독일 뮌헨대학교(Ludwig-Maximilians Universitaet Muenchen)에서 Dr. Phil을 하였고, 서울대학교 강사, 한양대학교 연구교수를 거쳐 현재 미주대한신학대학교에 초빙교수로 있다. 관심분야는 기독교세계관, 유럽통합, 한반도통일, 경찰개혁 등이다. (연락처 jhlim2001@naver.com)

전혜원(Jun Hae Won)

영국 London School of Economics and Political Science에서 유럽학 석사, University of Oxford에서 정치학 석사와 정치학 박사를 취득했으며, 한양대학교와 서강대학교 연구교수를 거쳐 현재 국립외교원 외교안보연구소 교수로 재직 중이다. 관심분야는 European Union, NATO, 국제 안보, 의회 정치, 선거와 정당, 유럽 지역연구 등이다. (연락처:hwjun10@mofa.go.kr)

정병기(Jung Byung Kee)

베를린 자유대학교에서 정치학 박사(유럽 정당)를 취득하고, 서울대학교 기초교육원 강의교수와 동 대학 글쓰기 교실 책임 연구교수를 거쳐 현재 영남대학교 정치외교학과 교수로 재직하고 있다. 유럽정치연구회 회장을 역임했으며, 관심 분야는 유럽 정치, 선거와 정당, 노동 정치, 사고와 표현, 표준, 영화 분석, 시문학 등이다. (연락처: byungkee@ynu.ac.kr)

유럽과 전쟁

발행일 1쇄 2017년 11월 30일
지은이 최진우, 김남국, 김종법, 양오석, 윤기석, 이재승, 임종헌, 전혜원, 정병기
엮은이 유럽정치연구회
펴낸이 여국동

펴낸곳 도서출판 인간사랑
출판등록 1983. 1. 26. 제일-3호
주소 경기도 고양시 일산동구 백석로 108번길 60-5 2층
물류센타 경기도 고양시 일산동구 문원길 13-34(문봉동)
전화 031)901-8144(대표) | 031)907-2003(영업부)
팩스 031)905-5815
전자우편 igsr@naver.com
페이스북 http://www.facebook.com/igsrpub
블로그 http://blog.naver.com/igsr
인쇄 인성인쇄 **출력** 현대미디어 **종이** 세원지업사

ISBN 978-89-7418-372-1 93340

이 도서의 국립중앙도서관 출판시도서목록(CIP)은 서지정보유통지원시스템 홈페이지(http://seoji.nl.go.kr)와 국가자료공동목록시스템(http://www.nl.go.kr/kolisnet)에서 이용하실 수 있습니다.(CIP제어번호: CIP2017029837)

이 책은 한국출판문화산업진흥원의 출판콘텐츠 창작자금을 지원받아 제작되었습니다.